edition suhrkamp

Redaktion: Günther Busch

Ernst Bloch, geboren am 8. Juli 1885 in Ludwigshafen/Rhein, lebt heute, nach Aufenthalten in Berlin, Heidelberg, Bern, Zürich, Wien, Paris, Prag, New York, Cambridge und Leipzig, in Tübingen. Hauptwerke: *Geist der Utopie; Thomas Münzer; Spuren; Erbschaft dieser Zeit; Subjekt-Objekt; Das Prinzip Hoffnung; Naturrecht und menschliche Würde; Verfremdungen; Atheismus im Christentum; Das Materialismusproblem; Experimentum Mundi.*
Ernst Bloch hält seit dem Wintersemester 1961/62 philosophische Vorlesungen an der Universität Tübingen. Mit diesem Band beginnt die Veröffentlichung der Vorlesungen.
»Blochs Vortrag war nicht nur der Beginn eines akademischen Kollegs, sondern zugleich die Essenz lebenslangen Denkens über die Hoffnung. Mitunter mochte man sich fragen, ob da noch ein Schulphilosoph sprach oder nicht vielmehr ein Weiser, ein Mann, der Sokrates näher steht als Aristoteles, Schelling näher als Kant. So unternahm Bloch es, bei seinem schweren Neubeginn in Tübingen die Hoffnung zu verteidigen. Bis ans Ende.«
Joachim Kaiser in der *Süddeutschen Zeitung* am *20. 11. 1961* über Ernst Blochs Tübinger Antrittsvorlesung.

Ernst Bloch
Tübinger Einleitung in die Philosophie 1

Suhrkamp Verlag

edition suhrkamp 11
9. Auflage, 61.–65. Tausend 1975

Satz in Linotype Garamond bei E. C. Baumann KG, Kulmbach. Druck: Nomos Verlagsgesellschaft, Baden-Baden. Bindung bei Hans Klotz, Augsburg. Gesamtausstattung Willy Fleckhaus.

Inhalt

Meinem Major Tellheim gewidmet

Vorbemerkung

Mitten hinein versetzt zu werden, ist am besten. Das hilft genau dort zu folgen, wo eine Rede nicht nachspricht, sondern vorspricht. So daß Auffassen nicht stockt, wenn es das Seine bewegt sieht.

Vorliegende Schrift kommt, großenteils, aus Vorlesungen her. Ist der Atem des gesprochenen Worts noch merkbar, wo er hingehört, dann wäre das dem Hinführenden, Einleitenden besonders dienlich. Doch hütet erst der gedruckte Buchstabe die Sache selber; – vita brevis, ars longa.

Einleitendes, das wurde auch fürs Nachdenken mannigfach bestellt. Vorschule zur Höhe, Gradus ad Parnassum, es ist so alt, wo nicht älter als die Höhe. Von Herbart bis Külpe und weiter gibt es auch im Buchtitel Einleitungen in die Philosophie. Davon ist die vorliegend versuchte freilich durch einen weniger indirekten als direkten Prolog verschieden, sowie durch geringere Vollständigkeit und Aufzählung. Da liegt hier manches im argen, ebenso könnte der ersten Liebe zur Weisheit mit mehr Geduld gepflegt werden. Aber es gibt viele Leitbücher, die nur zum herabgesetzten Preis einführen, auch dem Verfasser allzu oft nur als Ersatz dafür dienten, daß ihrer Einleitung keine Philosophie nachfolgte. Der unausgebildete eigene Standort kann zwar eine Art neutraler Kenntnisnahme ermöglichen, doch meist so, daß das Dargestellte, gerade als neutral referiertes, erst recht befangen wird, nämlich durch Nicht-Person des Darstellers und seiner Perspektive. Trotzdem entsteht eine Pädagogik, sofern nämlich die besseren Vorschulen, etwa die freundlich-altmodische Külpes, mit schulgerechter Rubrik philosophischer Fragen die verschiedenen »Bemühungen« oder »Richtungen« würdigen und disponieren. Andererseits aber reicht Pädagogik, gerade diese, schwerlich aus, wenn Jugend nur als unmündige genommen wird, gleich wie wenn es keine Philosophie für Erwachsene gäbe, und auf andere Leser gar nicht gerechnet wird. Helfender könnte ein Aufenthalt in der Werkstatt selber sein, mit Bilden und Herstellung, ja auf einem Schulschiff in Fahrt. Pädagogisch gehen da Silvester und Neujahr, post festum und status nascendi am besten ineinander. Denn rechte Einleitung ist hier ebenso Epilog, rechter Epilog ebenso Einleitung, tunlichst liquid und gesammelt in einem.

Vorliegendes wird zuweilen wohl anstrengen, doch niemanden und nichts fertig machen. Ein Grundzug darin ist vielmehr – modellhaftes Denken; gewiß ohne irgend positivistische Begrenzung und Unterernährung. Vielmehr führt genau das Denken des Versuchs (zur Sache gebracht, statt vor ihr abzudanken) neu zu – Metaphysik. Zu keiner statischen, wie bisher, wohl aber zu einer viel ungenügsameren, offenen, deren Sachverhalte, als die des noch unentschiedenen Prozesses, sich selber im Voranschlag, in objekthaftem Probestand befinden, kurz selber noch in ihrer Einleitung. Das also will auch diese, mehr oder minder ansetzende und verwandelnde Schrift bedenken; in kleiner Besetzung. Bei manchen Mängeln bloßer Andeutung, bei mancherlei Aufforderung zum Haben und Nicht-Haben zugleich, bewußt verschlungen und überall. Zuviel bereits für eine Einleitung, nicht zwar für eine Einübung – homo semper tiro, der Mensch ist immer ein Lernender, die Welt ist ein Versuch, und der Mensch hat ihm zu leuchten.

Zugang

1 Aus sich heraus

Ich bin. Aber ich habe mich nicht. Darum werden wir erst.
Das Bin ist innen. Alles Innen ist an sich dunkel. Um sich zu sehen und gar was um es ist, muß es aus sich heraus. Muß sich herausmachen, damit es überhaupt erst etwas sehen kann, sich unter seinesgleichen, wodurch ein Ich bin, als nicht mehr an sich, zu einem Wir wird. Und draußen geht dem Ansich das Um-uns auf, worin Menschen stehen und unter, neben oder über ihnen Dinge. Als mehr oder minder abstoßende, mehr oder minder anziehende Fremdlinge zuerst; sie müssen so, als keineswegs selbstverständlich, erst gelernt werden. Dies Lernen bewegt sich völlig im Außen, ist darin fahrend und so erst erfahrend und so erst auch, mittels des Draußen, das eigene Innen selber erfahrend. Der Mensch besonders ist auf diesen steten Weg nach außen angewiesen, damit er überhaupt nur wieder auf sich zurückkommen könne und so bei sich gerade die Tiefe finde, die nicht dazu ist, daß sie in sich, ungeäußert bleibe. Das bloße Bin muß, damit es seiner auch nur empfindlich werde, sich ein Etwas von draußen anziehen. Auch im übertragenen Sinn ist der Mensch in seiner eigenen Haut nackt geboren und bedarf fremder bekleidender Stoffe, um sich genau in seiner eigenen Nähe zu wärmen, ja zu betonen. Vom

puren Innen ist kein einziges Wortbild gekommen, das uns übers innerste sprachlose Ansich hinaus sprechen läßt und eben äußert. Dagegen Worte wie: eng, tief, warm, dunkel, hell, dichtes Vergessen, offenes Aufdämmern, der innere Weg selber: alle diese sind aus Äußerem gezogen und dann erst fürs Innere durchscheinend. So merkt sich alles Innen erst über das Außen; gewiß nicht, um sich dadurch zu veräußerlichen, wohl aber, um sich überhaupt zu äußern. Anderenfalls es das Einsame bliebe, ohne jenes Mit-uns, das nicht Man, sondern Wir heißt, und ohne jenes Um-uns, das immerhin Topferde für die menschliche Pflanze, Rohstoff für das menschliche Haus wurde und wird. Dann erst wird das Um-uns von innenher bedacht, damit es dadurch immer näher komme. Also gerade auch dem Menschen immer weniger fremd sein könne. Dazu sind wir unterwegs und gehen durchaus mit uns selber heraus.

2 Not lehrt denken

Was lebt, erlebt sich noch nicht. Am wenigsten in dem, daß es treibt. Wodurch, worin es also beginnt, noch ganz unten und doch in jedem Jetzt pulsend. Genau dieses anstoßende Jetzt ist dunkel, unser unmittelbares Bin und das Ist von allem. Was daran innen ist, wühlt als dunkel und leer.

Zu spüren bleibt nur, es ist hungernd, bedürftig. Treibt und treibt so an, im Dunkel des gerade gelebten Augenblicks, des unmittelbaren Ansich von allem. Alles ist noch um dies Nicht gebaut, freilich um eines, das es nicht bei sich aushält. Eben ein Hohles ist darin, das sich füllen will; damit hebt alles an. Und zugleich damit, daß das unmittelbare Drinnen und sein Drunten, worin alles unmittelbar an sich ist, zuerst jedes Verspürte über sich dreht. Dadurch können wir zwar noch nicht uns selber in unserem Was, aber ein äußeres Etwas fassen, gebreitet in ein sichtbares Feld. Um es so wenigstens nicht unmittelbar, sondern im Abstand von der eigenen dunklen Nähe, also als draußen zu treffen. Wir selber stehen dann, als bloß unmittelbar lebend, *unter* dem Glas, aus dem wir trinken; das gerade deshalb, weil wir als Trinkende uns noch unmittelbar und nicht entfernt so deutlich sichtbar sind wie das von uns abgehaltene Glas. Wir selber also sind hier durchaus noch im Unten, sind weit weniger gestellt und faßbar als jedes vor uns, um uns, über uns Gesehene. Nur an Draußen kann sich dies eigene Nicht des Habens halten, mit dem Hunger also nach außen. Es kann gar nicht umhin, sich an außen Gestelltem, also an Dingen zu sättigen, zu fassen.

Daß man entbehrt, dies also geht zuerst auf. Alle anderen Triebe haben im Hunger ihren Grund; jeder Trieb treibt von hierher um und umher, sich an ihm gemäßen Was und Etwas außer ihm zu stillen. Was bedeutet: Alles was lebt, muß auf etwas aus sein oder muß sich bewegen und zu etwas unterwegs sein, die unruhige Leere sättigt draußen ihr Bedürfnis, das von ihr kommt. Dergleichen kann dann auf kurze Zeit befriedigen, als wäre keine Frage, Nachfrage gewesen. Lange hält die Befriedigung aber niemals vor, Not meldet sich wieder, es muß mit Vorsorge an sie gedacht werden und vor allem so, daß sie verschwinden könne, zwar nicht als Hunger und Mangel schlechthin, doch als Mangel am Nötigsten. Indem Menschen daraufhin arbeiteten, wurden sie, als sie aufhörten, bloß Sammler, bestenfalls Jäger zu sein, erst erfinderisch, also dieser Art klug. Nackt geboren, nicht mehr instinkthaft gepeilt, in einer Umwelt, worin man, als nicht geheurer, jede Spur beachten muß und auch der Ast einer Fichte zu denken gibt. Dem Gebrauch des Feuers folgte das bewußte Herstellen von Werkzeugen, um aus Rohstoffen, die unbearbeitet selten taugen, Kleider, Haus, gekochte Speisen und immer neues Plus gegen die nackte Not zu bilden. Überlegende Arbeit trieb erst den Menschenstamm geschichtlich hoch, ließ ihn das Nötige sich probend zurechtlegen; Not lehrte zuerst das Denken.

Allerdings: unverwechselbar menschliches Denken geht damit noch nicht an und auf. Denn dieses läuft längere Strecken als die kurzfristigen eines raschen Nutzens in bar. Langer Atem des Untersuchenden läßt sich Zeit, will feststellen, was ist, auch wenn sich dieses nicht, mindestens nicht sogleich in den Mund stecken läßt. Wie ein Fall am bequemsten zu denken, zurechtzulegen sei, der Ansatz hierzu ist nützlich, doch erschöpft sich damit nicht. Denn auch ein eigentlich grübelndes, ein nicht erschrecktes, sondern betroffenes Denken geht aus dem der Not an. Fragt dann viel seltsamer erregt und gewiß auch viel Seltsameres sich einbildend, in das hinein, worin es nicht aus noch ein weiß. Verwundern also fängt an, heute noch unser bestes Teil. Mit anderen Worten: Denken kann, nachdem die Not es erweckt hat, tief werden. Jedoch steht trotzdem und auf langhin fest: Not lehrte zuerst denken, es geht kein Tanz vorm Essen, und das Denken vergißt das nicht. Damit es in dasjenige, was nottut, zurückzukehren verstehe und sich nicht versteige. Der menschliche Hunger ist selten einstöckig, wie der der Tiere, und was er ißt, schmeckt nach mehr.

3 Das fragende Staunen

Also ein tieferes Suchen, uns selber mitnehmend, fährt nun fort. Heißt Verwundern, Staunen, und das nicht nur über etwas, sondern im Daß und jeweiligen Was von so vielem Etwas mitten darin. Kindern ist dieser, wenn auch bei ihnen meist nur kurze Zustand natürlich, später wird er seltener, doch wenn er sich einfindet, desto lehrreicher und kostbarer. Das nicht so sehr in einer beschwerlichen Umwelt als vielmehr in einer befremdlichen, und auch das nicht notwendig einer zu uns unstimmigen, oft im Gegenteil. Gerade ganz einfache, sozusagen harmlose Eindrücke, dazu kurzdauernder Art, können das hier gemeinte Staunen hervorrufen, den Ritz und Riß im üblichen, gewohnten Bemerken. Dabei kommt dieser Ritz meist von kleinen, zudem flüchtigen Eindrücken her, indem dasjenige, was sie fragend zu sagen, sagend zu fragen scheinen, selber noch ganz anfänglich ist, obzwar genau am Ort des sich Erfragenden selber. So stirbt diese Art Befremden nicht aus, als immer wieder und überall, mit fast beliebigem Anlaß verbreitet und unfertig. Es ist dem Bedürfnis der Not verschränkt, sein Stachel ist sozusagen schmaler, doch noch dauernder als diese. Das Staunen bleibt auch, wenn es entspannt, gesättigt zu sein scheint, unruhig, hat immer wieder sein erstes Fragen in sich.

Unscheinbar ist dergleichen am liebsten, gibt sich genau darin als nicht geheuer. Ganz schlicht gehört die bekannte Kinderfrage hierher: Warum ist etwas und nicht nichts? Wobei zugleich das nur uneigentlich Schlichte daran aufgeht, indem ja auch das etwaige Nichts nicht fragloser, begründeter wäre. Oder jenes bereits inhaltlichere Befremden gehört hierher, das bei den meisten ebenfalls in die Kinderzeit, wenn auch die spätere, zurückgeht, und mit dem Bewußtsein des *Ich* überfällt. Wie seltsam, wie sehr ein Kopfschütteln gleichsam, immer mit eben diesem, seinem Ich zusammen zu sein, – ein Glück vielleicht, aber doch auch eine Fessel und jedenfalls in hohem Grad nicht selbstverständlich. Oder, gleichfalls so frisch und auf keinen Fall angelesen oder bereits abstrakt, gehören Kinderfragen nach der *Zeit* hierher, der Zeit, die, wie gesagt wird, alle Dinge zerstört, also auch dies Ding hier, das dem Kind auffällt, den Reifen eines alten Wagens. Der verrostete Reifen ist schon Frage genug, nun aber geht sie auch noch auf die Zeit, die den Reifen zerstört habe: Was ist die Zeit? Und die lösende, nicht lösende Kinderantwort, Staunensantwort kommt dazu: Die Zeit ist eine Uhr ohne Ziffern. Erst recht aber, ja am legitimsten kommt dieses Staunen eben am *Unscheinbaren* selber, als dem anfänglichsten, sozusagen legitimsten Stoff dieses Denkchoks. Hamsuns »Pan« zählt im Gespräch zwischen dem Mann und dem Mädchen in der einsamen Landschaft viele solcher Anlässe auf. Die blaue Fliege, der einzelne Grashalm, »er zittert vielleicht ein wenig und mich dünkt, das ist etwas: hier steht nun dieser Grashalm und zittert«. Dazu die Fichte, »sie hat vielleicht einen Zweig, der mir auch ein wenig zu denken gibt«, und zuletzt, indem die ersten Regentropfen fielen, sagt das Mädchen gar: »Ja, denken Sie nur, es regnet«, und ging bereits. Wenig fiel ihr eigentlich auf und doch war sie plötzlich an den Keim alles Fragens gerückt (vgl. »Spuren«, 1959, S. 284); das Unscheinbare, das dermaßen leise gellt, konnte nicht unterboten werden. Und nicht ganz fern davon hat Hofmannsthal einmal dies feine, durch und durch gehende Stutzen notiert und zugleich alle üblichen, gar großen Worte vor seinem Hauch zu leicht befunden. So meint es wenigstens der Brief eines vom Dichter fingierten Lord Chandos an Francis Bacon, ein sprachlos werdender Brief und sprachlos machender. Brüder des obigen Zweigs der Fichte, der ein wenig zu denken gibt, machen hier nicht nur gegen schnellfertige Aussage empfindlich, gegen konventionelle und auch gegen begrifflich-allgemeine wie »Seele«, »Geist«, »Körper«. So ein Empfindlicher (als Gereizter wie besonders als Verspürender) leidet vielmehr an jeder Sprache, man kann sagen: er müßte stumm sein, wenn andere nicht die Sprache erfunden hätten. Das heißt, nicht ein weniges die Verantwortung dafür übernommen hätten, daß das sprachlos Machende nun Zweig einer Fichte heißt. Oder auch, nach Chandos, nicht immerhin schlicht so heißt, sondern im literarischen Faltenwurf sein eigenes Ansehen und das Andrängen seines wahren Worts verliert. Wonach das Staunen unterschlagen wird: im sprachlich übereilten und verabredeten Fortgang von ihm bleiben seine Dinge ausgeschlossen, und man wird von ihnen ausgeschlossen. Bezeichnend wieder, daß es vor allem Kleines, dann nebensächlich Scheinendes ist, immer auch beliebig Ersetzbares ist, woran sich das innige Befremden des Chandos anstößt. »Eine Gießkanne, eine auf dem Feld verlassene Egge, ein Hund in der Sonne, ein ärmlicher Kirchhof, ein Krüppel, ein kleines Bauernhaus«, all das (manchmal auch zuviel, weniger wäre mehr) läßt bei Chandos zweifellos Staunen weit unter den Dingen ansetzen, die so bekannt, ja so sichtbar sind. Das jeweils Austauschbare dieser »Eindrücke« zeigt, wie sehr das Betroffene daran noch vag und unbestimmt ansetzt; es selber ist nur stets dasselbe. Auch hat dies Staunen an alldem nichts oder noch nichts, was es dem so plötzlich Erstaunenden sagen kann, außer dem objektiven Erstauntsein selber, dem treu gehaltenen, einschlagenden. Später freilich füllt sich dieses durch ganz und gar nicht vages Fragen, kausal angesetzt und mit empirischen Handhaben. Und doch wird dabei, wenn der Denkchok des ersten Staunens nicht gehalten wird, samt dem vor allem, was ihn im Eindruck hervorrief, das Unnachlaßliche des ersten Anfragens oft zugedeckt. Das so seltsam betroffene Staunen des Hamsunschen Mädchens, daß es regnet, geht etwa in die ebenso bestimmtere wie so viel engere Frage: wie entsteht

Regen? – wonach das Urfragen, sozusagen, durch greifbare, lieferbare Stoffe entspannt, auch im Fragenden durchaus vergessen wird. Das Staunen des Hamsunschen Mädchens ging zwar durchaus auf diese ersten Regentropfen um sie her, blieb ihnen fragend ganz besonders treu, aber es ergab sich ebenso bei bloßer Gelegenheit des Regens. Derart ist es wiederum nur sich selber treu und, bei genügender Tiefe, gegenständlich auch auswechselbar, also nicht empirisch, sondern mit seinem Allem überall, nicht auf Gewordenes letzthin bezogen, sondern auf ein Fragen selber, das ungeworden und ungelöst durch die Welt geht. Ein Grundfragen des Existere selber tönt hier an, eines, das wiederum nur mit sich selber, mit seinem eigenen noch ungewordenen Stoff letzthin zu beantworten wäre. Dagegen alle einzelnen, jeweiligen, empirischen Fragestellungen sind Abwandlungen aus dem einen Anstoß der staunenden Grundfrage. Sie sind gewiß an erschienenem Stoff spezifisch geworden, doch eben ihrem ersten Anstoß und Anliegen auch entfremdet. Sie sind, als bestimmte und gewiß doch auch als endlich konkreter werdende, nach dem vorhandenen Vorliegenden und Erhältlichen zurechtgebogen; so, als ginge, wie bemerkt, das Staunen am Regen wirklich nur auf den Kreislauf des Wassers und nichts sonst. Wonach also das junge Urfragen, das ja überhaupt noch nicht weiß, was es will, sich leicht vergißt. Sich von dem Angebot des im Laden der gewordenen Dinge an Fragen wie Antworten Erhältlichen verdrängen lassen kann. Nichts freilich wäre falscher, auch mißverstehender, ja heilloser, als die

Grundfrage weltlos zu halten. Das Staunen muß in seinem Fortfahren, genau in diesem, durch Außenblicke, Einzelheiten, Instanzen durchaus getränkt werden, auch das ganz anders mit Fragen geladene und anders schwierige Wetter des Weltgangs durcherfahren. Doch bei alldem gehört die frühe Verwunderung, die noch unabgelenkte, stets ins bestimmt gewordene Fragen. Sollen nicht, wie es in den »Spuren« heißt, die vielen großen Rätsel der Welt ihr eines unscheinbares Geheimnis völlig zudecken. Man hat derart nicht nur vor den Träumen der Jugend Achtung zu tragen, auch vor dem frühen Verwundern in nuce. Was Menschen darin auffiel, oft wie beliebig betreffend, war schließlich das Auffallende selbst, dies macht sogar am ersten vorsichtig.

Erschwerungen

4 Stelle zu klein

Man nimmt sich mit, wohin man geht. Und das in unserer Enge, samt dem begrenzten Ort, worauf man steht. Der Spießer, hämisch oder scheuklappig, meist beides, bevölkert den angestammten Platz ohnehin, noch als verschiebbaren. Aber die Aussicht wächst auch nicht mit einem höheren Ort, sofern dort das Liegen und Besitzen desto besser anschlägt. Alles bleibt dann schon deshalb unbesehen, weil es anders ist.
Auch unser Leib ist ursprünglich für Einfacheres gemacht als das, womit er es jetzt zu tun hat. Hier sperrt unsere sozusagen überkommene körperliche Anlage ein, die später so oft überforderte. Nicht nur für das Huhn ist dann die Bahnhofshalle nicht gebaut, sie ist es auch nicht für den Menschen, dem ihr Lied an keiner Wiege gesungen wurde. Unsere angeborene Art, wurde gesagt, sei demgegenüber ein Ungenügen; so stehe sie als dauernde Nacktheit unter Künstlichem. Das stimmt sogar urgeschichtlich gesehen: unsere Hände dienten dazu, Früchte zu sammeln, die Keule zu werfen, nicht aber Klavier zu spielen. Unsere Augen waren dazu geschickt, Wild zu erspähen und den Feind, nicht den Staub auf dem Mond oder das winzige Leben im Wassertropfen. Selbst deutlich Sichtbares wird derart von zivilisatorisch nicht mitgewach-

senen Menschen nach wie vor kaum erblickt oder nur unzureichend. Es fehlt dann dem Gesehenen die sozusagen natürliche Merkwelt, in die es einzureihen wäre; also bleibt ein dieser körperlich-urgeschichtlichen Enge Fremdes, wenn es gänzlich mit dem Bekannten unvergleichbar ist, nicht nur unbemerkt, sondern förmlich unerblickt. So hielten es, nach Georg Forster, die Eingeborenen auf den Fidschi-Inseln, als sie »entdeckt« wurden: die Kanoes, die durch die Riffe auf die Inseln ruderten, wurden zweifellos gesehen, stark und beeindruckend, weil die Eingeborenen sie mit ihren Einbäumen vergleichen konnten. Die großen englischen Segelschiffe dagegen, die auf dem Meere wegen der Riffe hielten, blieben jenseits, unvergleichbar, außer Bewußtsein. Ein besonderer Fall, doch nimmt man das Sehen im weiteren Sinn, so hat der bloße Einbaum – und sonst nichts an Ort und Stelle – allemal vieles nicht erblicken lassen. Desto empfindlicher und empfindbarer aber die Enge, schließlich die Frage der Schuppen vor den Augen. Das auch bei einem über Körper und Primitive noch so erweiterten Gesichtskreis; der einschränkende, jeweilige Ort bleibt.

Ist doch der einzelne Mensch, falls es ihn gibt, allemal an sich selber zu sehr gewohnt. Vor allem, er sitzt meist herkömmlich im Boot seiner Umgebung, seiner Klasse und in dem, was man öffentliche Meinung nennt. Wozu diese nicht einmal von seiner eigenen Klasse herzustammen braucht, sondern, weit häufiger, von der über ihr und ihm herrschenden. Es waren die griechischen Aufklärer, die Sophisten, welche zuerst auf die jeweilige Enge des Kleinen hingewiesen haben und vor allem auch auf das Einsame darin, das allerletzt immer nur sich selber schmecken will. Gorgias trieb das zur Spitze, dergestalt daß nicht einmal das Fühlen unter der eigenen Haut, gar das Vorstellen über Anderes, Äußeres aus seiner Enge herauskönne. Es sei schließlich unmitteilbar, auch bei noch so kommunizierend wirkenden Gebärden, Zeichen, Worten. Der eigene Ort kann darnach nicht mitgeteilt werden, obwohl es überhaupt keinen anderen im Empfinden und Denken von etwas geben soll. In der Tat begrenzt wenigstens die Enge als Insel ebenso sich selber, wie sie von draußen abtrennt. Von dem, was in die Sinne fällt, die ja nicht allen das gleiche, gar alles zeigen, und von dem, was die Gedanken zeigen, die erst recht nicht allen gemeinsam sind. Leichthin wurde diese Enge sogar bejaht, weil sie überhaupt nichts mehr als sich selber zu erkennen übrig ließ, doch fruchtbarer ist es, sie als Krähwinkel zu begreifen, das nur absperrt, aussperrt. Und wie oft eben hat das wirkliche Krähwinkel, das gar nicht so individuelle, sondern das der Gruppe, der eingedickten Klasse, der nichts mehr denkenden Phrase sich als das Hemmnis gezeigt, von dem loszukommen, also wirklich in Aufklärung zu kommen ist. Wie lehrreich hierzu ist ein Gleichnis Kellers, der Hund dieses Gleichnisses, dem man die Nase mit Quarkkäse verschmiert hat, und nun hält er die ganze Welt für Quarkkäse. Sehr gut gehört also dasjenige her, was Bacon die Trugbilder des Lokalen genannt hat. Die »Idole« der individuellen »Höhle«, des generellen »Stammes«, des »klischeebildenden Markts«, der historisch bannenden »Bühne« (Tradition). Letztere setzt dann gleichsam die Bretter vor den Kopf, welche die Welt bedeuten. Das Spüren unseres Orts und des beschränkten, ja fälschenden Ausblicks von ihm kam spät. Es hat sein Amt noch lange nicht getan, auch an denen nicht, die ihrer Ketten spotten.

5 Zweifel an den Sinnen und Gedanken

Was mit uns anhebt, bleibt bei sich nicht stehen. Es tritt auch immer wieder vor dem Weiteren einen Schritt zurück. Sodaß sein Fragen ebenso auch zweifeln läßt auf sehr nützliche Weise. Dann vor allem, wenn die gebräuchlichen, die angeblich sonnenklaren Auskünfte nicht mehr ausreichen. Wenn also Fragen, freilich bereits bestimmtes, unerledigt wieder auftaucht oder neue Fragen am neuen Stoff der Antworten selber sich bilden. So ist der Satz Thomas Manns, daß Schriftsteller Leute seien, denen das Schreiben schwerer fällt als anderen, auch dahin variierbar, daß Philosophen das Denken schwerer fällt als anderen. Besonders als dem Spießer, der seine Klischees hat, und als jenem Alter, das, viel mehr als die Jugend, rasch fertig ist mit dem Wort. Aber neue Beobachtungen kommen hinzu, durch die Sinne geliefert, neue Zusammenhänge gehen auf, durch Gedanken gefaßt, erfaßt. So beim Versagen oder beim reellen Überholtwerden der Theorien; wobei in diesem Betracht wenig Unterschied ist, ob es sich um Verelendung der Massen oder um Newtons ruhenden, starren, absoluten Raum handelt. Zweifel wird also der wichtigste

Stachel des wissenschaftlichen Fortschritts. Daher muß bereits jedes tüchtige Lernen, statt bloß anzunehmen, aufzunehmen, durchaus anders als stallfromm sein können.

Zweifeln hat so auch ein Freies an sich, das sich zum Prüfen geschickt machen will. Nicht zufällig setzte es gerade als wissenschaftliches Mißtrauen gegen Bräuche voraus, Bruch mit dem Tabu bisherig-fester Meinungen. So erst ging Philosophieren in jedem Volk auf und voran, am deutlichsten bei den Griechen, am ungebundensten bei ihren Sophisten. Auch bei diesen war noch Aufgangszeit und so ein Anstoß, ohne den kein neugründender Sokrates gekommen wäre; es war keine Niedergangszeit mit Müdigkeit statt Stachel, also mit totalem Zweifel und sonst nichts. Totaler Zweifel freilich, à tout prix, ist – aus Wohltat Plage werdend – noch denkfeindlicher als der massivste Köhlerglaube. Hier ist kein Stachel mehr, sondern eine Lähmung, und wenn sie nicht verzweifelt ausgeht, so in den meisten Fällen nur deshalb, weil sie mehr à la mode getragen wird. Weil ihre Haltung überall sehr bequem ist, nämlich defaitistisch schlechthin (mit Ausnahme jener Engagements, an die überhaupt kein Gedanke gesetzt wird, etwa des antikommunistischen schlechthin oder auch des antimetaphysischen). Der wirkliche Stachel des Zweifelns hingegen ist durchaus nicht in sich beruhigt, ja wirkliche Skepsis ist am wenigsten agnostisch; denn sie will doch gerade erkennen lassen und nicht Ignoranz- statt Erkenntnistheorie betreiben. Gerade bei seinem beginnend totalen Zweifel resignierte Faust nicht, am wenigsten; »Verachte nur Vernunft und Wissenschaft«, das ist Mephistos Rat, als des Lügengeistes im totalen Zweifel, und nicht der cartesianische Rat des fruchtbaren Zweifelns an allem, um desto wahrer daraus aufzutauchen. Und wie anders als der mephistophelische Rat ist gar der dialektische, mit Skepsis als dem Tauwind oder auch Pflug der Negation, die dem Erstarrten sein Feind ist, dem Neubeginn sein Helfer. Soviel hier über das allein fruchtbare, nämlich das unverdinglichte, *methodische* Zweifeln, woran wirklich Freies, nämlich anstoßend gewordenes Verwundern ist, und das gerade nicht nihilistisch aufhört, sondern am fragwürdig Geschehenen neues Frag-Würdiges entdeckt. Irren mag menschlich sein, aber Zweifeln ist menschlicher, indem es gegen das Irren angeht, das ausruht, und nicht selber in den Irrtum verfällt, den erst recht gefährlich fehlgreifenden: Skepsis bei Abkehr vom Wahren, statt dessen Anti-Rost (nicht freilich Anti-Gold) zu sein.

Der fälschlich gebrochene Stab

Unsicher sind wir zunächst dort, wo etwas nur undeutlich zu sehen ist. Was dagegen klar vor Augen liegt, scheint eben deshalb auch gewiß zu sein, ja sonderlich gewiß. Nun ist merkwürdig, daß der Zweifel doch gerade an dem erwachte, was vor Augen liegt. Das gesunde Mißtrauen ging erst gegen die *Sinne* an, viel später erst gegen Gedachtes. Und doch ist das wieder nicht merkwürdig; wurde damit doch gerade

Landläufiges in Frage gestellt und was ist landläufiger als die ungetrübte Hinnahme von Sinnesdaten, woran mochte der Gedanke selber sinnfälliger stutzen? Der Stab im Wasser ist doch nur scheinbar gebrochen, obwohl das Auge ihn so sieht; die erweisbarste ist die optische Täuschung. Wie, wenn selbst das Bewegte, das man sonnenklar sieht, oder umgekehrt das Ruhende, das noch häufiger, noch »natürlicher« zu scheinen pflegt, Täuschung wäre? Hat doch Zenon das erste, Heraklit das zweite behauptet, mit noch voller Schonzeit für den Gedanken, für dessen extreme Zumutung von lauter starrem »Wesen« hier, lauter flußhaftem dort. Und weniger extrem ergab sich jedenfalls: die Sinne müssen, da das Ihre an der »Oberfläche« liegt, selbst dort, wo sie als Daten durchaus zu gelten haben, nicht gehört, sondern ebenso *verhört* werden. Daß der Stab im Wasser nicht wirklich gebrochen ist, diese Täuschung war leicht, ja bereits sinnlich selber zu beheben, nämlich durch den als glaubhafter angenommenen Tastsinn, den Stab entlangfahrend. Aber daß die Sonne im Osten nicht wirklich aufgeht, im Westen nicht wirklich untergeht, daß sie unterwegs keinen Kreis am Himmel beschreibt, das war schließlich das Paradox gegen das Sonnenklare schlechthin. Und nun ganz wieder auf Antikes zurückgehend, auf Demokrit, gewiß keinen Sinnenfeind, aber einen Sinnenprüfer: die Loslösung des »in Wahrheit Seienden« von Klang, Farbe, von allem Qualitativen in der neueren, immer noch demokritischen Naturwissenschaft kehrt dem sinnlichen Anblick, so sehr sie von ihm ausgeht, erst recht den

Rücken. Galilei, dann Hobbes mit der mathematischen Theorie der Bewegung, der bewegten Körper als einzig wissenschaftlich erläuterter Erfahrung: rein quantitativ riß sich das von den »Zutaten« des sonstigen sinnlichen Anscheins los. Der sonst so wenig kühne Locke fügte das Stichwort (das nicht auf seinem Boden gewachsene) von den bloß sekundären, das ist qualitativen, und den primären, das ist quantitativen Eigenschaften hinzu, als den einzig wahren. Auf diese Weise wurde die äußere Welt allerdings gänzlich von Farbe, Klang, Duft entleert; mit einer riesigen Art von kleindeutscher Lösung sozusagen, mit einem Hinauswurf, der den Farben Goethes und seiner Augenwelt am wenigsten gerecht wurde. Die sichtbare Welt sollte nun, nach Seite ihrer Sichtbarkeit, selber eine riesige optische Täuschung sein; der Tag galt als objektiv falsch, er wurde auf bloß subjektives Wahrnehmen (von was freilich?) reduziert, ja dorthin eingesperrt. Das schließlich wurden die Folgen einer so extremen Skepsis an Sinnen, Folgen, die nicht nur jede Außenwelt mechanisch entleerten, sondern zugleich die Innenwelt qualitativ aufs höchste überlasteten; wovon später mehr. Mechanisch, kalkulatorisch ging es nun wachsend draußen her, das Farbige sollte nun nur noch im Auge leben (und im Gesang). Freilich, wenn das vom Auge Gesehene sich draußen nicht hält, so ward dafür desto mehr der *Gedanke* zuständig, als tiefer eindringendes Licht; – bis auch dieses fruchtbar zu schwanken begann.

Doch wie gesagt, erst viel später wurde am Gedanken selber gezweifelt, als treffendem. Denn dazu mußte er erst da sein, mußte er seine Taten gegen bloß mythische Vorstellungen ausgeführt haben. Danach aber, ja bereits mitten darin ließ sich das Prüfen nicht anhalten; und das nicht nur wegen eines reaktionären Auftrags, eines vernunftfeindlichen schlechthin, von den Trägern der mythischen Vorstellungen her. Selbstverständlich kam auch diese Art unechter und bloß ausnutzender Skepsis vor, wider ihre echte Abrede und Absicht, ihre doch gerade Schutt wegräumende. So ging Luther gegen die sogenannte Närrin Vernunft vor, so der anders fromme Gottesmann Bernhard von Clairvaux, länger vorher, gegen die angeblich sich selber aufhebende Denk- und Widerspruchsart Abälards, des scharfen Dialektikers der Frühscholastik. Und tonangebend dafür war gleichzeitig der Auftritt Algazels im Islam gegen Avicenna, eine skeptischmystische »Destructio philosophorum« im elften und zwölften Jahrhundert. All das, um den Glauben zu retten, wie noch, in freilich höchst edler Weise, bei Pascal (»l'ordre du coeur« gegen, mindestens über »l'ordre de la raison«, in Ansehung eben der »faiblesse de l'esprit humain«). Zieht sich das doch scheinbar bis zu dem Satz Kants hin, er müsse »das Wissen aufheben, um dem Glauben Platz zu machen«; wobei hier freilich einzig der »moralische Glaube« gemeint ist. Nie ist Kant entzückender witzvoll, als wenn es gegen »die Luftbaumeister mancherlei Gedanken«

geht und gegen »die hohen Türme, um die gemeiniglich viel Wind ist«; aber der Witz will hier den *soliden* Baumeistern dienen, auch den von Türmen. Und bei alldem schließlich war ja die echte Skepsis schon vorausgesetzt, die gerade auf Wissensprüfung gerichtete, um des besseren *Wissens selber* willen. Dergestalt echt jedenfalls war die Skepsis am *Gedanken* bei einem Sophisten vom Rang des Protagoras, wieviel wichtiger erst, wie eindeutig heuristisch bei Sokrates, im neuen Wissen, nichts zu wissen. Ein Gleiches gilt, wenn nicht bei Pyrrhon, dem Schulhaupt einer Skepsis (epochē, Zurückhaltung des Urteils) um der Gemütsruhe willen, so bei der Unruhe eines Karneades, etwa bei der Kritik des syllogistischen Schließens, die davon herkam. Diente es doch genau der Wissenschaft, wenn hier gefragt wurde: Wie läßt sich im Schlußsatz beweisen, daß Cajus sterblich ist, wenn der Obersatz wie der Mittelsatz, aus denen das geschlossen werden soll, den Beweis bereits voraussetzen? Wie kann also der Obersatz setzen, daß alle Menschen sterblich sind, wenn nicht einmal gewußt wird, daß Cajus sterblich ist; wie kann der Mittelsatz setzen, daß Cajus ein Mensch ist, wenn nicht einmal ausgemacht ist, ob ihm eine so wesentliche menschliche Eigenschaft wie Sterblichsein prädikativ zukommt? Reinigung des Wissens mithin, und ihre ganze Fruchtbarkeit sollte sich am Anfang des neueren rationalistischen Gedankens selber erweisen, aufräumend, um rationaleren Wissens willen (bis auch dieses der Stachel traf). Eben das Descartes'sche Zweifeln, heraus aus der alten genormten Stallung, radikalisierte die

Skepsis am Gedanken (dem bisherigen, scholastischen) aufs schärfste, um genau von ihr her neue, echter erscheinende Ratio wie rocher de bronze zu gewinnen. Daß das Sicherste selber aus dem Dubito folgen soll: mehr kann vom Zweifel nicht verlangt werden und mehr wurde er nie gepreßt, auch destilliert.
Bis genau wieder dieser allzu reine Verstand sich benagen ließ. Die neue und neueste Weise des Zweifels um Gedanken ist zweifach beschaffen. *Erstens* werden nun doch wieder, als vertraubarer, die Daten der Sinne gegen ihn ausgespielt. Das also *positivistisch*, gegen das Denkwesen im Sinn des Verallgemeinernden, gemäß der Kritik, welche Hume an solch gedachten Zusammenhängen (Ursache-Wirkung, Dingbegriff) geübt hatte. Dergleichen stand überdies in gut englischer Überlieferung: daß Allgemeinbegriffe bloße flatus vocis seien, dazu hatten sie die spätmittelalterlichen Nominalisten Duns Scotus, vor allem Occam verflüchtigt. Und vollends zur Kritik, nämlich hin zu sogenannt reiner, nämlich ausschließlicher Sinneserfahrung wurde das – mit freilich sehr herabgesetzt verkauftem Hume – bei Avenarius und Mach, »empiriokritizistisch«. Nichts aber sollte hier im Zweifel am Gedanken überhaupt übrig bleiben als ein sparsames denkökonomisches Sichzurechtlegen von Eindrücken; sogar das Atom war hiernach, für Mach, ein bloßes Gedankending, folglich nichts. Die meisten gegenwärtigen Physiker – mit bemerkenswerter Ausnahme Plancks – schließen sich trotzdem diesem allzu flachen »Modell«-Denken an; sie bejahen damit eine abstrakt vermathematisierte Welt

und pflegen zugleich vollendete Skepsis an ihr. Dabei hat der Modellbegriff, der versucherische, selber *zwei Gesichter;* er meint einmal das bloße Denkproben über die Beziehungen von »facts«, sodann aber: es könnte der Modellbegriff auch bedeuten, daß die Welt der sogenannten Fakten selber sich noch in einem thetischen – Modellzustand ihrer selbst befindet. Daß sie also selber noch nicht weiß, wo ihr der Kopf steht, sich vielmehr noch in eigener dauernder Probe auf ihr eigenes Wahrsein befindet. Wonach Denkmodelle nicht so sehr, positivistisch, an »Fakten« als selber an – Modellen, diesfalls objektiv realen, sich zu verifizieren hätten. Dies setzte also für die Modelltheorie ebenso ihr Gegenteil (Agnostisches betreffend) wie ihre unerwartete ganz umfunktionierende Begrüßung (Experimentelles, Undogmatisches im erkannten Objekt selber betreffend). Bloßes »Gedankenexperiment« wird dann eines, das nicht nur in Gedanken, das in den Sachen selber stattfindet. Bloßer »Idealtypus«, etwa als Modell eines ersten Überblicks historisch-kultureller Art, reicht dann übers bloß Heuristische hinaus, gegebenenfalls als noch offene Tendenzgestalt (bis zum »Ideal«) in den historisch-kulturellen Erscheinungen selber. Modelldenken, aus Skepsis entsprungen, wird also nach dieser Seite ein Stück vorwegnehmender Thesis, sich utopisch voranhaltender Phantasie in der Erkenntnis; wovon gleichfalls später. Jedenfalls fehlt dieser Seite nun auch gänzlich die hochübertriebene Zweifelsart: jedes Gedankliche, logisch Zusammenhängende der Erscheinungen *lediglich als fiktiv* zu nehmen. Wobei

Gefahr besteht, daß alle allgemeinen Begriffe, ohne Ansehen von Person und Sache, ausfallen, nicht nur Ich, Seele, sondern ebenso ein recht weniger Geisthaftes, nämlich Materie. Wobei weiterhin der gesamte Reichtum gedanklich erfaßbarer Zusammenhänge (Regeln, Gesetze) zum Schatten bloßer funktionaler Beziehung abblättert (wenn x sich ändert, ändert sich y, wenn y sich ändert, ändert sich x). Lehrreicherweise hat jedoch die Skepsis am *Gedanken* erkenntnistheoretisch dazu beigetragen, daß die Skepsis an den *Sinnen* nicht einen Freibrief für die bloßen Gedankendinge gebe.
Soviel hier übers Dämpfen des reinen Verstands durch Ansätze, niedriger liegend. Zweitens aber, vom *positivistischen* Zweifel und seinen Folgen sehr verschieden, ist der *anti-idealistische* am Geist. Das heißt, an der Rangmacht des Gedankens als eines Geistigen in der Welt selber, sowohl wirkend wie substantiell. Da ist dann jener im Leben geprüfte, in der Analyse von wahrhaft gesundem Mißtrauen erfüllte, der etwas zu schön, zu hoch, zu logoshaft, kurz, zu idealistisch ist, um wahr zu sein. Was Geschichte angeht, so hat Ideologieverdacht hier Platz, und was die Welt insgesamt angeht, der Theologieverdacht gegen jede Art von Geistbetrieb darin. Abbauende Analyse, hin auf des Pudels Kern, entlarvend, entzaubernd allemal, führt die Skepsis hier als dauernde *Aufklärung* ans Licht. Mit Unglauben an die mannigfachen Deckvorstellungen, vorzüglich idealistischer Art, hat Freud die sehr viel weniger geistigen Antriebe im Verdrängten entdeckt. Mit noch viel Schärferem als Unglauben hat Marx das ökonomische Interesse statt der Ideen

im historischen Triebwerk kenntlich gemacht, unter Wechselwirkung gewiß, doch so, daß dann, wenn eine Idee mit einem Interesse zusammenstößt, es allemal die Idee ist, welche sich blamiert. Derart wurde die Dialektik des Hegelschen Geschichtsgeists genau in diesem historischen Feld vom Kopf auf die Füße gestellt, und der Weltgeist als Demiurg insgesamt hatte seit Kants »Theorie des Himmels« auch hier den Anstoß verloren. Jedenfalls zerstörte diese Säure des Zweifels, dieses sein spezifisches Scheidewasser alle möglichen Hypostasen der Gedankenwelt zum Weltgedanken. Das gewiß oft übertrieben, oft ohne jede Sicherung gegen jene ganz andere Entgeistung, die nicht Aufklärung, sondern Aufkläricht heißt, nicht Freilegung, sondern verbaute Dummheit, Triumph der Banalität. Dann hat in dieser falschen, dieser selber im Nebel stehenden Entzauberung die fatale Kategorie des Nichts-Als Platz, ohne Duldung eines Ideeprodukts, eines nicht priushaften, aber krönenden. Dann werden nicht nur, wie rechtens, die Seifenblasen in Seifenwasser aufgelöst, sondern auch, mit totalem Nichts-Als, Gold zu Tombak. Gewiß also: »Zurückführung« alles und jedes Intelligiblen auf möglichst ihm Fremdes, auf bestenfalls Auslösendes, solcher Vulgärmaterialismus ist zum Geist feindlich, nicht ihn entnebelnd und reinigend. Zu diesem billigen Mephisto gehört auch, was gerade ein Nichts-Als bis zur Groteske kenntlich macht, Kautzkys folgender Satz: »So ist denn die Reformation nichts anderes als der ideologische Ausdruck tiefgehender Veränderungen auf dem damaligen europäischen Wollmarkt.« Dergleichen also hat von der Durchschauung des Gedankens als kleinem Demiurg fernzubleiben; jedoch genau eben im genuinsten Skepsis-Sinn der Aufklärung, im Sinn der Lichtrettung durch Kritik seiner Verneblung und gar der Taschenspielerei. Das allein ist das wirkliche Amt der antiidealistischen Skepsis gewesen und ihr Erbe, also wie Marx das sagt: nicht damit der Mensch, nachdem die Scheinblumen an der Kette durchschaut und weggeworfen sind, »die trostlose, phantasielose Kette trage, sondern damit er die Kette abwerfe und die lebendige Blume breche«. Oder: um dem Gedanken, indem er nicht Demiurg ist, seinen wirklich leuchtenden, nämlich vorleuchtenden Platz in der Welt zu geben. In derjenigen, welche ja in die immerhin gedankengefüllte Innenwelt und in die ihr nicht ganz vermittelte Außenwelt getrennt ist. Wobei es in der Anschauung beider Sphären, der des Bewußtseins und der vom Bewußtsein relativ unabhängigen, ebenfalls noch viel rauchverzehrender Skepsis bedarf, damit die Welt schließlich doch voller – Gedanken sei oder werde.

6 Wechsel von Innen- und Außenwelt; Verbindung

Wie einfach scheint es, daß man in sich sitzt und heraussieht. Das Ich wohnt innen, umgrenzt von der Haut, die sonst nicht umsonst eigene Haut heißt. Außerhalb ihrer, in dem, was dadurch Draußen heißt, wohnen die Dinge. In einem Raum ohne uns, durch den wir stets wie besucherisch hindurchgehen, auch mit eigener Hand eingreifen. Doch das Subjekt, das so hindurchgeht, ist eben sich selber, wenn es sich anschauen will, unsichtig, ist sich einzig zuständlich, nicht gegenständlich. Wie der eigene Kopf, bis zu den Schultern, aus dem Blick auf sich völlig ausfällt, als Loch in dieser Selbstanschauung Ich, so fällt unser Selbersein insgesamt, als unsichtiges, wohlverstanden, aus jeder versammelten, so sehr sichtbaren Umwelt aus. Das auch bei starkem Dabeisein, ja dem Subjekt optisch desto fühlbarer bei starkem Dabeisein. Daher das etwas Unkenntliche, wenn sich der Liebende mit der Geliebten oder auch nur der Sprecher vor einer Versammlung auf einer Aufnahme optisch gleichartig mit den anderen aufgenommen sieht. Also so wie ihn die Anderen (die sich selbst aber gleichfalls nicht gesehen haben) im Blick hatten. Was bekanntlich nicht ausschließt, daß der Träger dieses Innen besonders auf sich bezogen ist, mehr als auf Du und Es draußen.

Hierbei schwankt freilich, was nur von vornherein das Innen betonen läßt. So findet sich, bereits psychologisch teilbar, neben dem sogenannten introvertierten der extravertierte Typ. Beide können mit dem egoistischen hier, dem mehr altruistischen dort verbunden sein, doch sind es nicht diese willenhaften moralischen Elemente, die so scheiden lassen. Gibt es doch introvertiert sehr saubere, sogar allzu sanfte Naturen und die Extravertierten, die objekthaft Gerichteten, sind keineswegs alle gute Menschen, häufiger sogar kalte. Ebensowenig fällt der Unterschied ohne weiteres mit dem zwischen den sogenannten Gefühlsmenschen, den sogenannten Verstandesmenschen zusammen und gleichfalls nur ungefähr, mindestens nicht sachlich konstituierend, mit dem bekannten, oft klischeehaft gemachten zwischen den Geschlechtern. Wesenhafter freilich ist die *Jugend*, nämlich die Art Werthers, anders auch Tassos introvertiert, trotz der Zweisamkeit ihrer Liebe, die gerade darin doch Einsamkeit ihrer ist. Wogegen Extravertiertes wieder wesenhaft zum um sich blickenden *Mannesalter* gehören mag, nicht nur zu dem Antonios (contra Tasso), sondern expressis verbis zum Thema des Wilhelm Meister, als dem Erziehungsroman zur *Objektivität* (mit freilich vorhandenem Subjekt, fern von dem Werner, dem trockenen, konformen Spießer ebenda). Das Extravertierte kann hier soweit gehen, daß es, wie beim Einrichten eines Wohnraums, zwar Schaudinge die Menge an die objektiven, im Abstand befindlichen Wände stellt, die subjektiven Sitzgelegenheiten, mehr in der Mitte des Raums, dagegen vergißt; und trotzdem: ein Raumschlagendes, Werkbildendes ist jenseits dieser Karikatur seine Ehre. So auch und so vor allem tritt die beiderlei Haltung bei Denkern auf, selten ganz rein, doch auch in der Verschränkung am Übergewicht des Intra oder Extra kenntlich. Polemisch unmittelbar geheizt treten hier die Antithesen Kierkegaard und Hegel vor (nicht der ganze Hegel, nicht der der Phänomenologie, gewiß nicht, aber der von Kierkegaard ad hoc typisierte). Was in meiner Philosophie, hatte Hegel gesagt, von mir ist, ist falsch; genau umgekehrt hätte Kierkegaard gesagt, der Mahner des »Sich-in-Existenz-Verstehens«, der zur Selbstprüfung Anempfehlende:

Was in meiner Philosophie nicht von mir ist, ist falsch; nur die Subjektivität ist die Wahrheit. Das freilich meint nicht ganz das sogenannte Existenzialistische von heutzutage, gar noch psychologisch aufgeweicht, wie bei Jaspers. Und ebenso kommt das rein Objektivistisch-Gebaute heutzutage überhaupt nur epigonal vor, so etwa bei N. Hartmann, in den Kopien Hegelscher, vorab Aristotelischer »Schichtungen«; sein Extra muros ist desto personloser erkennbar. Und ganz verbilligt tritt es mechanisch-materialistisch auf, dort, wo das nicht mehr geäußerte, sondern nur mehr veräußerlichte Weltbild so groß und zugleich so klein ist, daß nicht einmal ein Kopf mehr darin Platz hat. Kurz: Intro-, Extravertierte machen sich jeweils als Verdampfendes hier, als Verhallendes dort negativ kenntlich, positiv dagegen als transzendentales Grübeln hier, als stoffhaltiger Weltblick dort. Eine wie oft ambivalente Reibung mithin zwischen Innigkeit und dem Satz Kellers: »Trinkt, o Augen, was die Wimper hält, von dem goldenen Überfluß der Welt«, aber auch zwischen Hieronymus im Gehäus hier, bestirntem Himmel dort.

Immer noch gewohnter Umgang zwischen beidem

Daß man in sich sitzt und heraussieht, dies Einfache geht zwar früh an. Doch halten es Kinder nicht nur so, auch nachdem sie wissen, daß sie Iche sind. Nicht nur sie selber sehen die Dinge an, diese sehen sie gleichfalls an; das Wasser blinkt her, der Schrank hat ihnen ein Auge, viel Angst kommt von daher. Und wenn wir nach etwas greifen, woran die Oberfläche zu glatt ist, so erscheint diese Glätte als abweisend, während anders Beschaffenes, Griffiges in die greifende Hand einschlägt. Insofern wird dann Inneres nicht nur von außenher benannt und getauft, sondern es leiht, was Gefühle angeht, auch dem Draußen Sprache. Das viel seltener, gewiß, doch dafür viel anhaftender; so im Gefühlston der Farben, gerade als der doch ausschließlich draußen, nicht im menschlichen Inneren vorkommenden. Rot, gelb, grün, blau, violett, damit sind sogenannte Stimmungen verbunden, unweigerliche, die wie die Farben an ihrem Gegenstand, so an der jeweiligen Farbe zu haften scheinen. Was eben ohne noch vorhandenes Hinüber und Herüber eines Eindrucks, den so etwas macht, nicht zu erleben wäre. Auch der Glitzereffekt des Schmucks, der bunten Steine gehört nachdenklich hierher. Wie oft hat er den Glanz einer Frau vermehrt oder vordem königliche Aura gekrönt; wodurch denn ist das möglich? Eine Schranke zwischen Innen und Außen ist daran bereits nicht dicht geworden, sondern porös. Auch dann, wenn das kindliche Beleben längst abgezogen ist, etwa in der sehr erwachsenen Bemerkung, daß man nur die im Lichte sähe, die im Dunkeln nicht; was aber sogleich einen Doppelsinn von düsterem Abgrund, von publiker Höhe mit sich führt. Auch dieses blickt nun zurück, als Unerblicktes selber oder Verlassenheit, als Übererblicktes oder gemachter Ruhm. An dergleichen sind also Innen und Draußen immer noch gemischt, doch nicht von vornherein unreinlich.

So wenig macht doch gerade unmittelbares Erleben das scheinbar so einfache Drinnen hier, Draußen dort mit. Ein früheres Befinden geht diesem Zweierlei: der Haut als unserer Wand, dem Auge als Fenster, eigen vorher, wirkt nach. Dieses Frühere und doch nicht Verschwundene ist zweifellos trüber als das sauber gekommene Zweierlei, und trotzdem hat es ein eigenes Beleuchten. Auch liegt die Trübe nicht in seinem Akt selber; diese ist vielmehr deutlich benennbar: nämlich als einfühlender, als einer der *Einfühlung*. Wobei ein Aufschließendes so weit zu gehen scheint, als wäre ein sonst Äußeres nicht nur empfunden, sondern, wie man sagen kann, empfühlt und so selber, dem Menschen verwandt, auf ihn zurückblickend. Menschlich, allzu menschlich und doch unausweichlich ergibt sich so als Eindruck: Der See »lächelt«, der Wind »seufzt«, und das nicht nur langgezogen, sondern sogar einsam, die Säule »strebt« in die Höhe. (Th. Lipps hat sich sehr mit dergleichen abgegeben, zwar leider nur als Psychologe, doch dadurch gerade den eigenen Aktvorgang des Einfühlens kenntlich machend, wenn es etwa aus dem Wedeln des Hundes Freude »herausfühlt«). Die Sprache, nicht nur die dichterische, sondern die alltägliche, ist voll solcher eingespielter Einfühlungen. Ihr Innen-Außen, Außen-Innen begleitet die Sprache vom dümmsten Kitsch (»Dieser Film ist eine wirbelnde Wolke pikanter Heiterkeit«) bis zu der »reinen Wolken unverhofftes Blau«, bei George. Eingespielt ist dergleichen gewiß auch deshalb, weil hier so viel Atavistisches noch mitklingt, so viel animistische Belebung von einst. Was dem Einfühlen zweifellos nichts Solides gibt, vielmehr dauernd Prüfung verlangt und es trotzdem, mutatis mutandis, so neben, besser: unter der geprüften Einsicht bestehen läßt, wie die Angabe, der Himmel sei »heiter«, zusammen mit der schlichteren weiterbesteht, die Sonne »gehe im Osten auf«. Wobei das übertragen Heitere sogar auf ein Qualitatives am Himmel, an einem Maitag etwa, immerhin hindeuten könnte, selbstverständlich nicht buchstäblich, sondern transparent, während doch ein Aufgehen oder Untergehen der Sonne objektiv in keinem Betracht statthat. Weiter kommt zu der angegebenen Außen-Innen-Übertragung der Sprache (etwa Härte für einen Charakter, Aufklärung für eine Epoche und so fort) sogar eine Gegenbewegung, genauer: Rückbewegung. Ein Mensch wird »aufgeschlossen« genannt, als wäre er ein Schrank, aber ein Schrank wird bei Keller »patriarchalisch« genannt, als wäre er ein ebenso beschaffener Mensch. Und solch veranlaßt Empfühltes reicht eben von dem fröhlichen oder auch dem fröhlich murmelnden Schubertschen Bächlein bis zu dem hohen Vers aus der Walpurgisnacht, dem mit Goethes Sachlichkeit vollgeladenen: »Wie traurig steigt die unvollkommene Scheibe des roten Monds mit später Glut herauf«. Bedenkenswert wirkt dieser Vers auch deshalb und darin, daß die anthropomorphe Introjektion »traurig«, ja auch »unvollkommen« ohne merklichen Bruch hier neben rein physisch Beschreibendem wie »späte Glut«,

»roter Mond« stehen kann. Da macht es sich die Verbrecherin Herodias in Wildes »Salome« leichter, wenn sie gut positivistisch sagt: »Der Mond ist wie der Mond, laßt uns hineingehen«. Keine Einfühlung jedoch läßt hineingehen statt sich aus sich heraus, mit auffallendem Zwang, ins sonst Fremde einzusetzen. Gewiß, nur als unser eigener gereckter Leib strebt die Säule in die Höhe, als unsere eigenen Unlustlaute tönen die chromatischen Windlaute melancholisch. Aber wo ist in unserem Sich-Recken etwas, das die Einfühlung von Trauer in den späten Mond, gar ins immerhin Aktive seines Heraufsteigens analog sozusagen begründete? Und schließlich, was Analogie selber angeht, die bekanntlich kein Gefühlssprung, sondern ein Schlußverfahren ist: wo ist im blitzschnellen, auch unausweichlichen Akt des Einfühlens Zeit und Platz, damit ein Denken per analogiam (vom Inhalt des eignen Seufzens auf den der Windlaute schließend) sich anstrengt? Einfacher ist zweifellos, daß im Einfühlen ein Empfühlen selber als Herausfühlen vorsichgeht; es vermenschlicht auf weite Strecke, doch nicht sicher überall und vor allem nicht in allen weiteren Schichten seines umzurechnenden Inhalts. Vorlogische Vorgänge allerdings, nur: sie zu bedenken, ist nicht vorlogisch, so wenig wie ihr so zäh erhaltener, nicht überall subjektiv begründbarer Zwang. Vielmehr stellt Einfühlung die noch gewohnteste Brücke zwischen gefühltem Drinnen und schlicht empfundenem Draußen dar.

Hochgetriebene Schärfe von Ich und Nicht-Ich, prekär werdende Beziehung

Noch nicht so lang, sagten wir, keinesfalls immer war dies Zweierlei dermaßen getrennt. Und ganz anders als in der Einfühlung rollt sogar in sehr viel Bedenklicherem eine sehr lehrreiche urzeitliche Dünung aus. Zur Warnung, auch zur Dankbarkeit für das Saubere von Drinnen hier, Draußen dort dienen hier wirkliche Einbrüche ins Atavistische. Nämlich die neurotischen, gar schizophrenen, wie sie zugleich tolle Einbrüche zwischen Drinnen und Draußen sind. So daß Subjekt und Objekt völlig den Ort zu tauschen scheinen: der Kopf ist die Straße, die Straße ist der Kopf, das gewundene Tal ist die eigene innere Schlange, alles mäandrisch hin- und zurücklaufend, verstrickt. So wild ungeschieden sind hier Schübe aus längst vergangenem Weder-Noch von Subjekt und Objekt, dergestalt daß sich gerade Animistisches aus Urzeiten bedeutsam wieder kenntlich macht. Hierin freilich als lediglich Psychologisches aus Urgeschichte, nämlich aus noch nicht vorhandenem Drinnen, noch nicht verdichtetem Draußen, reproduziert. Auf schreckliche Art, ja sogar nicht nur mit dem allbeseelenden Animismus ganz zusammenfallend, als einem doch auch aufheiternden. Klar jedenfalls wird erneut, daß die sogenannte natürliche Weltansicht, mit Subjekt ungemischt hier, mit Objekt ungemischt dort, durchaus nicht natürlich, vielmehr erst erworben ist. Ein Ich-Bewußtsein vor allem lag oder liegt primitiv, in wirtschaftlich undifferenzierter Horde, überhaupt nicht vor, trennte sich also auch nicht mit der seitdem so außerordentlich geschärften Hautgrenze vom Draußensein anderer Menschen, selbst der Dinge ab. Eben nur die schizophrenen Atavismen, die heute völlig unnatürlichen, lassen in etwas das damals völlig natürliche Mischbild Mensch-Welt reproduzieren. Also kennt der Primitive zwar seine Seele, aber er zeigt sie, nennt sie nicht als die eigene Person, sondern etwa als der fliegende Vogel dort zwischen den Bäumen oder als anderes Totemzeichen des ganzen Stammes draußen, – in nicht nur animalischem, sondern darin völlig verspelltem Weltgefühl. All das mithin änderte sich erst, als mit entstehender Arbeitsteilung, das ist mit der Ausbildung von Herr und Knecht, mindestens der Herr ein in sich zentriertes Ich-Gefühl entwickeln konnte. Und nun eben: das eigentliche *Ich-Bewußtsein selber*, das heute fast schon physiologisch mitgegeben scheint, entband sich verblüffend neu erst in den nicht mehr stammeshaft, aber auch nicht mehr despotisch, ja nicht mehr ständisch gebundenen Gesellschaften, also zuerst in den *griechischen* Handelsstädten, dann vor allem – mit seitherig scharfer Prägung – in der *Renaissance.*

Haben doch die Griechen, die angeblich so auswendigen, am ehesten auch aufs Ichsein sich eingestellt. Das nicht nur mit ihrer Fülle sichtbarer Köpfe, in denen die Welt sich anders malte als üblich. Sie haben vor allem, zurückreflektierend, außer dem Bewußtsein genau auch das Selbst-Bewußtsein namentlich ausgezeichnet. Es brauchte den Aristoteles und Plotin, um ein so Ichbezogenes wie das »Hören des Hörens«

(akuein tu akuein) auch noch auf ein »Gewissen-Wissen seiner selbst« (parakoluthein heautō, syneidēsis) sich reflektieren, sich zentrieren zu lassen. Freilich lag dem schon ein anders scharf Geändertes vor, so das Ichhafte der Sophisten, das »Erkenne dich selbst« und sein Halt bei Sokrates, auch der epikuräische, der stoische Rekurs auf Privatheit bis zur »Selbstbetrachtung« (ta eis heauton) bei Marc Aurel. Und wie mächtig neu hat, von einer erst recht verschiedenen Seite, also von der *Bibel* her, jener ausdrückliche, nämlich eindrückliche Ruf eingewirkt, vor allem nachgewirkt: Salva animam meam. Bis hin zur vollen Ichgeburt neu entdeckter Innerlichkeit bei Augustin und dem Selbstbewußtsein sogar als erster Gewißheit. Unvergleichlich kommen nun, in den »Confessiones« Augustins, völlige Selbstaufwühlungen, kommen die extremen Ichrufe, Innerlichkeitsrufe, mit dem Bogen von und zu Gott selber her. So Augustins Sätze: »Gehe nicht nach außen, in dir selber (in te interiore) wohnt die Wahrheit« und: »Gott und die Seele will ich wissen, sonst nichts, sonst durchaus nichts«. Von daher direkt drang so das Losungswort zur mittelalterlichen Mystik, vorzüglich als der introvertiert-transzendierenden zugleich. Im Te interiore stand Meister Eckarts Ebenbildlichkeit Gottes selber und allein, das brennende »Fünklein«, die »Burg«, der »Abgrund der Innewohnung seiner selb«, die »Synteresis« (Selbstgewissen) ohne alle »Anderheit« eines Objekts. Wenn so freilich, seit Augustin her, Tiefen der Selbstversuchung gedacht wurden, in denen zwar das *christliche Selbst,* doch keinesfalls das *kreatürliche Ego* Urständ feierte: so verschwand das, kraft höchst ungeistlicher, höchst weltlicher Zuflüsse, nun weitgehend in der bürgerlichen Neuzeit. Eben die *Renaissance* brachte statt der geistlich-geistigen Ausschachtung von Inwendigkeit eine methodisch-rationale hinzu: und ihr Subjekt hieß transzendentale, nicht transzendente Besinnung. Beginnend mit dem Dubito, cogito, ergo sum des Descartes, mit einem nunmehr wissenschaftlich, nicht mehr mystisch eingehämmerten Akzent der Selbstgewißheit. Diese wurde also von da ab eine volle *methodische* Ichgeburt, mit Gott und Welt als erst aus dem sicheren Ego-sum ableitbar. Ego sum, ergo est deus, ergo est mundus bei Descartes, Deus est, ergo est mundus, ergo ego sum bei Thomas – welch ein Unterschied in der Valenz, gar Prävalenz des Subjekts. Und so wenig natürlich, so hochgespielt und hochgetrieben an diesem Punkt – mit der Sicherheit des Subjekts, der Unsicherheit des Objekts – ging auch die prekäre Subjekt-*Objekt*-Relation an. Der Subjekt-Ausgang war jetzt erst auch erkenntnistheoretisch gesetzt, so kam nun, genau von daher, seit Hume, der erkenntnistheoretische Stachel radikal in die Welt, radikal sich selber reflektierend bei Kant. »Ich denke, das muß alle meine Vorstellungen begleiten können«, sagt Kant, und das Denken soll hier in nichts mehr passive Abbildung sein, sondern in allem Erzeugung, nämlich der Formen, der einzig vom Subjekt her erzeugten, mittels derer objektiv erkannt wird. Das Subjekt, auf das sich Kants radikale »kopernikanische Wendung« bezieht, dergestalt daß sich nicht der Verstand um die Dinge, sondern die Dinge um den Verstand zu drehen haben, ist hier gewiß nicht das individuelle, sondern soll durchaus ein »Bewußtsein überhaupt« sein. Doch eben dadurch wird es als ganze *Sphäre* betont, also nun erst gegen die bisher einzige Sphäre, die vom Bewußtsein unabhängige der Welt, etabliert. Derart tritt – mit riesiger Rezeption des Sokratischen Erkenne dich selbst – der Begriff vom Wissen von den Dingen in ein bohrend versuchtes *Wissen ums Wissen* von den Dingen zurück, das heißt in jenes Apriori vor aller wissenschaftlicher Erfahrung, das diese erst als wissenschaftliche begründet. Solches soll also die transzendentale Methode sein, das Transzendentale höchster, das heißt tiefster Introvertiertheit, zum Unterschied von allem Transzendieren und seinem dem Bewußtsein Transzendenten, sei es als Weltding an sich, sei es gar als Überwelt. Allemal aber: das derart einzig Begründensollende, die Macht des transzendentalen Apriori gegenüber dem bloß empirisch zusammengerafften, scheinbar draußen gegebenen Aposteriori: diese Macht soll einzig der Spontaneität (Erzeugungskraft) des transzendental entdeckten Subjekts entspringen. Des gleichen schließlich, das nicht nur in der Kritik der reinen theoretischen Vernunft, sondern auch in der reinen praktischen Vernunft, ja der Kritik der Urteilskraft sich geltend macht. Als Autonomie des sittlichen Willens, ja als künstlerische Autonomie des schaffenden Genies, des selber erst Regel setzenden. Freiheit, die sich allein durch sich selbst determinierende, wird so der *Wertsinn* in der Prävalenz des transzendentalen Subjekts; von Anfang bis Ende. Diese nicht nur theoretisch erzeugende Aktivität dringt vor allem bei Fichte durch: das Ich erzeugt hier überhaupt nur die Welt des Nicht-Ich, um als sittliche Tätigkeit die Objektwelt sittlich-gemäß fortzubilden. Der transzendentale Rückzug ins Subjekt, diese absolute »Selbstreflexion des Setzenden«, wird damit ebenso zum praktisch-sittlichen Vorstoß ins nicht Gegebene, sondern uns Aufgegebene der Welt. In Fichtes Welt als bloßes »versinnlichtes Material der Pflicht«, vom theoretischen Ich eben nur erzeugt, damit das praktische sich daran bewähre, sich darin durchsetze. Das ist eine schließliche Verbindung von Selbst und »Erscheinungswelt«, aber (bei Fichte besonders deutlich) auch um den Preis, daß das Objekthafte immer – weltloser wurde, gar als das riesige Eigene, das nicht bloß Nicht-Ich Seiende der »Natur« aus Vermittlungen gänzlich ausfiel. Weiter hatte hier gewiß der Selbstpol, der immer intensiver so herausgearbeitete wie entdeckte, unverlierbaren Reichtum gezeigt. Doch bald so, daß im Gefolge der kapitalistischen Selbst- wie Weltentfremdung das erst überseelte Subjekt immer mehr einging, das transzendentalidealistisch entseelte Objekt sich immer mehr mechanistisch entfernte. Hegels Phänomenologie und System, des Subjekts ebenso voll wie des Objekts (im Unterschied zu Fichte, in Verbindung mit dem Goethischen und Schelling), diese stets polar vermittelnde Dialektik eines dermaßen Auseinandergetriebenen war die letzte, freilich auch fort und fort verpflichtende in der Subjekt-Objekt-*Trennung* des neueren Idealismus. In dieser enormen, doch ebenso fruchtbaren Erschwerung jedes noch naiven Brückenbaus. *Unreflektierte* Unio affectiva, von der Einfühlung aufwärts, ist von da ab endgültig als immer noch primitive kenntlich gemacht.

Menschliche Selbstentfremdung – mechanistische Entfremdung der Welt selber; Remedur

Ich und Draußen sind nun getrennt, aber auch miteinander kahler geworden. Dem erzeugenden Ich wächst das Erzeugte über den Kopf, das Erzeugte scheint gänzlich selbstlaufender Besen zu sein, und wie sehr erst wirkt dann alles andere automatisch. Der gesellschaftliche Grund dieser Entfremdungen ist das Zur-Ware-Gewordensein aller Menschen und Dinge. Ihm entspricht großenteils schlecht durchschauter Warenumlauf, als Modell für einen völlig quantifizierten Zusammenhang (oder nicht einmal mehr diesen) der Objekte. Vor allem ein gesellschaftlich entfremdetes Objektsein (Betrieb, Apparat) kann selber automatisch ein entfremdetes Subjekt bedingen; so wie dieses wieder mit der äußeren Entfremdung wechselwirkt. Die Gesellschaft besteht dann bis knapp zu den oberen Subjekten aus Rädchen im Betrieb, und die Oberen haben ihre relative Handlungsfreiheit auch nur in den Zwischenräumen, besser, wie Lukács sagt, nach Maßgabe bloßer Chancen im Wirtschaftsleben. Derart liegt das Subjekt auch als theoretisch betontes seit Mitte des vorigen Jahrhunderts recht weit hinter dem stolzen homo faber, dem Sum, ergo est mundus, dem autonomen Bewußtsein überhaupt zurück. Taines Milieutheorie, wonach die Menschen jeweils nur Abdruck ihrer sozialen, geographischen Umwelt seien, wäre vordem nicht so denkbar gewesen. Auch nicht unter den französischen Materialisten des 18. Jahrhunderts, indem diese überhaupt nur ein physisches, noch kein soziales Sein das Bewußtsein bestimmen ließen. Das Individuum rangiert von Taine ab also feinstenfalls als Schnittpunkt sozialer Beziehungen und wesentlich eben als Abdruck; das Verhältniswort fürs Partikel Individuum heißt darnach Weil und nicht Trotzdem. Scheinbar dem verwandt, ja sinngleich klingt dann freilich der Marxsatz: nicht das Bewußtsein bedinge das (gesellschaftliche) Sein, sondern umgekehrt dieses Sein bedinge das Bewußtsein, und das Bewußtsein des Subjekts sei ohnehin nur eine Spielart seiner jeweiligen Klassen-Ideologie. Indes: die Marxsche Betonung eines solchen Außenseins hat mit der passivistischen Milieutheorie genau nicht dies Passive gemein, da hier ja das Bewußtsein selber mitbedingend an dem es tragenden und bedingenden gesellschaftlichen Sein beteiligt ist. Daher wird zwar weniger in der ökonomisch-sozialen Geschichtsauffassung, wohl aber in der humanistischen Revolution gefordert (und ein Subjektfaktor a limine macht die Revolution erst möglich): »Wenn die Umstände die Menschen bilden, dann müssen die Umstände menschlich gebildet werden«. Wozu eben bereits die Anerkennung des homo faber gehörte, des Menschen, der seine Umwelt nicht mit einem Subjekt aus passivem Wachs erleidet, sondern aktiv in sie eingreift; – idealistisch intendiert gewesen in Fichtes Übergang von der Denksetzung zur Tathandlung. Solche Wirkung von Subjekt auf Objekt geschieht allerdings nicht idealistisch-abstrakt, und sie geschieht auch nicht von entfremdet bleibendem Subjekt auf eine Objektwelt im bloßen mechanistischen Betriebsreflex. Vielmehr gehört zur wirklichen, neuen Subjekt-Objekt-Beziehung zunächst, analytisch, das Durchschauen aller Entfremdungen, schließlich Verdinglichungen, die mit dem Warenumlauf zusammenhängen und sodann, konstruktiv, die sachkundige, tendenz- und gesetzkundige Objekttheorie, kraft derer in die Objektwelt wirklich eingegriffen, sie konditional vermenschlicht werden kann. Also trotz theoretischem Schlüssel und praktischem Hebel des Subjektfaktors ist dann freilich ein Übergewicht des objekthaft Bedingenden sachkundig klar, des außer dem Subjekt vorhandenen, obgleich von ihm nicht a limine und usque ad finem unabhängigen Seins.

Sachkundig, darin steckt schon, daß vom Drinnen abzustreichen ist, was nicht zur Sache gehören mag. Objektiv wird nur ein Erkennen sein, das den menschlichen Färbungen ebenso vorsichtig gegenübersteht wie den objektiven Verdinglichungen. Desto mehr, als ja diese Verdinglichungen eine menschliche, diesesfalls zwischenmenschliche, gesellschaftliche Wurzel aufweisen. Näher aber zum einfachen Objektivsein, als dem approach ans reale Objektsein, so wurde der nötige Abstrich von dem, was des Subjekts ist, freilich auch übertrieben, bürgerlich vor allem, weil es da vor allem betrachtend herging. So wurde von Külpe, einem der Rechenschaftsführer der einzelwissenschaftlichen »Realisierung« des vorigen Jahrhunderts, ein gänzlich asubjektives Kennzeichen der Objekt-Erkenntnis angegeben (wobei auch die Psychologie selbstverständlich eine Objektwissenschaft ist). Das Kriterium realwissenschaftlicher Erkenntnis heißt darnach: »Unabhängigkeit vom erlebenden und vom auffassenden Subjekt«. Unabhängigkeit vom *erlebenden* Subjekt soll das qualitativ-wahre Denkverfahren der Naturwissenschaft garantieren, Unabhängigkeit vom *auffassenden* Subjekt das Denkverfahren der wertungsfreien Geschichts- und Geisteswissenschaft. (Letzteres Kriterium will vor allem Rankes Satz für sich haben: er wolle unvoreingenommen feststellen, was war, und er unterwinde sich nicht des hohen Amts, ein Weltenrichter zu sein. Auch Max Webers unparteiisch, vor allem affektlos seinwollender Objektivitätsbegriff sozialwissenschaftlicher Erkenntnis pointierte Wissenschaft nur als asubjektiven Beruf). Freilich zeigt sich: solch asubjektive Haltung ist oder war nicht grundlos besonders zeitgemäß, das heißt, sie entspricht der ohnehin hochgesteigerten Verapparatlichung des eigenen Bewußtseins. Sodaß auch das angegebene Kriterium, statt wirklich asubjektiv zu sein, nicht kein Subjekt, sondern gerade das wachsend entfremdete der Betriebsgesellschaft mit sich führt. Und ebenso garantiert das angegebene Kriterium keine introjektionsfreie Erkenntnis »der Dinge wie sie sind«, es garantiert nur die gekommene Entseelung der Objektwelt dazu, einen abgehobenen Umlauf-Fetischismus an sich, ein Produkt mithin, bei dem auch an ihm selber das Produzierende vergessen ist. Die extremste Konsequenz dessen wurde bei solchen Subjekt-Abstrichen allerdings bürgerlich nicht mehr oder nicht recht gezogen: nämlich ein schlechthin totes Weltbild. Eine Objektwelt also aus nichts als mechanischer Stoffbewegung, – unendlich groß, doch eben so klein, daß nicht einmal ein menschlicher Kopf Platz hat. Gewiß, auch in diesem extremsten Objektwesen war einmal ein gesellschaftlicher Abtrieb und Auftrag, diesesfalls ein sehr positiver, nämlich noch bürgerlich-revolutionärer. So war selbst die Mechanistik im Materialismus des achtzehnten Jahrhunderts nicht so sehr gegen die Subjektseite schlechthin gerichtet wie gegen deren Bündnis mit der Transzendenz, als dem Arsenal des bekämpften Gottesgnadentums und seiner Kirche. Und von diesem Kampf her ist der Materialismus ebenso wieder das *Gegenteil* von Objektfetischismus geblieben, geworden: nämlich Fetischismus scharf denunzierend und theoretisch auflösend. Das jedoch gerade nicht mechanistisch, in selber höchst fetischhafter Weltentleerung, sondern genau doch in – stärkster Abhängigkeit vom erlebenden und auffassenden Subjekt, als der nicht *passiv betrachtenden,* sondern überall *das Produzierende aufdeckenden* »Erklärung der Welt aus sich selbst«. Genau dieser *Nicht*-Abstrich von unserer eigenen Subjektseite, das heißt von ihrem *so motorischen wie utopisch-offenen Wesen* garantiert ja die erkennende Wahlverwandtschaft mit ebensolchem, wahrhaft realem Wesen im *Werden, Produzieren, Qualifizieren, eben Veränderbaren* der Welt, deren bewußter Teil, vorgeschobenster Posten wir sind.

Keine solche Wahlverwandtschaft besteht mit dem Festgewordenen, also mit einem Objektfetischismus, der sich schließlich als lauter Gewordenheits- und Faktum-Fetischismus darbietet. Wozu der Subjekt-Abstrich schlechthin – das heißt ohne alle Probleme einer Differenzierung, Abwägung seiner »Introjektionen« – allerdings das genuinste Kriterium bildet: nämlich nichts als eine Totenwelt, schließlich eine des Nihilismus übrig lassend. Diese steht dann unseren gemeinsamen Angelegenheiten nicht einmal konträr, sondern völlig disparat gegenüber; statt eines möglichen »Sinns« in making starrt total entfremdetes, unvermittelbares Sein an sich dann einzig als das »Absurde«. Das sind die – in ihrer Entschiedenheit, Ausgetragenheit dankenswerten – Konsequenzen eines totalen Objektdenkens ohne Mensch, unvermittelt rund um den unvermittelt einsamen, nichtssagenden Menschen.

Seltsam trotzdem, daß Innen wie Draußen mehr und mehr auf einem Bein stehen. Wie war das, nach Fichte, der deutschen klassischen Philosophie noch fern oder wieder ferngerückt. So dem jungen Schelling, wenn er in seinem »aufrichtigen Jugendgedanken« (Marx) eben mahnte, über dem Produkt das Produzierende nicht zu vergessen. Hier galt zwar nicht die Geschichte, doch gerade die Natur als eine auf Feuer befindliche Werdewelt, im Einklang mit Goethe, dem so gegenständlichen, außenweltreichen. Hegel führte als wahre *Sachlichkeit* genau die einer ständigen dialektischen Subjekt-Objekt-Beziehung; kraft der schon vormenschlichen *Bewegung*, der menschlich-historischen *Arbeit* im und am Prozeß.

Gestaltung, Umgestaltung, wechselseitig steigernde Durchdringung von Subjekt und Objekt: darin sollten nun genau die Anteile des Subjekthaften wie Objekthaften in der Prozeßwelt oszillieren. Von Hegel ab, wie sehr erst von seinen aktiven Folgen her hat derart die Auslassung des Subjekthaften aus der Erkenntnis der Welt, gar der kenntnisvollen Veränderung der Welt, keinen anderen wissenschaftlichen Rang mehr als den: gegen *Bausch und Bogen* nicht nur in der Subjekt-Verwerfung, sondern ebenso in der – Subjekt-Betonung empfindlich zu machen. Und die Betonung wieder *zurechtzurücken*, die contra Subjekt-Baisse und Objekt-Fetischismus auf die Macht des Innenmenschlichen in der Erschließung der Welt gelegt werden muß. Denn wenn das erkennende Subjekt der Schlüssel ist und gerade der einzige Schlüssel, um die verschlossene, mehr: um die sich selbst noch weithin, erst recht in der Tiefe verschlossene Welt aufzuschließen, dann bedarf es stärkster kritischer Wachsamkeit, um den Schlüssel methodisch-tauglich zu halten, ja selber erst auszubilden. Die durchschaubare Subjektivität des asubjektiven sogenannten Positivismus bringt selber darauf, und erst recht hat sich der betonte Wert des Subjektfaktors in der Erkenntnis genau an der dadurch erschlossenen, schließlich zum Subjekt vermittelten Objektwelt zu bewähren. Also verlangt (Fichtisch gesprochen) der Primat der praktischen Vernunft auch in der Logik allerdings und einzig Unabhängigkeit von allem *bloß Privaten* in der Subjekthaftigkeit, von allen Vor-Urteilen und Schein-Evidenzen eines undurchschaut-partikularen oder temporären Interesses und seines begrenzten Umblicks. Erkannt wird ja nicht aus Selbstpflege oder um einer sogenannten Psychologie der Weltanschauungen willen, sondern zum Ziel der In-formatio über die Welt und der Welt selber. Ja, der wirklich geheimnisvolle Weg geht nicht so sehr nach innen, wie Novalis sagt, als vielmehr nach außen, dringt mit nicht nur anderer Weite, auch mit schließlich größerer Tiefe nach außen ein. Item: *das Inwendige ist und bleibt der Schlüssel zum Auswendigen, doch der Schlüssel ist nicht die Substanz, sondern die Substanz auch des Schlüsselhaften ist in dem noch so wenig fertigen Objekthaus Welt* Die Erkenntnis hat ein Amt in der Welt wie nichts sonst in ihr; von dieser Art Schlüsselgewalt kann also gerade nicht auswendig, nicht objektbezogen genug gedacht werden, wenn sie nicht zur Donquixotterie menschlicher Einbildung geraten oder auch in bloße Subjekt-Idolatrie zurückgehen soll, mit nichts davor und nichts dahinter. Also braucht es mehr als je eines objektiven Einschwingens, Hineinwerfens des Subjektfaktors ins Geschehen des Draußen; bei besonderer Beachtung des negativen Schlüsselworts aus dem Faust: »Zwar euer Bart ist kraus, doch hebt er nicht den Riegel«. Ist dieser Satz allemal richtig gegen bloß Krauses am Subjekt, so gilt er aber nicht für ein objektbezogenes, dessen ganze Ehre es ist, aufschließend, ja Zündschlüssel zu sein. Und das Objekt mit Riegel ist als solches ebenso deutlich auf den Schlüssel angewiesen; wird es statt dessen zu einem dem Subjektfaktor unvermittelbaren Sein an sich, dann endet auch das Objekt im Nihilismus. Also bedarf es gerade eines durchaus objektiven Hineinschwingens, Hinauswerfens des Subjekts, in das Geschehende des Draußen, mit ihm vermittelt und es mit ihm überholend. Gemäß eines Fieri und nicht bloß eines Factum-est in dem unentschiedenen Prozeßsein der Welt, deren Front eben Mensch und nicht ausgemachtes Sein an sich heißt. Grenzbegriff logisch und Grenzideal metaphysisch bleibt jene völlig ausstehende Subjekt-Objekt-Beziehung, die auf einen möglichen Gesichtertausch beider hinweist. Die Hinsicht auf dies Ineinander wurde – rechtens utopisch – als eine auf äußere Selbstbegegnung bezeichnet, auf eine, »vermittels derer das Inwendige auswendig und das Auswendige wie das Inwendige werden kann« (Geist der Utopie, 1923, S. 313). Das aber setzt den dauernd geprüften Gang des Innen voraus (geprüft am tendenziellen Lauf der äußeren Dinge) und den dauernd gemessenen Gang des Außen (gemessen nach Maßgabe der Annäherung ans noch nicht herausgebrachte, doch latente Innen gleich Zentrum der Welt). »Auf die Schiffe« hatte zuletzt Nietzsche gerufen, und die Reise durchs Außen, gar zu neuen Meeren, war stets eine, wo sich der Entdecker nicht nur mitnahm, sondern wo er hernach zu dem Entdeckten selber gehörte. Weshalb schließlich, damit Innen und Draußen aneinander Glück haben, jeder Einstieg ins Subjekt den Aufstieg seiner ihm gemäßen Welt begleitete; das nicht erst seit der Phänomenologie des Geistes. Und erst recht gilt die Kraft, das Innen zu tun und das Außen nicht zu lassen, für jede Phänomenologie des Heimwegs, die keinen Frieden macht mit der bereits vorhandenen Welt.

Methodisches Fahrtmotiv

7 Das bohrende Grübeln

Gehe in dich, das ist leicht gesagt. Doch es zu tun, ist schon deshalb schwerer, weil da wenig Auslauf ist. Was aber nicht hindert, sich immerhin zu versenken. Nur wer verstockt ist, steht in sich still.
Auch in sich gehen ist also ein Gehen, durchaus. Und auch jenes innere Sinnen *bewegt* sich, das von dem Seinen scheinbar nicht fortkommt. Ist zwar sein Geist schwach, so daß er deshalb nicht fertig wird, so wirft er die Knäuel nur hin und her. Das gilt auch bei Anliegen, die einen Menschen besonders nah angehen und so beschweren; weshalb man dann, um weiter zu kommen, von anderen einen Rat braucht. Aber scharfes Nachsinnen, indem es seinen Menschen in Bewegung bringt, kommt auch dann voran, wenn es auf sich beharrt. Welch letzteres ja besonders zu jenem Denken gehört, das den Boden prüft, auf dem es steht. Ja, ein bewegtes Bleiben gehört bereits zu jenen Rückblicken seiner selbst, jenem Nachsinnen zeitlich ausbohrender Art, das unter das ihm Gewordene greift, um es nochmals werden zu lassen. In ausholender Erinnerung, doch als einer keineswegs stillen, vielmehr beschleunigten und trotzdem episch ausladenden. Jedes Entsinnen also begeht einen Durchstich nach unten, senkrecht versinkend, steigend. Und obwohl es weder nach rechts noch nach links seine

Stelle verlassen will, sitzt es doch nicht etwa in einer Stube. Vielmehr fährt es, auf senkrechte Art, gleichfalls aus, in sein Vorauf und sein Worauf hinein. Ohne es zu verlassen, aber auch ohne auf verdämmernde oder gebannte Weise darin zu bleiben. Auch versunkenes Denken mußte so, damit es eines sei, stets auf seine eigene Art erwandert sein.

Sich selbst verständigen, das kommt bereits erzählend vor, zurück blickend. Folglich als die so selten gelungene Merkwürdigkeit einer *eigenen* Lebensbeschreibung, von unten herauf. An sich nimmt hier ein älterer Mensch manch vertragenen Rock, manch vernutztes »Es war einmal« wieder in die Hand und macht sich damit wichtig. Aber auch sehr wenig Vernutztes, nämlich damals nicht Genütztes wird im reisenden Rückblick sozusagen zum Blühen gebracht. Besser sogar als bei einem reellen Besuch an den Orten der Vergangenheit; denn die geschriebene Rückkehr hält Abstand. Sie verläßt eine Art Salonwagen nicht, während das unmittelbare Wieder-Hier in viel zu großer Nähe sich zurückwenden, re-flektieren läßt. Dagegen der Schreiber, der nachträgliche Buchführer seines Lebens steht auch dann allemal erhöht, wenn seine Fahrt eine Beichte ist; denn immerhin bewirkte sie dieses, brachte es mit der Lust des nachträglich Gerechten an den Tag. So auch bei schonungslosem Ad me ipsum, bei Lebensbeschreibungen, die nicht nur beschreiben, sondern den Erinnerer wie das Erinnerte schonungslos aufwühlen. Sie heißen deshalb bei Augustin, bei Rousseau Konfessionen und sind in der Tat Geständnisse, als vorm

Selbstgericht. Eitelkeit ist auch dann noch zweifellos ein starker Vorspann auf der Rückfahrt, der stufenweise aufdeckenden; fast alle besseren Lebensbeschreiber ihrer selbst, auch die zerknirschten, haben in ihrem Plutarch gelesen, »von großen Männern«. Doch das zugleich gefiltert, wie durch Eitelkeit, so noch durch Stolz dazu; und vor letzterem gibt das Gedächtnis, wie nicht nur Nietzsche lehrt, nach. Auch das zur Reue bereite, christlich auf der Stelle tretende und so abwärts dringende, wie sehr erst dasjenige, das auch hier uns scheinen lassen will, um zu werden. Georg Brandes sagt einmal über Memoiren, es gebe ihrer drei Arten, die Augustins, Rousseaus, Goethes. Der eine habe Demut gezeigt, wie er durch alle Wirren gehoben ward; der andere habe zugegeben und zugleich betont, wie oft er gestrauchelt habe; der dritte aber habe olympisch gerühmt, so habe er sich zum Kunstwerk gemacht. Und als viertes gibt es noch, ganz ohne Beichte oder ihr Gegenteil, die Reise in die verlorene Zeit, mit dem Ich, das sich bei Proust scheinbar nicht halten will, und doch lauter Blick ist von seiner ausgebreiteten Todesstunde her. Der Erinnernde blickt dann so genau wie nur ein Abschied blicken kann, ein Revenant, wo er selber dabei war und sich das vergegenwärtigt. Dagegen die Suche nach dem Vorauf, die dieses gerade als bildend, als noch selber in Bewegung aufsucht, reißt das Selbst des Schreibenden nicht ab, wenn es autobiographisch die Stufen seines sich Bildens hinuntergeht. Wenn gar gezeigt wird, mit Erziehungsroman seiner selbst, wie der sich so Bedenkende sich großgezogen hat, und der

in sich gehende Schreiber bewegt sich gerade nochmals mit. Sogar dann, wenn er sich in keinerlei private Erfahrungen versenken will; es seien denn die keinesfalls nur privaten des Sich-Bildens selber, also der Bildung. Streift nicht Hegels Phänomenologie eine untergegangene Lebensgeschichte, als eine des menschlichen Bewußtseins überhaupt, wie es sich großgezogen hat und bildet? So tief jedenfalls kann ein Ansatz führen, an dem sonst nur rückfahrende Menschen sich selber verständigen wollten.
Ein anderes als Vorauf ist das Worauf, in das einzudringen ist. Im einen reflektiert nur das Bewußtsein, erzählend, im anderen der Verstand. Das geschieht nun wirklich bohrend und einsteigend, im merkwürdig einsamen, nämlich weltlosen Versuch, seinem Denken auf den Grund zu kommen. Einsam ist das auch dann und dort, wo Gespräch mit anderen dazu verwendet wird, so bei Sokrates, dem redenden Grübler auf dem Markt. Denn der Spaziergang verläßt hier das nur uns Angehende nicht; daher, sagt Sokrates, könne er von den Bäumen nichts lernen, wohl aber von den Menschen in der Stadt. Was ist gerecht? Was die Tugend? – dies und verwandtes Fragen kreist an Ort und Stelle nun dauernd in den Grund hinein. Sokrates, der »immer mit demselben dasselbe zu sagen scheint, so daß jeder Unwissende seine Rede verlachen muß« (Alkibiades' Rede), gibt eben vom selben Guten Rechenschaft. Dahin zurück, hinein reflektiert sich, wie Arnold Metzger recht nahegebracht hat, »seine Frage nach dem Guten, die immer dieselbe ist.« Und den Unwissenden kommt zu Bewußt-

sein, daß, was sie wußten, sich widerlegt hat, und so sich ihr Bewußtsein verwirrt hat. Von der Sokratischen Reflexion des Verstands her lebt aber und bewegt sich alles Weitere, was auf der Stelle tritt, indem sie *hinter ihre Stelle* tritt, »transzendental«. Also gewiß nicht überfliegend, im Gegenteil, wohl aber unablässig ins Denken sich einbewegend, das dem richtigen Denken vorausgesetzt ist. Der Krebsgang in das die gültige Erkenntnis a priori begründende Worauf heißt bei Kant wie Fichte der selbstreflektierte schlechthin. Ja, Fichte setzt an den Anfang dieses Wegs zu einem voraussetzungslosen Anfang keinen Satz (der doch selber erst zu begründen wäre), sondern eine Forderung: »Denke dich selbst«; und dies eben deutlich als Marschbefehl. Als einer, der bewegend in nichts als in die erzeugende Bewegung setzt, nichts hinnehmend, alles a priori anmachend, sich herausmachend. So sehr dergleichen ein reines Denken überforderte, gleich als wäre die ganze Erfahrung außer ihm im Grund nur seine eigenen Memoiren, ungenetisch, doch auf sich selbst zurückbewegt, zurückgeführt: so deutlich ist doch auch hier ein Unterwegs, obzwar eben nur in sich. Als Gehen des Gehens, als Schwimmen außer Wasser, doch nicht hinterm Ofen zuhause. Besonders ein sich immer neu wiederholendes Besinnen stößt nicht nur mit dem Kopf an sich selbst. Dafür gibt es schon hier zu viele Pfade, obzwar gewundene, in deren Freilegen eingedrungen wird.

Der Spaziergang

Ein Mensch nimmt sich mit, wenn er wandert. Doch ebenso geht er hierbei aus sich heraus, wird um Flur, Wald, Berg reicher. Auch lernt er, buchstäblich, wieder kennen, was Verirren und was Weg ist, und das Haus, das ihn am Ende empfängt, wirkt keineswegs selbstverständlich, sondern als erreicht. Der Vergleich zwischen Wandern und dem Aufstieg über Stufen zu einem Ziel ist alt, beliebt und lehrreich. Abertausende von Schulleitern haben ihn am Entlassungstag gebraucht, auch ausgemalt und nutzangewendet, wie der Wanderer am Ziel zurückblickt, also den Weg, höchst abgekürzt, noch einmal rückwärts geht. Das macht: die Wanderung ist dem Geschichtlichen selber verwandt, sowohl in der rückwärts erblickten wie vor allem in der nach vorwärts mitgemachten Abfolge und Reihe. Ein schönes Zeugnis dessen gibt Schillers Gedicht »Der Spaziergang«, das leicht und unbeschwert assoziiert, doch ebenso geschichtlich genau und blickreich sein möchte. Als Leitfaden führt der Weg durch die Landschaft zugleich in die Geschichte, die diese Gegenstände gebildet und umgebildet hat. Die Wiese geht auf und der Wald, das idyllische Tal, die gestaltete Stadt und mit ihr das Bild griechischer Gesittung. Die weitere Folge ist gewaltsam, wie öfter bei Schiller, auch kleinbürgerlich beengt, doch man ahnt die Anlage, die nicht zu Ende geführte. Es ist die eines Wanderns, das auf seinem eigenen Nacheinander dasjenige der geschehenen Dinge sieht.

Die Faustwanderung

Schlecht wandern, das heißt, als Mensch dabei unverändert bleiben. Ein solcher eben wechselt nur die Gegend, nicht auch sich selber an und mit ihr. Je bedürftiger aber ein Mensch ist, sich erfahrend zu bestimmen, desto tiefer (nicht nur breiter) wird auch er durch äußeres Erfahren berichtigt werden. Dies war der Reiserat, Reiseweg, den Goethe im Erziehungsroman seines Wilhelm Meister gab und ging. Aus der gleichen Absicht hat Faust den Zaubermantel gebraucht, der ihn aus der engen Stube durch so verschiedene Landschaften trug. Faust, unruhig an seinem Pult, ist das bisher stärkst dargestellte Subjekt des menschlichen Hinstrebens, Hinfahrens zu wechselnd füllendem Etwas. Auerbachs Keller, Gretchenliebe, Kaiserhof und Helena, freier Grund mit freiem Volk werden seine Stationen auf dem Weg zum »Verweile doch« oder dem höchsten Augenblick. Und wie er selber auf jeder Fahrtstufe sich erneuert und berichtigt, so geht in wechselseitiger Subjekt-Objekt-Beziehung Er-fahrenes als ferner oder näher antwortendes Gegenbild des Inneren auf. Aber nur via Mensch im Fahrtwind, via Welt als Durch-Erfahrung dämmert die Antwort auf. »Willst du ins Unendliche schreiten, so gehe im Endlichen nach allen Seiten«, und ebenso, der Absicht nach: »So schreitet in dem engen Bretterhaus den ganzen Kreis der Schöpfung aus.« Hierbei gibt es noch kein Anhalten oder Sich-auf-ein-Faulbett-Legen im bloßen Schein voll Erfüllung. Mephisto ist darum das Gleiche als Säure und Herabziehen, was Faust als Feuer und unablenkbares Aufwärtsbrennen ist; Säure wie Feuer verzehren. Mephisto ist die hämisch dämpfende Glosse zu allem Erreichten, Faust aber ist jene Relativierung und Verwandlung von Erreichtem zur Klimax, in der alles Vergängliche wachsend zum Gleichnis wird. Bis hin zu dem Sprung, dem noch unvollzogenen, lediglich symbolhaft bedeuteten, wonach das Unzulängliche – in utopischem Hier, utopischem Präsens – Ereignis wird. Fausts Zauberfahrt, durch das ihm so »wert gewordene Ganze« auf den vollkommenen Augenblick hin, ist derart die Weise, wie ein Geist bewußt all sein Taumelndes richtet und berichtigt, auch den bloßen Traum von einer Sache in der Welt aufhellt. Also wandert Faust oder der kanonische Student Goethe auf das »Erkenne dich selbst im schönen Sinn«, trifft ebendeshalb, kraft seines »idealen Strebens nach Einwirken und Einfühlen in die ganze Natur«, zuletzt keinen Gegenstand mehr, der nicht wieder in Tätigkeit gesetzt würde, der nicht wieder, bei all seiner Plastik, eine intensive »Bedeutung« hin zum Eigentlichen aufwiese. Neue Qual, neue Hoffnung zeigen dem Ungesättigten, als dem das Eigentliche Eingedenkenden, stets wieder den Beginn einer neuen Sphäre an. Das ist: eine neue Subjektstufe zur Vermittlung des Subjekts mit dem Objekt, des Objekts mit dem Subjekt. Diese vermittelte Subjekt-Objekt-

Beziehung ist der Prozeß der Erfrischung, ja der erneuernden Geburt des Ziels.

Stufen der Einweihung, Ausreise bei Faust und Hegel

Weder der Mensch noch irgend etwas um ihn hat sich bisher selbst geschmeckt. Wohl aber ist überall die Frage ausgestreut, wie und von woher man in dies Fürsichsein oder Nachhause treiben könne. Es ist dies eine Frage des Wissens, des Eindringens, des Selbstbegegnens von allem, und so alt die Geschichte ist, so lange hat sie dieses Begegnen als auf Stufen geschehend dargestellt. Jede lernende Einweihung geschah so in Graden, auch dort, wo das Ziel des Wegs durchaus nicht Selbst hieß. Sondern Sonne oder ein anderes Hoch-droben astralmythischer Art, in denen der Mensch nicht vorkommt, in dessen Strahlen der Mensch sogar verschießt. Aber es gibt keine geheime Unterweisung, von der der primitiven Pubertätsriten bis zu der in den Mithrashöhlen und den gnostischen Kulten ausgeübten, die nicht auf verschieden hohen Rang-, das heißt, Bewußtseinsstufen vor sich gegangen und vorangeschritten wäre. Der Aberglaube hat die Graduierung des Wissenswegs, seiner niederen und höheren Aussichtsgipfel vorgebildet. Das sogar in wechselnd angelegten Masken, um mittels ihrer in das ihnen Ähnliche tanzend, beschwörend, vorstellend einzudringen. Hierher gehören auch die verschiedenen Rangklassen der »Raben«, »Adler«

und so fort in den Mithrasweihungen, gehört die Einteilung in Hyliker, Psychiker und Pneumatiker in der Gnosis, mitsamt dem verschieden hohen Bibelverständnis, das diesen dreien zugeordnet wurde. Das Christentum nahm zwar diese Kastenbildung weg, jedoch durchaus nicht die hierarchische Erfassungstheorie innerhalb des erkennenden Menschen selbst. So lehrte der Mystiker Hugo von St. Victor den oculus carnalis, der die sinnliche und erinnerte Wahrnehmung gibt; den oculus rationis, der die Erkenntnis der Wahrnehmung zugänglich macht; den oculus meditationis, der das Schauen Gottes eröffnet. Und der Weg dieser Kontemplation selber wurde nachher, von Bonaventura, in einem eigens so genannten »Itinerarium mentis ad Deum«, also veritablen Reisebuch der Seele zu Gott dargestellt; sorgfältig sind darin sieben Aufstiegsstufen der Kontemplation entwickelt. Am klarsten aber, aus Mythischem ziemlich auftauchend, neuerer Gedankenbildung am nächsten, erscheint das *Stadienwesen des Erkennens* (gradus ad veritatem) bei Nikolaus von Cusa ausgeführt. Die erste Stufe ist der sensus, der zwar die Anschauungen, aber auch die noch verworrenen Einbildungen liefert. Die zweite ist die ratio, welche mit der ordnenden Zahl arbeiten läßt und die Gegensätze auseinanderhält. Die dritte ist der intellectus, der die Gegensätze miteinander als dialektisch verbunden, aneinander als dialektisch aufgehoben zeigt (coincidentia oppositorum); »was der Verstand (ratio) trennt, das verbindet die Vernunft (intellectus)«, sagt Cusanus in seiner Schrift »De conjecturis«. Eine vierte Stufe: die visio soll dann die volle Koinzidenz aller Gegensätze in einer unendlichen Einheit schaubar machen. Nicht nur Dialektik also, Fähigkeit der synthetischen Vernunft, zum Unterschied vom bloß antithetischen Verstand, verbindet den Cusaner mit Hegel, sondern mehr noch die Hinzufügung: Jede höhere Stufe, auch innerhalb der Erkenntnisarten selber, sei die »praecisio« der nächstvorhergehenden niederen. Zugleich haben die drei Erkenntnisweisen des Cusanus (der vierte Grad, die visio, soll letztlich keine begrifflich erkennende, sondern »sine comprehensione« eine intuitive sein) – die drei Erkenntnisklassen also haben auch hier objekthaft drei Schichten des Daseins zugeordnet, die durch sie erschlossen werden. Dem sensus entspricht: Körper, Möglichkeit im Stoff; der ratio: Seele, Wirklichkeit der Individuen, Alteritas der Welt, dem intellectus: Gott, absolute Notwendigkeit, Unitas. Und wie die Stufen, so auch die Aussicht und ihre Gegenstände; wieder ist die Pyramide nicht unverwandt zu Hegel, als eine der Erkenntnis und der Erkennbarkeiten zugleich. Hegel erwähnt den Cusaner nirgends, obwohl er in Hegels Zeit durchaus noch oder wieder bekannt war (selbst ein platter Kritizist wie Tennemann widmet in seinem besonders platten »Grundriß der Geschichte der Philosophie«, von 1818, dem »scharfsinnigen Kardinal« einen ganzen Paragraphen). Doch erbt die »Phänomenologie des Geistes«, die Hegel selber seine *»Entdeckungsreisen«* nannte, deutlich die Cusanische *Stadienlehre*, so wie sie das gesamte *»Itinerarium«* von vorher in sich aufgenommen hat. Und hier nun, an Hegels Phänomenologie, ergibt sich zugleich, in der ganzen Anlage, das ebenbürtige Lehr-Gegenstück zu *Goethes Faust.* Durchaus nur eine erziehende, hinaufziehende Unterweisung sollte ja die Phänomenologie, nach ihrer Einleitung, ursprünglich darstellen: als »der Weg des natürlichen Bewußtseins, das zum wahren Wissen drängt«. Die ferneren »Siebenmeilenstiefel des Begriffs«, wie Hegel an anderer Stelle sagt, entsprechen dem mythischen Zaubermantel, der Fortgang einer methodischen Subjekt-Objekt-Beziehung hat als Ziel nicht minder das »Erkenne dich selbst im schönen Sinn«. Das Ziel oder »Fürsichsein des Geistes« wird in Hegels Erziehungsbuch erstiegen auf den sechs Stufen der sinnlichen Gewißheit, der Wahrnehmung, des Selbstbewußtseins, der Vernunft, des Geistes, des absoluten Wissens; jede dieser Stufen ist wieder reich untergliedert. Und der gesamte Lehrgang stellt ebenso im Subjekt wie an seinem Objekt das Werden des Wissens dar, das in Gegensätzen fortschreitende, vom unmittelbaren, noch ungebildeten Ansich seines Inhalts hinauf auf immanenten Leitern bis zu dem mit sich selbst vermittelten Resultat seines Inhalts. Aus der ersten sinnlichen Gewißheit oder dem bloßen Jetzt, Hier und Dieses wird der Geist in historischem Prozeß zu seinen Gestalten großgezogen, bis er mit keiner Gestalt mehr als einer ihm fremden behaftet ist. Phänomenologie also ist »Darstellung des erscheinenden Wissens«, »Werden der Wissenschaft« und, vom pädagogischen Gesichtspunkt her, »der Weg der Seele, welche die Reihe ihrer Gestaltungen, als durch ihre

Natur ihr vorgesteckter Stationen, durchwandert, daß sie sich zum Geiste läutere, indem sie durch die vollständige Erfahrung ihrer selbst zur Kenntnis desjenigen gelangt, was sie an sich selbst ist« (Werke, 1832, II, S. 63). Doch bleibt es eben, infolge des beständig sich neu ergebenden *Weltblicks* auf jeder neuen Stufe, nicht bei dieser nur pädagogischen oder die Bildung des Individuums betreffenden Erfahrung. Sondern die Bildung ist ebenso eine im objektiv-organisierenden wie im subjektiv-erzieherischen Sinn, und mit der neuen Stufe des Subjekts entspringt zugleich eine neue Stufe des Objekts und umgekehrt: »Dieser neue Gegenstand enthält die Nichtigkeit des ersten, er ist die über ihn gemachte Erfahrung« (l. c., S. 70). Also rollen sich hier mit den Bewußtseinsgestalten zugleich die Weltgestalten auf, als immer präziser manifestierte.

Näher gesehen ist das ein Vermitteln des Ich mit dem Nicht-Ich, um beide aneinander fort zu bewegen. Dies Vermitteln ist weltfreundlich, freilich in einem bestimmten Sinn auch weltfeindlich, indem kein Ding genommen und sozusagen belassen wird, wie es statisch ist. Das Dialektische ist kritisch, läßt sich durch nichts imponieren, genau der *Fortgangs*-Bund der Hegelschen Phänomenologie mit dem »Großziehenden« des Faustplans liegt auf der Hand. Hier wie dort gilt der Mensch als Frage und die Welt als Antwort, aber auch die Welt als Frage und der Mensch als Antwort. Hier wie dort will das Subjekt erfahren, was der ganzen Menschheit zuerteilt ist, aber auch das Objekt erfährt, daß ein Selbsterkennungsprozeß es durchfahren und durcherfahren hat. Das Subjekt ist in beiden großen Exodus- und Heimkehrbüchern nicht bloß betrachtend, gar konservierend und hütend; der Mensch ist in beiden nicht ein angeblicher Hirt des Seins. Er ist in beiden vielmehr das Agens, das gleiche, doch gesteigerte, das die Gestalten laufen, sich verwandeln und in uns immer adäquateren Sphären aufschlagen läßt. Damit kommt zum Reise- oder auch Lern-, Lehrmotiv in der Phänomenologie das entscheidende der *Arbeit* hinzu; Marx hat zuerst darauf hingewiesen. Indem Hegel die Geschichte als Subjekt-Objekt-Beziehung, doch ebenso als Objekt-Subjekt-Beziehung durchläuft, wird ihm diese Beziehung zur Arbeit der Menschen an den Gegenständen, doch ebenso zur *Umarbeitung* der Gegenstände für den Menschen. Oder wie die Marxschen »Ökonomisch-philosophischen Manuskripte« das ausdrücken: »Das Große an der Hegelschen Phänomenologie und ihrem Endresultat . . . ist, daß Hegel die Selbsterzeugung des Menschen als einen Prozeß faßt, die Vergegenständlichung als Entgegenständlichung, als Entäußerung und als Aufhebung dieser Entäußerung; daß er also das Wesen der Arbeit faßt und den gegenständlichen Menschen, wahren, weil wirklichen Menschen als Resultat seiner eigenen Arbeit begreift.« Wonach »die ganze sogenannte Weltgeschichte nichts anderes ist als die Erzeugung des Menschen durch die menschliche Arbeit, als das Werden der Natur für den Menschen.« Aber auch diese Arbeitsbeziehung bleibt in der Phänomenologie eine der informierend-informierten Durcherfahrung der Geschichte; wobei –

wie Marx nachher sagt – der Erzieher selber erzogen, seine Bildung selber zur Umbildung wird. Also bildet sich, dieses Orts, auch das Talent, nicht nur der Charakter im Strom der Welt; die Stille jedenfalls liegt hier wie dort nicht auf dem Faulbett.

Kursus der Fakultäten und die Weltschichten

Wird doch selbst das ruhige Lernen des Menschen seit alters als Gang vorgestellt. In diesem schreitet die Aneignung des Stoffs fort, ein Kursus, vorwärts zum Licht. Wird hierbei vom Leichteren zum Schwereren fortgeschritten, so braucht freilich diese sich erst annähernde Bewegung, selbst das forschende, noch nicht der sachlich-genetischen des Stoffs zu entsprechen. Sogar in der Forschung sieht man den Mast eher als das Schiff, die Erscheinung eher und leichter als das ihr Zugrundeliegende. Gar die Anfangsgründe des Lernens selber sind von denen der Sache ebenso verschieden wie die Erkenntnisgründe von den Realgründen. Das Steigen des Quecksilbers läßt das Steigen der Wärme erkennen, aber verursacht sie nicht; aus den Schatten auf dem Mond können Gebirge erschlossen werden, ohne daß diese Schatten, selbstverständlich, mit der Ursache dieser Gebirge das mindeste gemein haben. Erst nachdem ein großer Erwerb von Wissen bereits vorliegt, wird dessen Fortgang und Aufbau auch als der der Sache selbst rangierbar. Bis dahin also geht der Gang der Aneignung, obwohl er ein Gang ist und bleibt, der *sach-*

lichen Genese allerdings noch nicht konform. Nicht oder wenig konform war auch die mittelalterliche Schulung in ein Trivium und ein Quadrivium gegliedert; das erste umfaßte Grammatik, Rhetorik und Dialektik, das zweite Geometrie, Arithmetik, Astronomie und Musik. Nur noch undeutlich aber wirkte in dieser Lehrfolge der alte patristische Gedanke nach, daß der Schüler durch Arithmetik zum Begriff der Größe, durch Musik zu dem der Harmonie fortschreiten solle, um sich durch die Astronomie zum Himmlischen selbst zu erheben. Das Trivium, das Quadrivium, mit seinen »sieben freien Künsten«, sie gaben in der Hauptsache nur erst vom lernenden Geist, nicht von der Welt eine Form, gar einen Spiegel. Dagegen zeigen die *Enzyklopädien* dieser Zeit eine ganz andere Fahrtreihe des Wissens, sowohl des formalen wie des sachlichen. Das »Speculum quadruplex« des Vinzenz von Beauvais gliedert sich, schon fast weltrißhaft gemeint, in einen Spiegel der Lehre (Form und Materie des Wissens), der Geschichte, der Natur und der Sitten; diese Abfolge ist ersichtlich keine rein rezeptiv-pädagogische, trotz bleibend ruhigen, noch nicht dynamischen Lernens. Gar die großen philosophischen *Summae*, die des Albert und Thomas, dies extramental Gerichtete ist nun entschieden in objektiv-real gemeinter Nachfolge geschichtet, so gewiß der ordo rerum hier der biblisch-mythologische, nicht der real entwicklungsgeschichtliche ist. Thomas baute sein Lehrsystem nach Maßgabe des Paulusworts: »Von Gott, durch Gott, zu Gott sind alle Dinge«; so gibt die Vorrede zur »Summa philosophiae contra gentiles« an, daß erst untersucht werden solle, was Gott an ihm selbst zukomme (Ontologie), dann der Ausgang der Kreatur aus ihm (Kosmologie), endlich der Rückgang derselben zu Gott (Soteriologie). Und: trotz relativer Entmythologisierung ist – durch Einfluß der Spätscholastik auf Christian Wolffs Lehrgebäude vermittelt – die Folge: Ontologie – Kosmologie – Soteriologie entscheidend noch in Hegels Ansich-Außersich-Fürsich des Geistes erkennbar. Freilich mit bedeutendem Unterschied, nicht nur, wie sich von selbst versteht, hinsichtlich des aufgeklärten, nur mehr begriffsmythologischen Inhalts, sondern auch in dem, was hier zur Rede steht: im Verhältnis von Studienfolge und »Summa«. Denn bei Hegel hört, mindestens weitgehend, der Riß zwischen dem Gang des Lernens, sogar Forschens und der adäquaten Methode der aufsteigenden Sache selber auf. Eben die angegebenen Viktorinischen, Cusanischen Erkenntnisstufen, in der Phänomenologie des Geistes suo modo wiederkehrend, machen das Pädagogische nun ganz auch zum Optischen der aufgehenden Gegenstände, der sich aufschlagenden Sachgehalte. Sogar die philosophische Propädeutik, welche Hegel für seinen Nürnberger Gymnasialunterricht ausgearbeitet hat, enthält mitten im Anschluß an Unreife, in einem erfreulich freundlichen, den »streng fortwaltenden Gang der Sache selbst«. Nicht grundlos sind ja in dieser Propädeutik Ordnungen der Phänomenologie verkleinert wiederholt, dieser selber pädagogisch-sachhaft ineins vorschreitenden. Also entsteht in beiderlei Vorschreitendem, in der *Lernfahrt* des Subjekts wie in dem *objekthaft »entwickelten« Stoff* der sich entwickelnden Welt eine – freilich nicht homogene – *Einheit des Gangs*, des Kursus, des Prozesses. Und wohlgemerkt: diese Einheit besteht auch dann und bleibt für den Lehrenden selber die lehrreichste, wenn vor allem die Entwicklung des *Gedankens* die *Materie* der Entwicklung nicht mehr, wie im objektiven Idealismus, ausläßt oder sie, bestenfalls, auf dem Kopfe gehen läßt. Es bleibt trotzdem die nachwirkende, die unerledigte Macht eines Schulungsgangs als Welt, eines Weltlaufs als *Informationsfolge* – auch über sein eigenes Anliegen.

Wird dieser Vergleich nicht gepreßt, so hat er sich allemal als bedeutend erwiesen. Er gab die Gelegenheit zu jähen und doch geordneten Blicken in eine Art Stundenplan der Dinge selber. Schillers »Spaziergang« fand hier gleichsam im Schatten der Hörsäle statt, besser vielmehr am Leitfaden der Reihe, wonach die behandelten Fächer einander folgen oder ihre Gruppe sich übereinander aufbaut. Wird diese Reihung nicht aufs neue, nämlich empiristisch, stabilisiert, wie etwa in Spencers »vom Einfachen zum Verwickelten aufsteigenden« Fächerwerk Welt, so hat sie mehrfach dem Hören, Sehen, Denken, statt es in den Sälen, vor den Bänken vergehen zu lassen, seine erste enzyklopädische Disposition geschenkt. Die Universität wird dann mikrokosmisch, vorausgesetzt, daß universitas litterarum, die hier ihren Platz haben kann, sich nicht auf ein Notdach über verdinglichtem Spezialistentum reduziert hat. Ihr philosophisches Interesse jedenfalls ist dem bewegten, sich herausprozessierenden Zusammenhang der Wissenschaften wohlverwandt, trotz einseitiger Banausen, abseitiger Spintisierer gerade hier. Man kann gewiß nicht behaupten, daß dieses Interesse auf den Universitäten des späteren neunzehnten Jahrhunderts und darüber hinaus gang und gäbe, ja selbst nur geduldet worden wäre. Das philosophische Licht brannte weithin außerhalb ihrer, weg von dem, was Schopenhauer die »Professorenphilosophie der Philosophieprofessoren« nannte. Und doch beginnt der gleiche rauhe Genius seinen Aufsatz »Über die Universitätsphilosophie« mit dem notwendigen Satz: »Daß die Philosophie auf Universitäten gelehrt wird, ist ihr allerdings auf mancherlei Weise ersprießlich. Sie erhält damit eine öffentliche Existenz und ihre Standarte ist aufgepflanzt vor den Augen der Menschen; wodurch stets von neuem ihr Dasein in Erinnerung gebracht und bemerklich wird.« Dieses ihr Dasein hält aber nicht zuletzt, wann immer es bemerkenswert ist, auch innerhalb der Universität und gerade hier die Einheit der Wissenschaften fest, dem einen Boot, dem gleichen Meer, dem gleichen Orientierungswillen gemäß, in dem sie, als progredierende, fahren. Philosophie war vor der Arbeitsteilung, die auch das Außereinander des Spezialistentums gebracht hat, und sie wird, in einer neuen Gesellschaft, nach ihr sein. Genau wie sie selbst jetzt den Geist der universitas literarum repräsentiert, mindestens mit allen Kräften zu berufen verpflichtet ist. Und wieder gerade macht sich in diesem Berufensein, als einem objektiven, die Korrespondenz des Systems der

Wissenschaften, also auch ihrer universitas litterarum, zu einer Weltfahrt geltend, zu *ihrem Wandelpanorama* insgesamt, im *Studium selbst.* Ja der sich selber fortziehende, großziehende Duktus von Schillers »Spaziergang« und gar »Faust« und gar »Phänomenologie des Geistes« findet sich, genau nun auf Universität bezogen, noch in zwei Instruktionen, an die ebendeshalb zuletzt zu erinnern ist. Die eine, mehr institutionelle, gibt *Kants* »Streit der Fakultäten«, die andere, mit veritablem Weltleitfaden in ordine studiorum, *Schellings* »Vorlesungen über die Methode des akademischen Studiums«. Ein Blick auf beides mag das transparente Studieren auch noch von den Fakultäten her beleuchten, deren Vierzahl bereits auf die Anfänge der Pariser Universität zurückgeht; mit wirklichem studium generale. Kants Schrift also bestimmt die philosophische Fakultät als die einzige, in der das Buch der Welt ohne außerwissenschaftliche Dreinrede gelesen und verstanden werde. Wogegen die sogenannten oberen Fakultäten: die medizinische (die der philosophischen in Ansehung der Freiheit noch am nächsten stehe), die juristische und die theologische an »Medizinalordnung, Landrecht, Bibel« gebunden seien. Trotzdem sah auch Kant in den gemeinsamen Grenzen (Konfinien), worin die philosophische mit den oberen Fakultäten sich berührt, eine Gelegenheit, weithin dem philosophisch *Materialen* der Medizin, Jurisprudenz, Theologie entlangzugehen, bei Gelegenheit scheinbar innerakademischer Grenzprobleme. Kant nennt das »Erläuterung« des Streits der Fakultäten, und diese Erläuterungen enthalten förmliche *Expeditionsberichte*, durchaus über die Schulprobleme ihres Anlasses hinaus. So finden sich am philosophisch-theologischen Konfinium die Fragen der Schriftauslegung, am philosophisch-juristischen die Untersuchung, ob das menschliche Geschlecht im beständigen Fortschreiten zum Besseren sei, am philosophisch-medizinischen die These von der Macht des Gemüts, durch den bloßen Vorsatz seiner krankhaften Gefühle Meister zu sein. Das alles ist eine skizzierte, aber nicht unkonstitutive Ausdehnung akademischer Linien, und nur sein hohes Alter mochte Kant gehindert haben, an dieser Stelle eine förmliche Enzyklopädie der Konfinien zwischen Fakultäten (als gespiegelten Erfahrungssphären) selbst zu geben. Was Kant aber unterließ, hat – mit dieser Weisheit bisher letztem Schluß – Schelling aufgegriffen und fast eben als Weltorientierung ex Alma Matre ausgeführt in seinen »Vorlesungen über die Methode des akademischen Studiums«. Diese vor allem führen bei Gelegenheit einer Beratung in die mannigfachsten Sektionen eines Weltbilds und zwischen ihnen hindurch. Das Weltbild der Weltbilder selber ist das der Wissenschaften in ihren Problemen und ihrem Stand um 1803, beleuchtet durch die damalige Schellingsche Philosophie. Die einleitende Absicht ist pädagogisch: »Der Jüngling, wenn er mit dem Beginn der akademischen Laufbahn zuerst in die Welt der Wissenschaften eintritt, kann, je mehr er selbst Sinn und Trieb fürs Ganze hat, desto weniger einen anderen Eindruck davon erhalten als den eines Chaos, in dem er noch nichts unterscheidet, oder eines weiten Ozeans, auf den er sich ohne Kompaß und Leitstern versetzt sieht.« Die fortführende Absicht ist universalistisch, also gerade heute, statt anarchischen Spezialistentums, besonders verständlich: »Sie erkennen, daß eine Methodenlehre des akademischen Studiums nur aus der wirklichen und wahren Erkenntnis des lebendigen Zusammenhangs aller Wissenschaften hervorgehen könne, daß ohne diese jede Anweisung tot, geistlos, einseitig, selbst beschränkt sein müsse. Vielleicht aber war diese Forderung nie dringender als zu der gegenwärtigen Zeit, wo sich alles in Wissenschaft und Kunst gewaltiger zur Einheit hinzudrängen scheint, auch das scheinbar Entlegenste in ihrem Gebiet sich berührt, jede Erschütterung, die im Zentrum oder der Nähe desselben geschieht, schneller und gleichsam unmittelbarer in die Teile sich fortleitet.« (Werke I, V, 1859, S. 213). Die letzte Absicht schließlich ist die Darstellung von Weltproblemen gleichsam in der inneren Linie oder in der Silhouette des akademischen Studiums selber, als erztransparentem: »In die besonderen Teile des akademischen Studiums jetzt einzugehen und gleichsam das ganze Gebäude desselben auf den ersten Grundlagen aufzuführen, ist nicht möglich, ohne zugleich die Verzweigungen der Wissenschaft selbst zu verfolgen und das organische Ganze derselben zu konstruieren ... Gewissermaßen würde dieser Grundriß die Stelle *einer allgemeinen Enzyklopädie der Wissenschaften* vertreten können« (l. c., S. 247). Dergestalt folgen nun die Wanderbilder, auch Wandelpanoramen aus dem Studium der

Mathematik und Philosophie, der Theologie, Geschichte und Jurisprudenz, der Physik, Chemie und Medizin: alle unter dem Gesichtspunkt des Wissens, worin »die Subjektivität in der Objektivität erscheint«. Das also ist die Weise, worin das Studium in der Subjekt-Objekt-Beziehung mit der Welt als »erscheinendem Wissen« hier parallelisiert worden ist. Hegels Phänomenologie vollzog die Gleichung: *Pädagogik – Prozeßmetaphysik* wenige Jahre später unvergleichlich großartiger und strenger, doch Schelling hielt sich in seinen bloßen Allusionen nahe ans akademisch Vorhandene heran, an seine Grade und Fakultäten. Er ließ die Stunden des Weltprozesses im Stundenplan widerschlagen, er verschränkte besonders pointiert und lehrreich den vorhandenen Bildungskurs, wie er den Studenten empfängt und beschäftigt, mit dem der Welt. Darin liegt mehr als didaktischer Ordnungsgedanke; Schelling hätte von ihm her sein gesamtes damaliges Entwicklungssystem darstellen können, seinen »aufrichtigen Jugendgedanken«, wie Marx sagt. Wenn Künstlichkeit, gar Wunderlichkeit vermieden sind, hat die Vergleichsweise von Studienreihe und objekthafter jedenfalls den Vorteil, daß das Studium (mit all seinen schließlichen Grenzproblemen) wirklich Weltlauf mit sich mitmacht. Methode haben heißt mit dem Weg der Sache gehen, und der Weg der Sache verlangt universitas, genetisch gegliederte Totalität des Blicks. Steht doch das Totum selber, jenes Ganze, das wirklich die Wahrheit wäre, erst sehr latenzhaft im Begriffe, hier zu sein, im real-utopischen Begriff. Das ist der Sinn der merkwürdig überlieferten Reiseform des Wissens, ein unstatischer Sinn, gerade auch im Reiseobjekt selber.

Ausfahrt in Ringform

Zurück wieder zu Hegels Stundenplan, zu dem eines sich stufenweise auslernenden Weltgeistes, vom Ansich übers widersprechende Außersich zum subjektiven Anundfürsich dialektisch unterwegs: so wurde diese Reise freilich ebenso wieder eine Rückreise an den Ausgangspunkt, und die riesige Tour des Weltgeistes, aus lauter sich thetisch-antithetisch-synthetisch zurückwindenden Kreisen gebildet, endete schließlich mit Weltschlangenring, als »Kreis von Kreisen«; – auch das gehört zum bekannten Wanderer, wenn er mehr als nur einfach zurückblickt. Das Anundfürsich am Ende soll dann einzig das mit seinem Widerspruch vermittelte Ansich auf höherer Stufe sein. Mit anderen Worten: Die Thesis des Anfangs, als »reines Sein«, als »abstraktes Recht« oder als bloß »symbolische Kunstform« und so fort, wird dann nicht so sehr zu Neuem entwickelt als auf höherer Stufe ausgewickelt, reproduziert. Trotz lebhafter Bewegtheit (an der »kein Glied nicht trunken ist«), trotz eines ständig aufbrechenden Prozesses ist so die Welt bei Hegel ebenso fertig. Es bleibt darnach keine Möglichkeit, die nicht bereits verwirklicht wäre, »die Wirklichkeit ist die Einheit des Wesens und der Erscheinung«, es gibt hier kein Wesen, das nicht erschienen, das nicht Erscheinung wäre. Der Bann, der so die Prozeßreise, Prozeßweise wieder rückwölben konnte, ist unschwer erkennbar: er steckt in der von Platon bis Hegel reichenden Anamnesis. Als jener Anti-Reise in der Reise selber, wonach, wie Platon in den Dialogen »Menon« und »Phaidros« ausführte, alles Wissen nur Wiedererinnerung an bereits Geschautes sei. In der Tat gibt es ägyptische Kinderköpfe mit einem Finger auf dem Mund, soll heißen, mit dem Finger des Engels der Schwangerschaft, der die Frucht neun Monate durch die jenseitigen Welten geführt hat. Und nun wird das Kind geboren, mit einem Schrei des Absturzes, und nun eben versiegelt ihm der Engel die Lippen, weil es erst im Lauf seines Lebens sich des ehemals Geschauten wieder zu erinnern hat, solange bis der Engel der Schwangerschaft wieder erscheint, jetzt aber als Engel des Todes, und der Mensch wird inne, was alles in seinem Leben er wiederzuerinnern und so zu wissen vergessen hat. Platon setzte diesen sehr alten Mythos genau in die Anamnesis-Lehre, die schlechthin retournierende. Mit der Folge, daß die Seele überhaupt nichts Neues wissen und entdecken kann, außer dem, was sie als Reisegenossin der Götter vor ihrer Geburt an ewigen Ideen geschaut hat. Das Gewesene hat den Primat übers Zukünftige, ja Wesen selber wird identisch mit Ge-wesenheit, der Ursprung, die archē kommt nur als ebenso archaische vor, bei Hegel mindestens in der Ontologie »vor Erschaffung der Welt« insgesamt, und die dialektische Kosmologie der Disziplinen nachher gibt sich wirklich nur als Fahrt-Anamnesis zur Logik-Ontologie ante rem. Vor allem soll ja Hegels Religionsphilosophie und Philosophiegeschichte am Ende des Systems expressis verbis nur die Skelett-Kategorien seiner vorweltlichen Logik mit Fleisch füllen und so reproduzieren. Also fällt auch bei Hegel die Anamnesis der Reiseform seines Weltgeistes in den Kurs; wider die Abrede, mit einem Tribut des Prozesses an den Zyklus. Und trotzdem meldeten sich gerade hier die Implikationen des Schillerschen »Spaziergangs«, multipliziert mit Fausts Zaubermantel und Hegels Siebenmeilenstiefeln des Begriffs; sie meldeten sich gerade auch gegen die Gloriolen ante rem. Die Thesis des Ansich, des Anfangs ist nun wieder so wenig präokkupierend, daß sie Hegel »das Ärmste an Bestimmungen« nennt, und Weltstrom ist nun wieder einer, dessen Inhalt sich gerade aus den Zuflüssen seiner Geschichtsreise speist und nicht aus einer Anamnesis des Seins gleich Nichts am Anfang, im schwachen Quell. Weiter macht doch Hegels eigenes Zeitpathos gegen den Saturnring empfindlich, in den es eingesetzt wird; die Dialektik löckt wider den Kreis. Was immer wieder bedeutet: Nicht nur das Wissen von der Welt, sondern diese selber ist in Fahrt, mit so vielen Versuchsstellen, Tendenzgestalten, Prozeßfiguren eines Halts, doch unfertig durchaus. Und das genau im Wesen, dem noch keine Erscheinung geworden ist, es sei denn die sich selber erst versuchende. Deshalb regiert auch nicht das unter sich blickende Grübeln letzthin die Philosophie, sondern die offene Ausfahrt vom Subjekt, das seine Substanz treibt, zur Substanz, die ihr Subjekt aufschlägt, – mit der längsten Linie (dem Weltlauf) als dem kürzesten Weg.

9 Nochmals das Faustmotiv der Phänomenologie des Geistes

1. Nicht jeder Dichter ist faustisch, wie bekannt. Auch nicht jeder Gelehrte, wie noch bekannter; für die meisten ist eher der Wagner zuständig. Doch jeder Denker, wenn er den Namen verdient, steht dem Erfrager Faust nahe. Dem Mann, der an seinem Pult die Mitternacht heranwacht, nach Lösungen suchend und dem, was not tut. Vom Denker hat Faust seine Erscheinung und sein Bild genommen. Seinen Zweifel und seine zerreibende Mühe um Gewisses, um erkannte Wirkungskraft und Samen, um Bessern und Belehren. Auch hier ist nichts Großes ohne Leidenschaft vollbracht worden, ohne Mut zu unbekannten Meeren. Tätigweites Erfahrenwollen, übers Bekannte und Gewesene *hinaus,* das ist faustisch, samt dem Erproben. Man sieht die waghalsige und darum sorgfältigste Bemühung, die allemal grenzhafte. Sie ist dem faustischen Willen an sich verwandt, hat dessen Jugend wie Alter zugleich in sich.
2. Aber ein anderes ist es, ob sich das Faustische auch ihm gemäß ausbreitet. Es findet sich rein stofflich überall dort, wo der grenzüberschreitende Doktor der alten Sage abgewandelt wird. So groß ist der Zwang dieser Figur, wenn nicht auf Geister, so auf ihren Bearbeiter, daß vom Puppenspiel bis zu den

letzten Versuchen nach Goethe nirgends der Monolog fehlt noch der Zaubermantel, das ist die ungehemmte Fahrt, kreuz, quer, in die selber zauberhafte Weite, die selber nie geheure Tiefe. Jedoch werkhaft durchgehalten ist das Faustmotiv, aus Gründen seiner Kraft wie Weite wie Tiefe, nur bei Goethe. Und eben nur ein einziges philosophisches Werk gibt – aus persistenter Durchführung des weltfahrenden Motivs – zu Goethes »Faust« das Gegenstück: Hegels Phänomenologie des Geistes.

Beide eben haben den Stoff der alten Sage auf verwandte Art aufgehellt. Daß diese Verwandtschaft nicht gerade häufig oder zureichend bemerkt worden ist, bleibt erstaunlich. Ist sie doch nichts von außen Herangebrachtes, Zusammengehaltenes, wie oft bei Vergleichung zweier Gebilde, besonders aus zeitinhaltlich verschiedenen Gegenden. »Kant und Goethe«, das war, »Hölderlin und Kierkegaard«, das ist noch eine dieser privat-abstrakten, widrigen, oft widerlichen Vergleichereien. Sie sind Brücken zwischen bloßen Frissons, nicht sachliche Verbindungen in den Originalen selbst. Wie das, auf die Dauer unübersehbar, bei Faust und der Phänomenologie vorliegt; diese kommen sowohl im gesellschaftlichen Grund wie im Bauplan des Werks wie in dem den Bauplan bestimmenden Inhalt sachlich miteinander überein. Hieran ändern die verschiedenen Erscheinungsjahre der fertigen Werke gar nichts (Phänomenologie 1807, Faust I 1808, Faust II gar 1832). Denn falls, was unwahrscheinlich, Hegel das Puppenspiel – mit so viel Goethestoff in nuce – nicht gekannt haben sollte, so lag Goethes Faust-Fragment bereits seit 1790 vor, also rechtzeitig für die damalige, zwischen Ich und Nicht-Ich, Spontaneität und Welt sich anbahnende, der Phänomenologie zugrunde liegende Diskussion. Freilich fehlte im Faust-Fragment noch so Entscheidendes wie die Wette um den erfüllten Augenblick, auch läßt das Fragment noch unausgemacht, ob Faust nicht, wie in der überlieferten, ihm unfreundlichen Sage, zur Hölle fahren werde. Doch der Satz stand da, der den Wett-Inhalt fast zusammenfaßt, auch im späteren Faust I als Resumé nachfolgt: »Und was der ganzen Menschheit zugeteilt ist, / Will ich in meinem innern Selbst genießen / . . . Und so mein eigen Selbst zu ihrem Selbst erweitern.« Freilich schließt diese Stelle überraschenderweise, Faust und die Menschheit betreffend: »Und wie sie selbst, am End auch ich zerscheitern.« Diese Katastrophenstimmung stammt eben aus der noch unaufgehellten, dunkelmännischen Faustsage, aus Dr. Fausti Höllenfahrt; und sie stammt von daher, weil der *ursprüngliche* echte Renaissancetyp Faust in die Hände seiner Feinde geraten war. In die Hände der protestantisch-finsteren Orthodoxie, als welche, mit ihrem Luther, die »Närrin Vernunft« haßte, jede kreatürliche Kraft- und Geistesregung überhaupt. So wurde der Doktor schon im ersten Faustbuch zum »weitbeschreyten Zauberer«, nicht geneigt, gleich dem frommen Gottesmann in Wittenberg schlicht zu glauben; mit Recht wurde der »Epicurer und Speculirer« daher vom Teufel geholt. Goethe erst hat der Gestalt die ursprüngliche Renaissance-Dimension zurückgegeben; ohne »Fausti Wehklag«; ohne das terroristische »In aeternum damnatus es«; ohne Verbot, die bis dahin gesetzten menschlichen Grenzen zu überschreiten. Das »Zerscheitern« steht nun da als ein fremder Rest; auch ging der Magus keineswegs »mit bedächtiger Schnelle vom Himmel durch die Welt zur Hölle«. Infolgedessen hatte Schelling schon aus dem Fragment Fausts Rettung vorhergesagt, auf Grund der »heiteren Anlage des Ganzen im ersten Wurf«. Und vor allem, näher zu Hegel hin und dem Parallelstrom von Faust und Phänomenologie: die gesellschaftlich-geschichtlichen Antriebe, aus denen Goethe den Urfaust geschrieben hatte, 1774/75, ein wenig nach Hegels Geburt, die Antriebe des revolutionären Bürgertums wirkten noch lange in Hegels Jugendzeit hinein. Es waren die gleichen, die den jungen Hegel einen Maibaum pflanzen ließen, die ihn mit dem Citoyen des Hölderlinschen Griechenland verbanden, mit dieser freien Polis und glücklich scheinenden Alleins-Natur. Die Phänomenologie selber, gewiß, sie hat mit dem jakobinischen Maibaum nichts mehr gemein, auch ihr war der Thermidor gekommen, der die Französische Revolution beendet hat. Aber desto näher stand sie eben deshalb wieder dem späteren Goetheschen Ausgleich mit der Welt, das ist, dem wechselwirkenden Ich-Objekt-Bezug, als demjenigen, worin zwar nicht das Subjekt des Urfaust (auch nicht des Werther, Götz, Urtasso, Urmeister), wohl aber das des Faust-Fragments sich Welt-erfahrend hindurchbewegt.

3. Die Zeit, sagt Marx, ist der Raum der Geschichte.

Das heißt, sie hält die in ihr auftretenden Erscheinungen zusammen, gibt ihnen den gleichen ökonomisch-gesellschaftlichen Boden. Der war für Faust wie für die Phänomenologie das auch in Deutschland erwachende Bürgertum. Der Ansatz beider Werke liegt im Bewußtsein des bürgerlichen Ich, des Rousseauschen Subjektgefühls, des aufgeklärten »Wage zu wissen«. Beide Werke stehen im Sonnenaufgang der deutschen bürgerlichen Gesellschaft, beide sind daher optimistisch. Der Unterbau zu alldem war die private Wirtschaftsweise des kommenden Unternehmers, eines Typus zwar, der im zurückgebliebenen Deutschland zur Zeit des Urfaust noch kaum, zur Zeit der Phänomenologie erst sporadisch auftrat. Aber der Typus bereitete sich in dem älteren, klassenbewußt werdenden deutschen Bürgertum durchaus vor; und was ihm, verglichen mit England, Frankreich, an Wirklichkeit fehlte, nahm er aus diesen Ländern als lyrischen, dramatischen, philosophischen Reflex. Der entzündete eine desto lebhaftere *ideologische Subjekterregung*, erst eine oppositionelle, emanzipierende, dann – der ausbleibenden Revolution entsprechend – eine sich legende, »konziliant« werdende, jedoch nicht verschwindende. Gewiß, es ist wahr, die geringe ökonomische Entwicklung Deutschlands hatte die dem Sturm und Drang *vorhergehende* deutsche Aufklärung sehr zahm gehalten und, als die Opposition der Kraftgenies desto hefttigere Wildheit entwickelte, diese Wildheit gerade in einen subjektivscheinbaren *Gegensatz* zur Aufklärung sich hineinentwickeln lassen. Zur gleichen Aufklärung, in der

der Sturm und Drang doch selber stand, und zu deren Anliegen er die Gefühlskomponente darstellte, die eben durch Rousseau vermittelte. So daß die Themen der Sturm und Drang-Periode: individuelle Freiheit, Humanität (Kindsmörderin), Kampf gegen »Unnatur« – ihrer Einheit mit den Themen und Inhalten der damaligen bürgerlichen Ratio sich gar nicht bewußt wurden. Nur das Naturrecht, als ein den Rousseauisten und den verhaßten Rationalisten gemeinsames Anliegen, verband auch das Bewußtsein der damaligen deutschen »Irratio« mit der klassischen Aufklärung. Doch selbst hier schien die Natur Rousseaus, diese gefühlshafte Oppositionsnatur, keinen Kontakt zu haben mit der des rationalen Naturrechts, des doch ebenso oppositionellen, gar mit dem mathematisch-harmonischen Gesetzwesen der rationalen Physik. Hinzu kam allerdings auch eine objektive Erschwerung des Sturm und Drang-Bezugs zu seinen scheinbaren Gegnern, zu den Corneille und Racine, den Christian Wolff, gar Gottsched. Es war das die besonders undurchschaute, besonders widerwärtige Verbindung des damaligen deutschen Polizeistaates mit dem anderswo bürgerlich-progressiven Regelwesen, mit dem Rationalismus der Bürokratie. Indes: trotz alledem, trotz zahmer deutscher Aufklärung und vielfach schief, nämlich irrational sich gebärdendem Sturm und Drang: nichts ist klarer als der Zusammenhang, worin gerade das Grundthema des Sturm und Drang: das Faustthema mit der *originalen Aufklärung* sich befindet. Mit der Befreiung des bürgerlichen Individuums wie eben mit »Vernunft

und Wissenschaft, des Menschen allerhöchste Kraft«. Zugleich befand man sich dadurch bewußt wieder im Raum der Renaissance, worin die bürgerliche Emanzipation begann und woraus die Gestalt der Faustsage herkommt. Die an Paracelsus und auch an Kepler gemahnende Gestalt, die sich »Adlersflügel nehmen wollte, zu erforschen Geheimnisse des Himmels und der Erden«. So wie andererseits die Subjektunruhe, dies »Ungenügen jeden Augenblick«, Hegels Phänomenologie heizt und im Widerspruch zu allen erlangten Weltgestalten über die erlangten weitertreibt, zu immer neuer »Erfahrungsgeschichte des werdenden Bewußtseins.«
Verbindet beide Werke der stoßende Grundsatz der Emanzipation, *vom Subjekt her*, so verbindet sie ebenso der Vermittlungsansatz der »Konzilianz«, wie angegeben, jetzt jedoch auch besseren Sinns: nämlich des Wilhelm Meisterschen Weltausgleichs, *zum Objekt hin*. Dergleichen war nicht nur hinnehmend, sondern erziehend gemeint, mit sachlicher Reife darin. Und nicht sowohl Ausweichen sollte darin statthaben, am wenigsten ein schmollender, unkräftiger Winkel, als gerade Dabei-Sein im Strom der Welt. Diese Objektwelt war für Goethe und Hegel selber um 1800 nicht mehr die des schlimmsten Ancien régime; statt seiner stand Weimar über der Unruhe des Urfaust, standen Thermidor und beginnender Rheinbund über den Ich- und Nichtich-Aporien, woraus die Phänomenologie ursprünglich herkam. So daß das Subjekt von der Welt erzogen wurde, gerade von der beruhigten, Regel und Gestalt enthaltenden. Be-

ruhigt-beruhigend in einem gewiß auch reaktionären Sinn, in dem der deutschen Misere, die Goethe wie Hegel nicht fehlt, mit zynisch-resigniertem Konformsein auch einem Weltlauf gegenüber, wo nicht das Subjekt, sondern das *Objekt sich die Hörner abzulaufen hätte.* Doch war das zentrale Anliegen leuchtend, jenseits des politischen Burgfriedens: Wahrheit sollte aufziehen, die das Subjekt nicht nur zur Menschheit erweitert, sondern zum Weltkreis, zum Weltkreisen selber, wo immer sich dieses als gutwaltendes und so lehrhaftes erweist. Faust ist eine ganz anders intensive Figur als Wilhelm Meister; dennoch drang auch in sein bleibend sprengendes Streben ein solches Stück Erziehungsroman ein. Und das Subjekt der Phänomenologie ist schon von Haus aus ein Faust-Selbst, das sich zum Kosmos erweitert (Hegel nannte während der Abfassung seines Werks recht kosmologisch auch Napoleon die »Weltseele, . . . auf einem Pferde sitzend«). Also wirken auf dieses phänomenologische Subjekt die Objektsphären desto mächtiger zurück, an denen und durch die hindurch es sich großzieht. Allgemeines und Besonderes, Gedanke und Welt, Bewußtsein und Gegenstand sollten nicht getrennt werden und sich feindlich gegenüberstehen. Und: Die objektive Selbsterziehung macht sich und bewährt sich in der durchgängigen Vita activa: was fürs Faustsubjekt die rastlose Tätigkeit, ist fürs phänomenologische die seinsmächtig werdende Arbeit. Ebenfalls durch so verschiedene Schichten laufend, sie mit dem arbeitenden Menschen, den Menschen mit den bearbeiteten Gegenständen vermittelnd. Derart überwand Hegel den subjektiven Idealismus, gewann eine Art geistmäßigen, doch objekthaft genährten Realismus, einen der Goetheschen Gegenständlichkeit, Welthaltigkeit, auch Weltbeglücktheit durchaus verwandten. Wobei freilich im Faust wie in der Phänomenologie das erste, nun »nicht mehr Getrübte« am vermittelten Ende wieder hervortritt: hier in einem mythischen Himmel, obzwar weiter in Tätigkeit zu ihm aufsteigend, dort in einem mystischen Äther des sich wissenden Geistes. Die »höheren Sphären« jedenfalls sind in beiden Werken außen und folgen nach Maßgabe der Ausfahrt-Tätigkeit, des Szenen-Aufstiegs, Weltgestaltens einander nach. Immer ist das Faustische in der Phänomenologie, das Phänomenologische in Faust wechselseitig gegenwärtig, kraft des gemeinsamen, so geheimnisvollen wie Geheimnis lösenden Weltwegs von innen nach außen. So daß mit einem hier Goetheschen dort Hegelschen Ausdruck gesagt werden kann: Fausts Monolog ist das »Urphänomen« der Phänomenologie, und die Substanz, die sich ebenso als vermitteltes Subjekt weiß, ist das »Absolutum« des Faust; beider Hermeneutik steht sich, steht unseren Angelegenheiten bei.

4. Durchgehends sind beide Werke in großer Fahrt, und das immer neu einsetzend. Der Antrieb zu solch raschem Wechsel des Schauplatzes ist bei Goethe wie Hegel das Ungenügen, der nicht getilgte und zu tilgende Mangel. Also hebt sichs hinweg, mit Zaubermantel, mit Siebenmeilenstiefeln des Begriffs, einem Wunschtyp, der so alt ist, daß er gewiß nicht erfun-

den werden mußte. Die Vorgänger des fahrenden Faustsubjekts sind bekannt: sein historisch-leiblicher Träger, der Wundermacher Georg Faust, war ohnehin eine unedle Dublette von Paracelsus. In der weiteren Sagenfigur flossen der Simon Magus der Apostelgeschichte, Erinnerungen an den der Zauberei verdächtigten Scholastiker Albertus Magnus mit Paracelsus zu einem einzigen Beschwörer zusammen. Simon Magus gibt eine Sagenlinie, die gar die Gnosis und von da in die selber legendäre Weisheit Ägyptens zurücklief. Wahnsinn war die Strafe der orientalischen Hybrisfigur, die die Lade des heiligen Geheimnisses öffnete, die in Sais den Schleier der Isis hob. Die Verwandtschaft der Wissensrebellion und nachherigen Höllenfahrt Fausti mit diesem Tabu, durch Plutarch, durch Schiller überliefert, ist unverkennbar. Und ebenso dessen ältester Ursprung, ein gleichfalls schon, durch den biblischen Priesterkodex, feindselig überlieferter: das Pflükken vom *Baum der Erkenntnis.* Bei Goethe kam als eigentlich topographisches Vorbild für Fausts Diesseitsfahrt Dantes Himmelfahrt hinzu; freilich mit vollkommener Säkularisierung des Schauplatzes, die letzten Himmelsszenen abgerechnet. Und eben: statt der Danteschen Visio beatifica am Ende wirkt das neuere protestantische Streben, die Vita activa, beginnt die neuere protestantisch-bürgerliche Commedia humana statt der ständisch-festen Commedia divina, erscheint eine im tätigen Wandel sich wechselnd aufschlagende Welt statt vorgeordnetem Gang und Schauplatz. Trotzdem ist die Dantesche Raumschichtung auch auf die Weltsphären Fausts aufgetragen, auf das Wandelpanorama mit immer wieder aufgegebenen, zurückgelassenen, höheren Szenen. Umgekehrt ändert sich ja auch das Subjekt in Dantes Dichtung durchaus mit den erblickten, durcherfahrenen Objekten; es reinigt sich, wie Faust so oft, von erlebtem Graus, es trinkt, um die Fahrt in die Höhe zu bestehen, von den Quellen Lethe und Eunoë, Vergessen und Eingedenken. Es versteht sich auch auf Erneuerung durchaus, auf das Incipit vita nova im jeweils höheren Kreis. Wie denn jeder Stufenbau – ob als Erscheinungsgeschichte des Subjekt-Objekts oder als fertig gesetzte Hierarchie von oben – im Nacheinander Übereinander, im Übereinander Nacheinander enthalten muß. Selbst im mittelalterlichen ordo *sempiternus* rerum ist die Stufe (als Treppe des Beschreitens) immerhin – ein ordo temporalis, der dem Schreiten angibt, wieviel Uhr, welche Zeit es ist in der Ewigkeit.

Weder das Wanderhafte noch die verschiedenen Stufen fehlen, geht man zu Hegels Werk über. Gewiß, anders als beim Faustsubjekt steht beim arbeitenden Subjekt der Phänomenologie kein Wundermacher mehr an der Wiege. Wohl aber der neuere Homo faber, der gleiche, der hier den unersättlichen Faust, dort das stets auf dem Sprung befindliche Bewußtsein aus sich herausgesetzt hat. Und dazu steht riesige Neugier des Erkennens an der Wiege, die nicht nur dem Grübeln, sondern noch mehr der Fahrt verwandte, dem Schiff mit geschwellten Segeln, das auf der Titelvignette von Bacons »Novum Organum« durch die Säulen des Herkules fährt. Der nähere

Vorgänger für Hegel ist Kants *Spontaneität des Bewußtseins*, die transzendentale Erzeugung aus lauter Gedankenentwicklung, doch bei Hegel mit dem ganz gewaltigen, prometheisch-idealistischen Anspruch, daß daraus nicht bloß die Formen, sondern auch die Inhalte des Erkennens, der Weltinhalt selber genetisch-historisch entwickelt wird. Auch der Weltschöpfer wird dadurch ins erzeugende Subjekt aufgelöst; die Weltentstehung geschieht in den Stufen des Bewußtseins von ihr, der Arbeit an ihr. Das Wunderhafte, Ausfahrthafte der Phänomenologie durchläuft so eine Welt, in der keine Substanz ist und gilt, die nicht ebenso mit dem fahrenden Subjekt fährt und von ihm durchdrungen ist. Eritis sicut Deus, schrieb Mephisto dem Schüler ins Stammbuch: Hegel hat die alte Muhme, die Schlange, an den verschiedensten Stellen seiner Philosophie, wo immer er nur auf den Sündenfallmythos zu sprechen kommt, durchaus verteidigt und eben als Luzifer, als Stück Prometheus, als Lichtbringer. Die Schlange mit dem *Baum der Erkenntnis* hat bei Hegel eigentlich erst den Menschen geschaffen, hat ihm zum Bewußtsein der Arbeit und zur Arbeit des Bewußtseins verholfen; ohne das wäre der Mensch im »Garten der Tiere« geblieben und selber als Tier. Die Berührungen mit dem bürgerlichen »Titanismus«, sogar des Sturm und Drang (später noch, verwandelt, in Byron erscheinend) sind derart unverkennbar; überall geht ja die Erzeugung bei Hegel unter der gewordenen Kruste und gegen sie, unterwühlend, vor. Auch noch der konservativ gewordene Hegel gebraucht hier das subversive Bild vom »Maulwurf des Geistes«, im Sinne jener Dialektik der Erzeugung, die später Alexander Herzen die »Algebra der Revolution« nennen konnte. Das also ist die Ausdehnung des Homo faber im Phänomenologie-Subjekt oder der Faustdrang sui generis, befähigt, sich auf die große Reise des Geistes, in den Geist als materialvollste Reise zu begeben. Wenn auch in eine, der der subjektive Faktor angeblich nur zusieht, und deren Subjekt – Hegels Idealismus gemäß – nicht beim Menschen als Macher seiner eigenen Geschichte bleibt, sondern sich in einen hypostasierten Weltgeist als Demiurgen verliert. Immerhin ist auch dieser nirgends der von außen stoßende, nirgends der transzendente Gott oder das Jenseits zum Homo faber. Immerhin kann selbst dieser Weltgeist nicht umhin, sich gänzlich als faustischer Erdgeist, ja als ausschließlicher Geschichtsgeist zu bewähren. Eben deshalb bewegt er sich, statt der leblos Einsame, der unbewegt Absolute zu sein, gleich dem Faustsubjekt durch lauter Stationen und Stufen. Und wieder öffnet sich daran nicht nur eine große, auf lange Strecken mit dem Faustplan gemeinsame Vorgeschichte, sondern eine, die noch mehr als im Faustplan eine Reprise ständischer Ideologieformen mitten in den bürgerlich-dynamischen aufweist. Wie Faust, so ist derart auch die Phänomenologie der Aufstiegsform der Divina Commedia, mutatis mutandis, nicht unverwandt. Mehr noch: der Leser durchwandert an Hand eines vollkommeneren Vergil die Schädelstätten der abgeschiedenen Geister, sieht die kategorialen Momente der absoluten Idee gestaffelt in den Bewußtseins-, Gesellschafts-, Werkgestalten der Weltgeschichte. Dazu tritt ein anderes ständisches Vorgänger- oder Vorbildwesen, das Goethes Dichtung nur implicite in sich hat, das in der Phänomenologie jedoch explicite die ganze methodische *Terrassenbildung* bestimmt. Es ist diese Bildung, die der Stationen und Stufen selbst, in Entsprechung zu einem Subjekt nicht nur der Tätigkeit und Arbeit, sondern auch des – Aufstiegs in einem selber geschichtet, selber gebirghaft Aufsteigenden. Dieser Dantesche, ganz eigentlich kathedralische Raum, mit den verschiedenen Subjektlagen, die ihm korrespondieren, hat in der Phänomenologie eine besonders hierarchische Reprise – mitten in der Dynamik, sie aufbauend. Denn noch deutlicher als der Faustplan nimmt die Phänomenologie, wenn sie ihre Subjektebenen anordnet (gemäß den auf dieser Stufe visierbaren, dem Subjekt verschlungenen Objektivitäten), entlegenmächtige Aufstiegs-Traditionen wieder auf – diesesfalls völlig vor dem Homo faber und seiner Aktivität. Die Gliederung der Phänomenologie in »Bewußtsein, Selbstbewußtsein, Vernunft«, dann »Geist«, dann »Religion und absolutes Wissen« folgt, erneut betonbar, sehr alten *mystischen Meditationsfolgen* oder, um wieder den Ausdruck eines dieser Meditatoren, Richards von St. Victor aus dem zwölften Jahrhundert, zu gebrauchen: einem »Mentis itinerarium ad Deum«. Einem Reisebuch des Geistes zu Gott, als dem »Objekt« der letzten Union, als dem Zielpunkt jeder Adäquation des Geistes an die Sache, an seine Sache. Eben bei dem Victoriner hießen die Stationen fleischliche »Cogitatio«, innere »Meditatio«, geistige »Contemplatio«, dergestalt daß das fleischliche Auge die Körperwelt, das vernünftige das eigene Innen, das kontemplative die geistige Welt sehen sollte, per simile simile percipiens. Noch Hegelscher graduierte Nikolaus von Cusa die Folge »Sensus«, »Ratio«, »Intellectus«, »Visio« dergestalt, daß der »Sinn« nur verworrene Dinge liefert, der »Verstand« hält nach dem Prinzip des Widerspruchs die Gegensätze auseinander, die »Vernunft« sieht die Gegensätze als miteinander verträglich, die »Vision« sieht sie als in der unendlichen Einheit (coincidentia oppositorum) zusammenfallend. Solcherart (mit verwandten Exempeln, die bis in die aufgeklärte Erkenntnispsychologie reichen) war dieser Gradus ad Parnassum gebaut. Ja noch ältere Ursprünge seiner dürften unverhohlen in der *Mythologie* liegen; wonach sich auch Wundermacher in der Quellenkunde der Phänomenologie zeigen, freilich solche der Siebenmeilenstiefel, sozusagen, als einer Mysten-Schulung alter Art, nicht des Zaubermantels. Aber die eigentlichen *Zitationsstufen* zur Erscheinungsgeschichte des Geistes, aus denen das tiefste Aufklärungsbuch sich erhoben hat, zeigen eine so merkwürdige wie lehrreiche Parallele auch noch mythologischer und nun entmythologisierter Art. In den gnostischen »Einweihungen« zogen die Schüler das der jeweiligen Imagination nicht korrespondierende Subjektkleid aus, legten gleichsam den jeweils alten Adam ab, den jeweils neuen Meistergötzen an, um dadurch der ihm korrespondierenden Essenz habhaft zu werden. Fast noch so wie bei den primitiv-ekstatischen Maskentänzen, wo die getragene Löwen-, Stier- oder Schlangenmaske im Ruf stand, mit dem dergestalt abgebildeten Dämon den Kontakt herzustellen. So sonderbar also können idealistische, ja nicht durchwegs idealistische Gedanken ihrerseits in einer mythologischen, wo nicht prälogischen Hülle stecken. Was die Vorsicht gegen die erkenntnistheoretische Stufenlehre vermehrt, aber auch die Einsicht in ihr merkwürdig frisches Alter. Ist sie doch, kraft ihres fast vorgeschichtlichen Vorkommens, nicht einmal auf die Stände-Gesellschaft begrenzt, sowenig wie der pädagogisch-methodische Ebenenwechsel mit ihr aufhört. Bei Nikolaus von Cusa freilich ist von solch wildem Aberglauben, wie sich von selbst versteht, keine Erinnerung mehr, bei Hegel fehlt sogar eine Erinnerung an Nikolaus von Cusa mit seinen Sensorienstufen. Dennoch führt die Phänomenologie diese verschiedenen Perzeptionsweisen mit besonderer Präzision aus, läßt sogar die durchzuerfahrende Geschichte dreimal – und dreimal verschieden pointiert – auf der jeweils neuen Aneignungsstufe der Gattungserfahrungen sich wiederholen. Als bloße Reihenfolge von menschlichen *Geschicken* auf den Stufen »Bewußtsein, Selbstbewußtsein, Vernunft«; als wirkliche *Geschichte*, nämlich als Produkt menschlicher *Erzeugungen*, auf der Stufe des »Geistes«; als *begriffene* Geschichte, nämlich als eine der *Entäußerungen und Rückentäußerungen des Selbst*, auf der Stufe des »absoluten Wissens«. Und eben diese Stufenmethode, mit immer sublimer anzutreffenden Essenz, wirft zuletzt auch noch auf das Aufsteigende im *Faust*-

plan und sein »Erweiterndes« ein kaum überraschendes Licht. Die beiderseits – hier implicite, dort explicite – wirkende Terrassen-Ordnung läßt streckenweise auch im Faust Begebenheiten auf höherer Stufe sich reproduzieren, neu produzieren. Die – wenngleich so hoch verwandelte – »Reproduktion« der Gretchentragödie in der Helenatragödie, ebenso die »Reprise« der ersten Gretchenbegegnung in der zweiten, himmlischen und das zum Glücks-Dank so ergreifend umgeformte Notgebet Gretchens: all diese Spiralen stammen auch im Faust aus einer verwandten Stufenhierarchie, wie sie die Phänomenologie durchdacht hat. Und worin, nach der Bestimmung des Nikolaus von Cusa, die niedere Stufe in der höheren ihre »Präzision« findet, das heißt hier, die genauer aufgenommene, genauer ausgeprägte Form ihres vermittelten Inhalts.

5. Sachlich besonders fraglos verwandt sind beide Werke in ihrem *dialektischen* Zug. Die Fahrt ihrer »Helden« sowohl (Fausts hier, des Bewußtseins dort) wie ihr Anwesendsein im »Rollen der Begebenheit« muß immanent durch Widersprechen und Widersprüche hindurch. Indem die Fahrt Fausts in der Phänomenologie eine des Ungenügens oder Mangels ist, geht sie aufs Füllende und Rechte hin, also muß sie allem, was ihr im Gegenständlichen auf die Dauer nicht Genüge tut, widersprechen. Das Anwesendsein in den Begebenheiten zeigt diese selber mit Widersprüchen und Umschlag gefüllt, mit einer Art objektivem Mephisto, nämlich objektiver Negation gefüllt. Weshalb dieser nicht mehr höhnische, sondern objektive Mephisto sich als die Kraft vorstellt,

»die stets das Böse will und stets das Gute schafft«, auch als Element des Weltgerichts in der Weltgeschichte selber, eines totalen freilich, sofern ihm alles, was entsteht, wert ist, daß es zugrunde geht. Komprimierter dialektischer Umschlag erscheint in den Worten: »Vernunft wird Unsinn, Wohltat Plage«. Und obwohl Goethe sonst sehr oft die Worte der Hegelschen Dialektik zu bizarr fand, nennt er umgekehrt in einem Brief an Niebuhr das Wort »Zustand« ein elendes, weil nichts eben stehe, alles beweglich sei. Und in den Gesprächen mit dem Kanzler Müller findet sich folgende Lebensbeschreibung der Faustdialektik insgesamt, vorzüglich nach Seite des Neuen, der Synthesis aus der Negation: »Es gibt kein Vergangenes, das man zurücksehnen dürfte; es gibt nur ein ewig Neues, das sich aus den erweiterten Elementen des Vergangenen gestaltet, und die echte Sehnsucht muß stets produktiv sein, ein neues Besseres zu schaffen.« Statt Synthesis gebraucht Goethe auch den Ausdruck: Steigerung; demgemäß nannte er, wohl unter dem Einfluß Schellings, die beiden Grundkräfte der Natur »Polarität und Steigerung«. *Polarität* geht ihm durch das gesamte Dasein hindurch, so in der Farbenbildung als Anteil von Hell und Dunkel, so in der Pflanzenentwicklung als Wechsel von Zusammenziehung und Ausdehnung. Und was *Steigerung* betrifft, so geschieht sie eben in und durch die Polarität hindurch, zur hervor sich arbeitenden Harmonie: »Das letzte Produkt der sich immer steigernden Natur ist der schöne Mensch.« Solch stimmende Harmonien freilich stimmen selber nicht ganz überein mit der faustischen Unersättlichkeit, gar mit dem Streben, dem Gespanntsein bis in Fausts Himmel hinein. Auch steht Goethe noch in dem älteren dialektischen Bezug, der bis Schelling reicht: in der Coincidentia oppositorum, die die Spannung der ihr zugrunde liegenden Widersprüche konsonant, allzu konsonant löst. So daß die Negation nicht selber in der Einheit aufbewahrt ist und ihr forttreibendes Werk in der Einheit tut. Doch ist das Faustmotiv an und für sich ein fortlaufend dialektisches, es ist das Kräftig-Unbefriedigte, das zwar jeder Situation Genüge tut, dem aber keine Situation bereits Genüge zu tun im »Zustand« ist. Infolgedessen gelingt die Einheit des strebenden Bemühens mit seinem Zielinhalt dem Faust sogar weniger fix und fertig als dem Schluß der Phänomenologie und seiner *Angelangtheit* im »sich wissenden Geist«.

Dafür hat Hegel die im Faust befindliche Bewegung wissenschaftlich hart über die Maßen erfahren. Gerade als die widerspruchsreiche, als die durch Ungenügen der Person und immer wieder krisenhaft werdende Szenen forttreibend-fortgetriebene. Der Widerspruch von »Leben« und »toter Objektivität« hatte schon das Denken des jungen Hegel bewegt, in der Frankfurter Epoche. Jedoch noch als unvermittelter Widerspruch und so, daß die Objektivität eben noch lauter Tod sein sollte. Die unvermittelte Antinomie von »Leben« und angeblicher »toter Objektivität« vermehrte sich aber, als Hegels reife Dialektik mit einem Schlag durchbrach, um die Antinomie im bewegten, also lebendigen *Objekt selber*.

Mephisto, der Geist, der stets verneint, kommt nun völlig in den Realprozeß, muß durch Negation wirken, reizen. Und zwar so, daß die Negation ebenso die skeptische Säure enthält wie das »Leben« erst schlagen läßt, den Puls der wandlungsfähigen, wandlungsbedürftigen Weltgestalten. Läßt der subjektive Widerspruch (das eigentliche »Widersprechen«) hierbei nach, vielmehr: wird das Subjekt der Phänomenologie fast zwangsläufig aus seiner inadäquat gewordenen Objektivität herausgeworfen, in neue Adäquationskreise hineingeworfen: so nimmt dem entsprechend auch die Stoßkraft des objektiven Widerspruchs (der »Unstimmigkeit« in den Objekten) realistisch zu. Der Widerspruch erscheint nun nicht mehr wesentlich als Subjektbestimmtheit, wie im Sturm und Drang, auch im Überdruß- und Flucht-Monolog des Urfaust. Er erscheint aber auch nicht als Subjekt-Täuschung, die im Frieden der Versöhnung – wenn nicht mit der Gesellschaft, so mindestens in und mit der Natur – sich objektiv legt. Vielmehr wird eben der Widerspruch zugleich eine Objektbestimmtheit, und zwar, Goethes »Polarität«, vor allem »Steigerung« verwandt, die wichtigste, gleichsam hoffnungsvollste in der Welt. Der Widerspruch ist, wie Hegels Logik sagt, doch bereits die Phänomenologie belegen will, »die Wurzel aller Bewegung und Lebendigkeit, nur insofern etwas in sich einen Widerspruch hat, bewegt es sich, hat Trieb und Tätigkeit«. Wobei die Einheit des Ausgleichs keineswegs in Harmonie zwischen den Gegensätzen ausläuft, gar die konsonante Statik vor der Entzweiung wiederherstellt. Hegel lehrt statt dessen nicht einfache Einheit zwischen Gegensätzen, sondern die »Einheit der Einheit und der Gegensätze«, oder, wie Hegel schon vor Abfassung der Phänomenologie sagte, die »Verbindung der Verbindung und der Nichtverbindung«. Das garantiert usque ad finem das in jeder Konsequenz von unterwegs doch wieder reproduzierte, auch auf neuer Stufe sich produzierende Stachelwesen der Dissonanz, die Differenz. Das unterscheidet Hegels Dialektik wesentlich von aller bisherigen: sie beruhigt sich bei der Einheit der Gegensätze, gar Widersprüche nicht. Sie begreift also die Welt als eine Geschichte der Dissonanz statt eines Tempels der Harmonie, sie legt den Primat der Ruhe in die Mystik, nicht in die historisch-reale Welt. Diese Widerspruchs-Zähigkeit ist auch in dem völlig objekthaften Mephisto, so daß Hegel mythologisch sagen kann, in der Sphäre der Differenz (der Negativität) wohne nicht Gott. Freilich gibt es eine Stelle, in Hegels Ästhetik, wo der Denker des Negativen sich, mit eigentümlichem Seitenblick auf Goethes Faust, gerade gegen die Darstellung der Negation als solcher wendet. Diese Wendung kann zwar einen religiösen Ursprung haben, eben auf Grund der sogenannten Abwesenheit Gottes in der Differenz. Doch bleibt es überraschend, wenn der gleiche Hegel, der von der Phänomenologie an bis in alle seine anderen Werke »den Ernst, den Schmerz, die Geduld und Arbeit des Negativen« gegen alle »fade Erbaulichkeit« auszeichnet, nun trotzdem das »nur Negative« desavouiert. Die auffallende, die Anti-Mephisto-Stelle lautet:

»Die Realität des Negativen kann zwar dem Negativen und dessen Wesen und Natur entsprechen, wenn aber der innere Begriff und Zweck bereits in sich selber nichtig ist, so läßt die schon innere Häßlichkeit noch weniger in seiner äußeren Realität eine echte Schönheit zu. Die Sophistik der Leidenschaft kann zwar durch Geschicklichkeit, Stärke und Energie des Charakters den Versuch machen, positive Seiten in das Negative hineinzubringen, wir behalten aber dennoch nur die Anschauung eines übertünchten Grabes. Denn das nur Negative ist überhaupt in sich matt und platt und deshalb entweder leer oder stößt uns zurück, mag es nun als Beweggrund einer Handlung gebraucht werden oder bloß als Mittel gebraucht werden, um die Reaktion eines Andern herbeizuführen ... Der Teufel für sich ist deshalb eine schlechte, ästhetisch unbrauchbare Figur, denn er ist nichts als die Lüge in sich selbst und deshalb eine höchst prosaische Person« (Werke X^1, 1835, S. 284 f.). Die Stelle ist also auffallend, wie bemerkt, besonders wenn man den berühmten, den durchdringend nüchtern-realistischen Satz Hegels dagegenhält: »Man glaubt ein Großes zu meinen, wenn man sagt, der Mensch sei gut, ein viel Größeres aber liegt in der Feststellung, der Mensch sei böse.« Oder wenn man aus den vielen Negations-Ehrungen Hegels nur diesen einen Satz aus seiner Logik herausgreift, den von Lenin besonders zitierten und betonten: »Ja, wenn von Rangordnung die Rede und beide Bestimmungen (sc. Widerspruch und Einheit) als getrennte festzuhalten wären, so wäre der Widerspruch für das Tiefere und

Wesenhaftere zu nehmen.« Indes, der »Widerspruch«, wie er in der Ablehnung des Goethe-Teufels und der sonstigen Negations-Feier vorliegt, löst sich selber durch die Unterscheidung des »nur Negativen« des »Negativen überhaupt in sich« und jenes objektiv Negativen, woran gerade nicht »der innere Begriff und Zweck bereits in sich selber nichtig ist«. Und die ganze Fruchtbarkeit der »Arbeit des Negativen« besteht im Faust wie auch in der Phänomenologie in jener Arbeit, die nötig ist, um das Negative als Wirken und Reizen, gleich dem Mephistos, zu verstehen und zu gebrauchen. Widrigenfalls auch Faust das »nur Negative« als »kalte Teufelsfaust« mythologisch bezeichnet und Hegel, sachlich entsprechend, als »Anschauung eines übertünchten Grabes«. Nicht nur Dialektik, auch *tätige Realprobleme* der Dialektik sind also in Faust und Phänomenologie gleichmäßig immanent, mindestens als Horizont.

6. Ein Mann vergißt die Sache nicht, um derentwillen er ausgezogen ist. Faust und Phänomenologie sind, so durchgehalten wie wenig andere Werke, von ihrem Anfang her auf ein *Ziel* bezogen. Der Bezug im Faust ist die Wette, mit dem Inhalt des »Verweile doch«, zum schönen, zum beruhigten Augenblick gesagt. Das bedeutet einmal, daß Faust, der Tätige, nie ein entspanntes »Verweile doch« zu einem Augenblick akzeptiert. Des Sinns, daß er sich nie auf ein Faulbett zu legen gewillt ist, und diese Intention ist bei Eingang der Wette sogar die überwiegende. Aber im Fortgang des Stücks und entscheidend an seinem Ende ergibt sich eine zweite Intention als überwiegende, sogar

als die einzig wesentliche: die auf den Augenblick als einen nicht faulen, sondern erfüllend-erfüllten und so mit Substanz verweilenden. Dieser Augenblick ist, um einen scholastischen Ausdruck zu gebrauchen, das Nunc stans, das zur Ruhe gekommene, aber auch zu seinem Inhalt völlig aufgeschlagene Jetzt. Dieses Jetzt kann bei Goethe bereits durch ein aus der Mühe und dem Fluß sich heraushebendes Zeitmoment bedeutet sein, sofern dieses Moment selber voll großen Inhalts ist. Situationen dieser Art sind dann nicht nur transitorische, gemäß dem Fluß des epischen oder dramatischen Fortgangs, sie zeigen vielmehr, obwohl ihr Vergehen nicht aufhaltbar ist, auch ein charakteristisch Verlangsamtes, Anlangendes oder, wie Goethe selber über die Helena-Begegnung sagt, ein »Solidesziertes«. Die brotverteilende Lotte, der Eintritt Fausts in Gretchens Kammer, der Sonnenaufgang zu Beginn des zweiten Teils, die Helena-Begegnung in Sparta und der Tempel, »im Mondenschein bedeutend nah«: all diese und so manche andere Situationsbilder sind während ihres Geschehens schon wie gerahmt, sind wie auf ein antönend erfüllendes Nunc stans bezogen. Jedoch deutlich wird das erst am Schluß, auf freiem Grund mit freiem Volk, im Augenblick also, wo Faust genau zu diesem so beschaffenen Augenblick das »Verweile doch« spricht, vielmehr: zum »Vorgefühl« glaubt sagen zu dürfen. Die Unruhe glaubt sich im Begriff, gestillt zu werden, und zwar *durchs konträre Gegenstück zum Faulbett*, durch *Tat mit sozialem Gehalt.* Wie immer auch diese Tat – eine letzte Idealisierung der Bourgeoisgesellschaft aus dem Citoyen-Geist der Französischen Revolution – die Unruhe doch nicht stillt, vielmehr »Fausts Unsterbliches« noch strebend sich bemüht, so ist mit Fausts Bekenntnis (das ihn die Wette so verlieren wie gewinnen läßt) ein deutlicher Bogen zum Bewegungsthema des Anfangs geschlagen, zur Wette Fausts mit Mephisto, auch des Herrn mit Mephisto.

Hegel nun betont zwar, beim Kreis des Wissens könne überall angefangen werden. Aber die Phänomenologie ist gleichfalls auf die Bewährung eines früh angesetzten *Omega-Motivs* gerichtet. Es ist hier das Motiv der »Unmittelbarkeit«, als welches durch Entäußerungen und ebenso Erscheinungsgestalten hindurch zur »vermittelten Unmittelbarkeit« sich bewegt. Damit vereint sich der in der Vorrede zur Phänomenologie versprochene, an ihrem Ende erteilte Preis: »Verwandlung der Substanz ins Subjekt«. Wenn die Phänomenologie in der Vorrede alles darauf ankommen läßt, »das Wahre nicht als Substanz, sondern ebensosehr als Subjekt aufzufassen und auszudrücken« (II, S. 14), so behauptet der Schluß die Ankunft dessen, worauf alles ankommt: die Substanz ist im Fürsich-Gewordensein ihrer das sich wissende Subjekt. Die Phänomenologie stellt sich, nachdem ihr erst »unmittelbares Selbst« die Raumreihe der Naturgestalten, die Zeitreihe der Geschichtsgestalten durchlaufen hat, als »begriffene Geschichte« dar. Fausts »Kreis der Schöpfung« ausgeschritten habend, bis hin zum vermittelten Fürsichsein der ersten Unmittelbarkeit, des Dieser-Seins, Dieses-Seins an sich. Aus der ersten leeren, also unruhigen Gewißheit eines bloßen Dieser-Seins, Dieses-Seins an sich kommt so die Bewegung des Geistes, worin er sich mit seinem Inhalt wissend zusammenschließt: »Die Bewegung, die Form seines *Wissens von sich* hervorzutreiben, ist die Arbeit, die er als wirkliche Geschichte vollbringt« (II, S. 606). Nachdem so die Substanz des Aufgangs wieder erweckt ist, geht sie in der Aufbewahrung all ihrer Entäußerungen wie in der Rückentäußerung all dieser Entäußerungen (Er-innerung) in die absolut mit sich vermittelte Unmittelbarkeit ihres Subjekts zurück. Phänomenologie insgesamt gibt sich – in der beschriebenen Laufbahn: Subjekt-Objekt-Subjekt – als »diese Bewegung des Selbsts, das sich seiner selbst entäußert und sich in seine Substanz versenkt und ebenso als Subjekt aus ihr in sich gegangen ist« (II, S. 608). Bis hin zu jener vermittelten Erfüllung des Selbst mit seinem Inhalt, die zuguterletzt den »Unterschied der Gegenständlichkeit und des Inhalts aufhebt«. Wonach das *Subjekt mit dem Objekt nicht mehr behaftet ist als mit einem fremden;* der Welt-Faust der Phänomenologie landet so im Ithaka seiner ihm eigentümlichen Heimat, im puren Nunc-stans-Kreis des Fürsichseins. Leider nur ist das Selbst der Phänomenologie darin nicht bloß mit keinem fremden, sondern überhaupt mit keinem Gegenstand mehr behaftet, und das trotz des bekundeten Weltsinns Hegels, seiner mit Goethe verbundenen Objektbezogenheit, seiner konkreten Auswendigkeits-Freude. Bei Goethe ließ diese auch in der Gegend des erfüllten Augenblicks nicht nach; Faust bleibt bis ans Ende ebenso voll äußerer Figur, wie er zeit seines Lebens die, wie Goethe sagt, »antwortenden Gegenbilder« zu seinem Innern in der Welt gesucht und gemeint hat. In die Welt hat er sich eingeschifft, gleich dem Subjekt der Phänomenologie, aber materieller als dieses bleibt für Faust *Gegenständlichkeit auch im Fürsichsein des erfüllten Augenblicks* und gerade in diesem als eine rechte. Auch bleibt sie nicht nur dem Faustsubjekt der konkreten Tat, sondern noch dem visionären, dem wesentlich wieder erkennensollenden, lehrend-belehrbaren in der Himmelsszenerie. Sogar die transzendente Sphäre, die noch so hohe, bleibt immerhin eine Sphäre, also ein Umkreis, und sie ist nicht nur mit einem Gegenüber von Menschen gefüllt, wenn auch entronnenen, sondern ebenso mit Natur, wenn auch einer verklärten. Objektivität bleibt, wie immer symbolisch, als Außen-Innen: hier im transzendenten Hochgebirge, auf das die Anachoreten gelagert sind, ja das sie sprechen und selber sind; dort im ausgespannten Himmelszelt, worin Madonna ihr Geheimnis schauen läßt. Sogar in dieser hochspiritualen Verlegung also bricht Objektivitäts-Natur nicht ab, bleibt sie, obzwar aufs höchste mythisiert und stets als Gleichnis, heimatlich erhalten, heimatlich erhoben. Nicht als kein Objekt also, sondern – der Intention nach – genau als eines, womit das Subjekt nicht mehr behaftet ist als mit einem fremden, ohne aber als Objekt – hier als verklärte Natur – zu verschwinden. Dergleichen freilich versinkt im Fürsichsein des anderen Chorus mysticus am Ende der Phänomenologie; der Ausgang in den einzig als Geist gesetzten Eingang läßt der Objektfülle, konsequenterweise, keinen Ort mehr, es sei denn den der überwindend-bewahrenden Er-innerung. Und doch klingt auch im Chorus mysticus des Phänomenologie-Schlusses die antizipierte Augenblicksfülle des Faust-Schlusses unverkennbar verwandt wieder – kraft der Fülle, die es nie ohne Gegenständlichkeit aushält und gibt. »Alles Vergängliche ist nur ein Gleichnis« und, das Fürsichsein des Weltgehalts betreffend: »Aus dem Kelche dieses Geisterreiches schäumt ihm seine Unendlichkeit« – zwischen diesen Epiphanien läßt nicht nur die Substanz als Subjekt, sondern auch ein durchaus »ausgespanntes blaues Himmelszelt« sein Geheimnis schauen. Hegels Objekt-Zurücknahme um der vermittelten, der erfüllten Unmittelbarkeit willen impliziert ebenso Objekt-Aufnahme, damit auch sein absoluter Geist nicht »das leblose Einsame« sei.

7. Der *Mensch* als Frage, die *Welt* als Antwort: diese Goethesch-Hegelsche Zuwendung nach außen ist ebenso ein immer wieder erneuter Start vom Menschen her. Vom strebenden Sichbemühen Fausts, von Hegels Lebendigkeit des Selbst her. Und beides verhindert die bloße Hinnahme eines Gesetztseins, zeigt auch Goethes welthaft »antwortende Gegenbilder« als Hegels »Preis eines vielfach verschlungenen Weges und ebenso vielfacher Anstrengung und Bemühung«. Die so verstandene Prävalenz des Subjekts über den jeweiligen Umkreis von Gesellschaft und Natur begründet die wahrhaft genetische Methode. Sie begründet die Fahrt Faustens durch die Welt als eine, von der die Welt selber etwas verspürt. Sie begründet

die Erfahrungsgeschichte des Bewußtseins in der Phänomenologie als eine ebensolche der Objektwelt, die der Mensch bearbeitet. Sie begründet aber nicht zuletzt auch die Wahrheit des aktiv-historischen Materialismus, zum Unterschied vom bloß anschauend-naturwissenschaftlichen des achtzehnten Jahrhunderts. Der *Mensch* als Frage und die *Welt* als Antwort, das bedeutet darum bei den konkret bewegten Subjekt-Objekt-Beziehungen Goethe und Hegel ebenso: die *Welt* als Frage und der *Mensch* als Antwort – nämlich der zu sich gekommene Mensch, versammelt in einer mit ihm vermittelten, begriffenen, humanisierten Notwendigkeit und Natur. Das Faustmotiv der Phänomenologie ist daher auch von diesem Start wie Endpunkt her das Phänomenologiemotiv des Faust: Erzeugungsgeschichte des Menschen und seiner Welt durch Bewegung und Arbeit. Das Subjekt-Objekt in Faust und Phänomenologie ist auf gemeinsame Weise das der Menschheit, die in widerspruchsvoller Selbstbefreiung aus den Entäußerungen und durch sie hindurch aufsteigt. Wurde dieser Prozeß visiert durch die damals noch progressive bürgerliche Gesellschaft, so stehen Faust und Phänomenologie mit uns nun an dem neuen Tor, an dem der sozialistischen Gesellschaft. Dessen Aufschrift heißt: *Ende des Objekts am befreiten Subjekt, Ende des Subjekts am unentfremdeten Objekt.* Eine mehr als nur postulierende Aufschrift in der ebenso engen wie übergroßen Welt der Entfremdung. Wachsende Selbstentfremdung, Zur-Ware-Werden aller Menschen und Dinge, neue Verapparatlichung des

Daseins durch Bürokratie und verdinglichten Betrieb: es sind das ebensoviel Zeichen für den Zustand, »mit etwas behaftet zu sein als mit einem Fremden«, also für unsere uns noch so wenig identifizierende Objektivierung. Trotzdem gilt hier im gleichen Zug: genau die Entfremdung könnte nicht einmal notiert, gar als solch Freiheitsraubendes an den Menschen, solch Entseelendes in der Welt verurteilt werden, wenn es kein Maß an ihrem Gegenteil gäbe, also an jenem möglichen Zusichkommen, Beisichsein, woran die Entfremdung ermessen werden kann. Dieses Beisichsein ist gewiß noch nirgends zureichend vorhanden, empirische Fakten sind allermeist selber nur die der Verdinglichung. Doch desto intensiver lebt das noch nicht gelungene Beisichsein in realer Antizipation; so steht es im Subjekt als *Intendieren* daraufhin, in den Verhältnissen der Objekte immerhin als noch weiterlaufender *Prozeß*. Und das – anders als bei empirisch geschlossenen Fakten – voll lauter weiterdeutenden Zeugen, Zeugnissen, Versuchsgestalten, Kunstwerken, Trostgesängen, auch Verheißungen unterwegs. Voll lauter Fragmente also, in Ansehung des gelungenen Anundfürsichsein, doch mit dessen utopischem Stern im Blut. »Dieses Intendieren auf einen Stern, eine Freude, eine Wahrheit gegen die Empirie . . . ist der einzige Weg, noch Wahrheit zu finden; die Frage nach uns ist das einzige Problem, die Resultante aller Weltprobleme; und die Fassung dieses Selbst- und Wirproblems in allem, die weltdurchschwingende Eröffnung der Pforten der Heimkehr ist das letzthinnige Grundproblem der utopischen Philosophie« (Geist der Utopie, 1923, S. 251 f.). Klar, daß dergleichen nicht mehr mit einem Primat der Erinnerung über die Hoffnung, des Gewesenen über das Zukünftige, gar mit dem Wesen als Ge-Wesenheit zusammenfällt. Aber auch klar, wie sehr sich das durchgehaltene Fahrtmotiv Goethes und Hegels bewahrt, – durch so viele Stadien einer Odysseewelt, die doch auch eine vorlaufende, wirklich heimkehrende sein könnte.

10 Modellzeichen unterwegs und Hegels Thesis

. . . es könnte der Modellbegriff auch bedeuten, daß die Welt der sogenannten Fakten selber sich noch in einem thetischen – Modellzustand ihrer selbst befindet. (S. 32)

Wenn einer eine Reise erst tun will, kann er noch nichts erzählen. Aber er wird eine mehr oder minder ordnende Vorstellung von dem haben, was ihn erwartet. Sie wird, auch wenn sie nicht daneben geht, meist zu allgemein sein, und doch ist solcher Vorgriff, mit nicht zu viel nötiger Einbildungskraft, so üblich wie nützlich. Dabei kann es freilich geschehen, daß das Bild zuvor, wenn es allzu schön war, an Ort und Stelle nicht einmal abdankt. Die blassere Skizze wird zwar berichtigt, und die falsche verschwindet dem aufmerksamen und fleißigen Reisenden ganz. Doch die vollere bleibt hinter dem tatsächlich Gesehenen entweder etwas wehmütig zurück oder sie bleibt neben dem reell Erblickten ungerührt weiter stehen. Selbst in der Erinnerung sind dann zwei »Sehenswürdigkeiten«

da: die sichtbar gewordene, in diesem Fall oft enttäuschende (obwohl das einzig dem unsachlichen Beschauer zur Last fallen kann) und die vorher zurechtgelegte (hier oft nur aus den Tiefen des Gemüts ausgemalte). Wissenschaftlich freilich ist man von solchen Beliebigkeiten weit entfernt; die Vorbereitung ist hier ab ovo solider beschaffen. Trotzdem gibt es auch hier, wie erwähnt, ein Sich-Zurechtlegen des zu erfahrenden Sachverhalts, bevor er experimentell oder auch hermeneutisch angegangen wird. Hier gibt es durchaus einen heuristischen Überschlag vorher, ja sogar – mit gewissen Entsprechungen zum Reise-Vorblick – eine Art heuristischer Imago. Man denke nur an das vororientierende, fast gläubige Troja-Bild Schliemanns, bis zu dem weit nüchterneren, doch gleichfalls denkbildhaften Prévoir pour voir, ja eben pour comprendre bei Goethe, bevor er den Zwischenkieferknochen entdeckte. Vor den Preis haben die Götter den Schweiß gesetzt, aber Minerva offenbar auch ein erstes Fürwahrhalten, eine Thesis der Annahme, des Vor-Baus. Eine *Thesis*? nun doch: hat nicht Hegel selber dieses erste Glied seiner dialektischen Methode ebenso als – Ansatz dargestellt? Nicht als heuristischen Überschlag, gewiß nicht, wohl aber als ein noch Abstrakt-Allgemeines von »Anfang«, das dem Besonderen seine erste Fassung ist? Und noch weiter, im Reiseland schlechthin, nicht im bloßen Aufbruch dahin: geht das als Thesis jeweils Angesetzte, Vor-Gesetzte (indem alles bloß Methodologische gerade bei Hegel so *reell* überlichtet ist) nicht auch als – *Ansatz selber* in der *Welt* fort? Hegel setzt ja jeder seiner dialektischen Weltgruppen eine Thesis vor; so logisch als »Sein gleich Nichts«, juristisch als noch »formelles Rechtsverhältnis«, ästhetisch-historisch als noch unenthüllte »symbolische Kunst des Anfangs« und dergleichen mehr. Grund genug, wie es scheint, um nun auch ein sehr anderes Voranschlag-Denken, ja eben Voranschlag-Sein mit Fausti Nicht-Wehklag, das heißt mit den Vor-Sätzen, Vor-Stellungen im Hegelschen zu konfrontieren.

Auf alles Meinen vorher, gar vom bloßen Ich her, war zwar Hegel schlecht zu sprechen. Freilich so, daß er darunter mehr *Meinung* versteht, schwankende, zugleich voreingenommene. Auch die »Falten des Herzens« gehören ihm hierher, mit zuviel Gefühl darin, einem »weichen Element, dem sich jedes Beliebige einbilden läßt«. Honetter als auf solche, ihm meist garstige »Meinung« ist Hegel auf ein religiöses Fürwahrhalten zu sprechen, auch im Sinn einer inneren Erfahrung. Das ist dann *Glaube*, er wird sogar als »Kategorie des unmittelbaren Wissens« definiert, freilich nur des unmittelbaren, nicht vermittelten: »Glaube ist ein Wissen, aber man meint gewöhnlich mit Wissen ein vermittelndes, erkennendes Wissen« (XI, S. 130). Jede Glaubensgewißheit wird also von der »Wahrheit« abgetrennt, obwohl das eigentlich religiöse Fürwahrhalten dem Kirchenmann Hegel den gleichen Inhalt wie die Philosophie enthalten sollte. Ebendeshalb aber soll es auf *denkerische Entwicklung* angelegt sein, es hat diese – Anlage dazu, und Andacht selber, sagt daher Hegel, »die von Denken und Gedachtem herkommt« (XI, S. 207), muß ebendeshalb, um wahr zu sein, zum reflektierten Wissen ihres Inhalts fortschreiten. Ihr göttlicher Inhalt, vordem gleichfalls nur Gefühl (»warme Nebelerfüllung«, »gestaltloses Sausen« der Andacht, II, S. 172), reflektiert sich zu seinem Begreifen, zur Wahrheit seines Begriffs. Mit einem tiefen Hegelwort über diese nicht mehr unmittelbare, sondern reflektiert bewährte Andacht: »In ihr bin ich nur als Reflexion (Zurückbeugung) zugleich aus Gott in mich« (XI, S. 207). Man sieht, auch ein Fürwahrhalten vorher, als inhaltvoller Glaube rangiert bei Hegel durchaus schon als denkbares Anzeichen eines »konkreten Begriffs der Sache«. Hier allerdings doch wieder mit viel Herzensfalten, und deshalb schon kann Hegel eine Art Vor-Form, gleichsam *Thesis*-Bestimmung eines im Glauben noch unmittelbaren Inhalts nur verklausuliert ansetzen. *Was aber nun mit der Thesis selber* in ihrer dialektischen, vor allem dialektisch-*objektiven* Anfangsrolle, Erstsetzungsfunktion? Das als Thesis und mit ihr Gesetzte ist bei Hegel erst recht das nur Unmittelbare, das noch abstrakt-Allgemeine, das unentwickelte Ansich ihrer Sache. Darum eben fängt jede dialektische Weltgruppe mit solchem Umriß-Gebiet vor der konkreten Inhaltsentwicklung an, dann erst folgen die konkret, die mit dem Besonderen vermittelten Besonderungen, ja die welthaften Umformungen des vordem nur abstrakt-Allgemeinen. Sie explodieren dialektisch kraft der ausgesprochenen Widersprüche in diesem Vor-Allgemeinen, sie retournieren, nachdem die Antithese, dieser »Wendepunkt«, dies »negativ-Vernünftige«, passiert ist, im herausentwickelten, nun erst konkret-Allgemeinen der Synthesis, als des »positiv-Vernünftigen«. Das bleibt bei Hegel die allemal mit einer Thesisform *beginnende* Weltbesitznahme, also auch jenseits der »Entdeckungsreisen« seiner Phänomenologie, seiner ja selber als *Vorgriff* auf die »Realphilosophie« unternommenen. Kann also – um einen lehrreich verfremdenden Anachronismus zu wählen – kann also die Thesis gar durch ein *objektives Modellzeichen* erläutert werden? Sie kann es nicht, wenn das Vorher der Thesis nicht als versuchend, probend, sondern nur als unentwickelt gedacht ist. Sie kann es gleichfalls nicht, wenn erst der weitere Fortgang selber das Starre der Thesis lockert, dabei aber den Umriß der Thesis doch nur mit dem ausfüllt, was ohnehin schon darin war. Thesis als *Versuchsmodell* ist aber nur möglich, wo das Resultat nicht in ihr selber, sei es auch als bloße Silhouette, bereits parat ist. Nichts an solcher Thesis kann dann als Modell erläutert werden, am wenigsten, wenn das Thesishafte in der Welt entspannt wird und das gerade dort, wo seine Vor-Form wirklich postulativ und nicht einfach heuristisch-empirisch auftritt. Letzteres vor allem in der Hegelschen Rechtsphilosophie, deren Thesis nur das vorhandene formelle Recht enthalten soll, durchaus aber nicht, beileibe nicht, das normierende Entwurfsmodell eines »wahrhaft Rechten«, wie es im Naturrecht vorlag. Naturrecht, dieses mit dem vorhandenen Recht gerade nicht versöhnende, wird von Hegel hier so wenig als eine objektive Entwurfsthesis notiert, daß er es einzig als Phantasterei im

Sinn der Herzensfalten ansehen mag. Ja, das Modell in der englischen, amerikanischen, französischen Revolution wird aus einer – eher phantasiehaft-moralischen – Konstruktion umgekehrt »zur trivialen Abstraktion über das reale praktische Wesen, das Recht«. Und das gleiche soll für alles moralisch-postulierende Modelldenken gelten; denn ebensowenig wie die Logik die Frage, was die Wahrheit sei, beantworten könne, ebensowenig, sagt Hegel, könne man eine Sittengesetzgebung »bei dieser absoluten praktischen Vernunft suchen, da ihr Wesen darin besteht, keinen Inhalt zu haben« (I, S. 465). So mehrfach berechtigt hier auch der Formalismus der Kantischen Postulatsethik kritisiert ist, so wenig dürfte ein philosophischer Entwurf (auch Kants Schrift über den Frieden nennt sich so), ein überholendes Umriß-Denken also, schlechthin ohne Inhalt sein, nur weil dieser Inhalt, notgedrungen, kein bereits konkreszierter ist, sondern sich erst im normativen Modellstand befindet. Und trotzdem zum Schluß: Hegels *Kategorie der Thesis* als solche hat selber den Umriß ante rem, nämlich in processu in sich, jenen Umriß, der es verstehen möchte, das inhaltlich Erfüllende sich zurechtzulegen. *Jedes heuristische Modell ist methodisch eine Thesis, und jede Thesis mit konkreter Antizipation bezeichnet ein konkretes Versuchsmodell in dem Gestalten und in den Gestalten der Welt selber.* Dafür zwei Zeugnisse auch bei Hegel, gerade besonders fortleuchtende, obwohl sie Hegel durchaus nicht als »Thesis« ausgezeichnet hätte. Aber ein *heuristisches* Modell ersten Ranges war Hegels

Dialektik »in noch idealistischer Hülle«, wie sie abzustreifen war. Und ein *antizipierendes* Modell ersten Rangs steckt in dem angegebenen Hegelsatz von der »Reflexion aus Gott in mich«, als dem tiefsinnigsten Modellzeichen einer anthropologischen Religionskritik zum Zweck eines möglichen Religionserbes im unbekannten Humanum. Soviel hier über einen Modell-Anklang an unerwarteter Stelle; trotz des bei Hegel Abgemachten von vornherein, trotz der Anamnesis bei ihm, die nichts Neues im Prozeß kennenlernen will, trotz ihres lediglich rückkehrenden Rings, als angeblichem »Symbol der Vernünftigkeit« (I, S. 352). Was man so »Gedankenexperiment« des Zurechtlegens genannt hat, gibt es also offensichtlich – mit wahrer Ironie des positivistischen Schicksals – auch in großer, in erzmetaphysischer Philosophie, ja gerade in ihr, freilich – anders. Nämlich so nichtpositivistisch wie möglich, nämlich die Skepsis am Gedanken, als Vehikel des fortschreitenden Begreifens, aus dem bloßen *Gedanken* in die Thesis seiner *objektiven Sache selber* überführend. Versuchswesen dieser Art, Modellanklang dieses Rangs wird erst recht dort sein, wo eine philosophische Reise nicht nur getan werden will, sondern wo der *Prozeßweg* der Welt in seinen *objektiven Versuchsgestalten*, *Thesis-Versuchen* selber geklärt werden soll, – oft gerundet, immer utopisch offen.

Weisungen utopischen Inhalts

11 Akt des Überholens

Mit etwas gehen, das kann sehr wohl feige sein. Ist dann dasselbe, wie wenn einer den Mantel nach dem Wind hängt. Es sei denn, der Mitläufer geht mehr als Eitler mit, weil man ein gerade übliches Etwas, als modisch, nicht nur trägt, sondern schick findet. Fast gleich dann, ob ein solcher mit der jeweiligen Richtung übereinstimmt oder nicht, ob er sie überhaupt versteht. Auch am neuen Schnitt eines Kragens ist nichts zu verstehen. Aber dasjenige, was im Schwange ist, findet seine Mitläufer nicht so sehr, weil es modisch als weil es vorteilhaft ist. Dann wird es durchaus verstanden, auch wirklich bejaht, im gleichen Schritt und Tritt. Bis der Nutznießer im Schritt freilich nachläßt, wenn es ihm nicht mehr so bequem, gar vorteilhaft erscheint, mitzugehen. Nur kann der hämische Spießer die Gangart selber nicht wechseln. Gegen alles, was er nicht gewohnt ist, ist er zur Stelle, jederzeit.

Anders leben solche, die hinter dem Heute mehr still und schwach zurückgeblieben sind. Gleich wie ein schlechter Schüler nicht nachkommt, obwohl er gerne möchte. So etwas kann zum Spießer hinzutreten, doch bleibt solange ungereizt, gleichsam bei sich zuhause, solange die zurückgebliebene Lage sich nicht sehr verschlechtert. Aber es gibt – oft quer hindurch – auch anderes als das zum Heute nur Zurückgebliebene, das mehr aus eigener Schwäche auf keinen grünen Zweig kommt. Gibt es doch neben diesen ganz *gängigen*, gleichzeitigen Typen solche, die nicht oder nicht nur verhindert smarte sind, sondern die man *ungleichzeitige* nennen muß. Zu ihnen gehören alle Menschen weit weg vom Strom der Zeit, in abgelegener Gegend; so bereits viele Kleinstädter. Sie sind kleinbürgerlich, doch provinziell dazu, was dem Zurückgebliebenen ein viel älteres Leben zusetzt. Vor allem aber gibt es Berufsgruppen (Fischer und unter den Bauern nicht nur die Waldbauern), deren Sein und Arbeitsweise noch durchaus Züge aus früheren Zeiten trägt. Neue Arbeitsmittel, Zeitung, Radio und so fort haben hier gewiß sehr gewirkt und abgeschliffen, gleichzeitig machend. Dennoch leben noch Typen aus verschiedenen Jahrhunderten unter uns, trotz des wachsenden Abschliffs. Ja, wie äußerlich dieser sein kann, hat der Zulauf gerade dieser Schichten zu den Nazis gezeigt, sofern hier mit Blut und Boden, mit der Väter Zucht und Sitte zugleich verführt worden ist. Durchaus unberührt von solchem Rücklauf zeigen sich freilich nun seine ehemaligen Benutzer: die *herrschend* Gleichzeitigen, die Männer up to date. Nicht als ob sie die Antriebe ihrer Zeit durchschauten, aber sie nehmen hellwach die Chancen wahr, die sie bietet. Ungleichzeitig ist hier freilich gar nichts mehr, doch auch nichts die Zeit bewußt überholend, also *übergleichzeitig*.

Dieses setzt vielmehr eine Art voraus, die nicht mitmacht. Die zwar durchaus gleichzeitig ist, aber darin nicht aller Tage Behagen findet. Vielmehr lebt hier echter Widerstand gegen ein herrschend Schlechtes in der Zeit wie auch echte Zustimmung zu übergehend Bedeutendem in ihr. Und beides wächst dann auf dem gleichen Holz: auf dem Baum des Morgen im Heute. Demgemäß und um die Geburt des Morgen zu befördern, ist sein Denken zwar mitten in der Zeit, doch so, daß es sie weisen kann und überholt. *Uberholen* nun, das setzt nicht nur Unzufriedene voraus, denen der Lauf, gar Stand der Dinge nicht Genüge tut. Und es setzt nicht nur ein Wünschen und Erwarten voraus, samt der Fähigkeit, Träume nach vorwärts zu haben. Das ist freilich nötig, um Dinge nicht in dem Sinn zu nehmen, wie sie sind, indem man sich vor ihnen schlechthin ergibt, statt gegebenenfalls vor ihnen zu erbrechen. Weiter jedoch ist nötig, daß das Überholen nicht abstrakt bleibt, nur putschhaft vorpreschend oder aber auch ein Glück vormachend, von dem überhaupt nicht gewußt wird, wie man hingelangt. So etwas ist erst Schwärmen und überholt nur scheinbar, obwohl sein Vorwärts besonders heftig aussieht; es überholt aber nicht, sondern überschlägt. Damit dies vermieden, dazu muß man allerdings auch mitmachen, freilich nicht die Dinge, wie sie sind, wohl aber wie sie gehen, real möglich gehen könnten, wie ihre Tendenz ist. Kein Überholen kann dies außer acht lassen, ja am wichtigsten ist auch in diesem Betracht die Beachtung der Straße. Anders gewendet: ohne Anwesenheit im Lauf der Dinge kommt Vorwegnehmen leicht ganz woanders hin, als es wollte. Und die Zustände, die überschlagen werden, wissen, wenn es in der Geschichte so weit ist, von dem Überholenden, das zu eilig war, überhaupt nichts. Dem Spießer aller Arten freilich, der noch beharrt, wenn er mitzieht, ist das Gegenteil von Eile mit Weile ratsam. Denn *letzthin* muß hier über ein Ziel *hinausgeschossen* werden, damit es getroffen wird.

12 Über die Bedeutung der Utopie

Nicht nur nachts, auch noch im Wachen wird geträumt. Beiden Arten Traum ist gemeinsam, daß sie von Wünschen bewegt sind und sie zu erfüllen suchen. Doch unterscheiden sie sich schon dadurch, daß im Tagtraum das Ich ständig erhalten ist. Als dasjenige, das sich bewußt Zustände, Bilder eines erwünschten, eines besser erscheinenden Lebens privat ausmalt, sich als künftig vorführt. So legt der Tagtraum also auch inhaltlich keine Reise zurück, wie der Nachttraum, zurück in verdrängte Erlebnisse und ihre Einkleidungen. Er begibt sich vielmehr auf eine tunlichst ungehemmte Fahrt nach vorwärts, derart daß statt eines wieder rezent werdenden Nicht-Mehr-Bewußten Bilder eines Noch-Nicht in Leben und Welt heraufphantasiert werden können. Jedenfalls werden Luftschlösser errichtet, auf Spaziergängen oder in ruhigen Pausen bezogen. Oft windige, weil da ja nicht mit viel Überlegung des Drum und Dran gebaut wird, oft ausschweifend kühne und schöne, weil die Baukosten bei dergleichen keine Rolle spielen. Aber auch das Ausmalen von Geschenken gehört hierher, in der Kindheit, die Wunschlinie der Jugend, ein großer Mann zu werden, vor allem ihr Bild der künftigen Geliebten. Ja das blaue Tagträumen reicht vom gemeinen Auftrumpfen und Heimzahlen, von Spiegeleien und Goldstoff bis zu weltverbessernden Plänen, keineswegs mehr auf das werte Ich des Vorwegnehmenden allein bezogen. Gleichwohl bleibt leicht ein Schwärmen, das liebend gern die Mittel und die Lage überfliegt. Das uns dadurch freilich ebenso gespannt halten kann, nämlich voll Leben und dadurch auch möglichem Streben nach vorwärts.

Besonders dann, wenn der Tagtraum aus seinem Schein heraustritt. Der verfolgt ihn gewiß auch als gestalteten weithin, hat dazu gerade einen gesellschaftlichen Auftrag. Alle ablenkenden, schönfärbenden, gimpelfängerischen, X für U vorspiegelnden Verführungen gehören hierher, alle Wachträume aus Magazingeschichten, mit unmöglichen Glücksfällen armer Teufel, verlogenem Happy-End. Ganz anders jedoch, nämlich nicht ablenkend und à la Zaungast stillend, sondern aufreizend und bei der eigenen Stange bleibend, spielt der Tagtraum von Glück in der ältesten utopischen Erzählung vor, die es überhaupt gibt: im Märchen. Das tapfere Schneiderlein besiegt den Riesen durch die Chaplinsche Waffe der Armen, die List, gewinnt die schöne Prinzessin. Überfluß ohne Arbeit, dies Grenzmotiv lebt im Märchen vom Schlaraffenland, wenn auch grotesk, wie es sich gehört: die Berge in Käse verwandelt, die Weinstöcke mit Bratwürsten zugebunden, die Bäche fließen mit bestem Muskatellerwein. Die geographischen Utopien sind davon nicht so weit: das Land, wo Milch und Honig fließt, ist die bekannteste, das irdische Paradies, das Kolumbus im Westen glaubte, die folgenreichste. Im Märchen sind aber auch gar manche technisch-utopische Gegenstände imaginiert, und das keineswegs nur in magischer, also unmöglicher Ausführung. Tischlein deck dich, das Zauberpferd (mit veritablen Auftriebshebeln), der fliegende Teppich, die freilich tollen Wunscherfüllungs-Requisiten Aladdins bieten sich an und wie lange mit dem Optativ: wenn der Mensch das nur könnte. Ja, aus Märchen ließe sich fast genau so ein Inventar nicht gemachter Erfindungen zusammenstellen, wie eine ausgeführte technische Utopie: Bacons »Nova Atlantis«, solch ein Inventar bereits bildet. Soziale, geographische, technische Utopien, sagten wir, sind im Märchen, oft dicht nebeneinander, beheimatet: damit ist bereits das Utopische selber über viel mehr Fächer ausgebreitet, als es bis vor kurzem, nur vom sogenannten Staatsmärchen, auch Staatsroman her, üblich war. Diese Verengerung des Utopischen muß endlich aufgehoben werden, und die etwas halbstark gewordene Ausdehnung auf sogenannte science fiction bringt kaum die Hälfte der Sache an sich. Vielmehr: vom kindlichen, vom jugendlichen Bewußtsein her, das neuer Dinge nicht nur begierig ist, sondern gärend voll zu sein glaubt, von Zeiten des gesellschaftlichen und kulturellen Umbruchs her, von den Phänomenen geistiger Schöpfung her und den Ländern, die darin wirklich zum ersten Mal über den Horizont tauchen, nie vorher so gesehen, ja nie vorher so gewesen: von alldem geht ein selber kaum so gesehenes Problem-, Kategorien- und Sphärengebiet des Utopischen auf.

Nicht nur, daß es sich mit bloß Windigem in Tagträumerei nicht deckt oder zu decken braucht, auch nicht mit dem, was man so Märchen nennt, im gerührten, abwertenden Sinn, sondern selbst die Sozialutopien, so zuverlässig sie das Stammhaus aller Utopiebücher sind und bleiben, fungieren nur inmitten anderer, eigener Utopiegebiete, die gesamte menschliche Kultur, ja auch die vom Menschen unabhängige Natur betreffend. Derart gibt es im ganzen Leben ringsum utopische Auslagen, Wunschbilder im Spiegel, Traumfabriken, Reisebilder; es gibt die gedichteten Überschreitungsfiguren ins noch Unerschienene, vom armen Ritter Zendelwald in Kellers »Sieben Legenden« oder Michael Hellriegel in Hauptmanns »Und Pippa tanzt« bis hoch hinauf, unvergleichlich mit Kraft geladen, zu Don Giovanni und Faust, auch den warnenden Don Quixote nicht zu vergessen. Es gibt vor allem, was Sphäre angeht, die eigenen Utopieländer ärztlicher, technischer, architektonischer, geographischer Ausdehnung und Beschaffenheit. Ja selbst im Stammgebiet der Utopien sind die sozialen nicht die einzigen: neben den Ausmalungen des menschenmöglichen Glücks, in den Sozialutopien, stehen hier die Vernunftbilder einer menschenmöglichen Würde, als Naturrechtslehren entworfen. Und näher in einschlagender Existenz, nicht Perspektiven, sondern Betroffenheiten angehend, so erscheinen die – allemal überholenden – moralischen Leitbilder und Ideale, erscheint das topisch noch so unidentifizierte Nirgendwo, worin die Musik zieht. Welch eigene Utopie wieder wurde in den mannigfach versuchten Bildern gegen den Tod versucht und, damit eng zusammenhängend, in den Wunschmysterien der Religionen, Hoffnungsmysterien des Christentums. Item, *der Humanismus ist in Utopie großgeworden*, und die Philosophie ist mit Recht spekulativ, indem die Akte, Zeugnisse, Probleme, Postulate des Noch-Nicht-Seins ihr zentrales, nirgends nur empirisches Arbeitsgebiet ausmachen.

Nötig aber ist es, daß genau die üblicheren Träume nach vorwärts wohlgesichtet werden. Ihre Entwürfe haben zwar das bloß private wishful thinking verlassen, meist überhaupt nichts mit ihm gemein. Doch muß zwischen Utopistischem und Utopischem unterschieden werden; das eine bringt sich nur unmittelbar, abstrakt an die Verhältnisse heran, um sie rein aus dem Kopf zu bessern, das andere nahm immerhin dazu auch das Bauzeug von draußen. Wobei freilich selbst das Utopistische, wie es abstrakt *über* die Wirklichkeit greift, sich vor einem bloß Empiristischen, das nur anders abstrakt *unter* die Wirklichkeit greift, nicht zu genieren braucht. Kritik des Utopischen kann nur von einem Standort erfolgen, der adäquat ist, der nicht etwa Überfliegen durch faktizistisches Kriechen richtet, gar ersetzt. »Etwas sei utopisch«, als Abwertung im Mund von Geschäftsmännern, die sich besonders klug vorkommen, diese Abwertung in Bausch und Bogen ist ohnehin Provinz oder Phrase geworden, garniert mit der Angst vor Zukunft überhaupt. Dennoch und gerade deshalb aber muß zwischen abstrakten und konkret werdenden Utopien gründlichst unterschieden werden. Besonders Sozialutopien konnten abstrakt sein, weil ihr Entwerfen mit der vorhandenen gesellschaftlichen Tendenz und Möglichkeit nicht vermittelt war; und sie konnten nicht nur, sondern *mußten* abstrakt sein, sofern sie – genau wegen der vorhandenen Tendenzen und Fälligkeiten – zu früh kamen. Darum bildeten die Utopisten eine neue bessere Welt oft allzu *unvermittelt* aus ihrem Herz und Kopf oder wie Engels sagt: »Sie waren beschränkt für die Grundzüge ihres Neubaus auf den Appell an die Vernunft, weil sie noch nicht an die gleichzeitige Geschichte appellieren konnten.« Das gilt selbst für die keineswegs so weltfremden Planbildungen Owens und Fouriers (föderalistisch orientiert), Saint-Simons (zentralistisch orientiert); es gilt erst recht für den wahrhaft, den sehr anders »weltfremden« Humanismus in den meisten Sozialutopien. Allerdings, wenn der utopische Humanismus mit der vorhandenen Welt überhaupt nicht übereinging, dann läßt sich sagen: desto schlimmer für dies noch Vorhandene, desto unabdinglicher und fruchtbarer das Denken ins Rechte. Weshalb auch Engels (unabhängig von späteren Verformern, die es mit dem Humanismus am wenigsten genau nahmen) bei Gelegenheit Owens, Fouriers, Saint-Simons bemerkt: »Wir freuen uns der genialen Gedankenkeime und Gedanken, die unter der phantastischen Hülle überall hervortreten.« Das sowohl in Fouriers »Kritik der bestehenden Gesellschaftszustände« wie in Saint-Simons »genialer Weite des Blicks, vermöge dessen fast alle nicht streng ökonomischen Gedanken der späteren Sozialisten bei ihm im Keime enthalten sind«. Wobei noch – damit auch die unleugbare Abstraktheit dieses Sozialutopischen nicht übertrieben wird, – wobei also noch der deutliche gesellschaftliche *Fahrplan* all dieser Weltverbesserungen erinnert werden muß. Trotz zu großen Vorausträumens und Überholens sind sie ebenso von ihrer Zeit nuanciert und das gerade deshalb, weil sie ihr immerhin negativ verbunden sind. Weil sie nicht, wie die Ideologien, die herrschende Klasse ihrer Gesellschaft rechtfertigen und aussingen, sondern einer neuen, sich erst durchringenden Klasse das künftige Haus – halb wie vorausgeschickte Quartiermacher, halb wie aktivierende Architekten des homo homini homo – bestellen wollten. So sprachen die großen Utopisten im Auftrag der *kommenden* Gesellschaftsträger, der jeweils *nächsten Tendenz*. Selbstverständlich wird nicht das vorhandene, regierende, wohl aber ein heraufkommendes Interesse aufgenommen: so bei Morus das freiere Marktwesen, bei Campanella die absolutistische Manufakturperiode, bei Saint-Simon der sozialisiert gewendete neue Zauber »de l'industrie«. Wonach also selbst die noch abstrakte Utopie – von der konkret gewordenen zu schweigen – nicht das war, was derjenige, dem sie eine Torheit, gar ein Ärgernis ist, Wolkenkuckucksheim nennt. Hauptsache aber bleibt, viel wichtiger als der Fahrplan, der hier im Prinzip ja garnicht entscheidende: utopisches Gewissen-Wissen wird durch Schaden, den es an Tatsachen erleidet, zwar klug, doch ebenso nicht klug, das heißt, es wird *berichtigt*, doch nie durch die bloße Macht des jeweils Seienden *widerlegt*. Konträr eben: es widerlegt und richtet dieses, wenn es ein schlecht geratenes, inhuman geratendes ist, ja es gibt allererst den *Maßstab*, um solche Faktizität, gar als Abgetriebenheit vom Rechten, zu messen. Vor allem immanent zu messen, nämlich an den Ideen, die vor solcher Abgetriebenheit an der Wiege geklungen und gelehrt haben, die ihr immer noch vorgespielt und vorangetragen werden. Nicht anders hat Hölderlins »Hyperion« den gekommenen Bourgeois durch die vor Tisch geltende Utopie des Citoyen gerichtet; – und der Citoyen, statt ad acta zu kommen und darin zu bleiben, blieb konträr besonders unangenehm mahnend. Gewiß, es gibt den Schillersatz, auf Ideale und Resignation bezogen: »Was sich nie und nimmer hat begeben, das allein veraltet nie.« Wahr aber wird dieser Satz, wenn etwa auf das Utopicum und sein Postulat bezogen, erst durch eine selber utopische Einfügung, nämlich durch das Adverb: Noch-Nicht. Wonach dann durchaus gelten mag, cum grano salis, nämlich mit dem Salz des geschichtskundigen, latenzkundigen Verstands: Was sich noch nie, noch nirgends hat begeben, das allein veraltet nie. So in Ansehung eines Lebens jenseits der Arbeit, wie das in fast allen Sozialutopien intendiert war, oder einer Menschwerdung durch würdige Ziele und tiefe Horizonte um uns. Wie das in dem offensichtlichen Utopiewerk großer Kunst und Religion imaginiert war, also im Vor-uns unabgegolten bleibt. Ja, je weiter eine Zeit von diesem Noch-Nie skeptisch absteht oder dogmatisch abgetrieben ist, desto mehr geht sie es an. Ohne Dimension Zukunft, uns als adäquat denkbar, aktivierbar bleibend, hält es ohnehin kein Dasein lange aus. So zeigt in niedergehenden

Zeiten wenigstens ein horror vacui, doch in aufsteigenden allemal ein Plus ultra, daß utopisches Bewußtsein lebt. Umso schlimmer, wenn eine Gesellschaft, die nicht mehr abstrakt-utopisch, sondern mit dem Weg zur Sache vermittelt sein will, gefährlich im Weg fehlgreift. Ist der revolutionäre Vollzug nicht dazu da, abstrakt an ihn herangebrachte Ideale zu verwirklichen, so erst nicht konkret erschienene zu diskreditieren, gar durch katastrophale Mittel zu vernichten. Und die vorhandenen Tendenzen des Übergangs in einer Gesellschaft wird der Vollzug nur dann aktiv in Freiheit setzen, wenn das utopische Ziel so unverfälscht wie unabgedankt vor Augen steht. Auch wenn die Utopien ihre noch so greifbaren Optima bestenfalls – versprochen haben, jedoch als *objektiv real* möglich.

13 Utopie in Archetypen und Werken

Auch zum Träumen nach vorwärts paßte, daß es bildert. Ein Begriff kam erst später hinzu, und lange schien er im Geschäft von Morus und dergleichen nicht wesentlich. Das ist zwar nur scheinbar so, ja grundfalsch, dennoch war die Einkleidung dieser Gebilde mühelos eine erzählende. Und weiter konnten sie sogar Staatsmärchen heißen, nicht nur Staatsromane; auch bezog sich dies Märchenhafte noch auf anderes als auf das Fiktive, gar auf die Gleichung Träume-Schäume. Denn sind nicht so viele Märchen, als die von armen Kindern oder mutigen Burschen, von lauter Glücksbild bewegt und schon auf utopischem Zug zu ihm? Also hatte das Staatsmärchen vor allem Bezug auf die uralten Volksträume selber schon utopischer Art, darauf aus, »das Glück zu suchen«. Aber nun, vom Märchen her, als phantasievollem: noch eine andere Beziehung utopischer Art zu sozusagen praelogischen Formen besteht. Es ist eine erst recht bildreiche und »dennoch« dem späteren Begriff und seinem Licht (das dieses Sinns ja selber ein Bild ist) keinesfalls abgewandte. Gemeint ist die Beziehung zu erworbenen *Grundbildern* der Phantasie oder den oft erwähnten Archetypen. Freilich: während das Märchenhafte, zum Unterschied von der Sage, keineswegs herabgesunkener Mythos ist, vielmehr ganz eigenen, dem Herrenhaften des Mythos sogar feindlichen Ursprung hat, blieb das archetypische Bildmaterial weithin im Mythischen, prägte sich darin aus. Daher auch wurde das Archetypische nicht nur als praelogisch, sondern – wiederum grundfalsch – als schlechthin irrational pointiert; so bei C. G. Jung. Er steckte es in ein kopflos »Unbewußtes vor fünfhunderttausend Jahren«, ließ es von daher – ganz zukunftslos, ganz Regressio – nur »emergieren«. Statt dessen aber sind nicht nur archetypische Bilder immer wieder neu in der Geschichte entsprungen (man denke an den Tanz auf den Trümmern der Bastille), sondern auch die wirklich alten zeigen oft mitten im Mythischen einen völlig hellen, drängend-utopischen Sinn (man denke an die verklärte Erinnerung: goldenes Zeitalter, als verschüttetes oder aber von der Zukunft noch zukommendes gedacht). Letztere Art Archetypen ist an sich also schon deutlich utopisch (auch im Märchen als der des Schlaraffenlands erscheinend). Eine große Zahl anderer verkapselter Archetypen (man denke an Archetypen wie die der unsichtbaren Loge oder des Retterkaisers und ihr Mythisiertes) muß auf ihren utopischen Gehalt gleichsam erst aufgeknackt werden. Ein geringerer Teil freilich (die unterdrükkenden, herrscherhaften Archetypen, nach Art der Medusa, sogar des blitzewerfenden Olympiers) ist heillos. Nicht aber verweigern sich die verkapselt, gar offen humanen Archetypen dem utopischen Begriff, auch brüten diese keineswegs im hintersten Unbewußten, diluvial, mysterisch. Jeder kennt sie vielmehr aus seinem gegenwärtigen Dasein, aus der nicht nur zündenden, sondern erhellenden Kraft schlagender Bilder. Kennt sie aus Kunstwerken und ihren ausgetragenen Situationen, Konflikts- und Lösungs-Formen, aus der unabnutzbaren Kraft eindeutiger Symbole, selbst vieldeutiger Allegorien. Archetypen sind: das Bild des Feinds, der Mutter, des Retters; die Zwingburg und ihre Erstürmung; das Labyrinth und der Ariadnefaden; der Drachentöter, aber auch der Retter in Knechtgestalt (heimkehrender Odysseus, Jesus) und seine Enthüllung. Archetypisch sind alle Szenen der Anagnorisis als blitzartiger Wiedererkennung (Elektra und Orest, Josef und seine Brüder), archetypisch ist der Weg aus Nacht zum Licht (Zug aus Ägypten nach Kanaan). Und letzteres Grundbild eben ist bereits *archetypische Utopie* selber; ihm ist der rote Hahn zugehörig und das Schmettern des gallischen und der Bastillesturm mit dem Tanz auf den Trümmern, wenn der Perseus, der Revolution heißt, nicht nur Andromeda befreit hat. Doch auch bei Archetypen mit viel fernerem Bezug zum goldenen Zeitalter und seinen Hindernissen zeigt sich: es gibt krypto-utopische Traumenklaven darin; sonst wäre das alles nur Riesenspielzeug oder Olymposbild oder aber – Hekuba.

Der Traum vom menschlich Gemäßen ist nirgends zage, er späht nach *mehr*. Das nicht nur in den übernommenen Grundbildern, sondern in gefügten, gestalteten, im *Kunstwerk*, das sie verwendet. Daher auch vergeht das »bedeutende« Werk mit der Zeit nicht, obwohl es darin gesellschaftlich wurzelt und ihr zweifellos, doch nicht auf erschöpfende Weise, ideologisch zugehört. Die großen Kunstgebilde haben ihre Dauer und Größe gerade darin, daß sie voll Vor-Schein, voll utopischer Bedeutungsländer wirken. Diese liegen gleichsam in den Fenstern solcher Werke und allemal in den Fenstern, welche nach jener Richtung gehen, worin »zu Ende« treibende (sprengende oder vollendende) Vorwegnahme geschieht (ohne daß das »Wolkenregion« wäre). Eines der hörbarsten Beispiele dieser Art ist »Fidelio«, von der Bewegung der Französischen Revolution erfüllt, doch wer zweifelt, daß auch *statische* Gebilde von bleibendem Rang mit ihrer doch vergänglichen Seinsgrundlage und deren Ideologie nicht ganz umschrieben sind? Die griechische Sklavenhaltergesellschaft ist nicht nur dahin, sondern kaum noch recht vorstellbar, dennoch gibt gerade die griechische Kunst ein »Muster« auf, woran viel spätere sich bewähren will oder dem sie kontrastiert.

Die mittelalterliche Kunst ist ständisch gebunden, ihr feudal-klerikaler Auftraggeber kann nur noch als Gespenst beschworen werden, doch wie sehr uns fortbetreffend liegen die Innigkeit, Ordnung, Mystik dieser Kunst über den damaligen Hierarchien und dem mythologischen Jenseits. Einleuchtend wirkt hier ein »kultureller Überschuß« über die zeitgenössische Ideologie, und nur er trägt sich auch über zerfallener Basis und Ideologie durch die Zeiten, macht so das Substrat späterer Nachreife und Erbbarkeit aus. Dies Substrat aber ist utopischer Natur, und kein anderer als der utopisch-konkrete Begriff wird ihm gerecht; die Kunst ist durchaus nicht nur Ideologie der jeweils herrschenden Klasse oder gar ihre propagandistische Magd. Auch das Amalgam aus guter ökonomischer Analyse, die die Schuppen von den Augen fallen läßt, und aus soziologistisch-schematischen Scheuklappen zugleich, die die Schuppen andersherum ersetzen, dies Amalgam selbst noch bei Lukács' Literaturtheorie verdeckt nur die utopische Perspektive jeder großen Kunst. Denn noch dort, wo das durchschlagendste Gefühl von Gelungenheit Platz griff, leuchtete das mit auf, was fehlt, ein oft geradezu unbändiges Blau, und diese Art Mitleuchten ist das Höchste, vor allem: das Menschlichste, was von Werkvollkommenheit gesagt werden kann. So nannte Michelangelo Ghibertis Bronzetüren am Baptisterium in Florenz »Tore, würdig, die *Pforten* des Paradieses zu bilden«; vom Paradies selber freilich, daß es so schon bronziere und leuchte, schweigt auch dieser ekstatische Ausspruch. Dies noch erst, aber durchaus schon *Pfortenhafte* ist außer dem Blau- und Goldgrund im Fenster ein anderes Kennzeichen der Utopie im großen Kunstwerk, ja großen Werk überhaupt; man kann es (»oft gerundet, nie geschlossen«, sagt dazu Goethe) das unbetrüglichste Kennzeichen nennen. Gerade utopisches Bewußtsein bleibt in dem noch Ausstehenden seiner Erfüllung überall unbetrüglich, und das gewiß nicht aus skeptischen oder aus agnostischen Gründen. Sondern utopisches Werkbewußtsein verschüttet nicht das verpflichtende Ziel mit Lösungen, gar bloßen verdinglichten Mitteln von unterwegs, mit verabsolutiertem Halblicht als Abschluß, sei es selbst Hegelschen Rangs. Und das aus dem reellsten Grund schlechthin, aus dem objektivsten Korrelatsgrund, den das utopische Bewußtsein hat und der lautet: die Weltsubstanz, die Weltmaterie ist selber noch nicht abgeschlossen, befindet sich noch in utopisch-offenem, das heißt, noch nicht selbstidentisch manifestiertem Stand. Wenn es eine Formel der Gemeinheit sein kann, die Dinge nur so zu nehmen, wie sie sind, dann gehört nicht viel Paradox dazu, um statt dessen ihrem *Anderssein-können* mindestens so viel Treue zu halten. Oscar Wilde sagt daher nicht überraschend: »Eine Weltkarte, auf der das Land Utopia nicht verzeichnet ist, verdient keinen Blick.« In den Dingen selber gibt es nur eine gepunktete Verlängerungslinie zu so etwas wie diesem Land, doch auch das Radierende, Kaschierende sämtlicher Positivisten kann sie aus dem, was wirklich der Fall ist, nicht entfernen. Folglich gibt es (und jedes bedeutende Werk wurde dem per definitionem der »Bedeutung« gerecht), folglich gibt es utopische Ränder nicht nur des jeweils Seienden, sondern des gesamten bereits vorhandenen Seins und Wesens selber, die das vorhanden Wirkliche mit so sehr viel größerem *objektiv-real-Möglichem* umgeben. Folglich ist auch jedes Werk, dies Mögliche abbildend und informierend, voll gemehrter Horizontprobleme; der Rang dieser Probleme bestimmt zugleich seinen eigenen Rang. Wobei die großen Kunstwerke des schöpferischen Fragments am wenigsten entbehren; als des musischen Vor-Scheins (nicht Zugedecktseins, Abgeschlossenseins) vom objektiv noch Latenten in der Welt. Das macht zugleich einen Unterschied kenntlich, Archetypen und Kunstwerke hinsichtlich ihrer *Hermeneutik* betreffend. Denn wenn alle nicht-märchenhaften, nicht-aurorischen Archetypen erst auf ihren utopischen Bestand aufgeschlossen werden müssen, liegt dieser bei großen Kunstwerken auch bei scheinbar statisch-konformen, selbstleuchtend im Horizont. Nur angemerkt sei es an diesem Ende, daß Trauer und Schmerz in einem Kunstwerk niemals bloß diese, als *unbeschienen*, bleiben, sowie andererseits, aus gleichem utopischen Grund, Freude im Kunstwerk immer nur *vorscheinend*, also vertieft durch *Schatten* aufgeht. Aber selbst der große, der tragische Untergang, und gerade dieser, hat bei allem Blut, Mord, Finsternis, Kreuz, im nie sich endenden Kunstwerk nicht das letzte Wort; so gibt es die Fülle optimistischer Tragödien, eine verhängt leise Fülle auch bei noch so kohlschwarzfix erscheinendem Ende. (Daher denn Lukács mit Recht anmerken kann, contra tragisch-pessimistisches Amalgam: »Die größten

Tragödien des Erbes aus der Vergangenheit stellten durchaus nicht die notwendige Vergeblichkeit und das zum Untergang Verurteiltsein der menschlichen Bestrebungen dar, sondern im Gegenteil den jeweils konkreten und jeweils sich konkret erneuernden Kampf des Alten und des Neuen, in welchem den Zusammenbruch des Alten oder den Untergang des noch mit schwachen Kräften gegen das Alte kämpfenden Neuen die Verwirklichung oder zumindest die Perspektive der Verwirklichung einer höheren Entwicklungsstufe krönt.« Das ist zwar wieder hauptsächlich soziologisch gesehen, mit dem Phänomen Tragödie und ihrer Perspektive als bloßem Hilfsmittel zum außerästhetischen Verständnis sozialer jeweiliger Vorgänge, doch der perspektiven-, also utopiehaltige Überschuß, den das Kunstwerk auch hier vor-exekutiert, wird am scheinbaren Sideroxylon: optimistische Tragödie vorzüglich sichtbar.) Klar ist insgesamt: auch noch das drückende wie gar das zurufende Kunstwerk gehört dadurch, daß es seine Menschen und Situationen bis zu Ende gehen läßt und ausgestaltet, jenem Horizont des Seins zu, wo immerhin Pforten sind. Das »Lied an die Freude« überstrahlt die wirklich bisher erlebte, indem es (obwohl es nur ein Lied ist und weil es das ist) die vollkommene Freude schon nennt und ruft. Schiller ergänzte diese seine Apostrophe (sie reicht von der Tochter aus Elysium sogar kantisch-postulativ bis zu dem keineswegs faktischen, durchaus utopischen Gott-Satz: »Über Sternen muß er wohnen«), – Schiller ergänzte seine Beschwörung sogar durch eine andere, merkwürdig konstituierende in seinem Kolumbus-Gedicht, kein Elysium angehend, wohl aber etwas von seiner erreichbaren Küste. Das in folgenden erstaunlichen, auch überbordenden, doch utopisch-beschwörend gemeinten Versen: »Immer, immer nach West! Dort muß die Küste sich zeigen. / Traue dem leitenden Gott und folge dem schweigenden Weltmeer! / Wär sie noch nicht, sie stieg jetzt aus den Fluten empor. / Mit dem Genius steht die Natur im ewigen Bunde: / Was der eine verspricht, leistet die andere gewiß.« – Diese Verse sind gewiß voll abstraktem Idealismus, doch sie enthalten auch Willen und diesen, qua »Genius«, expressis verbis im Bund mit der Natur, der selber schaffenden, naturierenden. Erst recht gilt die Pflicht, das Innere zu tun und das Außen nicht zu lassen, nicht so zu belassen, für jede Phänomenologie des »Geistes« und seiner Werke, welche keinen Frieden mit der bereits vorhandenen Welt macht. Phänomenologie des Veränderns und Veränderbaren fährt vielmehr durch die Welt, um der darin noch nicht vorhandenen auf die Spur zu kommen und sie zu befördern. Utopie in Werken ist dasjenige, was die bedeutenden Werke gewiß auch negativ fragmentarisch macht, indem die Welt, die darin wirklich bedeutete, selber das Unfertigste ist, ein wie oft Durchkreuztes, wie selten Erfülltes. Lieder an die Freude sind hier aber der kühnste Beitrag, leider nur ein poetischer, indes auch philosophisch wurde ja nicht nur aus dem prüfenden Untergang, sondern dauernder aus dem probenden Aufgang nicht schlecht gelernt.

14 Wissenschaftliche Phantasie in Tatsachenkenntnis, Prozeßkenntnis

Jedes heuristische Modell ist methodisch eine Thesis, und jede Thesis mit konkreter Antizipation bezeichnet ein konkretes Versuchsmodell in dem Gestalten und in den Gestalten der Welt selber. (S. 119)

Die neutrale Annahme

Bevor etwas gedacht wird, wird das hier Rechte erst gemeint. Sowohl indem man darauf gerichtet ist, darauf abzielt, als indem ein erstes Sichs-Denken angeht. Dies zurechtlegende Sichs-Denken ist zwar allemal bereits ein Sichs-so-Denken, aber es behauptet über das So noch nichts. Freilich richtet sich das derart beschaffene *Meinen* bereits auf einen vorschwebenden Umriß dessen, wie ein Fall zu denken, also zusammenhängend zu begreifen sei. Nur beansprucht auch ein derart erweitertes Sichs-Denken noch nicht, wahr oder sichtigen Annahme, es sei etwas so, wie gedacht, wie falsch zu sein. Jedes bloße, aber auch erste Meinen bleibt derart noch neutral, legt sich noch in nichts fest. Daher reicht das Meinende solcher Meinung vom bloßen unverbindlichen Geschwätz bis hinauf zur vordenkend zurechtgelegt. Tritt allerdings Geschwätz selber nicht unverbindlich, sondern behauptend auf, dann erscheint es, vor allem bei genereller und landläufiger Meinung, als Vorurteil. Oder es erscheint, wenn ganz aus der hohlen Hand geschöpft, als Schwindel, höheren Orts als wissenschaftliche Hochstapelei.

Indes all dies dünne oder freche Randzeug ums echte verantwortlich gezielte Meinen kann das Glück nicht gemein machen, daß überhaupt *Annahmen* möglich sind. Diese bleiben ja nicht beim bloßen Sichs-so-Denken, wenn sie So oder So setzen. Gar der Schwindel, obwohl er sich oft an den Rockschoß erster Annahmen hängt, ist deshalb nicht ihr Kind. Vielmehr, ohne probendes Annehmen gäbe es gerade keinen Ansatz zum wissenschaftlichen Begreifen selber, ja, es gäbe keine neuen Forscher mehr, nur Wiederkäuer. Auch gehört es genau zur Strenge, daß sie, bevor sie eintritt, sich auf ein Spiel versteht, nämlich abwägend.

Die nicht mehr neutrale Annahme

Bloßes Sichs-Denken also geht wachsend ernst zu einem Sichs-Zurechtlegen fort. Darin schlägt das Annehmen engere Kreise, in ihnen geht es gegen Wahr und Falsch nun immer näher empfindlich her. Der Überschlag tritt aus jener bloßen Neutralitätsform aus, die Meinong in seinem Buch »Über Annahmen« zuerst, jedoch als reine Leerform behandelt hat. Aber die inhaltlich jeweils *bezogene* Annahme, in approach zu dem zu untersuchenden Sachverhalt, ist nicht mehr Leerform. Eben deshalb nicht, weil der keinesfalls abstrakte Stoff in sie einspricht, als das, um dessentwillen es überhaupt wissenschaftliche Annahmen gibt und sie selber überhaupt *differenzierte* sind. Ebenso bleiben sie jetzt gegen Wahr und Falsch alles andere als neutral, vielmehr formt sich das erste Staunen und Fragen – das, wie gesehen, ja allem betreffenden approach dauernd zugrunde liegt – zu einem nicht mehr so unmittelbar-tiefen Hingang auf die gegebenen Aporien (als Unwegsamkeiten) der Welt. So gewinnt sich in der Annahme die Richtung des *gegenständlich gezielten* Fragens an eine sonst unübersehbare Masse von Daten, eines Fragens aber, das außer seiner Richtung auch im ordnenden Überschlag weiß, wonach speziell gefragt wird, und wo ungefähr das erhellende Antwortgeben in der Stoffmenge liegen mag. Es ergeben sich weiterhin im gezielten Fragen aus entwickelter Annahme Alternativen, zuweilen einengende, doch jedenfalls nicht uferlose. So etwa: Ist Heß 1941 auf eigene Faust nach England geflogen oder hat Hitler ihn geschickt? – Sind Bazillen immer die Ursache oder können sie auch nur Begleiterscheinungen einer Krankheit sein? – Ist Graphit eine letzte Stufe des Anthrazit oder, nicht-organischen Ursprungs, ein Mineral? – Liegt das Zwischenglied zwischen Affe und Mensch auch zeitlich dazwischen oder ist es älter als beide? – War Wallenstein nur ein Condottiere oder wollte er eine Staatseinheit (entsprechend Frankreich und England) in Deutschland herstellen? Derart gibt es eine Fülle bereits alternativischer Frage-Annahmen, die Richtung angebend, in der die Sonde zwecks Antwort angelegt wird. Wobei die Annahmen ante rem durch ihr probierendes Fragen von verwandt erscheinenden Gebilden, nämlich von Fiktionen wie Hypothesen, verschieden sind. Wissenschaftliche *Fiktionen* zunächst, wie das reibungslose Pendel, der reine homo oeconomicus bei Adam Smith und so fort, sind isolierte, also zum Unterschied von Annahmen unveränderbare Hilfsvorstellungen innerhalb der Forschung selber und ihr nicht etwa, bei jedem neu auftretenden Sachverhalt, *voraufgehend*. Es sind absichtliche Vereinfachungen, zwar heuristisch (meist nur pädagogisch) bedeutsam, doch sie werden – als unwirklich von Haus aus – durch die Forschung weder verneint noch bestätigt. Innerhalb der Forschung wie selbst nach einem relativen Abschluß ihrer bleiben das reibungslose Pendel in der Physik, der homo oeconomicus in der Nationalökonomie genau dasselbe; sehr zum Unterschied von den Annahmen und ihren erfragenden Leitbild-Vorwegnahmen. Die *Hypothesen* andererseits differieren von den Annahmen entscheidend darin, daß sie, obgleich gegebenenfalls vorläufig, *Resultate* der Forschung sind, also erst recht nicht voraufgehen. Sie stehen im induktiven Schlußsatz, werden bei wachsender empirischer Wahrscheinlichkeit erst recht zu Resultaten, zu denen einer *nicht mehr hypothetischen Theorie*. Wobei freilich auch der induktiv-empirisch noch so breit gewonnene und bestätigte Schlußsatz wegen der niemals vollzählig, vollständig bekannten Einzelfälle immer nur mehr oder minder große Wahrscheinlichkeit aufweisen kann; so kommt kein empirisches Resultat, vérité de fait, letztlich über doch nur hypothetische Geltung hinaus. Es bleibt so Hypothese, doch eben immer als Resultat, wieder zum Unterschied von dem so ganz anders situierten Probewesen der Annahme. Höchstens der schlecht gebaute Ausdruck »Arbeitshypothese« begibt sich scheinbar an den Ort des Annehmens; eine Vermischung beider, gewiß aber auch ein Zugeständnis. Nämlich ein Tribut der Induktionsschlüsse an eine Annahme vorher, ohne die sie die Einzelfälle gar nicht auf ihr Allgemeines befragen könnten. Bleibt doch ein Auftakt aus Annahme auch induktiv-empirisch unerläßlich, einer des »Gedankenexperiments«, wie für physikalische Wiederholbarkeiten eben Mach sagte, eines »Idealtypus«, wie für historische Unwiederholbarkeiten Max Weber sagte. Also wird, wie man nun entschieden sehen wird, auch von Positivisten ein Auftakt, ja ein förmliches Vorland von Annahme anerkannt. Obzwar sie bei ihnen, nach getaner Schuldigkeit, wieder zu gehen hat; denn bloßer Empirismus ist ein eifersüchtiger Nichtgott.

Nochmals »Gedankenexperiment« und »Idealtypus«

Sichs-Zurechtlegen aber, mindestens dieses, ist nötig, wo erklärt, wo verstanden werden soll. Es wird durch ein Forschen erzwungen, das sich mit bloßem Beschreiben doch nicht begnügt. So eben bei Mach: er anerkennt das *Gedankenexperiment,* das jedem wirklichen vorherzugehen hat. Auch wenn Erkenntnis, wie Mach sichs denkt, nichts sein soll als »Anpassung des Gedankens an die Tatsachen«. Aber wissenschaftliches Sichs-Zurechtlegen variiert sich auch nach Mach in noch freischwebender Annahme durch überlegtes »Raten des denkökonomisch tauglichsten Gedankens«. Das überlegte Raten steht im Gegensatz zur bloßen bastelnden try and error method: »Jeder Experimentator«, sagt Mach, »muß die auszuführende Rechnung im Kopfe haben, bevor er dieselbe in die Tat übersetzt« (Erkenntnis und Irrtum, 1906, S. 187). Wie immer es bei dem Physiker Mach selber mit solcher Übersetzung in die »Tat« ausgesehen haben mag, mit nicht zu gewaltiger also: Galilei jedenfalls steht fürs Gedankenexperiment wirklich als Meister da. Schwingende Kronleuchter wären ihm sonst nichtssagend geblieben, und der sagenhafte fallende Apfel hätte ohne vorher gezielte Frage nichts von Schwerkraft verraten. Auch füllt Galilei die Zeit zwischen dem intellektuellen und dem physischen Versuch erweisbar durch das Annahmewesen des wissenschaftlichen »Ratens« aus. Nach geschehener empirischer Modifizierung fallen gewiß sämtliche vorhergehenden Annahmen weg, als bloße *gewesene* Vermutungen. Waren sie falsch, so sind sie nun schädlich, waren sie wahr, so sind sie nun überflüssig und finden ihren Platz bestenfalls in der Biographie der Physiker, nie in der Physik. Ersichtlich aber fehlt die Schicht der Annahme gerade in der reflektierenden Naturwissenschaft nicht.

Nicht unverwandt läuft die Annahme dem wahren Verstehen *geschichtlicher* Art vorher. Allerdings mit dem wichtigen Unterschied, daß hier kein wirkliches Experiment das Gedankliche fortsetzen kann, wie dies naturwissenschaftlich geschieht. Auch ist kein historischer Vorgang wiederholbar, am wenigsten mit den künstlich hergestellten und isolierenden Bedingungen, womit naturwissenschaftlich experimentiert wird. Auch rein in Richtung der gezielten Frage kommt der Historiker zu seinen Fällen allemal zu spät. Dennoch lebt selbstverständlich auch hier die Annahme, in spezifischer Gestalt und mit Probe auf ein immerhin vorliegendes, obzwar nicht wiederholbares und variierbares Exempel. Am deutlichsten bei Max Weber: er führte für das geschichtlich-gesellschaftswissenschaftliche Sich-Zurechtlegen den Begriff Idealtypus ein, das heißt ein vorläufiges Gedankenbild dessen, was ehemals, unter vorliegenden Bedingungen, zu geschehen möglich und als Verlauf wahrscheinlich war. Der Soziologe Weber notiert diese einzelwissenschaftliche Phantasie, ein Empiriker durchaus, erkenntnistheoretisch ein Positivist und ein besonderer Feind aller Werturteile in der Wissenschaft. Trotzdem findet sich hier ein »kurzer idealer Überschlag«, um kurzdauernde Vorgänge, etwa die Schlacht bei Waterloo, in einem Denkbild sich zu ordnen und ihre Daten zu dem Historiker sprechen zu lassen. Und ein »langer idealer Überschlag« wird methodisch zuvorgesetzt, um langhingezogene Erscheinungen, etwa die mittelalterliche Stadtwirtschaft, die Manufakturperiode, die Zusammenhänge zwischen Kapitalismus und Protestantismus, einheitlich überhaupt erblicken zu können. Nach Weber mit keinem anderen als heuristischem Wert, jedoch mit diesem durchaus: »Für die Forschung will der idealtypische Begriff das Zurechnungsurteil schulen; er ist eine Hypothese (!), aber er will der Hypothesenbildung die *Richtung* weisen . . . Er wird gewonnen durch einseitige Steigerung eines oder einiger Gesichtspunkte und durch Zusammenschluß einer Fülle von diffus und diskret – hier mehr, dort weniger, stellenweise auch gar nicht – vorhandener Einzelerscheinungen, die sich jenen einseitig herausgehobenen Gesichtspunkten fügen, zu einem in sich einheitlichen Gedankengebilde. In seiner begrifflichen Reinheit ist dieses Gedankenbild nirgends in der Wirklichkeit vorfindbar, es ist eine Utopie (?!) und für die historische Arbeit erwächst die Aufgabe, in jedem einzelnen Falle festzustellen, wie nahe oder wie fern die Wirklichkeit jenem Idealbilde steht . . . Solche Begriffe sind Gedankengebilde, in welchen wir Zusammenhänge unter Verwendung der Kategorie der objektiven Möglichkeit« (das heißt, daß es so gewesen sein könne, nicht mehr) »konstruieren, die unsere an der Wirklichkeit orientierte und geschulte Phantasie als adäquat beurteilt« (Gesammelte Aufsätze zur Wissenschaftslehre, 1922, S. 190 ff.). Merkwürdig und lehrreich bei einem Empiristen und noch merkwürdiger der – wie immer auch unwillig, ja falsch bedeutete – Dominantzwang von Begriffen wie Utopie und objektive Möglichkeit. So viel hier über Webers Idealtypen als Art von Gedankenexperiment im Feld der historischen Gesellschaftswissenschaften. Ja schließlich als historisches Pendant zu dem naturwissenschaftlichen Modelldenken, Modellbegriff, wie er von Mach, Duhem, Poincaré an immer mehr (Atommodell, Periodisierungsmodell) das Annahmen-Wesen gestärkt, freilich auch verengt hat. Verengt deshalb, weil eben der gesamte empirisch, gar positivistisch bleibende Gebrauch von Annahme diese doch am Ende völlig wegwirft. Sie gilt vor den Fakten als pure Hilfskonstruktion und teilt mit ihr das Geschick, nach Gebrauch wegradiert zu werden. Wonach weder des Gedankenexperiments noch des Idealtypus im erlangten Resultat mehr gedacht wird; beide sehen sich vielmehr durch matters of fact, durch diese vérités de fait *in Grund und Boden hinein* berichtigt. Außer etwas biographischem Interesse bietet da bestenfalls die Geschichte der Naturwissenschaften einen Ort, – vorausgesetzt, daß das Annahme-Modell halbwegs wenigstens heuristisch dienlich war. Was aber ist hier empirisch übriggeblieben, wenn Kepler dem ersten Planetengesetz die Annahme vorhergehen ließ, daß die *Kreis*-Bewegung, als »vollkommenste«, die dem Planeten einzig »würdige« sei? Was gar von seiner Harmonie der Sphären, diesem erst recht nur ästhetisch-mythischen »Idealtypus«, worin für Kepler die »Harmonie« des Weltalls, ganz buchstäblich gefaßt, so vor- wie widerklang? Nichts bleibt davon wert, empirisch behalten zu werden: die Planeten bewegen sich nicht in Kreisen, sondern in Ellipsen, gar die Harmonie der Sphären ließ höchstens schönen Unsinn von sich übrig, an dem nicht die mindeste Umfunktionierung (etwa als Handhabe einer »Weltschönheit«) Platz hat. Aber auch bei weniger skurril gewordenen Beispielen, ja gerade dann, wenn die Annahmen nichts mit einem älteren, qualitativ gewesenen Weltbild zu tun haben, wenn sie vielmehr durchaus quantitativ-empirisch vertretbar sind, werden Gedankenexperiment wie Idealtypus induktionswissenschaftlich einzig in der Werkstatt, nicht im Resultat ausgezeichnet. Wissenschaftliche Phantasie gilt da einzig in ihrem durch die Fakten bestimmten *Abstrich;* sie ist hier also *einzig diejenige, die* durch *faktischen Schaden empirisch klug geworden.*

Immerhin, Annahmen zeigten sich als unvermeidlich, auch wenn sie nachher weggeworfen werden. Ja, sie haben, was bisher übersehen wurde, im induktiven Schluß selber ihren formalen Ort. Denn auch der induktive Untersuchungsschluß vom Einzelnen auf Allgemeines ist nicht zwei-, sondern dreigliedrig, das heißt, er hat einen verschwiegenen Obersatz. Und genau dieser gibt formallogisch den Platz für die Annahme, die hier besonders kenntlich als Vermutung steht. Freilich eben ist der induktive Obersatz eine Kryptogame, denn seine Blume hat wegen der baldigen Desavouierung der Knospe nie geblüht. Sehr zum Unterschied vom Obersatz im deduktiven Schluß, dieser über die Maßen ausgezeichneten, gerade als schlechthin apodiktisch eingerammten Prämisse. Der induktive Obersatz dagegen (weit davon entfernt, fertig zu behaupten: Alle Menschen sind sterblich), dieser unsichtbar gehaltene Obersatz also hat einzig den Modus des problematischen Urteils, des Urteils der Möglichkeit. Eben als versuchende Vorwegnahme, ohne welche die zu untersuchenden Einzelfälle nicht einmal tauglich aufgezählt und beachtet werden könnten, geschweige in Richtung der Vermutung auf ein Gesetz ($\frac{g}{2}t^2$ beim Fall) oder auf eine Gestalt (Ordnung der Schlacht bei Waterloo) zu induzieren wären. Und, sehr wichtig: Der induktive Obersatz blieb deshalb kryptogam, weil sein Vorgriff aufs induktiv-empirisch zu gewinnende Resultat eben keinen eigenen Rang und Wert hat. Wonach immer wieder hervortritt: Wissenschaftliche Phantasie (auch weit über den bloßen glücklichen Einfall hinaus) ist empirisch gesehen eine solche, die mit sich handeln, sich von sich herunterhandeln läßt. Empirische Wissenschaft blüht so, im Hinblick auf Gedankenexperiment und Idealtypus, eben als eine durch faktischen Schaden klug gewordene Vernunft.

Plus ultra der Philosophie

Sehr anders wirkt ein Meinen, das sich in sein Etwas scharf mitzunehmen zutraut. Scharf, wurde gesagt, also nicht mit beliebigen Wunschbildern, die an jedem Draußen, noch gleich wie es sei, platzen. Und auch nicht mit Vorurteilen aus einem früheren Weltbild, die als rein, mindestens als überwiegend ideologisch unterdessen durchschaubar wurden. Zu diesem Überholten gehört gewiß auch Keplers Musik-Harmonie-Modell des Weltalls. Anders aber – und auch das hängt mit Kepler zusammen – wirkt etwa eine *qualitative* Kategorie in solchen Annahmen nach, eine Naturauffassung, die Ton, Farbe und auch Wertqualitäten nicht a limine aus Natur streicht, die die Goethe-Natur also nicht restlos quantifiziert. Und wie steht es gar mit den großen philosophischen Konzeptionen, denen in Mark und Pfennig ja die Tatsachenwelt, als positivistische, kein Placet gibt? Ist gerade die Zuordnung von Zahlen zu Qualitäten (nicht Quantitäten) bei Pythagoras ganz abgegolten? Ist es der Platonische Eros, diese dialektische Einheit aus Nicht-Haben und Haben, Armut und Reichtum, längs durch die Welt? Ist es das Stoff-Form-Verhältnis bei Aristoteles, mit der geprägten Form im Stoff, die lebend sich entwickelt? Ist die Kantische Konzeption von Ideen des Unbedingten abgegolten, denen keine empirische Erfahrung entspricht? – ist das etwa dadurch widerlegt oder auch nur meaningless gemacht, weil ihm ja expressis verbis keine empirische Erfahrung zustimmt? Ist, nach ganz anderer Seite, Schellings Perspektiv-Idee: die Natur sei die Ilias, die Geschichte die Odyssee des Geistes im selben Sinn faktisch erledigt, überhaupt negativ oder positiv empirisch verifizierbar? Gewiß nicht, und weil alle die angegebenen »statements« der obigen »Gedankenexperimente« oder »Idealtypen« durch Beobachtung, Vorhandenheit, Faktizität nicht ganz als wahr oder unwahr erledigt werden können, deshalb nennt der Positivismus solche spekulativen Groß-Annahmen ja besonders »meaningless«; Platon, Aristoteles, Metaphysik insgesamt – und je größer, desto sicherer – liefern danach lediglich »Musikbeispiele«, deren Annahme nicht einmal gedacht zu werden braucht. Nun, der Fall ist bekanntlich anders beschaffen, und es gelingt nur einer philosophischen Farbenblindheit schlechthin (von der Arroganz abgesehen), die so weit schwingende wissenschaftliche Phantasie großen Philosophierens einzig noch als »Kunst« zu pardonieren oder, wie die Agnostiker der siebziger Jahre sagten, als »Begriffsmärchen«. Auch das nur deshalb, weil Platonische Eroslehre weit über die Bewegung als sichtbare Ortsveränderung, gar Kantische Moralphilosophie weit über die Bestandsaufnahme vorhandener Sitte hinausreicht.

Es handelt sich bei alldem um dasjenige, was über gezieltes Meinen *letztlich* befindet. Und zwar so, als ob zwischen einer ohnehin nur kurzfristig gedachten Annahme und einer, sage man, langlaufenden kein Unterschied wäre. Nehme man aber zwei allgemeine Begriffe, die ganz gleichartig aus der bloßen schwebenden Annahme vorher heraus zu sein schienen. Also zum Beispiel die Begriffe »Freund« und »Professor«, zwei einfache Gattungsbegriffe, denen nun zwei etwas abwegige Erscheinungen logisch zugeordnet werden sollen, am besten ablehnend. Dann zeigt sich bereits ein auffallender Unterschied im Hinblick auf die Instanz, die hier übers Recht oder Unrecht der Zuordnung befindet. Denn wird etwa behauptet: »X ist kein richtiger Professor«, dann muß durchaus bedacht werden, aus welcher Art bisheriger Erscheinungen dieser Begriff Professor abstrahiert wurde. Vielleicht liegt hier eine neue Art vor, sodaß der bisherige Professorbegriff aufgelöst und um neue Merkmale empirisch erweitert werden muß. Die Annahmen im induktiven Obersatz, die die auslesende Richtung auf solchen Allgemeinbegriff haben, lassen also mit sich reden und müssen das; die alte Ausleserichtung wird nicht nur berichtigt, sondern nichts steht im Weg, sie gänzlich wegzuwerfen. Wird dagegen behauptet: »X ist kein richtiger Freund«, dann liegt der Fall einsichtig anders: denn keine neue Art Empirie ist eine Instanz, gibt das Recht, den »Idealtypus« Freund aufzulösen, in seiner moralischen Postulatsrichtung gar aufzuheben, um das andersartige Faktum bereichert. Konträr, hier hat die gewordene Vorhandenheit, also das Tatsachenhafte im buchstäblichen Sinn des Faktums (ohne Fieri) kein Entscheidungsrecht übers »Richtige«, das heißt hier: Wahre oder Falsche solcher *Postulatsbegriffe*. Nicht, gewiß nicht, als wäre der postulatorisch bezeichnete Idealtypus statisch, gar unverrückt dauernd (sempiternus), gar übergeschichtlich-ewig (aeternus). Auch die Idealtypen des Ideals sind in ihrem *Inhalt* durchaus den geschichtlich wechselnden Inhalten soziologisch angeschlossen und führen, wie oft, nur selber historische, abgelaufene Ideologien mit sich, pharisäisch. Invariant aber ist die *Richtung* solcher eingedenkend-postulativen »Idealtypen«, kraft jenes »Ideals« in ihnen, das sich einzig im Fieri, im *Prozeß* berichtigt, doch nicht – in seiner anderen als Tatsachenwahrheit – am *Faktum dessen, was der Fall ist*. Hierbei wird keineswegs notwendig, daß die spezifische, die langanhaltend, nämlich idealisch geladene Annahme in dieser Schicht außer ihrer Richtungs-Bestimmung (destinatio) auch bereits eine inhaltlich zureichende Merkmal-Bestimmung (definitio) aufweist. Was etwa das Humanum in seinem vollen positiven Inhalt sei, ist keineswegs nötig zu wissen, um völlig entschieden Nero als Unmenschen zu erkennen. Oder, um gerade den Satz Spinozas: »Verum est index sui et falsi« wahrheitsgemäß zu variieren: Hoc verum (als das der großen moralischen Annahmen, normierenden Suppositionen) est nondum index sui, sed jam index falsi. Von daher also die *in diesem Zusammenhang* so gänzlich unpositivistisch mögliche Negation: Desto schlimmer für die Tatsachen. Es ist eine Verifizierungsmaxime, die ja gegebenenfalls so wenig Anpassung an die Tatsachen brachte, daß sie die englische, amerikanische, französische Revolution gebracht hat. »Tausend Jahre Unrecht machen nicht eine Stunde Recht«, dieser Grundsatz aus einem der Moral so nahestehenden Eingedenken des Humanum, wie es das klassische Naturrecht darstellt, setzte sich ja gänzlich gegen »Verifizierung« durch nichts als politische Vorhandenheit, also durch gewordenes Unrecht ab. So besonders wird der Unterschied zu einer Anpassung des Gedankens an Tatsachen deutlich; die leuchtende *Richtung* des humanen Postulats richtet eher, als daß sie vom Nichts-als-Faktischen gerichtet würde. Um so schlimmer für die Tatsachen, das also heißt hier: *Philosophische* Vernunft ist keine durch Schaden klug gewordene Phantasie, dergestalt daß sie sich nur heuristisch gäbe und so gälte. Es gibt vielmehr einen Primat der »praktischen Vernunft«, also der konkreten *Humanisierung* aller Zustände und Verhältnisse der Welt, genau auch in der *Logik* der Philosophie. Die bloße Faktizität hat dann keine Dreinrede, eine solche hat einzig die Tendenz des *Prozesses* und vorzüglich die Latenz der *objektiv-realen Möglichkeit.* Wobei die angegebene Richtung humaner Annahme auch keineswegs auf Moral und das, was damit nächst zusammenhängt, philosophisch beschränkt blieb. Ja, das Recht, kein Hund zu sein, diese empirisch so wenig bestätigte Postulats-Annahme großen Stils, ist von manchen der sogenannten Begriffsmärchen großer Philosophien, sofern diese eine Erhabenheit der Vollendung im durchgeführten Ansatz-Versuch zeigen, nicht so ganz abgetrennt. Spinozas Philosophie, als Idealtypus eines vollkommenen Kosmos gefaßt, einer Welt, worin die Substanzsonne im Zenit steht und (für die »adäquate Vorstellung«) kein Ding einen Schatten wirft, dieser versuchte Theismus des Pan wird empirisch gewiß nicht verifiziert, doch auch hier tritt neben die Tatsachenwahrheit eine (hier ungewollt) normsetzende. Zwar keine postulatorische über das Vorhandene hinaus, keine des Prozesses zu solcher Optativ-Welt, Optimum-Welt hin (was bei Spinozas Statik unmöglich ist). Wohl aber wird Kristall, streng und regelmäßig anschießend, als Modell gedacht, um eine (nicht nur in »inadäquaten Vorstellungen«) ziemlich anders beschaffene Welt als geometrisch deduzierbar, als strukturell vollendet darzustellen. Ein bloßer Optativ, gewiß, dazu noch mit dem Anspruch, ein Utopisches (Kristallklarheit) als seiend zu fixieren, trotzdem: das Modell als solches – auf Wahrheit als Erhabenheit ausgehend – ist unabgegolten, gehört weder in eine bloße »Psychologie der Weltanschauungen« noch in eine erledigte »Vorgeschichte empirischer Wissenschaften«. Der Begriff Modell wurde soeben auch für spekulative Entwürfe sehr großen Stils gebraucht, für solche, die ohne Zweifel, obwohl sich selber ungewußt und unreflektiert, ein Utopikum dessen versuchten, was die Welt in ihrer nicht empirisch vorhandenen, doch keineswegs nur abstrakt-spintisierten Verlängerungslinie sein könnte. Diesem Plus ultra eben ist Philosophie vorzüglich als Ethik zugewendet, in postulativer Ästhetik, in anthropologischer Religionskritik und deren latentem Kern. Aber bildet nicht auch die kosmologische Metaphysik zentralen Rangs Entwürfe vor, die deshalb von Fakt-Gewordenheit nicht wesentlich vernichtet werden können, weil sie einzig in der Welt des Werdens, in der Welt als *konkretem Entwurfsfeld* selber ihr Gericht finden können? – als nicht befangener, als konkret einzig entsprechender Instanz zur Verwerfung oder Bestätigung. Wo die Welt selber ein – Experiment ihrer ist, wo sie in ihrem operativen Prozeß selber *Modellgestalten* herausstellt, dort ist die philosophisch konstitutive Phantasie nur der *Abbildung, Fortbildung dieses Fieri verpflichtet und seiner tendenziell-latenten Gehalte.* Soviel an dieser Stelle übers methodische Plus ultra: es braucht vor der Empirie, wenn diese zum verdinglichten Tatsachen-Empirismus absinkt, keinesfalls zu kapitulieren; es darf freilich auch, wenn anders sein Überstieg nicht zu abstrakter Verstiegenheit geraten soll, niemals den Kontakt zur *Prozeß*-Empirie verlieren. Und zu den Instanzen ihres Details, welche das Gegenteil verdinglichter Fakten sind, dafür aber gerade die experimentellen Durchgangsmomente zu jenem Plus ultra, womit die echte philosophische Phantasie, genau als konstitutive, alliiert ist. »Was also darin wirkt und fortarbeitet, nach dem Grundsatz: begonnen ist der Weg, vollende die Reise, ist nicht mehr die Frage, was die Dinge im jeweils Gegenwärtigen seien, in ihrer empirischen Verhaltensregel und deren einzelwissenschaftlicher Kodifizierung, sondern es ist, anders betont und mit dem Nicht-Entsagenwollen religiöser Art, die Frage, was die Dinge, die Menschen und Werke *in Wahrheit* seien, nach dem Stern ihres utopischen Schicksals, ihrer utopischen Wirklichkeit gesehen« (Geist der Utopie, 1918, S. 338 f.). »Möglichkeit also, das ist partielles, doch keineswegs zur Verwirklichung schon ausreichendes Vorhandensein von Bedingungen, dies macht die Sphäre aus, worin garnichts zu schön sein kann, um nicht, nach Maßgabe der Bedingungen, immerhin künftig wahr zu sein. Ja worin die Wahrheit, gerade als eine des Wesens, mit dem vollen, sehr alten Goldklang des In-Wahrheit-Seins, sich allenfalls nicht einmal davor hüten muß, erbaulich zu sein ... Eben weil dem nicht so ist, arbeitet der wachthabende Begriff und seine Praxis während der Berichtigung und nach ihr ebenso unermüdlich als Eingedenken des Verum Bonum, die wahrhaft höchstorganisierte Materie im Blick« (Das Prinzip Hoffnung, 1959, S. 1015 f.). Erneut ist zu sagen, und das genau um des so detailliert wie zentral gezielten Meinens willen: *Empirie*, wenn nicht statisch verdinglicht, und *Metaphysik*, wenn nicht mit Weltvalet ins »leblos Einsame« der Idee verstiegen, gehören beide zu Schild, Speer und Auge der Minerva, der Göttin des beobachtenden Fleißes und der fernblickenden zugleich. Desto sicherer gehören sie zusammen, jenseits jeder Arroganz hier, Verstiegenheit dort, als das philosophische Plus ultra ja im *schöpferischen* Überschlag aus demselben Grund vorkommt, vorkommen kann wie in der *vermehrenden* Dialektik der *Welt*. Die Verifizierung im Objekt des Werks, im Werk des Objekts braucht also kein Abstrich zu sein; konträr, gerade auch die Empirie macht, in ihrem Prozeß, den Zuschuß nicht nur mit, sondern fügt, in jedem Fortschritt, eigenen Zuschuß zu bisher Gewordenem hinzu. Denn es gibt – von hier aus geschärft betont – es gibt nicht nur Gedankenexperiment, *die Weltgeschichte ist vielmehr selber ein Experiment*, ein reales in der Welt auf eine mögliche rechte Welt zu. Solche Geschichte versteht sich mithin als selber operative Probe, als *Realprobe*, in zahllosen *objektiv-realen Modellen*, auch auf ein noch *ausstehendes* Exempel. Auf ein Omega von Exempel, wie es im philosophischen Vorgriff als wahres Sein (ontōs on, Substanz, volle Identität von Erscheinung und Wesen) allemal – intendiert war. Und so freilich kein Faktum ist, sondern erst ein gefährdetes Fieri des wahren Seins, mit keiner anderen Ontologie als der des Noch-Nicht-Seins. Dieses Noch-Nicht gibt dem Sichverändern in der Welt wie dem Veränderbaren darin überhaupt erst seinen Fluß- und Plus-Ort, eben den des Vor-sich-Seins noch objektiv-realer Möglichkeit. Das damit, darin und dahin verstandene Fieri (Möglichkeit ist die letztentdeckte Kategorie im Plus ultra der Philosophie) geschieht aber nur als ein dauerndes Herausproben, Modellgestalten, Gestaltmodellieren des ausstehend wahren Seins. So versuchend und voller Versuche geht daher vor allem das menschliche Fieri, das Fortschreiten der Geschichte, geht nicht etwa einlinig vor sich, in seinem Verlauf, sondern polyrhythmisch und polyphon durchaus. Aus dem gleichen Grund ist ein möglicherweise regierender Beziehungspunkt des historischen Wohin nur in einem utopischen, nicht in einem bereits erreichten, festgelegten (herrlich weit gebrachten) Feld orientierbar. Es gibt nur eine unabdingliche *Richtung*, aber *viele Züge und Zeugen* im Experiment, das Geschichte heißt, und im Laboratorium, das die Welt ist.

15 Differenzierungen im Begriff Fortschritt

Ein guter Begriff

Es gibt Worte, die an sich selber besonders hell wirken. Sie haben offene Züge, man läßt sich ruhig bei ihnen nieder. Ihre Bedeutung, also ihr Begriff, scheint so klar, auch schlicht zu sein, daß es nichts weiter daran zu fragen gibt. Zu diesen Bedeutungen gehört in vorderster Reihe der Begriff Fortschritt, heute von denen mißachtet, für die er nicht läuft, von denen, die weniger Nichts vor sich haben, geehrt. Dieser sachlich so strahlende Begriff wirkt auch formell hell, gleich als wäre das mit ihm Gemeinte zwar schwer zu erkämpfen, aber leicht zu verstehen. So erscheint seine Sache nicht nur einleuchtend, sondern selber einfach und klar.

Verluste im Fortschreiten

Aber immer wurde auch klar, daß selbst ein gelungenes Vorwärts nicht durch und durch eines zu sein brauchte. Es kann etwas darin verlorengehen, so bereits sichtbar im Erwachen vom Kind zum Jüngling, von diesem zum Mann. Im Reifen wird etwas weggegeben, nicht immer auch »aufgehoben«, was im

Kind unschuldiger, im Jüngling vielleicht edler war. Und damit sachlich gar nicht vergleichbar, doch so beschaffen, daß ein voriger Zustand, mit dem späteren verglichen, noch durchaus erträglicher erschien, gibt es auch bei der gesellschaftlichen Reifung oft ein nasses neben dem heiteren Auge. Wie düster tritt bekanntlich die Lage der arbeitenden Klasse in England entgegen, zur Zeit der zweifellos progressiven industriellen Revolution. Gewiß, dieses Elend bildete die Voraussetzung für die begonnene Entfesselung der kapitalistischen Produktivkräfte; das Negative, die volle Entmenschlichung, wurde von ihr selber dialektisch erzeugt. Doch welch furchtbares Minus trat hier gleichfalls fortschreitend auf, »fortschreitend« wie es auch ein Skorbut sein kann oder Tbc. Ein Minus nicht nur zum Zweck der gemeinen Plusmacherei, sondern mitten eben im Plus echter Entfesselung der Produktivkräfte. Das ist bezeichnend für das ganze aufsteigende kapitalistische Wesen: zwar progressiv, doch allemal auch düster-progressiv zu sein.

Rückläufigkeit und sogenannter Heroldsstab

Hier überall freilich sind die Schatten zugleich echt widersprüchlich und so zum Vorwärts selber gehörend. Wie aber, wenn im Lauf des Nacheinander, das doch das Nachher, das Spätere als das Bessere setzen läßt, in einem nicht nur zahlenmäßigen Fortschreiten, Weiterkommen – wie aber, wenn dieser Lauf ebenso *tote* Rückschläge bringt? Also keinesfalls dialektisch ohne weiteres notwendige, wie im Verhältnis von vermehrtem Elend der Ausbeutung und industrieller Revolution: Hitler zum entsetzlichsten Beispiel war keineswegs die Negation, die der Sozialismus zu seinem Sieg brauchte. Es gibt auch in diesem Betracht durchaus keinen sicheren Zeit-Reihenindex des Fortschritts, wonach eben das Spätere in der Geschichte allemal oder auch nur im großen ganzen ein progressives Plus gegenüber dem Vorangegangenen bezeichnete. Erscheint das als Binsenweisheit, so ist sie Hegel jedenfalls nicht als solche erschienen; denn der Peloponnesische Krieg nach dem Zeitalter des Perikles, der Dreißigjährige Krieg nach der Renaissance machte seinem sonst überall dem Fortschritt dienensollenden Negationsbegriff ernste Schwierigkeiten. Und der Stachel dieser scheinbaren Binsenweisheit konnte sogar so übertrieben stechen, das Rousseau, und zwar gerade um des bürgerlich-demokratischen Fortschritts willen, die gesamte bisherige Geschichte, seit der eingetretenen »Ungleichheit unter den Menschen«, als Verschlechterung hinstellte. Das sogar unter Aufhebung des ganzen bisherigen zivilisierten Nacheinander als einer schlechten Zeitstrecke, verglichen mit der glücklichen Urzeit, Naturzeit. Das war abstrakt, war sinnlos übertrieben, doch es notierte durchaus die vorhandenen Rückläufigkeiten des Nacheinander – gegen eine erst recht abstrakte Vergötzung von Zeitfolge an sich. Mittels welcher ja der *zeitfetischistische* Fortschrittsgedanke bei der späteren Sozialdemokratie dann geradezu einen Selbstlauf des Fortschritts behauptete. Wurde er doch scheinökonomisch durch ein angeblich automatisches Hineinwachsen des Kapitalismus in den »ihm nachfolgenden« Sozialismus begründet; solche Art Fortschrittsfreude diente dem Fortschritt bekanntlich nicht. Sie lähmte vielmehr das wirkliche Vorwärts, so wie sie auch großenteils nur als Ideologie für die Unlust diente, selber ein Rad im Uhrwerk der Geschichte zu sein. Das Pluszeichen, sagt zwar Hermann Cohen nicht uneben, ist der Heroldsstab der Zeit; aber die bloße Zeit wurde oft auch, und dann nicht immer zu Unrecht, unter dem Bild der Sanduhr, als Glas mit abwärts rinnendem Sand vorgestellt und der Hippe daneben. Das Pluszeichen als Heroldsstab auf dem Marsch voran setzt jedenfalls auch in objektiv günstigen Zeiten, wie sehr erst bei Rückschlägen oder auf schwierigem Gelände, Menschen voraus, die es tragen. Sonst wird eben der Fortschritt, der allemal nicht bequeme, nie formale, lediglich der Fetisch eines Nacheinander an sich, gegebenenfalls ein schadenstiftender oder zur Lähmung tauglicher. Mit Hitlerschem nach dem geglaubten tout va bien automatischer Art oder gar wegen dieser Art.

Ungleichmäßige Entwicklungen in Technik-Unterbau und im Überbau

Es ist selber an der Zeit, sich der tätigen, mit der Mühe vertrauten Gegend zuzuwenden, worin ein Vorwärts einzig lebt. Doch gerade hier zeigen sich manche, nun sachhafte Aporien des Fortschrittbegriffs, die verschärfte Differenzierungen verlangen. Die Differenzierung tritt hier ganz materiell im Gegenstand selber hervor; sie braucht philosophisch (freilich gehört Philosophie dazu) nur abgebildet zu werden. So ist auch ein gar nicht düster erkaufter, geschweige pervertierter Fortschritt im Unterbau, dann Überbau keineswegs stets gleichförmig beschaffen. Er ist vielmehr weitgehend anders in der Funktionsgruppe: Produktivkräfte und Produktionsverhältnisse (ökonomische Basis) einerseits und in der davon bestimmten Funktions- (nicht nur Reflex-)Gruppe: Überbau andererseits. Denn die Produktivkräfte wie auch Produktionsverhältnisse können einen Fortschritt zeigen, dem der Überbau gegebenenfalls nicht nur nicht nachkommt, sondern dem er zuweilen sogar mit besonderem Kulturverlust entgegengesetzt ist. Ein kleines, doch besonders sinnfälliges Beispiel, sogar am gleichen Objekt, bietet sich dar, sobald man etwa die Entwicklung der Beleuchtungstechnik beachtet, die an signifikanten Exempeln im Deutschen Museum, dem Technik-Museum in München, dargestellt ist oder war. Da geht es lange Zeit vom Kienspan, der Tonlampe aufwärts, sowohl technisch wie ästhetisch aufwärts, hin zu romanischen, gar byzantinischen Lichtkronen, zu Moscheelampen, die selber orientalische Märchen sind, und auch weiterhin läuft das schöne Bessere leidlich fort. Bis die technisch-ästhetischen Fortschrittswege, die bisher zusammenblieben, sich trennen: es kommt die immer heller, doch auch immer häßlicher werdende Petroleumlampe, es kommt der wahrhaft nur photometrisch blendende Auerstrumpf, dann die anfangs so grellnackte Glühbirne, und erst allmählich wird sie durch Milchglas oder Schirme so passabel gemacht, daß ihre bedeutende Helle nicht auch sticht. Aber der Kerzenkandelaber, auf alten Mahagonitischen, verbreitet allerdings auch heute ein nicht nur milderes, sondern festlicheres Licht.

Das ist ein kleines Beispiel, wie gesagt, und eines, das man nicht einmal pressen darf. Denn lange Zeit ging ja die technisch bessere Beleuchtung mit der schöneren gleichen Schritt; auch soll nicht romantisiert werden. Jedoch im Großen, Wichtigen liegt nicht zuletzt auch an dem technisch-kulturellen Schnittpunkt die berühmte Bestimmung von Marx vor, die er »ungleichmäßige Entwicklung« nennt. Marx weist in der Einleitung der »Kritik der politischen Ökonomie« auf den Unterschied der hohen künstlerischen und der geringen technischen Entwicklung in Griechenland und auf das umgekehrte Verhältnis in der kapitalistischen Neuzeit hin. Vor allem das große Epos kann nach Marx nur auf einer technisch relativ primitiven Stufe produziert werden; so daß das Fortschrittswesen eben in den *Produktivkräften* einerseits, im kulturellen Überbau andererseits sehr verschieden laufen kann. Und ein Verwandtes gilt dann weiter für den Fortschritt in den *Produktionsverhältnissen*, also dem eigentlichen Unterbau, im Verhältnis zum Überbau; so entsprechen Bach oder Leibniz, mit mächtigem Gegenzug, keinesfalls der Misere des damaligen Deutschland. Sie hat nur ihre Füße bespült, während andererseits ein entwickelter Kapitalismus den Musen auch abträglich sein konnte. »Die kapitalistische Produktion«, sagt Marx in den »Theorien über den Mehrwert« höchst prononziert, »ist gewissen geistigen Produktionszweigen, wie der Kunst und Poesie feindlich.« Ohne diese Einsicht, ohne diese Trennung einer Wirtschafts- und Staatsblüte von nicht so blühender Epik käme man »sonst auf die Einbildung der Franzosen im achtzehnten Jahrhundert, die Lessing so schön persifliert hat«; was wiederum bedeutet: Politik und Kunst waren in Ansehung des bürgerlichen Aufstiegs nicht immer kommunizierende Röhren. So eng auch der materielle Zusammenhang zwischen der bestimmenden Basis und dem durch sie bestimmten, auf sie wieder zurückwirkenden Überbau ist: der Fortschritt in beiden geschieht offenbar nicht notwendig in gleicher Art, in gleichem Tempo und vor allem mit gleichem Rang. Wobei noch ein höchst Entscheidendes hinzukommt, das gerade den verschiedenen Rang betrifft, auch den der Fortschrittskategorie überall so wesentlichen Zielpunkt. Denn ein Werk, sobald es ein nicht nur bedeutendes, sondern ein fort und fort bedeutendes, also weiter-deutendes ist, liegt im Zielpunkt, dem es als progredierendes zugeordnet ist, oft weit über die sonstige sogenannte »Totalität« einer Gesellschaft hinaus. Sonst wäre es ausgeschlossen, daß es die Abgelebtheit eines vergangenen Unterbaus und auch partialen (politischen) Überbaus nicht teilt. Sonst gäbe es überhaupt kein weiter wirkendes *Kulturerbe;* als welches ja nicht an Allongeperücken geschieht (es sei dem auf Maskenbällen oder im Theaterkostüm), sondern an Bach und Leibniz, und auch nicht an der Politik der Renaissancefürsten, sondern an der Kultur der Renaissance. Solch große Überschüsse aus Gewesenem sind derart unvergangen, zum Unterschied von weiten Teilen ihres Unterbaus und auch manchen Überbaus. Ja, sie sind selber in einem spezifischen, noch lange nicht eingeholten Fortschreiten begriffen, mit immer neu sich erschließenden Seiten ihres Gehalts. Grund genug liegt also auch hier vor, von ungleichmäßiger Entwicklung zu sprechen, das heißt von fortlaufender beim »Werther«, aber von ganz in ihrer Zeit lokalisierbarer beim Preußischen Landrecht 1794 oder auch der »Laune des Verliebten«. Und Grund genug weiterhin, den mitfahrenden Überbau »Werther« oder »Zauberflöte« oder »Faust«, gemäß seinem sehr fern oder hoch gelegenen Zielpunkt, einem anderen Fortschritt zuzuordnen, als er etwa der bloß temporären Harmonie von Produktivkräften und Produktionsverhältnissen entspricht.

»Kunstwollen« als gerecht, aber auch als Keil im kulturellen Verlauf

Wieder jedoch meldet sich Bedenkliches und Bedenken, das mit dem Gang nach vorwärts angestellt worden. Oder vielmehr: diesesfalls nicht mit dem Gang selber, sondern mit neuen Schlingen auf seinem allzu geradlinigen Weg. Die jetzt auftauchenden Aporien stammen zunächst aus neuen Wertungen von Gebilden, die lange als bloße Vorstufe zu angeblich gekonnteren gegolten hatten. So sah man sehr lange die ägyptischen Bildwerke als steife Vorgänger der griechischen an; das auch deshalb, weil man die ägyptische

Plastik in Analogie zu der wirklich »steifen« archaischen Griechenlands beurteilte. Und selbstverständlich gab das klassische Schönheitsideal die einseitig wertenden Maße; danach war am Ende selbst Thorwaldsen gegenüber dem Kopf des Königs Zoser aus der 3. Dynastie ein »Fortschritt«. Ödipus soll danach nicht nur das Geheimnis der thebischen, sondern auch der ägyptischen Sphinx gelöst haben, und seine Lösung war: der Mensch, – eben als seine ausschließlich griechisch-klassische Figur. Heute ist dieser geglaubte Fortschritt von der ägyptischen zur griechischen Plastik nicht mehr so selbstverständlich; vielmehr erscheint gerade ein plastisches Plus in Ägypten, kraft der Blockeinheit seiner Statuen. Alois Riegl hatte so – statt der klassizistischen Abwertung aller nicht-attischen Kunst – den Begriff »Kunstwollen« eingeführt, im Sinn eigener künstlerischer Absichten und Formprobleme in allen großen Kulturen. (Die Sache selber ist ja nicht neu, ihr Problem erwachte bereits im achtzehnten Jahrhundert, in Richard Hurts »Letters on chivalry and romance«, 1762, bei der ersten Neubegegnung mit der Gotik.) Der Begriff »eigenes Kunstwollen« wurde nachher von Worringer (»Abstraktion und Einfühlung«, 1908) mehr als bedenklich psychologisiert, dualisiert und bereits irrationalisiert, doch bei Riegl selber (»Stilfragen«, 1893, »Die spätrömische Kunstindustrie«, 1901) fehlt noch jedes Bewußtsein eines reaktionären Auftrags, und nur das klassizistische Schema sollte abziehen. Im Horizont des »Kunstwollens« ging auch die außereuropäische Kunst endlich unmediatisiert auf; des Näheren verschwand die angebliche Überbietung (»Gliederlösung«) der ägyptischen Plastik durch die spätere griechische. Indem derart die griechische Kunst nicht mehr als so fraglos fortgeschritten gegenüber der ägyptischen erschien, war eben zugleich der Anfang gelegt, um von hierher, rein musisch sozusagen, neue Aporien im Fortschrittsbegriff selber aufzurollen. Freilich wieder: Die Aporie traf kurz nach Riegl auf das Interesse einer niedergehenden Bourgeoisie, den Fortschritt selber als geschichts-philosophische Kategorie abzudanken, ihn in eigentlichen Kultursachen mindestens nicht als historischen zu denken. Auch der mehrfach vorhandene Unterschied zwischen technischer und kultureller Blüte wurde dazu ausgenutzt und der Unterschied bis zu einer *Geschichtslosigkeit* der Kunst und ihres Wollens überhaupt gesteigert. Hierher gehört dann auch die Kultursoziologie Alfred Webers, die den Fortschritt zwar im »Gesellschaftsprozeß« und technisch-wissenschaftlichen »Zivilisationsprozeß« gelten läßt, die »Kulturbewegung« aber, die jenseits dieser »Äußerlichkeiten«, dieses »Gehäuses« wesen soll, an ganz anderen »Lebensrhythmen« als denen des addierenden Fortschritts erschauen möchte. Für Hegel bestand noch die *gesamte Geschichte* aus dem »Fortschritt im Bewußtsein der Freiheit«, und das allein machte ihm erst Geschichte. Sie war ihm noch ein zusammenhängender humaner Progreß, mit dem Kernsatz seiner Geschichtsphilosophie: »Tanta molis erat humanam condere gentem«. Die an sich so hochverdienstliche »Rettung« bisher unterwerteter Kunst (auch der sogenannten Barbarenkunst) führte dagegen, im Zeitalter des bürgerlichen Zerfalls, der Anti-Demokratie, zuletzt zur Fortschrittssprengung der Kultur überhaupt. Nicht nur die Humanität der neunten Symphonie wurde derart vom Faschismus zurückgenommen, sondern die Einheit des Menschengeschlechts dazu, die bereits von der Stoa gedachte, innerhalb derer der Fortschritt zusammenhängend, eben universalhistorisch begriffen worden war. Und das Vertrackte bei alldem ist: Die Aporien des bisherigen Fortschrittsbegriffs, als des allzu geradlinig auf Europa hin angelegten, diese Bedenklichkeiten haben breite Kunstgeschichte für sich, samt durchaus vertretbarer, ästhetischer Eigenwertung außergriechischer, vorzüglich außereuropäischer Kunst.

»Kulturkreise«, Geographismus und Platz für Vielstimmigkeit

Noch anders wird versucht, aus unleugbar Schwierigem Geschäft zu machen, und macht es doch nicht für sich. So fiel bereits das bedenkliche Wort »Kulturkreise«, dies reicht weit über Riegl hinaus, über bildende Kunst überhaupt. Und damit macht sich eine neue Aporie im Fortschrittsbegriff geltend, eine, die gleichfalls von seinem Einlinigen herkommt, doch diesmal genau mit den Ansprüchen an eine – wirkliche Weltgeschichte zusammenhängt. Es ist die Aporie des mangelnden *historischen Laderaums*, soll heißen: die Verlegenheit, das riesige außereuropäische historische Material darstellend unterzubringen. Aufs neue rächt sich so das bloße Nacheinander des Fortschritts, jene europäische, wo nicht überwiegend deutsche Zeitachse, wie sie Herder, Hegel, Ranke – obzwar mit viel gleichzeitigen Seitenkapiteln oder Seitenaltären – verwendet haben. Wonach zwar Babylon und das alte Ägypten sehr einfach und als zweifellos vergangene Kulturen am *Anfang* der geschriebenen Geschichte behandelt werden können, aber nicht richtig erscheint dieser Platz für das – anders als Babylon – unvergangene China, Indien und so fort. Wobei auch beim alten Ägypten und Babylon die riesigen Nachwirkungen keinen richtigen Ort finden können, ihr noch lange vorhandenes Strombett und Flußsystem. Die reaktionäre Kulturkreislehre wollte nun gewiß nicht, contre coeur, China oder Indien von dem historischen Abgetansein befreien, ganz im Gegenteil. Sie unterhielt vielmehr Beziehungen zur erzimperialistischen Geopolitik, arbeitete überhaupt mit dem reaktionären Vorrang, den dann im Faschismus ganz penetrant das Wort Raum, auch Gestalt vor dem unangenehmen Prozeßwort Zeit erlangte. So setzte sich hier, anstelle eines allzu geradlinigen *Historismus*, bei Frobenius, Spengler und anderen »Morphologen« eine Art *Geographismus* durch. Und das nicht mit Fortschrittsbewegungen, sondern nur mit biologischen Reifungszuständen innerhalb der einzelnen »Kulturräume«, und vor allem mit Alterserscheinungen am Ende. Selbstverständlich sollten auch diese kupierten Prozesse einzig innerhalb der einzelnen Kulturkreise gelten, nicht etwa innerhalb einer Gesamtheit und für die Gesamtheit eines Geschichtsverlaufs.

Es sei denn, daß die *Alterserscheinungen*, aber nur diese, der gesamten Geschichte vorgeordnet werden: als nihilistisches Matthäi am letzten fürs Ganze; was den zersplitternden Geographismus eher bestätigt als aufhebt. Nicht nur der durch die Stoa gefaßte Begriff einer Einheit des Menschengeschlechts, sondern vor allem eben der durch Augustin gebrachte Begriff einer einheitlichen *Geschichte* des Menschengeschlechts ist dadurch aufgegeben. Erst recht ist der spezifische Begriff des Geschichts-»Prozesses« aufgegeben, womit das noch aufsteigende Bürgertum den kühleren »Progreß«-Begriff des achtzehnten Jahrhunderts so besonders vermehrt hatte. Mit einer Art von historischer Chemie vermehrt hatte, wie sie nicht nur in der romantischen Naturphilosophie, sondern auch in der Geschichtsphilosophie, vorab in der Hegels, erkennbar ist. Indem gerade Hegels Fortschrittsbegriff so von einem »Herausprozessieren« des Gehalts sprach, als gäbe es einen wachsenden »Silberblick« des Wesentlichen in der gärenden Masse des Geschichtsmetalls, und vor allem sollte gerade bei Hegel dieses Herausprozessieren noch ein letzthin einheitliches sein, mit Fürsichwerden als überall verbindendem *Einheitsziel*. Das alles aber und mehr ist weg in der Kulturkreislehre, in den Abriegelungen und behaupteten Großinseln (ohne Kommunikation), die vorab Spenglers »Morphologie« von der Weltgeschichte übrigließ. Nicht nur Ägypten ist nun eine Welt für sich oder Indien oder China, sondern auch Griechenland (mit der »euklidischen Kulturseele«), es sieht sich vom späteren Abendland (mit der »faustischen Kulturseele«) radikal getrennt. Dafür freilich empfahl sich nun der gleiche isolierende Geographismus als breiten und besonders bequemen *Einlagerungsraum* für all diese Kulturen und ihre Geschichte. Indem deren Geschichte rein nach der Analogie: Kindheit, Jugend, Mannszeit, Greisentum gefaßt wurde, wurde die Zeit, die immerhin nicht ableugbare, selber noch einem Kreis verwandt; mit einem nunmehr ermöglichten *Nebeneinander von vielen Kreisen.* Sie wurde Zyklus, wie auch das Leben der Organismen zyklisch verläuft, und der Fortschritt war unter einen letzthinnigen, sich überall wiederholenden Bogen gebeugt. Weil aber solche Bögen oder Zyklen fast unbegrenzt auf der Erde nebeneinander Platz haben, ohne Vorher und Nachher, selbst noch ohne nötiges Miteinander, so trumpft eben diese geographisch trennende Raumordnung gegen die historisch fortlaufende Zeitordnung statisch auf. Dadurch war die Aporie, die sich aus der einreihigen Zeitreihe gerade für die Unterkunft oder Einlagerung des historischen, besonders außereuropäischen Materials ergab, allerdings vermieden, ja sozusagen beseitigt. Das aber durch eine Eisenbartkur, nämlich durch den Tod des zusammenhängenden, Länder, Völker und Zeiten verbindenden Geschichtsablaufs selber.

Jedoch auch hier macht der Gegner auf etwas aufmerksam, was der begriffene Fortschritt ihm sogleich aus der Hand nimmt. Wie beim »Kunstwollen« und seinen Folgen kann auch hier, wenn der »Raum« nicht vergiftet ist, ein ganz anderer Sinn herauskommen, als er von den Kulturkreislern beabsichtigt war. Diese selber zerschneiden die Geschichte in Teile, Inseln, Autarkien und runden diese künstlich hergestellten auch noch besonders künstlich ab. Bestenfalls sieht die Geschichte nun drein wie ein amerikanischer Zirkus, wo in drei oder mehr Manegen zugleich geturnt, geritten oder Feuer geschluckt wird, all das voneinander isoliert. Oder die Geschichtszeit, weil sie der Kulturkreislehre nicht entspannt, funktionslos, ziellos genug sein kann, wird in eine Gruppe abgezirkelter Ringgebirge verwandelt, in Geschichte als Mondlandschaft. Auf mehr führt der reaktionäre Geographismus als solcher nicht hinaus, der von Haus aus nur zur Vernichtung des Fortschrittsimpulses und seines Begriffs beauftragte. Dafür jedoch – und das ist auch eine Art List der Vernunft – findet sich in der Kategorie des Raums, die hier so geschändet wie übertrieben wird, *keine Verlegenheit*, das riesige historische Material der Erde unterzubringen. Es ist darum, nachdem das angeblich Kulturkreishafte verhört worden ist, eine Art *Raumzuschuß in der historischen Zeitlinie* zu erwägen – gänzlich ohne die interessierte Statik des Geographismus. Es ist mit anderen Worten zu erwägen, ob nicht *innerhalb der völlig prozeßhaft gehaltenen Geschichtsfolge* mindestens soviel gleichzeitige oder zeitlich benachbarte Schauplätze nötig und darstellbar sind wie etwa, um Reinliches zu haben, in der epischen Kunst. Gewiß, die in großer Epik dargestellten Vorgänge auf verschiedenen Schauplätzen greifen ohne weiteres mächtig ineinander, während Europa und Indien, gar China jahrtausendelang nicht oder wenig kommunizierten, vor allem sind die gesellschaftlichen

Stufen der Völker auf der Erde alles andere als »gleichzeitig«. Trotzdem ist hier dargestellte Vielstimmigkeit möglich: eine methodische Fülle der Zeit- und Zeitenverflechtung, eine Breiträumigkeit also im abgebildeten Geschichtsfluß, die keinerlei Geographismus nötig hätte. Wenn die mangelnden oder unterbrochenen Kommunikationen zwischen Völkern und vor allem die verschiedenen gesellschaftlichen Stufen gegebenenfalls trennen, so macht das durchaus keine Störung im einheitlichen Gang: auch eine Symphonie (um dies methodisch brauchbare Form-Beispiel heranzuziehen) zeigt ja keineswegs das Continuo aller Stimmen, im Gegenteil. Der einheitliche Gang der Darstellung ist bei aller Unterbrechung (und gibt es überhaupt eine Wirklichkeit ohne Unterbrechung?) allein schon durch die einheitliche Gesetzmäßigkeit der gesellschaftlichen Entwicklung garantiert und ihrer stets vorhandenen Basis-Überbau-Beziehung. Es gibt überall den Fortgang von einer Urkommune über Klassengesellschaften bis schließlich zur Reifung des Sozialismus; und es gibt überall, in allen Ensembles gesellschaftlicher Verhältnisse, das Menschenhafte – vom Anthropologischen bis zum Humanum –, das diese Ensembles so wechselnd färbt wie einheitlich umfaßt. Zweifellos ist eine derart vielstimmig zusammengehaltene Topisierung in universalhistorischer Darstellung viel schwieriger als die Periodisierung; denn die Topisierung verlangt, mindestens als universalhistorische, ein *Multiversum* – auch in der Zeit. Der Fortschrittsbegriff geht aber an dieser produktiven Erschwerung am wenigsten unter; ganz zum Unterschied vom stationierenden, stagnierenden Geographismus. Das geschehende und vorliegende Multiversum der Kulturen ist ja selber ein Ausdruck dafür, daß das Humanum noch im Prozeß des Bewußtseins seiner Freiheit und Selbstheit steht, also noch nicht gefunden, wohl aber überall gesucht und experimentiert worden ist; *so gibt dies immer noch im Schwang befindliche Humanum mit den vielen versucherischen und beitragenden Wegen zu ihm hin – den einzig echt toleranten, nämlich utopisch-toleranten Zeitpunkt.* Und je mehr Nationen, Nationalkulturen zum humanistischen Lager gehören werden, desto breiter und sicherer wird auch die Zieleinheit für die Multiversa in der neuen Kulturgeschichte wirksam, also faßbar sein.

Die Frage einer »elastischen« Zeitstruktur in der Geschichte, nach Analogie des Riemannschen Raums

Zeit ist nur dadurch, daß etwas geschieht, und nur dort, wo etwas geschieht. Aber noch ist nicht genügend bedacht worden, ob und wieweit auch das verschiedene Was dessen, was geschieht, in der verschiedenen Form seines Verlaufs sich anzeigt. Bei der bloß erlebten Zeit ist das zwar völlig klar, wenigstens was subjektives, oft allzu subjektives Wahrnehmen und Vorstellen angeht. Hierbei verhält sich die Zeitwahrnehmung, aus Gründen, die nicht hierher gehören, sogar ganz anders als die Zeitvorstellung, nämlich umgekehrt. Eine belebte Stunde vergeht im Flug, eine öde schleicht dahin; in der Erinnerung dagegen dehnen sich die belebten Stunden oder ein »großer« Tag gewaltig aus, während ganze Monate von Öde gedächtnishaft bis zum Verschwinden einschrumpfen. Aber freilich wird aus dieser verschiedenen Messung eines gerade inhaltlich jeweils gleichen Zeitlaufs auch deutlich, daß die bloße Erlebniszeit noch nicht viel zu unserer Frage aussagen kann. Vor allem auch bezieht sich diese subjektive Angabe nur auf die *Länge* der Strecke, genau wie bei der Uhrzeit, dieser ausgemacht äußerlichen. Ein inhaltlicher, qualitativer Unterschied wird hier höchstens als einer von »leerer« oder »voller« Zeit angedeutet. Immerhin wird damit etwas angedeutet, das in der üblichen Uhrzeit, als der unsubjektiven, metrisch-formalen, nicht mehr bezeichnet wird.

Dafür sind in dieser freilich die wechselnden, vor allem so unvereinbaren Maße des bloßen Erlebens entfernt. Die *Uhrzeit* ist eine gleichmäßig abgeteilte, in gleichen Abständen fortschreitende; so rückt sie denn »unerbittlich«, nämlich gleichförmig vor. Sie ist derart auf die Zahlenreihe auftragbar und durch sie ausdrückbar; Zifferblatt wie Kalender sind dadurch möglich. Aber das so bezeichenbare Fortschreiten ist *völlig gleichgültig gegen die Inhalte*, die darin geschehen oder auch nicht geschehen. Die Uhrzeit ist abstrahiert von der erlebten, doch hierbei auch abstrakt geworden, sie rektifiziert die erlebte durchaus, doch um den Preis formularer Starre. Diese Starre ist für die rationale Zeitmessung unerläßlich, gerade auch für die Arbeitszeit (so sehr diese weiterhin qualitativ verschieden gewertet wird), für die historische

Chronologie, für juristische Vertragsdauer, und das Metronom ist in den Zeitkünsten, was der Zollstock in den räumlichen. Aber nicht einmal die »Leere« oder das »Volle«, als noch halb quantitative Dichtebestimmungen also, kommen in der Uhrzeit zur Anzeige; denn sie ist überall gleichmäßig dicht. Oder auch, sie ist als abstrakte überall gleichmäßig leer, samt ihrem Vorrücken oder Fortschreiten selber, in dem an sich selbstverständlich kein qualitativer Fortschritt bedeutet ist. Ja nicht einmal so etwas wie unerbittlicher Ablauf ist mit dem formalen Vorwärtsticken der Uhrzeit bedeutet, es sei denn, Inhalte von ganz woanders her werden darin eingemischt. Wenn die Marschallin im »Rosenkavalier« manchmal in der Nacht alle Uhren anhält, weil sie die zum Alter und zum Tod »verrinnende« Zeit notieren, so sind Alter und Tod dem Zeigerlauf so hinzugefügt wie ein zinnernes Tödlein mit perpendikelhaft schlagender Sense manchen Barockuhren ornamental aufgesetzt ist. Und wenn es richtig ist, daß sich das Rad der Geschichte, wenigstens auf die Dauer, nicht zurückdrehen läßt, dann ist mit diesem Rad, obwohl es vom Uhrrad herkommt, und noch mit dem positiven Vorwärts des Uhrzeigersinns, durchaus – *Tendenzzeit* zugesetzt, eine sehr qualitative also, keine an sich neutrale Uhrzeit. Und so notwendig die Uhrzeit als die der Chronologie jeder historisch-inhaltlichen zugrunde liegt, so bedeutet sie doch bestenfalls nicht viel anderes als das starre Skelett unter dem Fleisch und Blut dieser Tendenzzeit. Wird darum die Uhrzeit verabsolutiert, so gibt sie geradezu den Gegenbegriff ab gegen jeden Versuch, die Zeitform gegebenenfalls, wenn ihre Inhalte es verlangen, als nicht-starre zu denken, gar als so »elastische« zu denken, wie die neue, die nicht mehr nur euklidische Physik unter bestimmten sehr kleinen und vor allem sehr großen Verhältnissen den Raum faßt und erfaßt. Die Uhrzeit dagegen schlägt nach wie vor den gleichen chronometrischen Takt, sie zeigt die abstrakte, einfachst zusammenhaltende Reihe des gleichförmigen Nacheinander. Und viel mehr als bloßes Rubato, auch als bloßer Taktwechsel dürfte nötig sein, um eben die *historische Zeit und ihre »Zeiten«* angemessen zu treffen.

Ruhiger sieht das zunächst, gerade was die Zeit anlangt, beim unlebendig bewegten Stoff drein. Diese Messung schließt sich, als quantitative, an das gleichförmig stetige Nacheinander der Zahlenreihe an. Und die Zeit überhaupt spielt physikalisch nicht entfernt die gleiche Rolle wie der Raum, der solange als vorbildlich gleichförmig gedachte. Sie spielt diese Rolle auch bei Galilei nicht, der doch besonders die ungleichförmig beschleunigte Bewegung rechnerisch durchdrang. Und nicht bei Newton, bei dem die Zeit als t nur quantitativ eine »fließende« unabhängige Variable darstellt, um zahlenmäßig exakte Grenzübergänge ausführen zu können. Ein der historischen Zeit so wesentliches Merkmal: die Gerichtetheit, Unumkehrbarkeit fehlt in den physikalischen Gleichungen seit je. Nur der zweite Hauptsatz der Wärmelehre, den sogenannten Kältetod in einem geschlossenen System betreffend, kennt unumkehrbare Gerichtetheit im Zeitbegriff, sinngemäß ausgedrückt in einer *Nicht-*

Gleichung; aber dieser zweite Hauptsatz, der Satz der Entropie, ist ebenso der am meisten strukturfremd gewordene unter den großen physikalischen Gesetzen. Die neue Physik, die durch Relativitäts- und durch Quantentheorie bezeichnete, ist zwar die Zeitkategorie von ganz neuen Seiten her angegangen, so vor allem durch Einsteins Kritik an der Newtonschen Voraussetzung einer Gleichzeitigkeit aller noch so entfernten Ereignisse. Bekanntlich gibt es nun Gleichzeitigkeit (mit so geringfügigen Unterschieden wenigstens, daß sie vernachlässigt werden dürfen) nur für benachbarte Orte, aber sie ist nicht durch große Räume transportierbar. Sehr weit entfernte Orte haben also keinen gleichen Augenblick; und das nicht nur wegen der fehlenden *Meßbarkeit* dieser Gleichzeitigkeit (was allerdings ausschließlich eine operativ-idealistische, nicht eine sachhaft-reale Feststellung wäre), sondern jeder Ort selber hat nach Einstein eine eigene Zeit, wenigstens was den Augenblick betrifft. Jedoch: obwohl die Relativitätstheorie dergestalt mit Zeitproblemen (»Punktereignissen«) in Gang kam und auch die Quantentheorie davon voll ist (Zeit erst bei einem Aggregat von Quanten, nicht beim einzelnen Wirkungsquantum), ist und bleibt wahr: gerade die Zeit wird in dem erst quantifizierten, dann vermathematisierten Naturbegriff der Physik schließlich, ja von Anfang an, deklassiert. Sie wird als nicht besonders hervortretende eindimensionale mit den drei Raumdimensionen verbunden und erzeugt in der so vierdimensionalen Mannigfaltigkeit keinerlei Asymmetrie. Jeder »Weltpunkt« (Jetzt und Hier) wird durch seine vereinten Raum-Zeit-Koordinaten x_1, x_2, x_3, x_4 bestimmt, aber diese Koordinaten bilden einschließlich der zeitlichen »Koordinatenachse« lediglich numerierte Werte, und die Zeit unter ihnen unterscheidet sich durch keinen Sondercharakter. Was schließlich bedeutet, daß von eigentlich *naturhistorischer Zeit* als der *Daseinsweise eines tendierenden Geschehens* in der Physik nicht die Rede ist. Anders allerdings liegt der Fall bei dem so *neu und elastisch gefaßten Raum*, obwohl gerade die Zeit in ihm durch die totale Vermathematisierung deklassiert ist und der Raumbegriff der neuen Physik mit ihrem Zeitbegriff sehr eng zusammenhängt. Indes nicht dieser Zusammenhang (dazu noch mit einer ahistorischen, reinen Mechanikzeit) steht hier zur Frage, sondern einzig die variable Metrik selber, die nicht mehr euklidische und so doch vor allem auf den Raum bezogene. Eben vom elastisch gefaßten, dem *Riemannschen Raum* könnte nun eine Nachdenklichkeit ausgehen, die auch einem *unstarren Zeitbegriff in der Geschichte* zugute käme. Nämlich mitten in seinen Fortschritts-Aporien und – so eng damit verbunden – den Aporien der historischen Stoffunterbringung, Stoffanreihung. Trägt doch der Riemannsche Raum keinerlei Starre mehr an sich, er ist vielmehr variabel, er erlaubt, daß die Maßstäbe in ihm gewechselt werden können und das wiederum nicht aus rein operativ-idealistischen Rechnungsgründen, sondern überwiegend aus Gründen des Objekts. Dermaßen sachlich nahm Riemann an (und gab damit der Relativitätstheorie »Platz«), daß das metrische Feld nicht ein für allemal starr gegeben ist, sondern in kausaler Abhängigkeit von der Materie steht und mit ihr sich verändert; das *Feld* gehört so nicht zur ruhenden homogenen Form, sondern zu der des *wechselvollen materiellen Geschehens.* Wie immer auch Ansätze und Weiterungen der allgemeinen Relativitätstheorie, der Einsteinschen Gravitationsgleichungen noch geprüft werden müssen: *die objektiv verschiedene Verteilung und Bewegung der Materie im Weltall selber* bedingt die von der euklidischen verschiedene, variable Metrik. Und das gerade ist in erlaubter, ja geforderter Analogie für den *historischen Zeitbegriff* bedenkenswert, genau in Ansehung der *verschiedenen Verteilung der historischen Materie.* Wobei zum Unterschied vom neueren physikalischen Raumbegriff die Sphäre der Anschaulichkeit nicht verlassen wird und auch sonst die Analogie, wie es sich bei ihr methodisch gehört, nur erste Fingerzeige gibt, jedenfalls nur hochmodifiziert von einem naturhaften Raum auf eine historische Zeit bezogen werden darf. Die übliche Historie kennt aber nicht einmal das *Problem* variabler Zeitmaße, geschweige daß ein unstarrer Zeitbegriff selber, in Analogie zum Riemannschen Raum, auf Grund der *verschiedenen Verteilung historischer Materie* erwogen worden wäre. Die vierdimensionale Raum-Zeit-Welt, wie sie von der modernen Physik vor allem für »makrokosmische«, nämlich astronomische Verhältnisse gedacht wird, ist gewiß nicht so beschaffen, daß Zeit als Daseinsweise prozeßhaft inhaltlicher Bewegung darin liefe. Es fehlen ja der physikalischen Zeit (mit Ausnahme der der Entropie) alle Merkmale der Gerichtet-

heit, gar einer auch nur denkbaren Einmaligkeit. Doch dafür eben kann der *physikalische Raum* der Zeit etwas lehren, dieses nämlich, daß sie in ihrer historischen Reihe ebenfalls als unstetig, wo nicht als gekrümmt, mindestens als krümmungsreich suo modo begriffen werde. Ein »Mehrdimensionales« der Zeitlinie, wie es vor allem der geographische Reichtum des historischen Materials braucht, ist freilich der Physik selber völlig fremd. So freigebig sie auch sonst im n-Dimensionalen ist, so wenig hat davon der »Zeitraum«, in der Raum-Zeit-Union, einen Gewinn. Auch hier also dürfte, wann immer *Geschichte, Naturgeschichte in der Physik wieder durchschlägt*, noch eine ganz andere »Elastizität« nötig sein, um die Verlaufsstrecke als variable Form variierender Bewegungen, kosmogonischer Entwicklungen abzubilden.
Was das *menschliche* Geschehen angeht, so hat man sich damit begnügt, es nur in verschiedene Zeiten zu trennen. Freilich werden diese Stücke verschieden benannt, Altertum, Mittelalter, Neuzeit, gleich als wären da schon gewisse Färbungen von Zeit. Als wären in dergleichen bereits verschiedene Zeitarten gebraucht, dem entsprechend, was inhaltlich in solchen Perioden geschieht. Doch bleibt diese Färbung nur äußerlich und am Rand, sie ist eine bloße Abfärbung von dem, was gesellschaftlich an der epochalen Grenze jeweils beginnt oder endet. Die Zeit selber bleibt hier trotz aller Abteilungen die chronologisch gleiche, höchstens so etwas wie die Lebensalter wird ihr übertragen angeheftet, griechische Jugendzeit des Menschengeschlechts und so fort. Auch gibt es immer

wieder, mit fadem Stellenwert, eine Art Morgenaspekt beim »Antritt des neuen Jahrhunderts«, um von ehemals zahlenmystischen Betonungen (Jahr 1000, auch 1524) zu schweigen. Nun aber ist es höchst bemerkenswert, daß zwar nicht die fortlaufende Geschichtsschreibung, wohl aber die »Sonderdisziplinen« des historischen Seins und Bewußtseins, die doch allesamt zur Geschichte gehören, eigene, und zwar *legitime* Zeitstrukturen schon lange kenntlich gemacht haben. Da gibt es vorab den so wichtigen ökonomischen Begriff der Arbeitszeit, wobei die gleiche Stunde je nach der in ihr qualitativ geleisteten Arbeit um ein Mehrfaches verschieden angerechnet wird. Weiter gibt es gänzlich eigene Zeitstrukturen im Überbau; hier braucht nur auf die musikalischen und die poetischen *Rhythmen*, vor allem *Satzformen* hingewiesen zu werden. Es gibt eine gelassene Zeit in der Satzform der Fuge, eine gespannte, den Spannungen Platz gebende in der Sonate. Es gibt eine breithinrollende, weiträumige Zeit in der Epik, zum Unterschied von der Zeit im Drama, dieser durchaus materiell (nicht artistisch) zusammengedrängten oder kupierten oder überschlagenen oder auch sich überschneidenden. Im Bau der Sonate wie des Dramas erscheint weiterhin eine eigene Dominant-Tonika-Beziehung der hier spezifischen Zeit: sie ist dann die sozusagen nicht mehr chronische, sondern akute, als spezifisch dienliche Verlaufsform des Schlag auf Schlag, des nahenden, dann gleichsam vertikal einschlagenden Untergangs oder Siegs. Ja ganze *Kulturen* stehen nicht nur in der Zeit, als ihrer Periode, sondern enthalten selber, vorzüglich in ihrer Mythologie (Religion), eine eigene Zeit, die sich ihren einzelnen kulturellen Zeitformen mitteilt; hier braucht nur auf den fast zukunftslosen griechischen Zeitmodus und auf den zukunftsreichen christlichen hingewiesen zu werden. Dabei hat die griechische Mythologie durchaus Zeitgötter, sinngemäß als besondere Bewegungsgötter: so Eos, Nike, Hermes, und sie sind geflügelt. Aber welch ein Unterschied wieder zu dem »Zeitgott« Jahwe, wenn er, des Futurum voll, seinen Namen vor Moses so definiert: Ehje ascher ehje, Ich werde sein, der ich sein werde. Und wieder auch, in sozusagen irdischerer consecutio temporum: was hat nicht nur bei Johannes dem Täufer, sondern noch bei Münzer die »Kairos«-Zeit, eine Zeit, die in sich »einsteht«, die »erfüllt« ist, mit der unbetonten griechischen Zeit oder auch mit endlosem Fortlauf gemein, den Hegel schlechte Unendlichkeit nennt? Item, es gibt zwar nicht in der einfachen Chronologie des historischen Nacheinander (die sich wiederum nur an die Uhrzeit anschließt), wohl aber bereits im angegebenen Zeitfärbungs-Problem der einzelnen historischen *Perioden* und vor allem eben, auf legitime Weise, in den einzelnen *Überbauten* variierte Zeitstrukturen. Diese variierten Zeitstrukturen sind es ja nicht zuletzt, welche – wie oben gesehen – auch den Fortschritt in Wirtschaft, Technik, Kunst nicht leicht auf gleichen Generalnenner bringen ließen. Womit sich zugleich ergibt, daß unter dem vielartigen Material, das den historischen Zeitbegriff form-inhaltlich variiert und dem jeweiligen Material gemäß macht, sich allerletzt auch das noch mehrartige *Material des Ziels* befindet, auf das der Fortgang der Zeitreihen jeweils werthaft bezogen ist. Gerade diese unter sich noch nicht ganz homogeneisierten Zielbeziehungen variieren außer den Fortschrittsarten auch die Zeitstrukturen, in denen diese verschiedenen, so oft ungleichmäßigen Fortschrittsarten – in Wirtschaft, Technik, Kunst und so fort – geschehen. Das Ganze der jeweiligen gesellschaftlichen Tendenz übergreift gewiß auch als gesamte jeweilige Zeittendenz die zeithaft-geschichteten Bewegungssphären dieser Tendenz, doch die verschiedenen Schichtströmungen im übergreifend Ganzen bleiben. Und sie verlangen ganz besonders zeit-inhaltliche Überlegungen nicht mehr nur homogener Form, – sie verlangen eben eine *Art »Riemannsche« Zeit*. Das heißt eine mit variabel faßbarer Metrik, je nach der Verteilung und hier vor allem je nach den – noch verschieden weit gesteckten – Zielinhalten der historischen Materie. Leibniz hat auch die Zeit, nicht nur den Raum als Wirkungsform von Kräften und ihrer Bewegung, Bewegungsart verstehen lassen. Das ist eine dynamische Zeitauffassung, so sieht sie *in ihrer Konsequenz* auch die Zeitreihen der menschlichen Geschichte nicht als unveränderliche, überall gleichbeschaffene an. Und erst recht sieht sie einen *Unterschied* zwischen den *prähistorischen Jahrmillionen* (um von den geologischen, gar kosmologischen Milliarden noch ganz zu schweigen) und den *paar Jahrtausenden Kulturgeschichte* seit der neolithischen Zeit. Hier waltet nicht nur ein chronometrischer Unterschied, sondern eben einer der Dichte im Zeit-Sein selber, ein qualitativ-struktureller vor allem, kurz eine objektive Veränderlichkeit auch im Nacheinander. Das bei aller *übergreifenden Einheit des entwicklungsgeschichtlichen Zusammenhangs*, doch nicht als eines zeithaftlinearen, sondern als eines auch chronologisch-*differenzierten* und *föderativen*, ja so erst fruchtbar *zentrierten*.

Eine Nachbemerkung an diesem Ende: es gibt selbstverständlich keine Zeiten oder Zeitformen an sich. Es gibt keine diskutierbar verschiedene Metrik *außerhalb* des gesellschaftlichen Lebens ihrer »Zeit«, gleich als lebte und wandelte sich eine Zeitstruktur als solche. Doch ebensowenig gibt es in der Geschichte pure Uhrzeit oder, was auf dasselbe herauskommt, Zeit als abstrakt-neutralen Behälter. Allein schon angesichts der Unterbringungs-Schwierigkeiten des universalhistorischen Materials kann dergleichen nur aus unreflektierter Gewohnheit behauptet werden. Oder aber aus statischem Interesse reaktionärer Art, so etwa bei N. Hartmann, wenn er behauptet, Zeit bleibe allemal Zeit, und zwar dieselbe, ganz gleich, was darin geschieht. Das philosophische Bewußtsein könne, anders als das historische, »Extension und Dimension nicht verwechseln: was in der Zeit sich ›ausdehnt‹, ist niemals die Zeit selbst«, als welche vielmehr gleichgültig gegen dieses alles verstreiche (Philosophie der Natur, 1950, S. 144). Aber N. Hartmanns Verbot macht nur auf lehrreiche Weise Formalismus und kategoriale Statik als die einzig entschiedene Gegenposition gegen Leibniz und die Konsequenzen kenntlich. Von der her dann Differenzierungen im Begriff Fortschritt-Reihenzeit allerdings als Ärgernis oder als Torheit, je nachdem, erscheinen muß. Auch zeigt – um das statische Interesse reaktionärer Art zu verlassen – jede unreflektierte Gewöhnung an die Uhrzeit gewisse Verwandtschaften zu einer Abtrennung der sogenannten formalen Logik von der Dialektik – diesesfalls in der Kategorienlehre selber. Denn auch bei einer Verdinglichung der Chronometrie ist die dialektische Abwandlung verabschiedet, als welche doch dem Zeitbegriff so unabdingbar zugehört wie jedem anderen, der Prozesse abbildet – und welcher Begriff bildete genuiner Prozesse ab als der der Zeit? Hermann Weyl vergleicht den Riemannschen Raum, zum Unterschied vom starr-euklidischen, »einer Flüssigkeit . . ., einer beweglichen, gegenüber einwirkenden Kräften nachgiebigen Lagerung und Orientierung« (Philosophie der Mathematik und Naturwissenschaft, 1927, S. 63): sollte dies Variable dem Panta rhei der Zeit weniger angemessen sein? Hier gibt es zwar keine n-dimensionale Mannigfaltigkeit wie in einer schlechthin unanschaulich erweiterten Geometrie, wohl aber muß die schlechthin anschauliche, historisch-materiell geforderte Mannigfaltigkeit notiert werden, worin die chronologischen Abwandlungen topisierbar sind. Der Fortschritt selber läuft also in keiner homogenen Zeitreihe, er läuft überdies in verschiedenen unter-, übereinander liegenden Zeitebenen. Er läuft in einer sich erst noch vielfältig herausprozessierenden Humanum-Einheit des Ablaufs und Gewinns. Die wirklich gemeinsam einheitliche Zeit des Geschichts-, ja Weltprozesses keimt überall erst: als – Zeitform beginnender Identität, das heißt des Unentfremdeten in der

Beziehung von Menschen zu Menschen und zur Natur. Aber auch außerhalb dieses Grenzproblems steht die Zeit, gerade als »reine Unruhe des Lebens«, wie Hegels »Phänomenologie« sie nennt, zu ihren variierenden Inhalten nicht im Verhältnis invarianter Äußerlichkeit. Sie nimmt als offen haltende Daseinsweise der materiellen Bewegungen und Prozesse an diesen elastisch teil und wird von ihnen her – in Perioden wie Kulturgebieten – spezifisch materiell bestimmt.

Reihenbildung als physische, als kulturelle und die Sonne Homers

Wenn Zeit nur dort ist, wo etwas geschieht, wie dann, wo wenig oder nur ungeheuer langsam etwas geschieht? Oder setzt sich eine Reihe, die sozusagen nur sich selber zählt und innerhalb derer sich fast nichts verändert, wirklich als gleiche in einer geschehnisreichen, »geschichtlichen« fort? Mit anderen Worten: Ist die Zeit, in der das Wasser immer wieder dieselben kalten Steine wäscht, in der die Wogen immer wieder stereotyp ans Land schlagen, hundert und aber hundert Tausende von Jahren lang, wirklich auch nur länger oder gleich *dicht* wie das eine knappe russische Jahr 1917? Und all diese Nachfragen müssen rein objektiv-sachhaft verstanden werden, nicht etwa als solche der Erlebniszeit, der ohnehin bei den geologischen Jahrtausenden, Jahrmillionen nicht vorkommenden. Die Zeitfolgen insgesamt, nicht nur die historischen, müssen im Zusammenhang mit der verschieden dichten Verteilung des historisch-materiellen Geschehens, seiner Tendenzen und Inhalte verstanden werden. Also besteht auch ein intensiv-qualitativer Unterschied der *Geschichtszeit selber* gegenüber der *Naturzeit*, und zwar jener, die in der »Naturgeschichte« vorkommt, einer anderen mithin als der durch die t-Komponente der Physik bezeichneten. Zunächst nun ergibt sich hier (es wird weiter unten freilich noch eine ganz andere Wendung sichtbar werden), daß die Naturzeit eben eine *geringere Dichte* in ihrer formal so viel längeren Ausdehnung aufweist als die historisch-kulturelle. Sie ist, verglichen mit dieser, ein riesig aufgeblähtes Weniger an intensiv-qualitativer Zeit; wie ja die vormenschliche Natur auch ein Weniger an entfaltetem Sein enthält. Und ihre Jahrmillionen, Jahrmilliarden, die vor den paar Jahrtausenden menschlicher Geschichte in scheinbar homogener Reihe gelegen sind (oder ausschließlich zu liegen scheinen), sind danach, um ein nicht zu pressendes, aber illustratives Gleichnis zu verwenden, eine Art Inflationszeit, verglichen mit der historisch-kulturellen »Goldzeit«. Wobei selbst die formal so viel längere Ausdehnung der Naturzeit, als einer vor der Menschengeschichte liegenden, nur in Ansehen des Vergangenheitsmodus eine längere ist, dagegen nicht in Ansehung des Zukunftsmodus, der, gerade nach der üblichen Auffassung, in der Menschengeschichte ungeheuer überwiegt. Wenigstens soweit letztere als die einzig unabgeschlossene erscheint, die Naturgeschichte dagegen als eine substantiell abgeschlossene.

Und das trotz ihrer ewigen Bewegung von glühendem Dunst zu glühendem Dunst oder auch kaltem Staub zu kaltem Staub, und wegen dieser nur kreislaufhaften, also dennoch substantiell abgeschlossenen Bewegung. Denn der Kreislauf von Urnebel zu Sonnen und Planeten und vielleicht mehrfach entwickeltem Leben darauf brächte zwar innerhalb seines jeweiligen Prozesses oder, besser gesagt, vom Auftritt der Lebenserscheinungen an immer wieder Nova, doch keine solche für die anorganischen Vorgänge und erst recht keine für den Dunstzyklus. Das wirft sich dann stereotyp und unfruchtbar in sich herum, als läge es in allem vor der menschlichen Geschichte, auch wenn es diese am Ende unter sich begräbt, das heißt, zu sich zurückholt. So erscheint denn – beim Gesichtspunkt einer schlechthin »vorgeschichtlichen« Natur – ein Plus von dichter, reicher Geschichtszeit gegenüber einer aufgeblähten, prozeßträgen Naturzeit.
Aber freilich wird dabei vorausgesetzt, daß die Zeit der sogenannten toten Dinge ausnahmslos vor der menschlichen liege. Und nicht nur das: die naturhafte Zeit wie das, was in ihr geschieht, muß dann ein *pures Vorbei* sein, muß wirklich keine eigene Neuheit mehr in petto haben. Nur so liegt sie dann tatsächlich vor der menschlichen Geschichte: eine Hülse, aus der das Korn heraus ist, ein Mohr, der seine Schuldigkeit getan hat, eine riesige Vorgeschichte und sonst nichts. Nur so auch geht die Naturgeschichte einlinear fortschreitend in die Menschengeschichte über, die ihr nachfolgt und sie entwicklungsgeschichtlich »krönt«. Eine populärwissenschaftliche Schrift hieß derart ein-

mal: »Vom Nebelfleck bis Scheidemann«; dergleichen schält sich dann heraus als des Pudels Kern. Aber auch wenn, Scherz beiseite, der Name Scheidemann durch einen bedeutenderen ersetzt wird, so riegelt doch immerhin ein kulturgeschichtlicher Effekt das naturgeschichtliche Prius ab, läßt es als bloßes Vorbei-Prius zurück, das ist, als ausgelaufene, nur noch leer weiterlaufende Gebärmaschine. Eine eigene oder besser: eine zur menschlichen allenfalls noch hinzukommende positive Zukunft ist danach nicht mehr im naturhaften Stoffgetriebe. Die Physis kann sogar sehr als Basis anerkannt sein, und sie läge doch für eine rein kulturgeschichtliche Pointierung ihrer ante rem, ja in einer Sackgasse von Gewesenheit. Ohne weiteres kehrt hier aber auch eine Erinnerung an *ähnlich falsches Zeitvorbei* wieder, und zwar in der Kulturgeschichte selber, eine Erinnerung nämlich an die Stelle, welche Herder, Ranke und gänzlich Hegel für die vorderasiatischen Kulturen, vor allem für – Indien und China übrig hatten. Letztere Länder waren für Hegel nicht anders als die Erde und sonstige Natur in Vergangenheit versunken, obwohl sie doch noch bestanden und damals schon höchst gegenwärtige Wirkungen ausübten. So aber auch rückte bei den damaligen Entwicklungsphilosophen die Natur, besonders die anorganische, in der Fortschrittslinie ganz an den stotternden, den abgetanen Anfang, mit »ausgestorbener Rede«. Hegel, der die Natur völlig der Geschichte unterwarf, hat das pure Vorher und ausnahmslose Vorbei der anorganischen Welt gleichsam besiegelt: »Die Geschichte ist früher in die Erde gefallen, jetzt aber ist sie zur Ruhe gekommen: ein Leben, das, in sich selbst gärend, die Zeit an ihm selbst hatte; der Erdgeist, der noch nicht zur Entgegensetzung gekommen, – die Bewegung und Träume eines Schlafenden, bis er erwacht und im Menschen sein Bewußtsein erhalten und sich also als ruhige Gestaltung gegenübertreten« (Werke VII[1], S. 237). Das also bezeichnet und behauptet am entschiedensten die allzu nur menschliche Geschichtspointe, die das All schlechthin überbietende, antiquierende; und indem die Natur dermaßen zum bloßen Vorspiel wird, muß ihre Zeit auch *totaliter* als jene undichte, substanzarme erscheinen, als die sie vorhin, in der ersten Wendung des Problems, dargestellt worden ist. Doch wie aber, so lautet nun die *zweite, ergänzende Wendung:* Ist die Natur in der menschlichen Geschichte *auf ein solches Altenteil gesetzt,* das ist, auf ein ausschließlich rückwärts vom Menschen gelegenes Zeitgebiet? Ist es nicht absurd zu sagen, die Natur sei in gleicher Weise vergangen wie etwa die Kreuzzüge und lebe höchstens noch, gleich diesen oder anderen Vergangenheiten, in einigen Nachwirkungen fort? Gibt es nicht, evidentesterweise, die unaufhörliche Beziehung der Menschen zu Menschen *und zur Natur:* sowohl die zu Rohstoffen, zu Naturkräften und ihren Gesetzen, als auch die ästhetische, mit allen Problemen der Naturschönheit und der in ihr so oft noch antönenden Naturmythen? Leuchtet nicht die Sonne Homers auch uns, und zwar, ohne alles »Kulturerbe«, genau die Sonne selber als eine wirklich unvergangene, die gar nichts davon weiß, durch die menschliche

Geschichte antiquiert zu sein? Wäre es nicht wieder, ja erst recht absurd zu sagen, das ungeheure Universum und sein Lauf, das in Myriaden Sternen mit uns völlig unvermittelte, habe in der *vorhandenen* Menschengeschichte seine »Fortsetzung« *schlechthin* erhalten, in den *vorhandenen* Kulturen seinen Zielinhalt? Dergestalt, daß die »Ilias der Natur« in der menschlichen »Odyssee des Geistes« buchstäblich schon heimgekehrt und zu Ende gegangen sei, wonach dann allerdings auch die Zeit der bisherigen Naturgeschichte leer erscheint und sie selber, zum Unterschied von der menschlichen Geschichtszeit, ohne nennenswerten Zukunftsmodus. Also auch ohne Fortschritt sui generis, ohne reale Möglichkeit zu dem sehr Fernen, der *vorhandenen* Geschichte noch so Fernen, ja kaum schon lotbar Tiefen, das *Marx* letzthin als – Humanisierung der Natur bedeutet hat. Mithin, auch an der Naturzeit zeigt sich: In einer wahrhaft universalhistorischen Topologie der Zeiten muß dringend das Problem einer *eigenen, einer nicht überall in die vorhandene Geschichtsreihung* übergehenden Natur-Zeitreihe bedacht werden. Die Gänsemarschlinie des Vorher und Nachher ist an einem *nicht nur abgelaufenen Vorher der Natur*, nicht nur *allpointierenden Nachher der Kulturgeschichte* am wenigsten haltbar. Und ebenso gibt sich der riesig gespannte Naturbau eher als eine Szenerie, auf der das ihr gemäße Stück in der Menschengeschichte noch nicht gespielt wurde, als daß das menschlich-historische Sein und Bewußtsein bereits als das aufgeschlagene Auge des ganzen Naturseins erscheint. Eines Naturseins, das eben nicht nur vor unserer Geschichte liegt und sie trägt, sondern das sie größtenteils dauernd umgibt, als eine formal wie inhaltlich mit der Geschichtszeit noch kaum vermittelte. Freilich nicht als eine, die auf ausgemachte Weise mit der Naturzeit und den besonders latenten Inhalten, die in ihr sich Zeit lassen, unvermittelt bleiben müßte. Also in einer ausgemacht doppelten Buchführung von Geschichts-Fortschritts-Ziel (»Reich der Freiheit«) einerseits, Natur-Kreislauf-Ende (»Entropie«) andererseits. Dieser Dualismus sei ferne, doch er droht gerade dort, wo die Natur ausnahmslos als jenes Vorher der Geschichte betrachtet wird, das die der Naturzeit zwar hochmütig überlegenen, aber noch keineswegs mit ihr vermittelten und in sie mündenden Geschichtszeiten schließlich in heißem Dunst oder kaltem Staub begräbt, das ist, in *lauter Vorher gleich Nachher und lauter Nachher gleich Vorher* zurückholt. Man sieht also Aporien der so segensreich-wahren Entwicklungsgeschichte auch hier, in der Natur-, Geschichtszeit, gerade hier, und sie kommen aus den angegebenen *zwei Lageaspekten* in der Naturzeit: aus einem abgeschlossenen *Vorbei*, aus einem weit eröffneten *Morgen* der Natur. Die relativ leere, zukunftsarme Naturzeit einerseits, die substanzhafte, zukunftsreiche Naturzeit andererseits: sie sind beide vorhanden und das keineswegs nur als methodische, sondern eben auch als sich ergänzende *Realaspekte*. Die eine findet sich im mechanischen Realaspekt des Vorbei und was ihm an Quantitativ-Konstantem entspricht; die andere findet sich im antizipierenden Realaspekt eines Morgenrothaften und was ihm an

Qualitativ-Offenem, ja Symbolischem in Naturvorgängen entsprechen mag, vorzüglich an Goethisch, nicht Newtonisch erfaßten. Die beiden Zeitwendungen laufen aber nicht unvereint nebeneinander, die zweite hebt auch die erste, pro rata gültige, nicht einfach auf, vielmehr: Polyrhythmik besteht auch für die beiden Naturzeiten, als *ineinander noch verschlungene*. Wobei die *Naturzeit des Morgenrothaften* als eine der Humanisierung der Natur *mit den Tendenzinhalten der kulturellen Geschichtszeit besonders verbunden* ist. Das bedeutet zugleich: Die wahrhafte »Goldzeit« der historischen Anthropologie kann nicht ohne die ebenso wahrhafte »Goldzeit« einer neuen humanistischen Kosmologie erfaßt werden. Einer solchen also, die die *humane Geschichtszeit* als ihr einflußreiches Vorher hat und so die Geschichte zuletzt positiv-möglicherweise auch in natura, in einem Weltmaß erfüllt statt negativ-möglicherweise begräbt.

Nochmals Bezugspunkt oder Fortschritt und »Sinn« der Geschichte

Klar bleibt, der Ruf nach vorwärts ist so wenig mit sich selber fertig wie die Sache, die er bedeutet. Der Begriff Fortschritt impliziert ein Wohin und Wozu, und zwar ein zu wollendes, also gutes Wozu und ein zu erkämpfendes, also noch nicht erreicht-vorhandenes. Ohne Wohin und Wozu ist ein Fortschritt überhaupt nicht denkbar, an keinem Punkt meßbar, vor allem auch als Sache selber gar nicht vorhanden. Das

Wozu aber impliziert nicht nur ein »Ziel«, sondern – damit nicht ohne weiteres zusammenfallend – einen »Zweck« und – wiederum damit nicht ohne weiteres identisch – einen »Sinn« des Geschehens, mindestens des menschlich strebenden und arbeitenden. Das sozusagen automatische Geschehen, ja das Leben selber braucht, um eines zu sein, noch keinen Sinn zu haben (die Menschen leben ja primär nicht, um zu leben, sondern weil sie leben). Wohl aber kommt das als Fortschritt gewollte, gedachte, betriebene Geschehen und Leben ohne die Eigenschaft eines Sinns weder aus, noch kommt es ohne ihn überhaupt vor, und wer einen Sinn als real (wenn auch noch nicht: verwirklicht-real) leugnet, hebt gerade zentral den Begriffs- wie Sachinhalt Fortschritt auf. Noch nicht verwirklicht-real wurde gesagt, das bedeutet: nicht in einer statischen Vorhandenheit, wohl aber in der objektiv-objekthaft-realen Möglichkeit und der dialektischen Verwirklichungstendenz daraufhin ist dem Fortschrittswillen und der Welt, worin er einen Sinn hat, sein Sinn enthalten. Sinn also ist Perspektive, wie sie in der zu verändernden Welt möglich ist, wie sie in der Vervollkommnungsfähigkeit der Welt die Latenz guter Ziele für sich hat. Diese Perspektive geht schrittweise auf vor dem Denken und Tun dessen, was aktuell nottut, aber stets muß in diesem Denken und Tun das Totum dessen, was überhaupt nottut, ein Gemeintsein und Eingedenken haben, damit sowohl Sinn als Perspektive wie Perspektive als Sinn da seien. Dergleichen erweitert sich, wie sichtbar, sogleich ins ganz Umfassende, in die ganze Geschichte, in den ganzen Sinn der Welt. Immer als eines nicht statisch vorhandenen Sinns, sondern als eines durch die Menschen – begonnen ist der Weg, vollende die Reise – fortschreitend entbindbaren. Fehlen freilich das umfassende Bewußtsein und das Bewußtsein des Umfassenden eines solchen utopisch-real fundierten (mindestens noch durch keinerlei totales Umsonst vereitelten) Sinns, dann sind auch die jeweils einzelnen und besonderen Sinngehalte des historischen Fortschritts ohne letzthinnigen Halt, ohne einen philosophisch, also universalwissenschaftlich vertretbaren Ernst. Hätte also die Welt nur Mechanismus und seine »Entropie« im Grund, so wäre die Geschichte, wie wenn Fische in einem Bottich sich beißen oder auch ein Liebesspiel aufführen, und draußen tritt aus der Tür bereits die Köchin mit dem dazu disparaten, jedoch alles beendenden Messer. Der durchaus bereits im Beginn befindliche Sinn der menschlichen Geschichte ist die Herstellung des Reichs der Freiheit; doch eben ohne positiv-möglichen, möglich-positiven Sinn in der *umgebenden Kosmologie*, in die alles historische Geschehen letzthin einmündet, ist der Fortschritt dieses Geschehens, wenigstens bei strengem und totalitätshaltigem Blick, so gut wie nicht wahr, wie nicht wirklich gewesen. Man verstehe recht: auch ein einzelner Tag kann durchaus sinnvoll verbracht werden, ein Leben, wohlangewandt, gar produktiv, hat durchaus seinen Sinn, vor allem im Rückblick. Doch dieser bonsens-Sinn, wie er genannt werden kann, ist gleichsam meso-kosmischer Art (um einen auch hier lehrreichen physikalischen Begriff zu gebrauchen), das heißt, die

Ungenauigkeiten wirken sich hier so geringfügig aus, daß sie außer acht gelassen werden können. Anders aber wirken die Ungenauigkeiten bei makrokosmischen Verhältnissen, hier eben bei der Totalität, und sie bedürfen der Bereinigung, damit auch der bonsens-Gebrauch des Sinnbegriffs jede Konsequenz aushält. Das also sind weitere Implikationen, wie sie am Begriff *Fortschritt* kraft der in ihm vorhandenen Implikation: *Sinn* aufgehen. Das Humanum als so durchgehende wie versammelnde Bezeichnung jedes Sinns ist jedenfalls ein weites Feld, ist kein aufs Anthropologische schlechthin begrenzbares. Wonach sich auch an der Kategorie Fortschritt, gerade an dieser, ergibt: Es gibt konsequentermaßen keine neue marxistische Anthropologie ohne neue marxistische Kosmologie. Beide: tiefes Mensch- wie tiefes Weltvertrauen gehen in der Revolutionsgeschichte schon längst Hand in Hand; ungestört von Mechanistik und Fremdheit zum Zweck. Aber der militante Optimismus, als die subjektive Seite des wirklichen Fortschritts, impliziert auch Wohin- und Wozu-Erforschung auf der objektiven Seite insgesamt, des fortschreitenden Seins mithin, ohne das es ja kein fortschrittliches Bewußtsein gäbe. Und das Humanum ist in der *realen Möglichkeit* seines Zielinhalts *so umfassend, daß es alle Bewegungen und Formen der menschlichen Kulturen sich im Miteinander verschiedener Zeiten zuordnen läßt, und so stark, daß es vor einer rein mechanistisch gefaßten Kreislaufzeit nicht zuschanden geht.* Näher zu uns aber hat sich ein weitgelegtes Omega, diesesfalls als nicht nur westlich orientierender Zielpunkt, vor der außereuropäischen Geschichte zu bewähren. Also, mit Probe aufs Exempel, vor dem nicht historischen, sondern aktuellen Aufbruch Afrikas und Asiens. Diesen Kontinenten eben ist die weiße Vergangenheit nur knapp ihre eigene, und Geschichte überhaupt wird den mannigfach zukunftslos gewesenen Völkern dasjenige, was morgen beginnt. Desto deutlicher versagt dann – von ihrer imperialistischen Diskreditiertheit gar nicht zu reden – eine bisherige, rein westliche Pointierung, desto stärker hilft eine utopisch offene, selber noch experimentelle. Nur derart können hunderte Kulturen in die Einheit des Menschengeschlechts strömen, die sich dadurch erst bildet, in nicht linear gehaltener Geschichtszeit, nicht fix-monodisch gehaltener Geschichtsorientierung. Afrika und Asien im Chor bilden, genau um der Einheit des Menschengeschlechts willen, einen so polyrhythmischen wie polyphonen Verlauf des Fortschritts zu dieser Einheit hin, dann freilich unter einer Sonne, die doch zuerst, aktiv wie theoretisch, in Europa aufgegangen ist, und die eine Gemeinschaft wirklich ohne Sklaverei bescheinen möchte. Der westliche Fortschrittsbegriff hat immerhin in seinen Revolutionen keine europäische (freilich auch keine asiatische oder afrikanische) Spitze impliziert, sondern eine – ganze bessere Erde.

1. Der Fortschrittsbegriff ist uns einer der teuersten und wichtigsten.
2. Daher ist der Fortschrittsbegriff jedesmal auf seinen gesellschaftlichen Auftrag, also auf sein Wozu zu beobachten und zu untersuchen; denn er kann auch mißbraucht und gerade kolonial-ideologisch pervertiert werden.
3. Der Fortschrittsbegriff kann für Produktivkräfte und Basis gültig, für den Überbau relativ ungültig sein, mindestens schwächer gültig und umgekehrt. Verwandtes gilt für zeitlich nacheinanderfolgende Überbauten (Kulturen), insbesondere für die Fortschrittskategorie in der Kunst.
4. Der Fortschrittsbegriff duldet keine »Kulturkreise«,worin die Zeit reaktionär auf den Raum genagelt ist, aber er braucht statt der Einlinigkeit ein breites, elastisches, völlig dynamisches Multiversum, einen währenden und oft verschlungenen Kontrapunkt der historischen Stimmen. So läßt sich, um dem riesigen außereuropäischen Material gerecht zu werden, nicht mehr einlinig arbeiten, nicht mehr ohne Ausbuchtungen der Reihe, nicht mehr ohne komplizierte neue Zeit-Mannigfaltigkeit (Problem einer »Riemannschen« Zeit).
5. Jener Zielinhalt, auf den der wirkliche Fortschritt sich bezieht, den er befördert, muß ebenfalls als so reich und tief erkannt werden, daß die verschiedenen Völker, Gesellschaften, Kulturen auf der Erde – bei aller Einheitlichkeit ihrer ökonomisch-sozialen Ent-

wicklungsstadien und deren dialektischer Gesetze – Platz *an ihm* haben und *zu ihm* hin. So sind die lebenden außereuropäischen Kulturen ohne europäisierende Vergewaltigung oder auch nur Einebnung ihrer spezifischen Zeugnisse für den Reichtum der menschlichen Natur geschichtsphilosophisch darzustellen.

6. Dieser Zielinhalt ist kein bereits definites, sondern einzig ein noch nicht manifestes, ein konkret-utopisches Humanum. Nur so wird die Tiefenbeziehung des Vorwärts, auf die hin die verschiedenen Geschichtsverläufe angeordnet sind, zugleich als eine so geräumige Tiefe darstellbar, daß – in einer reich strukturierten Chronologie – die prozeßhaften Vorgänge der ganzen Welt Platz finden. Zu dem herauszuprozessierenden Humanum, als dem letzten, wichtigsten Zurechnungspunkt des Fortschritts, sind sämtliche Kulturen auf der Erde, samt ihrem Erbsubstrat, Experimente und variant bedeutsame Zeugnisse. Sie konvergieren auch deshalb in keiner irgendwo bereits vorhandenen Kultur, gar als einer »herrschenden«, überragend »klassischen«, die in ihrem – doch selber nur experimentellen – Sosein bereits »kanonisch« wäre. Die vergangenen wie lebenden wie künftigen Kulturen konvergieren einzig in einem noch nirgends zureichend manifesten, wohl aber zureichend antizipierbaren Humanum.

7. Ein dem nicht Unverwandtes gilt auch für das wohlfundierte Realproblem eines »Sinns« der Geschichte, in Verbindung mit einem »Sinn« der Welt. Doch das einende Humanum – das Eschaton im Zielpunkt des Fortschritts – deckt sich hier am wenigsten

mit dem bereits manifesten Menschen-Resultat und dem seiner kosmischen Umwelt. Es liegt so in der Verlängerungslinie auch des bisher weitest vorgeschobenen human-natürlichen Zielpunkts. Das heißt, es liegt in der fernsten, obzwar der wissenschaftlichen Antizipation nicht verschlossenen Immanenz realer Möglichkeit von Menschen und Natur.

Inhalt »Tübinger Einleitung in die Philosophie 2«
edition suhrkamp 58

Bibliothek Suhrkamp

417 Wolfgang Hildesheimer, Hauskauf
418 James Joyce, Dubliner
419 Carl Einstein, Bebuquin
420 Georg Trakl, Gedichte
421 Günter Eich, Katharina
422 Alejo Carpentier, Das Reich von dieser Welt
423 Albert Camus, Jonas
424 Jesse Thoor, Gedichte
425 T. S. Eliot, Das wüste Land
426 Carlo Emilio Gadda, Die Erkenntnis des Schmerzes
427 Michel Leiris, Mannesalter
428 Hermann Lenz, Der Kutscher und der Wappenmaler
429 Mircea Eliade, Das Mädchen Maitreyi
430 Ramón del Valle-Inclán, Tyrann Banderas
431 Raymond Queneau, Zazie in der Metro
433 William Butler Yeats, Die geheime Rose
434 Juan Rulfo, Pedro Páramo
435 André Breton, L'Amour fou
436 Marie Luise Kaschnitz, Gedichte
437 Jerzy Szaniawski, Der weiße Rabe
438 Ludwig Hohl, Nuancen und Details
439 Mario Vargas Llosa, Die kleinen Hunde
440 Thomas Bernhard, Der Präsident
441 Hermann Hesse – Thomas Mann, Briefwechsel
442 Hugo Ball, Flametti
443 Adolfo Bioy-Casares, Morels Erfindung
444 Hermann Hesse, Wanderung
445 Ödön von Horváth, Don Juan kommt aus dem Krieg
446 Flann O'Brien, Der dritte Polizist
447 Giuseppe Tomasi di Lampedusa, Der Leopard
448 Robert Musil, Törleß
449 Elias Canetti, Der Überlebende
451 Alfred Döblin, Berlin Alexanderplatz
452 Gertrude Stein, Paris Frankreich
453 Johannes R. Becher, Gedichte
454 Federico García Lorca, Bluthochzeit/Yerma
456 Boris Pasternak, Kontra-Oktave
458 Anna Seghers, Die schönsten Sagen vom Räuber Woynok
464 Franz Kafka, Der Heizer
465 Wolfgang Hildesheimer, Masante
467 Gershom Scholem, Walter Benjamin

edition suhrkamp

582 Jurij M. Lotman, Struktur d. künstler. Textes
584 Über Ödön von Horváth
585 Ernst Bloch, Das antizipierende Bewußtsein
586 Franz Xaver Kroetz, Vier Stücke
587 Johann Most, Kapital und Arbeit. Herausgegeben von Hans Magnus Enzensberger
589 Gesellschaftsstrukturen. Herausgegeben von Oskar Negt und Klaus Meschkat
590 Theodor W. Adorno, Zur Metakritik der Erkenntnistheorie
591 Herbert Marcuse, Konterrevolution und Revolte
592 Autonomie der Kunst
593 Probleme der internationalen Beziehungen. Herausgegeben von Ekkehart Krippendorff
594 Materialien zum Leben und Schreiben der Marieluise Fleißer
595/596 Ernest Mandel, Marxistische Wirtschaftstheorie
597 Rüdiger Bubner, Dialektik und Wissenschaft
598 Technologie und Kapital. Herausgegeben von Richard Vahrenkamp
599 Karl Otto Hondrich, Theorie der Herrschaft
601 Norbert Weber, Über die Ungleichheit der Bildungschancen in der BRD
603 Bertolt Brecht, Der Tui-Roman
604 Bertolt Brecht, Schweyk (im zweiten Weltkrieg). Editiert und kommentiert von Herbert Knust
607 Wolfgang F. Haug, Bestimmte Negation
610 Tankred Dorst, Eiszeit
611 Materialien zu Horváths »Kasimir und Karoline«. Herausgegeben von Traugott Krischke
613 Marguerite Sechehaye, Tagebuch einer Schizophrenen
614 Walter Euchner, Egoismus und Gemeinwohl
617 Probleme einer materialistischen Staatstheorie. Herausgegeben von Joachim Hirsch
618 Jacques Hochmann, Thesen zu einer Gemeindepsychiatrie
620 Peter Szondi, Über eine freie Universität
622 Gert Ueding, Glanzvolles Elend über Kitsch
623 Jürgen Habermas, Legitimationsprobleme im Spätkapitalismus
624 Heinz Schlaffer, Der Bürger als Held
626 Ulrich K. Preuß, Legalität und Pluralismus
627 Marina Neumann-Schönwetter, Psychosexuelle Entwicklung und Schizophrenie
628 Lutz Winckler, Kulturwarenproduktion
629 Karin Struck, Klassenliebe
630 Alfred Sohn-Rethel, Ökonomie und Klassenstruktur des deutschen Faschismus

631 Bassam Tibi, Militär und Sozialismus in der Dritten Welt
632 Aspekte der Marxschen Theorie I
633 Aspekte der Marxschen Theorie II
636 Paul A. Baran, Paul M. Sweezy, Monopolkapital. Ein Essay über die amerikanische Wirtschafts- und Gesellschaftsordnung
637 Alice Schwarzer Hrsg., Frauenarbeit – Frauenbefreiung
638 Architektur und Kapitalverwertung
639 Oskar Negt, Alexander Kluge, Öffentlichkeit und Erfahrung
640 Probleme des Sozialismus und der Übergangsgesellschaft. Herausgegeben von Peter Hennicke
642 Martin Walser, Wie und wovon handelt Literatur
643 Arzt und Patient in der Industriegesellschaft. Herausgegeben von Otto Döhner
644 Rolf Tiedemann, Studien z. Philosophie Walter Benjamins
646 H. J. Schmitt, Expressionismus-Debatte
647 Über Peter Huchel
648 Information über Psychoanalyse
649 Renate Damus, Entscheidungsstrukturen und Funktionsprobleme in der DDR-Wirtschaft
650 Hans Ulrich Wehler, Geschichte als Historische Sozialwissenschaft
651 Segmente der Unterhaltungsindustrie
652 Peripherer Kapitalismus. Herausgegeben von Dieter Senghaas
655 Basaglia (Hrsg.), Die negierte Institution
657 Warenästhetik. Beiträge zur Diskussion, Herausgegeben von W. F. Haug
658 Frank Böckelmann, Theorie der Massenkommunikation
659 Heinar Kipphardt, Stücke I
660 Peter v. Oertzen, Die soziale Funktion des staatsrechtlichen Positivismus
661 Kritische Friedenserziehung
662 Hennig, Thesen z. dt. Sozial- und Wirtschaftsgeschichte 1933/38
663 Gerd Hortleder, Ingenieure in der Industriegesellschaft
664 Hans Setzer, Wahlsystem und Parteienentwicklung in England
665 Alexander Kluge, Lernprozesse mit tödlichem Ausgang
670 Peter Bulthaup, Zur gesellschaftl. Funktion der Naturwissenschaften
671 Materialien zu Horváths ›Glaube Liebe Hoffnung‹. Herausgegeben von Traugott Krischke
672 Reform des Literaturunterrichts. Eine Zwischenbilanz. Herausgegeben von H. Brackert und W. Raitz
673 Boris A. Uspenskij, Poetik d. Komposition
674 Ebbighausen (Hrsg.), Monopol und Staat
675 Autorenkollektiv Textinterpretation und Unterrichtspraxis, Projektarbeit als Lernprozeß
677 Heinar Kipphardt, Stücke II
678 Erving Goffman, Asyle
679 Dieter Prokop, Massenkultur und Spontaneität
680 Die Kommune in der Staatsorganisation

681 M. Dubois-Reymond / B. Söll, Neuköllner Schulbuch, 2 Bände
682 Dieter Hoffmann-Axthelm, Theorie der künstlerischen Arbeit
683 Dieter Kühn, Unternehmen Rammbock
685 Frerichs/Kraiker, Konstitutionsbedingungen des bürgerlichen Staates und der sozialen Revolution bei Marx und Engels
687 Rossana Rossanda, Über die Dialektik von Kontinuität und Bruch
688 Evsej G. Liberman, Methoden der Wirtschaftslenkung im Sozialismus
689 Martin Walser, Die Gallistl'sche Krankheit
694 Schule und Staat im 18. u. 19. Jahrhundert. Herausgegeben von K. Hartmann, F. Nyssen, H. Waldeyer
695 Gesellschaft, Beiträge zur Marxschen Theorie 1
696 Hans Magnus Enzensberger, Palaver
697 Psychoanalyse der weiblichen Sexualität. Herausgegeben von Janine Chasseguet-Smirgel
699 Wolfgang Lempert, Berufliche Bildung als Beitrag zur gesellschaftlichen Demokratisierung
700 Peter Weiss, Gesang vom Lusitanischen Popanz
701 Sozialistische Realismuskonzeptionen.
702 Claudio Napoleoni. Ricardo und Marx. Herausgegeben von Cristina Pennavaja
704 Joachim Hirsch, Staatsapparat und Reproduktion des Kapitels
705 Neues Hörspiel O-Ton. Der Konsument als Produzent. Herausgegeben von Klaus Schöning
707 Franz Xaver Kroetz, Oberösterreich, Dolomitenstadt Lienz, Maria Magdalena, Münchner Kindl
708 Was ist Psychiatrie? Herausgegeben von Franco Basaglia
709 Kirche und Klassenbindung. Herausgegeben von Yorick Spiegel
710 Rosa Luxemburg oder Die Bestimmung des Sozialismus. Herausgegeben von Claudio Pozzoli
711 Rudolf Rocker, Aus den Memoiren eines deutschen Anarchisten
712 Hartwig Berger, Untersuchungsmethode und soziale Wirklichkeit
713 Werkbuch über Tankred Dorst. Herausgegeben von Horst Laube
715 Karsten Prüß, Kernforschungspolitik in der Bundesrepublik Deutschland
718 Perspektiven der kommunalen Kulturpolitik. Herausgegeben von Hilmar Hoffmann
719 Peter M. Michels, Bericht über den polit. Widerstand in den USA
720 Lelio Basso, Gesellschaftsformation u. Staatsform
722 Jürgen Becker, Umgebungen
724 Otwin Massing, Politische Soziologie
726 Ernst Bloch, Ästhetik des Vor-Scheins 1
727 Peter Bürger, Theorie der Avantgarde
728 Beulah Parker, Meine Sprache bin ich
729 Probleme der marxistischen Rechtstheorie. Herausgegeben von H. Rottleuthner
730 Jean-Lux Dallemagne, Die Grenzen der Wirtschaftspolitik
731 Gesellschaft, Beiträge zur Marxschen Theorie 2

732 Ernst Bloch, Ästhetik des Vor-Scheins 2
733 Alexander Kluge, Gelegenheitsarbeit einer Sklavin
734 Henri Lefebvre, Metaphilosophie. Prolegomena
735 Paul Mattick, Spontaneität und Organisation
736 Noam Chomsky, Aus Staatsraison
737 Louis Althusser, Für Marx
738 Spazier/Bopp, Grenzübergänge. Psychotherapie
739 Gesellschaft, Beiträge zur Marxschen Theorie 3
740 Bertolt Brecht, Das Verhör des Lukullus. Hörspiel
741 Klaus Busch, Die multinationalen Konzerne
742 Methodologische Probleme einer normativ-kritischen Gesellschaftstheorie. Herausgegeben von Jürgen Mittelstraß
744 Gero Lenhardt, Berufliche Weiterbildung und Arbeitsteilung in der Industrieproduktion
745 Brede/Kohaupt/Kujath, Ökonomische und politische Determinanten der Wohnungsversorgung
746 Der Arzt, sein Patient und die Gesellschaft. Herausgegeben von Dorothea Ritter-Röhr
747 Gunnar Heinsohn, Rolf Knieper, Theorie des Familienrechts
756 Hannelore/Heinz Schlaffer, Studien zum ästhetischen Historismus
758 Brecht-Jahrbuch 1974. Herausgegeben von J. Fuegi, R. Grimm, J. Hermand
759 Der Weg ins Freie. Fünf Lebensläufe überliefert von H. M. Enzensberger
760 Lodewijk de Boer, The Family
761 Claus Offe, Berufsbildungsreform
762 Petr Kropotkin, Ideale und Wirklichkeit in der russischen Literatur
764 Gesellschaft, Beiträge zur Marxschen Theorie 4
769 Jahoda/Lazarsfeld/Zeisel, Die Arbeitslosen von Marienthal
770 Herbert Marcuse, Zeit-Messungen
772 Th. W. Adorno, Gesellschaftstheorie u. Kulturkritik
773 Kurt Eisner, Sozialismus als Aktion
775 Horn, Luhmann, Narr, Rammstedt, Röttgers, Gewaltverhältnisse und die Ohnmacht der Kritik
776 Reichert/Senn, Materialien zu Joyce »Ein Porträt des Künstlers«
777 Caspar David Friedrich und die deutsche Nachwelt. Herausgegeben von Werner Hofman
787 Gesellschaft, Beiträge zur Marxschen Theorie 5
790 Gustav W. Heinemann, Präsidiale Reden
791 Beate Klöckner, Anna oder leben heißt streben
792 Rainer Malkowski, Was für ein Morgen
793 Von deutscher Republik. Hrsg. von Jost Hermand
802 Johannes Gröll, Erziehung im gesellschaftlichen Reproduktionsprozeß
815 Giselher Rüpke, Schwangerschaftsabbruch und Grundgesetz
817 Bertolt Brecht, Drei Lehrstücke: Badener Lehrstück, Rundköpfe, Ausnahme und Regel

Alphabetisches Verzeichnis der edition suhrkamp

HEYNE
BÜCHER

Von Alistair MacLean
sind als Heyne-Taschenbücher erschienen:

Die Kanonen von Navarone · Band 01/411
Nacht ohne Ende · Band 01/433
Die Überlebenden der Kerry Dancer · Band 01/504
Jenseits der Grenze · Band 01/576
Angst ist der Schlüssel · Band 01/642
Eisstation Zebra · Band 01/685
Die schwarze Hornisse · Band 01/944
Agenten sterben einsam · Band 01/956
Der Satanskäfer · Band 01/5034
Geheimkommando Zenica · Band 01/5120
Souvenirs · Band 01/5148
Tödliche Fiesta · Band 01/5192
Dem Sieger eine Handvoll Erde · Band 01/5245
Die Insel · Band 01/5280
Nevada Pass · Band 01/5330
Golden Gate · Band 01/5454
Circus · Band 01/5535
Meerhexe · Band 01/5657
Goodbye Kalifornien · Band 01/5921
Geiseldrama in Paris · Band 01/6032
Die Hölle von Athabasca · Band 01/6144
Höllenflug der Airforce 1 · Band 01/6332
Fluß des Grauens · Band 01/6515
Partisanen · Band 01/6592
Die Erpressung · Band 01/6731
Einsame See · Band 01/6772
Das Geheimnis der San Andreas · Band 01/6916
Tobendes Meer · Band 01/7690
Die Männer der »Ulysses« · Band 01/6931
Der Traum vom Südland · Band 19/52

ALISTAIR MacLEAN

DER SANTORIN-SCHOCK

Roman

Aus dem Englischen von
Ingeborg F. Meier

WILHELM HEYNE VERLAG
MÜNCHEN

HEYNE ALLGEMEINE REIHE
Nr. 01/7754

Titel der englischen Originalausgabe
SANTORINI

3. Auflage

Eine Hardcover-Ausgabe ist im
Hoffmann und Campe Verlag, Hamburg, erschienen
Printed in Germany 1989
Umschlagfoto: ZEFA/Danun, Düsseldorf
Autorenfoto: dpa, München
Umschlaggestaltung: Atelier Ingrid Schütz, München
Gesamtherstellung: Elsnerdruck, Berlin

ISBN 3-453-02943-7

Für
Tom und Rena

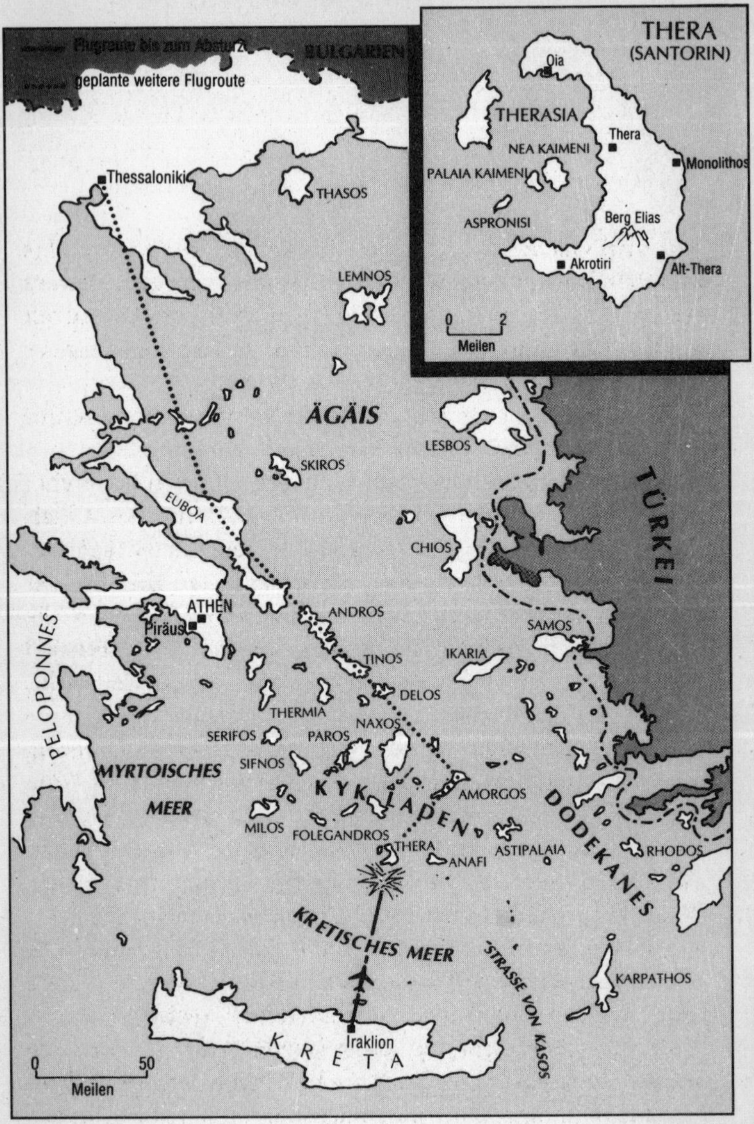

Flugroute bis zum Absturz
geplante weitere Flugroute
BULGARIEN
THERA
(SANTORIN)
Oia
THERASIA
Thera
NEA KAIMENI
Monolithos
PALAIA KAIMENI
ASPRONISI
Berg Elias
Akrotiri
Alt-Thera
0
2
Meilen
Thessaloniki
THASOS
LEMNOS
ÄGÄIS
LESBOS
SKIROS
EUBÖA
TÜRKEI
CHIOS
ATHEN
Piräus
ANDROS
SAMOS
PELOPONNES
TINOS
IKARIA
DELOS
THERMIA
NAXOS
SERIFOS
PAROS
SIFNOS
MYRTOISCHES
MEER
KYKLADEN
AMORGOS
DODEKANES
MILOS
FOLEGANDROS
THERA
ANAFI
ASTIPALAIA
RHODOS
KRETISCHES MEER
STRASSE VON KASOS
KARPATHOS
Iraklion
KRETA
0
50
Meilen

1

Aus dem Lautsprecher auf der Brücke der Fregatte *Ariadne* drang ein Knistern, dann läutete es zweimal, und gleich darauf ertönte O'Rourkes Stimme, ruhig, moduliert, gelassen und mit unüberhörbar irischem Akzent. O'Rourke galt allgemein als Wetterspezialist, aber gerade das war er nicht.

»Habe gerade einen merkwürdigen Besucher ausgemacht. Vierzig Meilen von hier, Position 222.«

Talbot drückte auf den Antwortknopf. »Am Himmel über uns wimmelt es nur so von merkwürdigen Besuchern, Chief. Wenigstens sechs Fluggesellschaften überqueren die Ägäis an dieser Stelle. Außerdem wissen Sie besser als wir alle, daß hier überall NATO-Flugzeuge herumschwirren. Und dann die Jagdbomber und Abfangjäger von dieser verdammten Sechsten Flotte – wenn Sie mich fragen, wissen sie die halbe Zeit nicht, wo sie sich gerade befinden.«

»Aber dieser Vogel kommt mir schon sehr merkwürdig vor.« O'Rourkes Stimme klang gelassen wie immer, als hätte ihn die abfällige Bemerkung über die Sechste Flotte, von der man ihn vorübergehend ausgeliehen hatte, nicht berührt. »Von den Airlines, die die Ägäis überfliegen, benutzt keine die Route, auf der diese Maschine fliegt. Und nach meinem Schaubild gibt es in dieser Gegend keine NATO-Flugzeuge. Die Amerikaner hätten uns vorgewarnt. Sehr aufmerksam, diese Leute, Captain. Die von der Sechsten Flotte, meine ich.«

»Ja, ja, schon richtig.« Talbot wußte recht gut, daß die Sechste Flotte ihn vorher benachrichtigt hätte, wenn eine ihrer Maschinen in ihre Nähe gekommen wäre, und zwar nicht aus

Höflichkeit, sondern weil die Vorschriften es so verlangten – das wußte auch O'Rourke; aber auf seinen angestammten Flottenverband ließ O'Rourke nun einmal nichts kommen. »Ist das alles, was Sie über diesen Burschen wissen?«

»Nein. Es gibt noch zwei Dinge. Das Flugzeug kommt von Südwest und fliegt nach Nordost. Auf diesem Kurs ist mir kein Flugzeug gemeldet. Und das zweite: ich bin ziemlich sicher, daß es eine große Maschine ist. Wir müßten sie in etwa vier Minuten sehen können – ihr Kurs kreuzt sich direkt mit unserem.«

»Spielt die Größe eine Rolle, Chief? Hier kurven viele große Maschinen herum.«

»Nicht in einer Höhe von mehr als 12 000 Metern, Sir, wie diese. So hoch fliegen nur Concorde-Maschinen, und wir wissen, daß es hier keine Concordes gibt. Eine Militärmaschine, vermute ich.«

»Von unbekannter Herkunft? Ein Feindflugzeug? Könnte sein. Behalten Sie es im Auge.« Talbot blickte sich um und begegnete dem Blick seines Ersten Offiziers, Lieutenant-Commander Van Gelder. Van Gelder war ein kleiner, kräftig gebauter Mann, tiefbraungebrannt und hellblond; er schien das Leben immerzu herrlich zu finden. Er trat lächelnd neben den Captain.

»Ganz zu Ihren Diensten, Sir. Die Spionkamera und ein Foto fürs Familienalbum?«

»Genau. Danke.« Die *Ariadne* hatte eine ungeheure, für den Uneingeweihten ziemlich verwirrende Vielzahl akustischer und optischer Aufzeichnungsgeräte an Bord, mehr als jedes andere Schiff der Royal Navy. Zu diesen Instrumenten gehörte auch das, was Van Gelder als Spionkamera bezeichnete: eine Kamera, die mit einem Teleskop verbunden war, erfunden und gebaut von den Franzosen, eine von jener Sorte, wie sie von den Spionage-Satelliten im Weltraum benutzt werden, mit denen man unter besonders günstigen Wetterbedingungen aus einer

Höhe von 250 Meilen einen weißen Suppenteller ausmachen und fotografieren kann. Die Brennweite des Teleskops war beinahe grenzenlos verstellbar; in diesem Fall würde Van Gelder vermutlich eine Eins-zu-Einhundert-Einstellung wählen, was optisch die Wirkung hätte, daß der Eindringling – sofern es ein solcher war – scheinbar auf eine Höhe von einhundertdreißig Metern herangeholt würde. Bei dem fleckenlos blauen Julihimmel über den Kykladen war das überhaupt kein Problem.

Kaum hatte Van Gelder die Brücke verlassen, ertönte ein anderer Lautsprecher, dessen doppelter Summlaut erkennen ließ, daß die Meldung aus dem Funkraum kam. Der Mann am Ruder, Obermaat Harrison, beugte sich vor und betätigte den entsprechenden Schalter.

»Ich habe einen Notruf. Ich glaube – wiederhole, glaube –, das Schiff befindet sich unmittelbar südlich von Santorin. Das ist alles, was ich habe. Ziemlich konfus das Ganze, mit Sicherheit nicht von einem geschulten Funker. Wiederholt nur dauernd ›Mayday, Mayday, Mayday‹.« Myers, der Funker vom Dienst, wirkte verärgert; der Ton, in dem er sprach, ließ seine Überzeugung ahnen, daß jeder Funker genauso erfahren und tüchtig sein sollte wie er selbst. »Aber warten Sie einen Moment.« Es trat eine Pause ein, dann meldete sich Myers wieder. »Sie sinken, hat er gesagt. Viermal hat er das gesagt: sie sinken.«

»Ist das alles?« fragte Talbot.

»Ja, alles, Sir. Er meldet sich nicht mehr.«

»Gut, bleiben Sie auf der Notruffrequenz, Harrison, 090 oder nicht weit davon. Er kann nicht mehr als zehn, zwölf Meilen weit weg sein.« Er griff nach dem Maschinentelegraphen und rückte ihn auf volle Kraft voraus. Die *Ariadne* war mit doppelten Maschinenraum- und Brückenkontrollgeräten ausgerüstet. Im Maschinenraum gab es gewöhnlich nur eine Kontrollvorrichtung zu überwachen, die für die automatische

Brennstoffzufuhr, und das auch nur, weil es so üblich war, nicht weil notwendige Gründe es verlangten. Vielleicht wanderte der diensttuende Heizer dort gerade einmal mit der Ölkanne in der Hand herum, wahrscheinlicher aber war er in eines jener fragwürdigen Magazine vertieft, mit denen die sogenannte Maschinenraumbibliothek so überreich versehen war. Der Chief Engineer der *Ariadne*, Lieutenant McCafferty, begab sich nur selten in sein eigentliches Betätigungsfeld hinab. McCafferty, ein erstklassiger Maschinist, behauptete, er wäre allergisch gegen Dieseldunst, und pflegte mit wissender Herablassung abzuwinken, wenn es hieß, daß es im Maschinenraum wegen der leistungsstarken Abzugsgebläse praktisch unmöglich sei, einen Hauch von Dieselgeruch wahrzunehmen. An diesem Nachmittag sollte man ihn, wie fast jeden Tag um diese Zeit, achtern an Deck in einem Liegestuhl in seine Lieblingsbeschäftigung vertieft finden: die Lektüre von Detektivromanen jener Art, die mit Liebesgeschichten pikanter Art gewürzt waren.

Der Klang der Maschinen vertiefte sich – die *Ariadne* brachte es immerhin auf die respektable Leistung von 35 Knoten –, und die Brücke begann merklich zu vibrieren. Talbot griff nach einem Telefonhörer und ließ sich mit Van Gelder verbinden.

»Wir haben einen Notruf aufgefangen. Aus einer Entfernung von zehn, zwölf Meilen. Geben Sie mir Bescheid, wenn Sie dieses Flugzeug sichten, dann lasse ich die Maschine abstellen.« Die Spionagekamera hatte zwar eine Kardanaufhängung, die mit dem stärksten Stampfen und Rollen des Schiffes fertig wurde; Vibrationen dagegen vertrug sie nicht – das Ergebnis war fast immer ein total verschwommenes Bild.

Talbot begab sich an Backbord zu dem jungen Leutnant, der dort stand: ein hochgewachsener, schlanker Mann, blond, mit dicken Brillengläsern und ständig verdrießlicher Miene.

»Nun, Jimmy, was halten Sie davon? Von diesem zeitlichen Zusammentreffen zwischen einem Flieger, der vielleicht ein

Feindflugzeug ist, und dem Sinken eines Schiffes? Könnte einem die Langeweile eines langen, heißen Sommernachmittags vertreiben, meinen Sie nicht?«

Der Leutnant blickte ihn ohne eine Spur von Begeisterung an. Lieutenant Lord James Denholm – Talbot nannte ihn der Einfachheit halber kurz »Jimmy« – konnte sich nur selten für etwas begeistern.

»Das gefällt mir nicht, Captain.« Denholm machte eine müde Handbewegung. »Es stört das Ebenmaß meiner Tage.«

Talbot lächelte. Die Aura aristokratischer Blasiertheit, die Denholm umgab, hatte Talbot ganz zu Beginn ihrer Bekanntschaft gereizt und irritiert – ein Gefühl, das jedoch nicht länger als eine halbe Stunde angehalten hatte. Denholm war als Marineoffizier ganz und gar ungeeignet und wäre seiner schlechten Augen wegen von jeder Marine der Welt automatisch als untauglich ausgeschlossen worden. Dennoch war er nicht aufgrund seiner guten Beziehungen zu den höchsten Kreisen der Gesellschaft an Bord der *Ariadne* – nicht weil er ein künftiger Earl war und sein Blut so blau, wie es blauer nicht sein konnte –, sondern weil er ganz ohne Frage der rechte Mann am rechten Ort war. Als Träger dreier akademischer Grade, von Oxford, UCLA und MIT, alle *summa cum laude* auf dem Gebiet der Elektrotechnik und Elektronik erworben, war Denholm als Elektronikfachmann ein unschlagbares As. Dabei war er trotz seiner Herkunft und seiner akademischen Auszeichnungen ausgesprochen bescheiden und zurückhaltend. Zurückhaltend auch, wenn es darum ging, Einspruch zu erheben; nur deshalb hatte er sich überreden lassen, in die Navy einzutreten.

»Dieses Feindflugzeug«, wandte er sich an Talbot, »wenn es eins ist – was werden Sie dagegen unternehmen?«

»Gar nichts.«

»Aber wenn es wirklich ein Feindflugzeug ist – dann ist es hier doch auf einem Spionageflug, oder nicht?«

»Natürlich.«

»Ja, dann...«

»Was soll ich Ihrer Ansicht nach dagegen unternehmen, Jimmy? Es abschießen? Juckt es Sie, Ihr Laserzielgerät an ihm auszuprobieren?«

»Himmel, nein.« Denholm war echt schockiert. »Ich habe mein ganzes Leben noch nie aus Wut geschossen. Um ehrlich zu sein, ich habe überhaupt noch nie geschossen.«

»Wenn ich es herunterholen wollte, ließe sich das sehr effektvoll mit einer dieser kleinen Raketen bewerkstelligen, die auf Wärme reagieren. Aber so etwas tun wir nicht. Wir sind zivilisiert. Und wir provozieren auch keine Zwischenfälle von internationaler Bedeutung. Ein ungeschriebenes Gesetz.«

»Hört sich für mein Empfinden ziemlich unsinnig an, dieses Gesetz.«

»Ist es aber nicht. Wenn die Vereinigten Staaten oder die NATO ihre Kriegsspiele spielen, wie wir es jetzt auch gerade tun, sind uns die Sowjets ziemlich nah auf den Fersen – an Land, auf See und in der Luft. Darüber beklagen wir uns nicht. Das können wir nicht. Wenn sie ihre Spiele treiben, machen wir es nicht anders. Zugegeben, es kann dabei zu peinlichen Zwischenfällen kommen. Es ist noch gar nicht so lange her, daß die US-Navy Übungen im Japanischen Meer abhielt und ein amerikanischer Zerstörer ein russisches U-Boot ziemlich heftig rammte und beschädigte, das die Geschehnisse aus zu großer Nähe überwachte.«

»Und das war kein Zwischenfall von internationaler Bedeutung, wie Sie es gerade nannten?«

»Keineswegs. Dafür traf niemanden eine Schuld. Zwischen den beiden Kapitänen wurden Entschuldigungen ausgetauscht, und das russische Schiff wurde von einem anderen russischen Schiff in einen sicheren Hafen abgeschleppt. Nach Wladiwostok, glaube ich.« Talbot drehte den Kopf herum. »Entschuldigen Sie. Da meldet sich wieder der Funker.«

»Myers noch einmal«, sagte der Sprecher. »*Delos*. So heißt das sinkende Schiff. Sehr kurze Durchsage – Explosion, Feuer, sinkt schnell.«

»Bleiben Sie weiter auf Empfang«, sagte Talbot. Er blickte den Rudergänger an, der bereits ein Fernglas an die Augen gesetzt hatte. »Können Sie ihn ausmachen, Harrison?«

»Ja, Sir.« Harrison reichte ihm das Fernglas und zog das Steuer nach Backbord herum. »Feuer an Backbord voraus.«

Talbot entdeckte es fast sofort. Eine dünne schwarze Rauchsäule, die senkrecht in den blauen und windlosen Himmel aufstieg. Er setzte gerade das Fernglas ab, als es wieder zweimal läutete. Es war O'Rourke, der Wetterfrosch – oder richtiger gesagt, der Experte für Radarpeilungen.

»Ich fürchte, ich habe es aus den Augen verloren. Das Flugzeug, meine ich. Ich habe die Vektoren zu beiden Seiten von ihm überprüft, um zu sehen, ob es allein oder mit Eskorte fliegt, und als ich zurückschaltete, war es fort.«

»Wie ist das möglich, Chief? Haben Sie eine Ahnung?«

»Nun ja ...« O'Rourke klang unsicher. »Könnte sein, daß es explodiert ist. Aber das glaube ich nicht.«

»Ich auch nicht. Wir hatten unsere Spionagekamera auf den Anflug ausgerichtet; auf eine Explosion hätte sie mit Sicherheit reagiert.«

»Dann muß es zum Sturzflug angesetzt haben. Zu einem äußerst steilen Sturzflug. Gott weiß, warum. Ich werde es schon wiederfinden.« Das Sprechgerät schaltete sich aus.

Fast unmittelbar darauf läutete wieder ein Telefon. Es war Van Gelder.

»222, Sir. Rauch. Ein Flugzeug. Könnte das Feindflugzeug sein.«

»Ist es auch. Mit ziemlicher Sicherheit. O'Rourke hat es auf seinem Bildschirm gerade aus der Sicht verloren. Ist wahrscheinlich nur Zeitverschwendung, aber versuchen Sie trotzdem, es zu fotografieren.«

Er begab sich an Steuerbord, hob sein Fernglas und sichtete es fast sofort – eine dichte schwarze Rauchfahne mit einem rotglühenden Mittelpunkt. Es war immer noch ziemlich hoch, vier- oder fünftausend Fuß. Er wartete nicht ab, wie tief das Flugzeug wirklich absackte, sondern kehrte schnell auf die Brücke zurück und griff zum Telefonhörer.

»Lieutenant Cousteau. Schnell.« Es trat eine kurze Pause ein. »Henri? Hier ist der Captain. Ein Notfall. Lassen Sie die Barkasse und das Rettungsboot aussetzen. Mannschaft klar zum Einsatz. Melden Sie sich dann auf der Brücke.«

Er signalisierte zum Maschinenraum hinunter, auf langsame Fahrt voraus zu gehen, dann sagte er zu Harrison: »Hart Backbord. Richtung Norden.«

Denholm, der auf die Steuerbordnock hinausgetreten war, setzte gerade sein Fernglas ab und kam zurück.

»Also, ich kann dieses Feindflugzeug nicht ausmachen. Überhaupt kein Flugzeug. Nur eine große schwarze Rauchfahne. Könnte das Feindflugzeug gewesen sein – wenn es eins war.«

»Muß es gewesen sein.«

»Na, meinetwegen. Mir soll es recht sein, wenn es uns nicht zu nahe kommt«, sagte Denholm.

»Mir auch, Lieutenant. Erst recht, wenn es sich um ein Militärflugzeug handelt. Und ganz besonders, wenn es Bomben an Bord hat. Wenn Sie hinschauen, werden Sie sehen, daß wir eben drauf und dran sind, ihm auszuweichen.«

»Ah. Ausweichmanöver.« Denholm zögerte. Dann bemerkte er zweifelnd: »Nun, ja, es wird seinen Kurs ja wohl nicht ändern.«

»Tote ändern ihren Kurs nicht.«

»Nein, wahrhaftig.« Van Gelder war gerade auf die Brücke zurückgekehrt. »Und der Mann oder die Männer im Cockpit dieses Flugzeugs sind mit Sicherheit tot. Es bringt nichts, wenn ich weiter dableibe, Sir – Gibson kann besser mit der Spionagekamera umgehen als ich, und er betätigt sie eifrig. Wir werden eine Menge Fotos für Sie haben, aber ich bezweifle, daß ihnen viel zu entnehmen sein wird.«

»So pessimistisch? Konnten Sie nichts feststellen?«

»Nur sehr wenig, fürchte ich. Ich sah das Äußere der Maschine an Backbord. Es ist ein Vier-Düsen-Jet. Aber ob Zivil- oder Militärmaschine – keine Ahnung.«

»Einen Moment bitte.« Talbot ging an Backbord hinaus, blickte nach achtern, sah die brennende Maschine – daß sie in Flammen stand, daran war nun kein Zweifel mehr – achteraus abstürzen, nun nicht mehr halb so hoch und weit wie beim ersten Mal, als er sie sah; dann kehrte er auf die Brücke zurück, gab Harrison Anweisung, auf Nordkurs zu bleiben, und wandte sich wieder Van Gelder zu.

»Das war alles, was Sie feststellen konnten?«

»Mehr oder weniger. Außer daß das Feuer eindeutig von der Radarnase ausgeht, was eine Motorenexplosion ausschließt. Von einer Rakete kann das Flugzeug auch nicht getroffen sein, weil wir wissen, daß hier weit und breit keine Maschinen mit Raketen an Bord sind – selbst wenn es welche gäbe: Raketen, die auf Wärme reagieren, und das wären die einzigen, die es in dieser Höhe hätten treffen können, hätten die Triebwerke angesteuert und nicht den Bug. Sonst wäre nur eine Explosion vorne im Flugzeug selbst denkbar.«

Talbot nickte, griff nach dem Telefonhörer und ließ sich mit dem Schiffslazarett verbinden.

»Doktor? Könnten Sie bitte dafür sorgen, daß sich einer von Ihren Leuten mit Erste-Hilfe-Ausrüstung beim Rettungsboot meldet?« Er legte einen Moment Pause ein. »Tut mir leid. Keine Zeit für weitere Erklärungen. Kommen Sie auf die Brükke.« Er blickte achtern geradeaus durch die Schwingtüren steuerbords, drehte sich um und übernahm das Ruder. »Schauen Sie sich um, Harrison. Gründlich um.«

Harrison trat an Steuerbord hinaus, blickte sich gut um –

wozu er nur wenige Sekunden brauchte –, kehrte zurück und übernahm wieder das Ruder.

»Gräßlich.« Er schüttelte den Kopf. »Die sind erledigt, Sir, stimmt's?«

»Das denke ich auch.«

»Sie verfehlen uns um wenigstens eine Viertelmeile. Vielleicht sogar eine halbe.« Harrison blickte noch einmal kurz zur Tür hinaus. »Dieser Winkel, in dem sie abschmieren – eine Meile, oder anderthalb Meilen vor uns. Oder sie schlagen auf der Insel auf. Dann ist es aus mit ihnen, Sir.«

»Ja, wahrhaftig.« Talbot blickte durch die Brückenfenster geradeaus voraus. Die Insel Santorin – oder Thera, wie sie auch hieß – lag etwa vier Meilen entfernt; Cap Akrotiri war direkt nördlich, der Berg Elias, der höchste Punkt der Insel – etwa sechshundert Meter hoch –, nordöstlich zu sehen. Dazwischen, ungefähr fünf Meilen weiter fort, hing träge eine dünne, bläuliche Rauchsäule in der Luft, die an dem wolkenlosen Himmel kaum auszumachen war. Sie markierte die Lage des Städtchens Thera, des einzigen größeren Ortes auf der Insel. »Aber der Schaden würde sich auf das Flugzeug beschränken. Der Südwestzipfel der Insel ist kahl. Ich glaube, da wohnt niemand.«

»Was wollen wir unternehmen, Sir? Über der Stelle stoppen, wo es untergeht?«

»Irgend so etwas. Das können Sie selbst entscheiden. Vielleicht auch eine viertel oder halbe Meile weiter auf dem Kurs, den es verfolgte. Das müssen wir abwarten. Schließlich, Harrison, weiß ich nicht mehr als Sie. Vielleicht geht es beim Aufprall in tausend Stücke, oder es übersteht ihn und bewegt sich unter Wasser noch ein Stück weiter. Nicht weit, würde ich vermuten – wenn es seine Nase verloren hat. *Number One*«, wandte er sich an Van Gelder, »was für eine Wassertiefe haben wir hier?«

»Soweit ich weiß, ist die Fünf-Faden-Grenze im Süden der Insel ungefähr eine halbe Meile vor der Küste. Im übrigen fällt der Boden hier ziemlich steil ab. Ich muß das im Kartenraum nachprüfen. Im Augenblick haben wir schätzungsweise zwei- oder dreihundert Faden Tiefe. Wollen Sie einen Echolot-Check, Sir?«

»Ja, bitte.« Van Gelder eilte davon und stieß beim Hinausgehen fast mit Lieutenant Cousteau zusammen. Cousteau war ein unbekümmerter junger Mann Anfang Zwanzig, stets dienstbeflissen und einsatzbereit und ein äußerst tüchtiger Seemann. Talbot winkte ihm, steuerbords an Deck hinauszukommen.

»Haben Sie das gesehen, Henri?«

»Ja, Sir.« Cousteaus übliche Fröhlichkeit und gute Laune waren wie weggeblasen. Er starrte in unfreiwilliger Faszination auf das Flugzeug in Rauch und Flammen, das sich nun in etwa dreihundert Meter Höhe direkt querab befand. »Was für eine scheußliche Geschichte.«

»Ja, gräßlich.« Der Schiffsarzt Andrew Grierson war zu ihnen getreten. Grierson trug weiße Shorts und darüber ein weites buntes Hawaiihemd, offenbar betrachtete er das als angemessene Tagesbekleidung für einen Sommertag in der Ägäis. »Darum haben Sie also nach Moss und seiner Erste-Hilfe-Box gefragt.« Moss vertrat ihn in der Leitung des Schiffslazaretts. »Vielleicht sollte ich selbst mitfahren.« Grierson war ein West-Highland-Schotte, wie man sofort an seinem Akzent erkannte, einem Akzent, den er nie zu verbergen versuchte. »Wenn es Überlebende gibt, was ich für verdammt unwahrscheinlich halte, kenne ich mich mit Dekompressionsproblemen aus, von denen Moss nichts versteht.«

Talbot spürte, daß die Vibrationen unter seinen Füßen sich verstärkten. Harrison hatte die Fahrt beschleunigt und steuerte etwas weiter in östlicher Richtung. Talbot dachte nicht weiter darüber nach; er hatte volles Vertrauen zu seinem Steuermann.

»Sorry, Doktor, aber für Sie gibt es wichtigere Dinge zu

erledigen.« Er deutete Richtung Osten. »Schauen Sie mal dort links vom Flugzeug unterhalb der Rauchfahne.«

»Jetzt sehe ich es. Das hätte mir schon früher auffallen müssen. Da sinkt etwas, verflixt noch mal.«

»So ist es. Dieses Etwas ist die *Delos*, eine Privatjacht, vermute ich, und sie sinkt, wie Sie schon sagten. Explosion und Feuer. Ein Feuer, das heftig um sich greift, glaube ich. Verbrennungen, Verletzungen.«

»Wir leben in schwierigen Zeiten«, sagte Grierson. In Wirklichkeit führte Grierson ein selten sorgloses und problemloses Leben, aber Talbot dachte, dies sei kaum der richtige Zeitpunkt, ihn darauf hinzuweisen.

»Die Maschine gibt keine Geräusche mehr von sich«, sagte Cousteau. »Die Triebwerke sind abgestellt.«

»Sie meinen, es gibt Überlebende? Nein, das glaube ich nicht. Die Explosion hat vielleicht das Cockpit zerstört, und in dem Fall stellen sich die Triebwerke automatisch ab.«

»Also zerschellt sie, oder geht sie unter?« sagte Grierson. »Dumme Frage. Das werden wir gleich wissen.«

Van Gelder gesellte sich zu ihnen. »Ich hätte die Tiefe hier auf achtzig Faden geschätzt. Das Echolot sagt siebzig. Ist auch gleichgültig, jedenfalls wird es flacher.«

Talbot nickte und schwieg. Alle schwiegen, niemandem war nach Reden zumute. Das Flugzeug, die Quelle der dichten Rauchsäule, befand sich nun weniger als dreißig Meter über der Wasserfläche. Gleich darauf tauchte der Rauch- und Feuerball ins Wasser und verschwand. Selbst in diesem Moment wurde das Flugzeug nicht sichtbar. Es versank hinter einer fünfzehn Meter hohen Wasser- und Gischtfontäne. Man hörte keinen Aufprall, und es zerbarst auch nicht; als der Wasser- und Gischtvorhang in sich zusammenfiel, sah man nur die leere See und merkwürdig kleine Wellen, kaum mehr als ein Kräuseln, die sich vom Aufprallpunkt kreisförmig ausdehnten.

Talbot berührte Cousteau am Arm. »Jetzt sind Sie an der Reihe, Henri. Was ist mit dem Funkgerät an Bord des Rettungsbootes?«

»Gestern überprüft, Sir. Funktioniert.«

»Wenn Ihnen etwas auffällt, Ihnen oder sonstwem, sagen Sie's uns. Ich glaube, Sie werden das Funkgerät nicht brauchen. Wenn wir stoppen, gehen Sie zu Wasser und ziehen Kreise. Ich denke, wir werden eine halbe Stunde später zurück sein.« Cousteau ging, und Talbot wandte sich an Van Gelder. »Wenn wir stoppen, sagen Sie dem Echolotmann, er soll mir die genaue Tiefe durchgeben.«

Fünf Minuten später war das Rettungsboot im Wasser und entfernte sich von der Bordwand der *Ariadne*. Talbot gab das Signal für volle Fahrt voraus, und das Schiff ging auf Ostkurs.

Van Gelder legte den Hörer auf. »Dreißig Faden, sagt das Echolot. Ein Faden mehr oder weniger.«

»Danke. Doktor?«

»Hundertachtzig Fuß«, sagte Grierson. »Da muß ich mich nicht mal am Kinn kratzen. Die Antwort ist nein. Selbst wenn sich jemand lebend aus dem Rumpf retten könnte – was ich sowieso nicht für möglich halte –, würde er kurz nach dem Auftauchen sterben. Taucherkrankheit. Geplatzte Lungen. Sie würden nicht wissen, daß sie auf dem ganzen Weg nach oben ausatmen müssen. Ein erfahrener Taucher mit Atemgerät könnte es vielleicht schaffen. An Bord dieses Flugzeugs gab es jedoch wohl keine erfahrenen Taucher. Die Frage ist ohnehin rein akademisch. Ich bin ganz Ihrer Ansicht, Captain. Die Menschen an Bord der Maschine sind tot.«

Talbot nickte und griff nach einem Telefon.

»Myers? Funkspruch an General Carson. Unidentifiziertes viermotoriges Flugzeug zwei Meilen südlich von Cap Akrotiri, vor Santorin, ins Meer gestürzt. Vierzehn Uhr fünfzehn. Unklar, ob Militär- oder Zivilmaschine. Erstmals ausgemacht in Höhe von 43000 Fuß. Unfallursache offenbar Explosion an

Bord. Zur Zeit keine weiteren Daten bekannt. Keine NATO-Flugzeuge in der Nähe gemeldet. Ist Ihnen etwas bekannt? Sylvester. Verschlüsseln Sie mit Code B.«

»Wird gemacht, Sir. Wohin?«

»Rom. Gleichgültig, wo er ist, er wird es zwei Minuten später haben.«

»Nun, ja«, meinte Grierson, »sofern bekannt ist, daß man das gleich an ihn weitergeben sollte.« Carson war der Oberbefehlshaber der NATO-Streitkräfte in Südeuropa. Grierson hob das Fernglas an die Augen und blickte zu der Rauchsäule hinüber, die nun kaum noch vier Meilen entfernt am Himmel aufstieg. »Eine Jacht, wie Sie sagen, und ein prächtiges Feuerwerk, das sie sich da leisten. Wenn's noch Überlebende gibt, wird's ihnen wohl mächtig warm werden. Wollen Sie längsseits gehen, Captain?«

»Längsseits?« Talbot blickte Denholm an. »Was schätzen Sie, wie hoch ist der Wert der elektronischen Einrichtung, die wir an Bord haben?«

»Zwanzig Millionen. Vielleicht auch fünfundzwanzig. Eine Menge Zeugs auf jeden Fall.«

»Da haben Sie Ihre Antwort, Doktor. Das Ganze ist mir schon einmal kaputtgegangen. Und es kann leicht noch einmal kaputtgehen. Nein, ich werde nicht längsseits gehen. Aber *Sie* werden es. In der Barkasse. Die ist ersetzbar. Die *Ariadne* nicht.«

»Nun, vielen Dank. Und welche furchtlose Seele ...«

»Ich bin sicher, für Number One wird es ein Vergnügen sein, Sie hinüberzufahren.«

»Hm. Also. Number One, sagen Sie Ihren Männern, sie sollen Overalls, Handschuhe und Schutzmasken tragen. Verbrennungen von brennendem Diesel können höchst unangenehm sein. Das gilt auch für Sie. Ich gehe – mich auf diesen Opfergang vorbereiten.«

»Und vergessen Sie Ihre Schwimmweste nicht.«

Grierson würdigte ihn keiner Antwort.

Nachdem sie ungefähr die Hälfte der restlichen Strecke zu der brennenden Jacht zurückgelegt hatten, rief Talbot wieder im Funkraum an.

»Haben Sie die Meldung durchgegeben?«

»Durchgegeben und Empfang bestätigt bekommen.«

»Irgend etwas Neues von der *Delos?*«

»Nein, nichts.«

»Delos«, sagte Denholm, »liegt ungefähr achtzig Meilen nördlich von hier. Ich glaube, die Kykladen werden für mich in Zukunft auch nicht mehr sein, was sie mal waren.« Er seufzte. Elektronikfachmann oder nicht, er betrachtete sich in erster Linie selbst als klassischen Philologen, und tatsächlich konnte er fließend sowohl Lateinisch als auch Griechisch lesen. Die alten Kulturen der Römer und Griechen waren ihm vertraut, was auch die umfangreiche Bibliothek in seiner Kabine belegte. Er liebte es, aus diesen Werken zu zitieren, und zitierte auch nun:

»Die Inseln der Griechen, die Inseln der Griechen,
Wo Sappho voll Leidenschaft liebte und sang,
Wo die Künste gediehen, des Kriegs und des Friedens,
Wo Delos emporstieg und Phoebus entsprang,
Ewiger Sommer ...«

»Wir haben verstanden, was Sie damit sagen wollen, Leutenant«, meinte Talbot. »Wir werden morgen darüber weinen. Fürs erste müssen wir uns mit den Problemen dieser armen Menschenseelen da drüben auf dem Vorschiff befassen. Ich zähle fünf.«

»Ich auch.« Denholm ließ das Fernglas sinken. »Warum winken sie so wild? Sie können doch nicht annehmen, daß wir sie noch nicht gesichtet haben.«

»Natürlich haben sie uns gesehen. Erleichterung, Leutenant. Warten auf die Rettung. Aber es muß noch einen Grund geben. Ihr Winken wirkt irgendwie verzweifelt. Wie eine primitive Form von Zeichensprache. Was sie damit sagen wollen, ist wohl: ›Zum Teufel, nun holen Sie uns schon hier herunter, und zwar schnell.‹ «

»Vielleicht befürchten sie eine weitere Explosion?«

»Vielleicht. Harrison, ich möchte, daß wir steuerbords von ihnen stoppen. Und zwar in sicherer Entfernung, verstehen Sie.«

»Hundert Meter, Sir?«

»Ja, gut.«

Die *Delos* war – oder war es gewesen – eine prächtige Jacht. Stromlinienförmig, an die dreißig Meter lang und bis vor kurzem, wie man noch sehen konnte, von blendendem Weiß. Jetzt hatten Rauch und Dieselöl sie geschwärzt. In den Deckaufbauten waren die Brücke untergebracht, ein Salon, ein Speiseraum und ein weiterer Raum, der vielleicht die Kombüse war. Der immer noch dichte Rauch über dem erhöhten Achterdeck und die Flammen, die auch jetzt noch an die zwei Meter hoch schlugen, ließen darauf schließen, wo es brannte – nämlich mit Sicherheit im Maschinenraum. Direkt hinter dem Feuer hing noch immer ein kleines Motorboot an einem Bootskran, das durch die Explosion oder das Feuer vermutlich nicht mehr voll einsatzfähig war.

»Ziemlich merkwürdig, finden Sie nicht, Lieutenant?« sagte Talbot.

»Merkwürdig?« fragte Denholm vorsichtig zurück.

»Ja. Man kann sehen, daß die Flammen kleiner werden. Man sollte meinen, daß sich dadurch auch die Gefahr einer weiteren Explosion verringert.« Talbot trat auf die Backbordseite hinaus. »Und fällt Ihnen nicht auf, daß das Wasser fast schon bis ans Deck reicht?«

»Ich sehe, daß sie drauf und dran ist unterzugehen.«

»Genau. Wenn Sie an Bord eines Kahns wären, der jeden Moment in die Luft fliegen oder Sie mit in die Tiefe reißen kann, was wäre dann Ihre natürliche Reaktion?«

»Nichts wie weg, Sir. Aber ich kann sehen, daß Ihr Motorboot beschädigt ist.«

»Da haben Sie recht. Aber eine Jacht von dieser Größe ist bestimmt mit zusätzlichem Rettungszeug versehen. Nicht mit einem Carley-Floß vielleicht, aber sicherlich mit einem aufblasbaren Schlauchboot. Und jeder umsichtige Captain hätte genug Schwimmgürtel und -westen für die Passagiere und seine Mannschaft an Bord. Ich sehe sogar zwei Rettungsgürtel vorn an der Brücke. Aber Sie haben nicht das getan, was einem einleuchten würde, nämlich das Schiff verlassen. Ich frage mich, warum.«

»Keine Ahnung, Sir. Aber es ist verdammt komisch.«

»Wenn wir diese verzweifelten Seeleute gerettet und an Bord gebracht haben, werden Sie, Jimmy, vergessen, daß Sie Griechisch können.«

»Sie meinen, daß ich es sprechen kann, nicht aber, daß ich es verstehe?«

»Genau.«

»Commander Talbot, Sie sind hinterhältig und mißtrauisch.«

»Das bringt mein Beruf so mit sich, Jimmy.«

Harrison brachte die *Ariadne* ungefähr hundert Meter von der *Delos* entfernt steuerbords zum Stehen. Van Gelder legte ab und war schnell längsseits des Vorderdecks der *Delos*. Zwei Bootshaken um die Pfosten des Sicherheitsgeländers an der Reling hielten sie in Position. Da die Barkasse und der Bug der sinkenden Jacht sich fast auf gleicher Höhe befanden, dauerte die Übernahme der sechs Überlebenden nur wenige Sekunden – der sechste hatte sich erst auf der Barkasse zu den fünf anderen gesellt, die Talbot gezählt hatte. Sie boten alle wirklich ein Bild des Jammers, so traurig und verdreckt, daß man weder ihr Alter noch ihr Geschlecht noch ihre Nationalität ausmachen konnte.

»Spricht jemand von Ihnen Englisch?« fragte Van Gelder.

»Wir alle.« Der Sprecher war klein und untersetzt, mehr konnte man im Moment nicht über ihn sagen. »Einige unter uns nur ein wenig. Aber es reicht.« Er sprach mit starkem Akzent, war aber gut zu verstehen. Van Gelder blickte Grierson an.

»Ist jemand von Ihnen verletzt, oder hat einer Verbrennungen?« fragte Grierson. Alle schüttelten den Kopf und verneinten murmelnd. »Dann gibt es hier für mich nichts zu tun, Number One. Sie sollen heiß duschen, sich gründlich reinigen, mit Seife. Und etwas anderes anziehen natürlich.«

»Wer ist hier der Chef?« fragte Van Gelder.

»Ich.« Es war derselbe Mann.

»Ist noch jemand an Bord?«

»Drei Leute. Ich fürchte, sie werden nicht mitkommen.«

»Heißt das, daß sie tot sind?« Der Mann nickte.

»Ich sehe mal nach.«

»Nein, nein!« Er packte Van Gelder mit seiner öligen Hand am Arm. »Das ist zu gefährlich. Viel zu gefährlich. Ich verbiete es Ihnen.«

»Sie können mir gar nichts verbieten.« Wenn Van Gelder nicht lächelte, was nicht oft vorkam, konnte er ziemlich furchteinflößend wirken. Der Mann zog seine Hand zurück. »Wo sind diese Leute?«

»In dem Durchgang zwischen dem Maschinenraum und den Kabinen im Heck. Wir haben sie noch rausgeholt nach der Explosion, bevor das Feuer begann.«

»Riley«, sagte Van Gelder zu einem der Matrosen. »Begleiten Sie mich an Bord. Wenn Sie glauben, daß die Jacht im Begriff ist, unterzugehen, rufen Sie mich.« Er nahm eine Taschenlampe und wollte gerade an Bord der *Delos* steigen, als ihn jemand mit einer Schutzbrille in der Hand zurückhielt. Van Gelder lächelte. »Danke, Doktor. Daran hatte ich jetzt nicht gedacht.«

Er sprang an Bord der Jacht, eilte zum Heck und stieg den

achteren Niedergang hinunter. Unten war alles voll Rauch, aber mit Hilfe der Taschenlampe hatte er keine allzu großen Schwierigkeiten, die drei fehlenden Leute ausfindig zu machen, die alle in einer Ecke kauerten. Rechts von ihm befand sich das Schott zum Maschinenraum, das sich unter der Wucht der Explosion etwas verzogen hatte. Es kostete ihn einige Kraftanstrengung, es zu öffnen. Übelriechender Qualm schlug ihm entgegen, legte sich ihm auf den Hals und die Augen, und er begann zu husten. Er setzte die Schutzbrille auf, sah aber immer noch nichts außer der roten Glut eines Feuers, das im Begriff schien, zu verlöschen, und dessen Ursache nicht zu erkennen war. Er zog das Schott wieder zu – er war ziemlich sicher, daß es im Maschinenraum sowieso nichts Lohnendes für ihn zu sehen gab – und beugte sich herab, um die drei Toten näher anzusehen. Sie sahen alles andere als schön aus, doch er zwang sich, sie dennoch so gründlich wie möglich zu untersuchen. Bei dem dritten Toten verharrte er ziemlich lange – dreißig Sekunden waren unter den gegebenen Umständen eine lange Zeit –, und als er sich wieder aufrichtete, sah er verwirrt und nachdenklich aus.

Die Tür zur hinteren Kabine ließ sich leicht öffnen. Da war etwas Rauch, aber nicht so viel, daß er die Brille hätte aufsetzen müssen. Die Kabine war luxuriös eingerichtet und tadellos sauber und ordentlich, was Van Gelder im Handumdrehen änderte. Er zog ein Laken von einer der Kojen, breitete es auf dem Boden aus, riß die Schränke und Schubladen auf, packte mehrere Arme voll Kleider und Wäsche – um eine Auswahl zu treffen, reichte die Zeit nicht, doch selbst wenn es anders gewesen wäre, hätte er nicht anders handeln und überlegt wählen können, denn es waren alles Frauenkleider –, ließ sie auf das Laken fallen, knotete die vier Ecken zusammen, schleppte das Ganze den Niedergang hinauf und übergab es Riley.

»Legen Sie das in die Barkasse. Ich will noch schnell einen

Blick in die vorderen Kabinen werfen. Der Niedergang dazu ist vermutlich weiter vorne im Salon unter der Brücke.«

»Ich glaube, Sie müssen sich beeilen, Sir.«

Van Gelder antwortete nicht. Es war nicht nötig, ihm zu erklären, warum er schnell machen mußte – das Meer begann bereits am Oberdeck über Bord zu plätschern. Er ging in den Salon, entdeckte auf Anhieb den Niedergang und stieg schnell zum Mittelgang hinab.

Er schaltete seine Taschenlampe an – denn natürlich funktionierte das elektrische Licht nicht mehr. Zu beiden Seiten des Ganges gingen Türen ab, und auch am Ende befand sich eine. Die erste Tür an Backbord ließ sich öffnen und führte in einen Raum, in dem Proviant verstaut war; die Tür gegenüber an Steuerbord war verschlossen. Van Gelder schenkte ihr weiter keine Beachtung; die *Delos* sah nicht aus wie ein Schiff ohne reichlich bestückte Bar. Hinter den anderen Türen lagen vier Kabinen und zwei Badezimmer. Alle waren leer. Wie schon vorher, breitete Van Gelder auch hier ein Laken aus – diesmal im Durchgang –, warf mehrere Arme voll Kleidung darauf, knotete es zusammen und hastete zurück an Deck.

Die Barkasse war nicht mehr als dreißig Meter weit von der *Delos* entfernt, als diese, immer noch auf ebenem Kiel, ganz allmählich untertauchte und zu sinken begann. Es passierte ganz undramatisch – nur ein Strom Luftblasen stieg auf, nichts weiter, und der wurde kleiner und immer kleiner und versiegte schon wieder nach kaum mehr als zwanzig Sekunden.

Talbot stand an Deck, als die Barkasse mit den sechs Überlebenden zurückkehrte. Er blickte voller Sorge die jämmerlichen und ungepflegt wirkenden Gestalten vor sich an.

»Mein Gott, Sie sehen mitgenommen aus! Sind das alle, Number One?«

»Alle Überlebenden, Sir. Drei sind tot. War nicht mehr genug Zeit, ihre Leichen zu bergen.« Er deutete auf die Person direkt neben ihm. »Dies ist der Eigentümer.«

»Andropulos«, stellte der Mann sich vor. »Spyros Andropulos. Sind Sie der Captain?«

»Ja. Commander Talbot. Mein Beileid, Mr. Andropulos.«

»Danke, Commander. Wir sind Ihnen zutiefst dankbar ...«

»Mit Verlaub, Sir, das hat Zeit. Das Wichtigste zuerst. Und als erstes müssen Sie sich mal gründlich waschen. Und umziehen. Das ist ein Problem. Wegen der Kleider. Wir werden welche für Sie auftreiben.«

»Dafür ist gesorgt«, sagte Van Gelder. Er deutete auf die beiden Lakenknäuel. »Damen. Herren.«

»Damit haben Sie sich einen Orden verdient, Number One. – Sagten Sie ›Damen‹?«

»Ja, Commander«, bestätigte Andropulos. Er warf einen Blick auf die Gestalten neben sich. »Meine Nichte und ihre Freundin.«

»Aha. Ja, ich glaube, da müssen wir um Entschuldigung bitten. Aber unter den gegebenen Umständen ...«

»Charial«, sagte eine unverkennbar weibliche Stimme. »Ich heiße Irene Charial. Und dies ist meine Freundin Eugenia.«

»Da bleibt mir nur zu wünschen, wir wären uns unter glücklicheren Umständen begegnet. Lieutenant Denholm wird Sie in meine Kabine bringen. Das Bad ist nur klein, aber es gibt da alles, was Sie brauchen. Wenn Sie sie zu mir zurückbringen, Lieutenant, möchte ich, daß man sie als das wiedererkennt, was sie sind.« Er wandte sich zu einem stämmigen, dunkelhaarigen Mann um, der wie die meisten Leute in seiner Mannschaft keine Rangabzeichen trug. »McKenzie, kümmern Sie sich um die vier Herren hier. Sie wissen, was Sie zu tun haben.«

»Zu Ihren Diensten, Sir. Wollen Sie mich bitte begleiten, meine Herren?«

Auch Grierson entfernte sich. Van Gelder und Talbot blieben zurück. »Können wir diese Stelle wiederfinden?« fragte Van Gelder.

»Kein Problem.« Talbot blickte ihn fragend an und deutete

nordostwärts. »Ich habe das Kloster und die Radarstation auf dem Berg Elias angepeilt. Das Echolot zeigt achtzehn Faden Tiefe. Der Sicherheit halber werden wir noch eine Markierungsboje ausbringen.«

General Carson legte das Blatt Papier, das er eben gelesen hatte, zur Seite und blickte den Colonel an, der ihm gegenübersaß.

»Was halten Sie davon, Charles?«

»Könnte ganz harmlos sein. Ohne Bedeutung. Sorry, das nützt nichts. Mein Gefühl sagt mir, da ist etwas faul. Vielleicht würde es einen weiterbringen, wenn man einen Seemann dazu hören könnte.«

Carson lächelte und drückte auf einen Knopf. »Wissen Sie, ob Vice-Admiral Hawkins im Hause ist?«

»Ja, er ist da, Sir«, antwortete eine Frauenstimme. »Wollen Sie ihn nur sprechen, Sir, oder ihn auch sehen?«

»Auch sehen, Jean. Würden Sie ihn bitten, zu mir zu kommen?«

Vice-Admiral Hawkins war ziemlich jung für einen Mann seines Ranges. Er war klein, hatte ein wenig Übergewicht, eine ziemlich rosige Gesichtsfarbe und strahlte Gutmütigkeit aus. Er sah nicht sonderlich intelligent aus, war es aber. Er galt weithin als einer der brillantesten Köpfe in der Royal Navy. Er nahm auf dem Stuhl Platz, auf den Carson gedeutet hatte, und überflog die Meldung.

»Verstehe, verstehe.« Er legte das Blatt wieder hin. »Aber Sie hätten mich nicht hergebeten, um meine Meinung zu hören, wenn die Sache so einfach wäre. Sylvester ist einer der Code-Namen für die Fregatte HMS *Ariadne*. Eines der Schiffe unter Ihrem Kommando, Sir.«

»In Ordnung, David. Das weiß ich natürlich. Aber vergessen Sie nicht, ich bin nur eine simple Landratte. Merkwürdiger Name, finden Sie nicht? Ein Schiff der Royal Navy mit griechischem Namen.«

»Eine Geste der Höflichkeit gegenüber den Griechen, Sir. Wir führen mit ihnen gemeinsam hydrographische Untersuchungen durch.«

»Tatsächlich?« General Carson fuhr sich mit einer Hand durch sein angegrautes Haar. »Ich wußte noch gar nicht, daß ich unter die Hydrographen gegangen bin.«

»Sind Sie ja auch nicht, Sir. Aber ich zweifle nicht daran, daß das Schiff eine solche Untersuchung durchführen könnte, wenn es von ihm verlangt würde. Die *Ariadne* verfügt über eine Funkausrüstung, mit der sie mit jedem Winkel unserer Erde, und sei er noch so fern, Meldungen austauschen kann. Sie verfügt über Teleskope und optische Gerätschaften, mit denen sich die hervorstechenden Merkmale jedes Satelliten feststellen lassen, selbst solcher in erdsynchroner Umlaufbahn in zweiundzwanzigtausend Meilen Höhe. Sie verfügt über eine Weitstrecken- und Überwasser-Radaranlage, die zu den fortschrittlichsten auf der ganzen Welt gehört. Und sie hat eine Echolot- und Ortungsanlage, die ein gesunkenes Objekt am Boden des Meeres genauso leicht ausmachen kann wie ein im Hinterhalt lauerndes U-Boot. Die *Ariadne*, Sir, stellt Augen und Ohren Ihrer Flotte dar.«

»Gut, das zu wissen, muß ich sagen. Sehr beruhigend. Aber ist der Kommandant der *Ariadne* auch – hm –, was seine Fähigkeiten anbelangt, begabt genug, das Ausrüstungspotential, über das er verfügt, richtig einzusetzen?«

»Ganz gewiß, Sir. Für eine so außergewöhnlich komplexe Aufgabe braucht man einen außergewöhnlich qualifizierten Mann. Commander Talbot ist überragend begabt. Sorgsam ausgewählt für diesen Job.«

»Von wem?«

»Von mir.«

»Verstehe.« Carson dachte kurz nach. »Colonel, ich glaube, wir sollten General Simpson ins Bild setzen.« Simpson war Carsons einziger Vorgesetzter in Europa.

»Etwas anderes bleibt uns wohl nicht zu tun, Sir.«

»Sind Sie auch dieser Ansicht, David?«

»Nein, General. Ich glaube, das ist Zeitverschwendung. Wenn Ihnen nichts in dieser Richtung bekannt ist, ist General Simpson, da bin ich verdammt sicher, auch nichts davon bekannt. Dies ist nur eine Vermutung, eine wilde Vermutung, wenn Sie so wollen, die sich auf nichts stützt, aber ich habe so einen merkwürdigen Verdacht, Sir – so ein komisches Gefühl, Sir –, daß es sich bei diesem Flugzeug um eines der unsrigen handelt – ein amerikanisches. Um einen Bomber, da bin ich ziemlich sicher, der vielleicht noch auf der Geheimliste steht – er flog immerhin ungewöhnlich hoch.«

»Vielleicht hat sich die *Ariadne* getäuscht.«

»Die *Ariadne* täuscht sich nicht. Dafür verwette ich Amt und Leben.« Seine ausdruckslose, unerregte Stimme wirkte völlig überzeugend. »Commander Talbot ist nicht der einzige übermäßig begabte Mann an Bord. Da sind wenigstens dreißig weitere der gleichen Kategorie. Ein Elektronikspezialist zum Beispiel, der auf seinem Gebiet allen so unglaublich weit voraus ist, daß keines Ihrer vielgerühmten hochtechnologischen Wunderkinder in Silicon Valley auch nur ansatzweise zu begreifen vermöchte, wovon er eigentlich redet.«

Carson hob eine Hand. »Verstanden, David, verstanden. Ein amerikanischer Bomber also. Ein ganz besonderer Bomber, weil er eine ganz besondere Fracht an Bord gehabt haben muß. Was glauben Sie denn, was es war?«

Hawkins lächelte leicht. »Ich bin kein Hellseher, Sir. Menschen oder Fracht. Sehr geheime, sehr wichtige Fracht oder sehr geheime und sehr wichtige Leute. Es gibt nur eine Stelle, wo man Ihnen darüber Auskunft geben kann; wenn die sich weigert, könnte damit die ganze Zukunft der NATO auf dem Spiele stehen, und derjenige, der für diese negative Entscheidung letztlich verantwortlich ist, wird sich wohl nur gegenüber dem Präsidenten der Vereinigten Staaten zu verantworten haben. Es ist nicht damit zu rechnen, daß der Betreffende sich noch lange auf einem verantwortungsvollen Posten halten wird.«

Carson stöhnte. »Etwas quengelig gesagt, wenn Sie erlauben, David: Sie haben leicht reden. Sie sind britischer Offizier. Ich dagegen bin Amerikaner.«

»Das ist mir wohl bewußt, Sir.«

Carson blickte den Colonel an, der eine Weile schwieg, dann bedächtig zweimal nickte. Carson drückte auf einen Knopf auf seinem Schreibtisch.

»Jean?«

»Ja, Sir?«

»Verbinden Sie mich mit dem Pentagon. Sofort.«

2

»Bedrückt Sie etwas, Vincent?« Vincent war Van Gelders Vorname. Sie saßen zu dritt in der Offiziersmesse – Talbot, Van Gelder und Grierson.

»Mich verwirrt etwas, Sir. Ich verstehe nicht, warum Andropulos und die anderen das Schiff nicht früher verlassen haben. Ich habe zwei aufblasbare Beiboote an Deck bemerkt. Noch aufgerollt, zugegebenermaßen, aber diese Dinger lassen sich im Handumdrehen öffnen und mit den dazugehörigen Gaszylindern aufblasen. Auch Rettungsgürtel und Schwimmwesten waren vorhanden. Sie hatten keinerlei Anlaß, an Deck des brennenden Schiffs zu bleiben. Sie hätten jederzeit von Bord gehen können. Ich will nicht sagen, daß die Jacht sie mit in den Abgrund hätte reißen können, aber mit Sicherheit wäre es zeitweilig für sie doch recht ungemütlich geworden.«

»Derselbe Gedanke ist mir auch schon gekommen. Ich sagte es eben auch schon zu Andrew. Merkwürdig. Vielleicht hatte Andropulos einen Grund dafür. Sonst noch etwas?«

»Er versuchte mich davon abzuhalten, an Bord seiner Jacht zu gehen. Vielleicht aus Sorge um meine Gesundheit. Doch das glaube ich nicht. Außerdem wüßte ich gern, wie es zu der Explosion im Maschinenraum gekommen ist. Eine Luxusjacht wie diese muß einen Maschinisten an Bord gehabt haben – das läßt sich ja ziemlich leicht feststellen –, und da darf man wohl davon ausgehen, daß die Maschinen gut gewartet wurden und sich in einwandfreiem Zustand befanden. Mir ist unklar, wie es da zu einer Explosion kommen konnte. Wir müssen dazu McCafferty befragen.«

»Deswegen waren Sie also so daran interessiert, festzuhalten, an welcher Stelle die *Delos* gesunken ist. Sie meinen, jemand, der über Sprengstoffe und ihre Wirkung Bescheid weiß, könnte feststellen, wo die Explosion stattfand und was sie verursacht hat? Ich bin sicher, daß es jemanden gibt, der das kann. Und der zugleich feststellen kann, was die Unglücksursache beim Absturz einer Maschine war, die in der Luft explodierte – diese Leute kennen sich mit solchen Dingen viel besser aus als die Navy. Sprengstoffexperten haben wir an Bord, aber keine Experten, was die Wirkungsweise von Sprengstoffen anbelangt. Doch selbst wenn wir die hätten, fehlten uns noch Taucher, die es – abgesehen von Ihnen und von mir – gewohnt sind, in einer Tiefe von mehr als dreißig Metern zu arbeiten. Wir könnten jemanden von einem Tauchschiff oder Bergungsfahrzeug ausborgen, aber der würde aller Wahrscheinlichkeit nach wiederum nichts über die Wirkungsweise von Sprengstoffen wissen. Doch das ist nicht wirklich ein Problem. Es wäre für jedes Hebeschiff ein Leichtes, den Rumpf eines Flugzeugs zu bergen.« Talbot blickte Van Gelder nachdenklich an. »Aber Sie bedrückt noch etwas anderes, ja?«

»Ja, Sir. Die drei Toten an Bord der *Delos* – oder, um es genauer zu sagen, einer von ihnen. Darum habe ich den Arzt hinzugebeten. Die drei waren so rußverschmiert und schwarz, daß sich nur schwer feststellen ließ, was sie angehabt hatten, aber zwei von ihnen schienen weiß gekleidet gewesen zu sein, während der dritte offenbar einen marineblauen Overall getragen hatte. Ein Maschinist würde niemals Weiß tragen. Nun, ich gebe zu, unser Maschinist, Lieutenant McCafferty, ist da eine Ausnahme; aber der zählt nicht, der geht sowieso nie in die Nähe seiner Maschinen. Jedenfalls ging ich von der Vermutung aus, daß der Mann im Overall der Maschinist war, und er war es auch, der mir besonders auffiel. Er hatte eine üble klaffende Wunde am Hinterkopf, als wäre er damit gegen einen sehr harten, sehr scharfen Gegenstand geflogen.«

»Oder von einem sehr harten, scharfen Gegenstand getroffen worden?« fragte Grierson.

»Oder auch das. Ich weiß nicht. Die forensische Seite der Frage ist nicht meine Stärke, fürchte ich.«

»War sein Hinterkopf zerschmettert?«

»Sein Hinterkopf? Nein. Wenigstens bin ich ziemlich sicher, daß er das nicht war. Ich meine, er wäre dann aufgeplatzt oder breiig gewesen, oder? Das war er nicht.«

»Ein solcher Schlag hätte eine starke Prellung hervorrufen müssen. Ist Ihnen etwas in der Art aufgefallen?«

»Schwer zu sagen. Er hatte ziemlich dichtes Haar. Aber er war blond. Nein, ich glaube nicht, daß da so etwas war.«

»Hatte er stark geblutet?«

»Nein, überhaupt nicht. Da bin ich sicher.«

»Haben Sie in seiner Kleidung Löcher bemerkt?«

»Nein, nicht soweit ich sehen konnte. Er ist nicht erschossen worden, wenn es das ist, was Sie meinen, und darauf wollten Sie wohl, glaube ich, hinaus. Wer sollte einen Toten noch erschießen wollen? Sein Genick war gebrochen.«

»Tatsächlich?« Grierson wirkte überrascht. »Der Arme hat einiges durchgemacht, finden Sie nicht auch?«

»Was halten Sie davon, Andrew?« fragte Talbot.

»Ich weiß nicht, was ich davon halten soll. Zu der Kopfwunde und dem Genickbruch kann es natürlich gleichzeitig gekommen sein. Aber wenn die beiden Verletzungen nicht gleichzeitig erfolgt sind, dann kann es sich auch – wie Vincent ganz offenbar glaubt – um einen Mordfall handeln.«

»Würde eine Untersuchung der Leiche uns denn überhaupt weiterbringen?«

»Die Möglichkeit besteht. Ich habe da jedoch große Zweifel. Aber eine Untersuchung der Schotts im Maschinenraum würde uns weiterbringen.«

»Indem man nachsieht, ob es da irgendwelche scharfen Kanten oder Vorsprünge gibt, die eine solche Kopfverletzung hätten verursachen können?« Grierson nickte. »Nun, falls wir dieses Schiff jemals bergen, können wir vielleicht zwei Fliegen mit einer Klappe schlagen: die Ursache der Explosion klären und die Todesursache dieses Mannes.«

»Vielleicht sogar drei Fliegen«, sagte Van Gelder. »Es wäre interessant, die Zahl und Lage der Treibstofftanks im Maschinenraum zu kennen. Es gibt, glaube ich, zwei Anordnungen, die üblich sind – im einen Fall gibt es nur einen Haupt-Treibstofftank, der querschiffs am vorderen Schott befestigt ist, dann ist der Kessel oder sind die Kessel auf der einen Seite der Maschine und die Batterien auf der anderen, außerdem ist ein Wassertank backbords und einer steuerbords – oder es gibt zwei Treibstofftanks, auf jeder Seite einen, und der Wassertank befindet sich vorne. In dem Fall sind die beiden Treibstofftanks miteinander verbunden, damit das Gleichgewicht des Schiffes erhalten bleibt.«

»Ein übler Verdacht, Number One«, sagte Talbot. »Ziemlich übel. Sie würden dabei wohl davon ausgehen, daß Sie nur einen Treibstofftank vorfinden, während Andropulos behaupten wird, er hätte das Schiff nicht verlassen, weil er befürchtete, der zweite Treibstofftank könne jeden Moment in die Luft fliegen, und weil er nicht wollte, daß seine lieben Passagiere in einem Meer brennenden Öls schwämmen, das natürlich auch die Gummiboote zerstört hätte.«

»Tut mir leid, Sir. Ich dachte, mir wäre dieser Gedanke zuerst gekommen.«

»Ist er ja auch. Wenn die Passagiere sich gesäubert haben, versuchen Sie doch mal an diese junge Dame, Irene Charial, allein heranzukommen und herauszufinden, ob sie etwas über die Anordnung im Maschinenraum weiß. Ganz beiläufig, Vincent, mit engelhafter Unschuldsmiene – daß Ihnen letzteres gelingt, da habe ich allerdings meine Zweifel. Es ist auch denkbar, daß sie den Raum nie betreten hat und nichts darüber weiß.«

»Ebensogut ist es möglich, daß ihr das alles bekannt ist, Sir, und daß sie mir etwas Falsches erzählt. Miss Charial ist Andropulos' Nichte.«

»Der Gedanke ist mir auch schon gekommen. Wenn Andropulos jedoch nicht alles in seiner Person vereinigt, was er könnte, dann gibt es aller Wahrscheinlichkeit nach in der übrigen Schiffsmannschaft eine Person, die sein Vertrauen hat, und ich würde vermuten, daß es ein Mann ist. Ich sage nicht, daß es so ist, denn Sie kennen sich mit den Griechen aus, nicht ich. Und wir dürfen auch nicht vergessen, daß Andropulos ganz unschuldig sein kann, daß seine Weste so rein ist wie frischgefallener Schnee und daß es für alle Vorkommnisse eine völlig vernünftige Erklärung gibt. Ein Versuch kann jedenfalls nicht schaden, und man weiß ja nie, Vincent – vielleicht entpuppt sie sich als klassische griechische Schönheit.«

Aus der Tatsache, daß das Beiboot still im Wasser lag und daß Cousteau, die Hand untätig an der Ruderpinne, kein besonderes Interesse für irgend etwas zeigte, war ersichtlich, daß sein Warten vergeblich gewesen war, was er auch bei seiner Rückkehr auf die Brücke bestätigte.

Talbot rief im Funkpeilraum an. »Haben Sie die genaue Lage des Flugzeugs geortet?«

»Ja, Sir. Wir befinden uns zur Zeit genau darüber. Laut Ortung in achtzehn Faden Tiefe. Das ist das Echolot vom Oberteil des Rumpfes. Wahrscheinlich liegt es etwa zwanzig Faden tief. Das Flugzeug liegt in der gleichen Richtung, wie es abgestürzt ist – Nordosten nach Südwesten. Von dort unten sind ziemlich merkwürdige Geräusche zu vernehmen, Sir. Könnten Sie es einrichten, nach unten zu kommen?«

»Ja, ich komme.« Aus Gründen, die ihm selber am besten bekannt waren, zog Halzman, sein Sonar-Obermaat, es vor, seine Meinung nicht dem Telefon anzuvertrauen. »In ein oder zwei Minuten.« Er wandte sich Van Gelder zu. »Veranlassen

Sie, daß McKenzie ungefähr mittschiffs eine Markierungsboje zu Wasser bringt. Sagen Sie ihm, er soll das Gewicht vorsichtig herunterlassen. Ich möchte nicht, daß es zu hart auf dem Rumpf des Flugzeugs aufschlägt, für den Fall, daß es damit überhaupt in Berührung kommt. Wenn das geschehen ist, möchte ich, daß wir ankern. Mit zwei Ankern. Einem Heckanker in nordwestlicher Richtung, ungefähr hundert Meter von der Boje entfernt, und einem Buganker, ungefähr gleich weit in südöstlicher Richtung.«

»Ja, Sir. Gestatten Sie mir den Vorschlag, es umgekehrt zu machen?«

»Natürlich, Sie haben recht. Ich hatte eben ganz unseren alten Freund vergessen. Er hat wohl heute einen Ruhetag, was? Natürlich andersherum.« Der »alte Freund«, auf den er anspielte und den auch Van Gelder offenbar im Sinne hatte, war der Meltemi, der in den britischen Navigationsrichtlinien als »die Etesien« bezeichnet wird. Das ist ein Wind, der in den Kykladen – und tatsächlich fast in der ganzen Ägäis – den ganzen Sommer über stetig weht, und zwar aus dem Nordwesten und gewöhnlich nur am Nachmittag und frühen Abend. Falls er aufkommen sollte, würde die *Ariadne* ruhiger auf dem Wasser reiten, wenn sie mit dem Bug im Wind läge.

Talbot ging zum Sonarraum hinunter, der nur ein Deck tiefer etwas achteraus lag. Er war gegen alle Außengeräusche isoliert und nur matt erleuchtet. Er enthielt drei Bildschirme, zwei Schalttafeln und vor allem eine beträchtliche Anzahl stark wattierter Abhörmuscheln. Halzman erblickte ihn in einem Spiegel über seinem Kopf – von solchen Spiegeln gab es mehrere in diesem Raum, da man das Sprechen hier ebenso auf ein Mindestmaß beschränkte wie jede weitere Geräuschverursachung –, nahm seine Kopfhörer ab und deutete auf den Stuhl neben sich.

»Nehmen Sie diese Kopfhörer da, Sir. Ich dachte, es dürfte für Sie von Interesse sein, eine Minute zu horchen.«

Talbot setzte sich und setzte die Kopfhörer auf. Nach ungefähr fünfzehn Sekunden nahm er sie wieder ab und wandte sich Halzman zu, der seine ebenfalls abgesetzt hatte.

»Ich höre nicht das Geringste.«

»Mit Verlaub, Sir, als ich eine Minute sagte, meinte ich genau das. Eine Minute. Sie müssen erst so lange hinhören, bis Sie die Stille wahrnehmen, dann hören Sie es.«

»Was immer das heißen soll, ich werde es versuchen.« Talbot lauschte erneut, und fast unmittelbar vor Ablauf einer Minute beugte er sich vor und runzelte die Stirn. Nach weiteren dreißig Sekunden setzte er die Kopfhörer wieder ab.

»Ein Tickgeräusch. Merkwürdig, Halzman, Sie hatten recht. Erst nimmt man die Stille wahr, und danach hört man es. Tick ... tick ... tick ..., einmal alle zwei, drei Sekunden. Sehr regelmäßig, sehr leise. Sind Sie sicher, daß es vom Flugzeug kommt?«

»Ganz sicher, Sir.«

»Haben Sie so etwas schon einmal gehört?«

»Nein, Sir. Ich habe schon viele hundert Stunden damit verbracht, Echolot- und anderen Unterwasserhorchgeräten zu lauschen, aber dies hier ist mir neu.«

»Ich habe ein ziemlich gutes Gehör, aber ich brauchte doch eine Weile, bis ich etwas zu hören glaubte. Es ist ein sehr, sehr schwaches Geräusch, nicht wahr?«

»Ja, das ist es. Ich mußte den Lautstärkeregler voll aufdrehen, bevor ich es bemerkte – normalerweise ist es nicht zu empfehlen, so etwas zu tun, unter falschen Voraussetzungen können einem dabei die Trommelfelle platzen. Warum ist es so leise? Nun, das Geräusch kann natürlich schon von Anbeginn an so schwach sein. Ich habe darüber nachgedacht, Sir – ich hatte gerade nichts anderes, worüber ich nachdenken mußte. Es ist entweder ein mechanisches oder elektrisches Gerät. Und was es auch ist, es muß sich in einem versiegelten oder wasserdichten Behälter befinden. Ein mechanisches Gerät könnte natürlich auch im Wasser funktionieren, wenn es ganz davon bedeckt ist, aber wenn es so wäre, würde das Geräusch fast vollständig überdeckt. Ein elektrisches Gerät müßte total gegen Seewasser abgedichtet sein. Die Stromversorgung des Flugzeugs hat natürlich aufgehört zu funktionieren, also muß es über eine eigene Stromversorgung verfügen, eine batteriebetriebene wahrscheinlich. So oder so, ob mechanisch oder elektrisch ausgelöst, müssen die Geräuschimpulse erst den wasserdichten Behälter und dann noch den Flugzeugrumpf durchdringen.«

»Haben sie *irgendeine* Vorstellung, was es sein könnte?«

»Nein, nicht die geringste. Es ist eine Zweieinhalbsekunden-Sequenz – das habe ich gemessen. Ich kenne keine Uhr oder Weckapparatur, die über einen solchen Rhythmus verfügt. Sie, Sir?«

»Nein, ich auch nicht. Meinen Sie, es ist eine Art Zeitbombe?«

»Darüber habe ich auch schon nachgedacht, Sir, aber ich habe es wieder verworfen.« Halzman lächelte. »Vielleicht bin ich da voreingenommen wegen all dieser billigen und scheußlichen Videofilme, die wir an Bord haben, mit all ihren Spezialtricks und ihrer Pseudowissenschaftlichkeit. Ich weiß nur eins mit Sicherheit, Sir, daß da unten auf dem Meeresboden ein mysteriöses Flugzeug liegt. Was für eine Ladung es an Bord hat, weiß nur der liebe Gott.«

»Da haben Sie recht. Ich glaube, wir sollten es fürs erste dabei belassen. Lassen Sie es von einem Ihrer Leute , sagen wir mal, alle fünfzehn Minuten einmal nachprüfen.«

Als Talbot auf die Brücke zurückkehrte, konnte er die Markierungsboje unmittelbar hinter dem Schiff sanft in dem Kielwasser auf und ab tanzen sehen, das Van Gelder erzeugte, der die *Ariadne* langsam auf Nordwestkurs brachte. Kurz darauf stoppte er, manövrierte hin und her, bis er glaubte, mit dem

Bug ungefähr hundert Meter von der Boje entfernt zu sein, ließ den Anker ausbringen, schaltete auf langsame Rückwärtsfahrt und ließ die Kette beim Rückwärtslaufen fieren. Bald war auch der Heckanker ausgebracht und die *Ariadne* wieder in ihrer Ausgangslage. Die Markierungsboje stieß mittschiffs an Backbord leicht gegen die Außenhaut.

»Saubere Arbeit«, sagte Talbot. »Sagen Sie, Number One, wie gut sind Sie im Rätsellösen?«

»Nicht zu gebrauchen. Schon das einfachste Kreuzworträtsel ist mir zu hoch.«

»Egal. Wir fangen mit dem Sonargerät ein merkwürdiges Geräusch auf. Sie sollten es sich auch mal anhören, vielleicht können Sie feststellen, was es ist. Ich bin damit überfordert.«

»Schon geschehen. Bin in zwei, drei Minuten wieder da.«

Es vergingen jedoch zwanzig Minuten, bis er auf die Brücke zurückkehrte. Talbot war solange allein; da das Schiff keine Fahrt machte, hatte Harrison sich in die Messe zurückgezogen.

»Das waren lange zwei Minuten, Vincent, und warum sehen Sie so erfreut aus?«

»Ich weiß wirklich nicht, wie Sie das machen, Sir. Unglaublich. Sie haben doch nicht zufällig schottisches Blut?«

»Nicht einen Tropfen, soviel ich weiß. Doch wie soll ich das verstehen, Number One?«

»Ich dachte, Sie hätten vielleicht das zweite Gesicht. Sie hatten recht. Eine klassische griechische Schönheit. Irene. Miss Charial, meine ich. Merkwürdig, wissen Sie, sie ist naturblond. Ich dachte, all diese heißblütigen jungen südländischen Frauen hätten rabenschwarzes Haar.«

»Das kommt daher, daß Sie ein so behütetes Leben geführt haben, Vincent. Sie sollten mal eines Tages nach Andalusien gehen. Sevilla. An einer Straßenecke sehen Sie eine dunkelhäutige maurische Schöne, an der nächsten Ecke eine nordische Blonde. Doch über Pigmentierung können wir uns später unterhalten. Was haben Sie herausgefunden?«

»Genug, hoffe ich. Es ist eine Kunst, Sir, diese beiläufige Annäherungsmethode. In der Befragung, meine ich. Sie wirkt ehrlich und ziemlich offen, nicht kindlich-naiv, wenn Sie wissen, was ich meine, aber ziemlich geradeheraus. Machte wirklich nicht den Eindruck, als hätte sie irgend etwas zu verbergen. Sagt, sie kenne den Maschinenraum nicht gut, sei aber einige Male dagewesen. Wir kamen auch auf die Frage des Treibstoffs zu sprechen – ich fragte mich einfach laut, nur so, aus purer Neugierde, dachte sie hoffentlich –, was wohl die Ursache der Explosion gewesen sein könne. Scheint so, als hätte ich mich geirrt, als ich sagte, es gebe zwei Arten, wie man die Treibstoff- und Wassertanks normalerweise anbringe. Offenbar gibt es noch eine dritte. Zwei große Tanks links und rechts der Maschine, einer für Treibstoff, der andere für Wasser. Wie groß, weiß ich nicht, da hat sie sich ein wenig vage ausgedrückt – es gibt keinen Grund für sie, so etwas zu wissen –, aber wenigstens mehrere tausend Liter, sagt sie. Falls es einen Ersatztank mit Treibstoff gab, so wußte sie nichts davon. Ich bin gespannt, Sir, zu hören, wie Mr. Andropulos seine Entscheidung rechtfertigt, das Schiff nicht zu verlassen.«

»Das bin ich auch. Dürfte interessant werden. Meinen Glückwunsch jedenfalls. Gute Arbeit.«

»War keine Mühe, Sir.« Van Gelder suchte mit prüfenden Blicken den Horizont ab. »Merkwürdig, finden Sie nicht auch, Sir? Ich meine, sind wir die einzigen, die das SOS gehört haben? Ich hätte gedacht, der Horizont wäre inzwischen schwarz von Schiffen, die von allen Seiten herbeikommen.«

»So merkwürdig ist das in Wirklichkeit gar nicht. Fast alle Schiffe, die um diese Jahreszeit hier herumkreuzen, sind Privatjachten und Fischerboote. Viele davon haben gar keine Funkanlage an Bord, und selbst die eine haben, werden mit ziemlicher Sicherheit nicht immerzu die Notruffrequenz eingeschaltet haben.«

»Aber wir haben es.«

»Diesmal bin ich Ihnen voraus. Auf der *Delos* – oder wenigstens Andropulos – *war bekannt*, daß wir immer die Notruffrequenz eingeschaltet haben und daß wir automatisch durch ein Läuten oder einen Summton alarmiert werden, wenn die Notruffrequenz benutzt wird. Das läßt auf zweierlei schließen. Erstens wußte er, daß dies ein Marineschiff ist, und zweitens, daß wir in der Nähe sind.«

»Ist Ihnen klar, was Sie da sagen, Sir? Sorry, ich wollte nicht unhöflich sein. Aber die Schlußfolgerungen daraus, Sir. Ich muß sagen, die gefallen mir ganz und gar nicht.«

»Mir auch nicht. Läßt alle möglichen interessanten Spekulationen zu, nicht wahr?« Er wandte sich um, da McKenzie auf die Brücke kam. »Und wie geht es nun Ihren ölverschmierten Überlebenden, Chief?«

»Sie sind wieder sauber. Und haben trockene Sachen an. Ich glaube allerdings nicht, daß einer von ihnen es schafft, auf die Liste der zehn bestangezogenen Leute zu kommen.« Er blickte Van Gelder an. »Ich schätze, Sie hatten nicht viel Zeit, Sir, die Sachen auszusuchen und farblich aufeinander abzustimmen. Sie sehen ein bißchen merkwürdig aus, muß ich sagen, aber ganz ordentlich. Ich dachte mir, daß Sie sie sehen wollen, Captain – Mr. Andropulos scheint es gar nicht abwarten zu können, Sie zu sehen –, und ich weiß, daß Sie keine Leute auf der Brücke mögen, die hier nicht hingehören. Deswegen habe ich mir erlaubt, die vier Herren und die beiden jungen Damen in die Offiziersmesse zu bringen. Ich hoffe, das ist Ihnen recht, Sir.«

»Ja, gut. Würden Sie bitte noch dem Doktor und Lieutenant Denholm ausrichten, sie möchten sich zu uns gesellen. Und schicken Sie einige Ihrer Leute herauf, damit sie hier Ausschau halten. Wer weiß, vielleicht fällt unser Radar für einen Tag aus.«

Die sechs Überlebenden der *Delos* standen etwas linkisch und schweigend herum, als Talbot und Van Gelder die Offiziersmesse betraten. Die vier Männer boten, wie McKenzie schon angedeutet hatte, einen ziemlich seltsamen Anblick. Sie sahen aus, als hätten sie einen Second-hand-Shop geplündert; die Sachen, die sie anhatten, paßten nicht recht zusammen und saßen schlecht oder gar nicht. Ganz im Gegenteil dazu waren die beiden jungen Damen wie aus dem Ei gepellt: in weißen Blusen und weißen Röcken – sie hätten gerade so aus den Seiten von *Vogue* herausspaziert sein können.

»Bitte«, sagte Talbot. »Nehmen Sie Platz. Bevor wir miteinander reden, schlage ich vor, das Wichtigste zu klären. *First things first.* Sie haben eine schreckliche Erfahrung hinter sich und sind nur mit Glück dem Tod entronnen. Ich kann mir vorstellen, daß Sie einer kleinen Stärkung nicht abgeneigt sind.« Er läutete, und ein Steward kam herein. »Jenkins, Erfrischungen. Fragen Sie die Herrschaften, was sie möchten.« Jenkins tat, wie geheißen, und ging wieder.

»Ich bin der Captain«, sagte Talbot. »Talbot. Dies ist Lieutenant-Commander Van Gelder. Ah!« Die Tür ging auf. »Und das sind Dr. Grierson, den Sie bereits kennengelernt, dessen Dienste Sie aber Gott sei Dank nicht benötigt haben, und Lieutenant Denholm.« Er sah den kleinen, untersetzten Mann an, der ihm gegenübersaß. »Wenn ich recht verstanden habe, Sir, sind Sie Mr. Andropulos, der Eigner.«

»Ja, Captain, das bin ich.« Andropulos hatte schwarzes Haar, schwarze Augen, weiße Zähne und einen tiefbraunen Teint. Er sah aus, als hätte er sich an diesem Morgen nicht rasiert, aber vielleicht sah er immer so aus. Er sprang auf, nahm Talbots Hand und schüttelte sie heftig. Er strahlte eindeutig so etwas wie menschliche Wärme und Gutmütigkeit aus. »Worte können nicht sagen, wie dankbar wir Ihnen sind. Das war knapp, Captain, sehr knapp. Wir verdanken Ihnen unser Leben.«

»Soweit würde ich nicht gehen, aber ich muß zugeben, Sie

saßen ganz schön in der Klemme. Ich möchte Ihnen mein tiefes Beileid aussprechen, sowohl zum Verlust Ihrer Mannschaftsmitglieder als auch Ihrer Jacht.«

»Die Jacht ist nicht schlimm. Ich kann mir jederzeit eine neue kaufen. Oder, nun ja, Lloyd's of London kann es. Natürlich ist es schlimm, eine alte Freundin wie die *Delos* zu verlieren, aber noch schlimmer, viel schlimmer ist es, diese drei Leute von meiner Mannschaft zu verlieren. Sie waren schon viele Jahre bei mir. Und ich schätzte sie sehr.«

»Was waren das für Leute?«

»Mein Maschinist, mein Küchenchef und mein Steward. Alle viele Jahre bei mir.« Andropulos schüttelte den Kopf. »Sie werden mir schrecklich fehlen.«

»War es nicht merkwürdig, daß Ihr Küchenchef und Steward im Maschinenraum waren?«

Andropulos lächelte traurig. »Nicht an Bord der *Delos*, Captain. Wir hielten uns nicht an die Vorschriften für ein Schiff der Royal Navy. Die beiden pflegten nach dem Mittagessen immer einen kleinen Drink mit dem Maschinisten einzunehmen. Sie hatten natürlich meine Erlaubnis dazu, aber sie zogen es vor, es diskret zu tun – und wo hätten sie das diskreter tun können als im Maschinenraum? Ach, die Armen, ihre Diskretion hat sie das Leben gekostet.«

»Welch eine Ironie des Schicksals. Würden Sie mich bitte mit den anderen Herrschaften bekannt machen?«

»Ja, natürlich, natürlich. Dies ist ein lieber Freund von mir, Alexander.« Alexander war ein hochgewachsener Mann mit schmalem, ernstem Gesicht und schwarzen, kalten Augen, der so aussah, als könnte er niemandes lieber Freund sein. »Und das ist Aristoteles, mein Kapitän.« Andropulos ließ offen, ob Aristoteles der Vor- oder Nachname war. Der Mann hatte wachsame Augen und blickte ernst drein, sah aber im Gegensatz zu Alexander so aus, als wäre er von Zeit zu Zeit zu einem Lächeln fähig. »Und das ist Achmed.« Er gab keine Erklärung dazu ab, was Achmed von Beruf war. Er war jung, hatte ein freundliches Gesicht und war mehr oder weniger jederzeit zu einem Lächeln bereit. Talbot blieb keine Zeit, sich über dessen Nationalität den Kopf zu zerbrechen. Ihm war nur klar, daß Achmed kein Grieche war.

»Aber ich vergesse mich selbst. Bedauerlich, bedauerlich. Überhaupt, was für Manieren! Als erstes hätte ich natürlich die Damen vorstellen sollen. Dies ist meine Nichte, Irene.« Van Gelder hatte sich nicht geirrt, was sie anbelangte, dachte Talbot. Er hatte nur nichts von ihren großen grünen Augen erzählt und von ihrem betörenden Lächeln. »Und dies ist Eugenia.« Diese Eugenia, dachte Talbot, kam Van Gelders Vorstellung von einer heißblütigen südländischen Schönen schon näher. Sie war ein wenig dunkelhäutig, schwarzhaarig und hatte leuchtend braune Augen. Und auch sie war ziemlich hübsch. Es schien Talbot, als könnte Van Gelder vielleicht Schwierigkeiten bekommen, sich zu entscheiden.

»Da beglückwünsche ich Sie, Mr. Andropulos«, sagte Talbot galant, »und auch uns. So reizende Passagiere haben wir noch nie an Bord der *Ariadne* gehabt. Ah. Der Steward.«

Andropulos nahm sein Glas – einen Scotch, der nicht eben klein war – und kippte die Hälfte in einem Schluck hinunter.

»Meine Güte, das konnte ich jetzt brauchen. Vielen Dank, Captain, vielen Dank. Ich bin nicht mehr der Jüngste und auch nicht mehr der Robusteste. Das Alter, es verschont eben niemanden.« Er schüttete den Rest seines Drinks hinunter und seufzte.

»Jenkins, noch einen Scotch für Mr. Andropulos«, sagte Talbot. »Diesmal einen etwas größeren.« Jenkins blickte ihn ausdruckslos an, schloß für einen Moment die Augen und ging hinaus.

»Die *Ariadne*«, sagte Andropulos. »Ziemlich ausgefallen, finden Sie nicht? Ein griechischer Name für ein britisches Schiff.«

»Eine Höflichkeitsgeste Ihrer Regierung gegenüber, Sir. Wir führen zusammen mit Ihren Landsleuten hydrographische Vermessungen durch.« Talbot hielt es nicht für sinnvoll zu sagen, daß die *Ariadne* noch nie hydrographische Vermessungen vorgenommen hatte und daß sein Schiff nur auf den Namen *Ariadne* getauft worden war, um die Griechen daran zu erinnern, daß sie ein multi-nationales Schiff war, und um die immer noch zögernde griechische Regierung zu überzeugen, daß die NATO letztlich gar nicht so eine schlechte Sache war.

»Hydrographisch, sagen Sie. Sind wir deshalb vorne und hinten vertäut – liegen hier fest, um Peilungen vorzunehmen?«

»Liegen fest, ja, aber in diesem Fall nicht wegen hydrographischer Messungen. Wir haben einen ziemlich turbulenten Nachmittag hinter uns, Mr. Andropulos, und im Augenblick liegen wir über einem Flugzeug verankert, das ungefähr zur selben Zeit ins Meer stürzte, als wir Ihr SOS auffingen.«

»Ein Flugzeug? Abgestürzt? Großer Gott! Was – was für ein Flugzeug?«

»Wir haben keine Ahnung. Es war so von Rauch umhüllt, daß es unmöglich war, irgend etwas Genaueres zu erkennen.«

»Aber doch sicher – ich meine, glauben Sie, es war ein großes Flugzeug?«

»Kann sein.«

»Aber dann war es vielleicht ein großer Jet. Womöglich mit *mehreren hundert* Passagieren.« Falls Andropulos wußte, daß es kein Jet mit Hunderten von Passagieren an Bord war, dann verriet er es jedenfalls mit keiner Miene.

»Durchaus möglich.« Talbot hielt es nicht für klug, Andropulos zu sagen, daß es wahrscheinlich ein Bomber war und kein Flugzeug mit Hunderten von Passagieren an Bord.

»Soll – soll das heißen, Sie haben die Absturzstelle verlassen, um uns zu Hilfe zu kommen?«

»Eine ganz vernünftige Entscheidung, glaube ich. Wir waren ziemlich sicher, daß es an Bord der *Delos* Überlebende gab, und ebenso sicher, daß an Bord des Flugzeugs niemand mehr am Leben war.«

»Vielleicht aber doch. Ich meine, Sie waren ja nicht da und konnten es nicht sehen.«

»Mr. Andropulos.« Talbot ließ in den Ton seiner Stimme eine gewisse Kälte einfließen. »Wir sind, wie ich hoffe, weder gefühllos noch dumm. Bevor wir diese Stelle verließen, haben wir eine Barkasse zu Wasser gelassen, damit sie die Gegend absuchte. Es gab keine Überlebenden.«

»Oh, Gott«, sagte Irene Charial. »Ist das nicht furchtbar? All diese Leute tot, und wir haben nichts anderes im Sinn, als mit uns selbst Mitleid zu haben. Ich will ja nicht neugierig sein, Captain, und ich weiß, es geht mich nichts an, aber warum bleiben Sie hier vor Anker? Ich meine, jetzt kann ja wohl keine Hoffnung mehr bestehen, daß noch Überlebende auftauchen.«

»Nein, keine Hoffnung, Miss Charial. Wir bleiben hier, um die Stelle zu markieren, bis das Bergungsschiff eintrifft.« Er log sie nur ungern an, aber er hielt es nicht für ratsam, ihr zu sagen, daß gar kein Bergungsschiff auf dem Weg zur Absturzstelle war und daß außer ihnen die Flugzeugkatastrophe seines Wissens auch nur noch einigen Leuten im NATO-Hauptquartier in Italien bekannt war. Genauer gesagt, wollte er es vor allem ihren Begleitern verheimlichen.

»Aber – aber es wird zu spät sein, um noch jemanden zu retten.«

»Dazu ist es schon zu spät, kleines Fräulein. Aber sie werden Taucher hinunterschicken, um festzustellen, ob es ein Passagierflugzeug war oder nicht und, wenn möglich, auch um die Unglücksursache zu ermitteln.« Bei seinen letzten Worten beobachtete er unauffällig Andropulos und war ziemlich sicher, ein Aufflackern von Interesse in seinen Augen gesehen zu haben.

Andropulos' Kapitän, Aristoteles, ergriff zum ersten Mal das Wort. »In welcher Tiefe liegt das Flugzeug, Captain?«

»Siebzehn, achtzehn Faden. Etwas mehr als dreißig Meter oder so.«

»Dreißig Meter«, sagte Andropulos. »Selbst wenn es ihnen gelingt, hineinzukommen – und dafür gibt es keine Garantie –, wird es nicht schwierig sein, sich darin hin und her zu bewegen und etwas zu erkennen?«

»Daß sie hereinkommen, kann ich versprechen. Dafür gibt es Schweißbrenner. Äußerst leistungsfähige Unterwasser-Schweißbrenner. Aber mit all diesen Dingen brauchen sie sich gar nicht abzumühen. Die Taucher werden einige Stropps mit hinunternehmen. Für ein Bergungsschiff wird es kein Problem sein, den Rumpf zu heben. Danach können sie das Flugzeug in aller Muße gründlich untersuchen.« Diesmal war dem Gesicht von Andropulos keinerlei Gemütsregung anzusehen. Talbot fragte sich, ob es Andropulos aufgefallen war, daß man ihn beobachtete, ob sich sein Gesichtsausdruck veränderte.

Jenkins kam herein und übergab Talbot einen versiegelten Umschlag. »Aus dem Funkraum, Sir. Myers sagt, es sei dringend.«

Talbot nickte, öffnete den Umschlag, zog ein Blatt Papier heraus und las es. Dann steckte er es ein und stand auf.

»Bitte entschuldigen Sie mich, meine Damen und Herren. Ich muß auf die Brücke. Würden Sie mich bitte begleiten, Number One? Wir sehen uns um sieben Uhr zum Dinner wieder.«

Sobald sie draußen waren, meinte Van Gelder: »Sie sind wirklich ein schrecklicher Lügner, Sir. Ein schrecklich guter Lügner, meine ich.«

»Andropulos kann es auch nicht gerade schlecht.«

»Er hat darin Übung. Er oder Sie, wer kann es besser – nun, das könnte knapp ausgehen, um eines seiner Worte zu verwenden. Oh, danke.« Er faltete das Papier auseinander, das Talbot ihm gereicht hatte. »›Höchst wichtig, daß Sie in nächster Nähe des gesunkenen Flugzeugs bleiben. Stop. Komme morgen in aller Frühe zu Ihnen. Stop. Hawkins.‹ Ist das nicht der Vize-Admiral, Sir?«

»Er und kein anderer. Höchst wichtig. Und kommt hergeflogen. Was schließen Sie daraus?«

»Daß er etwas weiß, was wir nicht wissen.«

»Genau. Übrigens haben Sie vergessen, mir von Ihrem Besuch im Funkraum zu berichten.«

»Tut mir leid, Sir. Ich war mit meinen Gedanken woanders.«

»Bei jemand anderem, nicht woanders. Kann ich verstehen, nachdem ich sie gesehen habe. Also?«

»Das Geräusch aus dem Flugzeug? Dieses Tick ... Tick ... Tick? Kann alles mögliche sein. Halzman meinte, es könnte eine Zeitschaltuhr sein. Kann sein, daß er recht hat. Ich will ja nicht unken, Sir. Aber ich glaube, es gefällt mir ganz und gar nicht.«

»Mir gefällt es auch nicht sonderlich. Also, auf in den Funkraum.«

»Hatten Sie nicht gesagt, Sie wollten auf die Brücke?«

»Das war nur wegen Andropulos. Je weniger dieser Kerl weiß, desto besser. Ich glaube, er ist schlau, gerissen und ständig auf der Lauer, was kleinste Abweichungen vom Üblichen anbelangt.«

»Sind Sie deshalb nicht auf die Explosion im Maschinenraum eingegangen?«

»Ja. Kann natürlich sein, daß ich ihm damit in höchstem Maße unrecht tue. Nach allem, was ich weiß, kann er auch so rein und unverdorben sein wie der junge Morgen.«

»Das glauben Sie doch nicht wirklich, Sir.«

»Nein.«

Myers war allein im Funkraum. »Noch eine Meldung nach Rom«, sagte Talbot. »Wieder Code B. An Vizeadmiral Hawkins. ›Nachricht erhalten. Raten Ihnen dringend, schnellstens zu kommen. Heute nacht. Melde wiederholt bestätigte Tickgeräusche aus dem Flugzeug, alle zweieinhalb Sekunden. Könnte Zeitschaltuhr sein. Erbitte sofortigen Rückruf.‹«

»Ein Tickgeräusch. Vielleicht eine Zeitschaltuhr, laut Talbot?« Vizeadmiral Hawkins stand neben Carsons Stuhl, als der General wieder und wieder die Meldung las, die Hawkins ihm gerade gebracht hatte.

»Eine Zeitschaltuhr. Was das bedeuten kann, darüber brauchen wir nicht weiter zu reden.« Carson blickte aus seinem Hochhausbüro hinaus über die Dächer von Rom, schaute dann den Colonel an, der ihm gegenüber am Schreibtisch saß, und schließlich Hawkins. Er drückte einen Knopf auf seinem Schreibtisch. »Verbinden Sie mich mit dem Pentagon.«

Auch der Vorsitzende des Komitees der Stabschefs stand vor einem Schreibtisch, während der Mann, der dahinter saß, die Meldung las, die der General ihm gerade überreicht hatte. Er las sie dreimal, legte sie bedächtig auf den Schreibtisch, strich glättend darüber und blickte den Generalinspekteur an. Sein Gesicht sah angestrengt, müde und alt aus.

»Wir wissen, was das bedeutet oder bedeuten könnte. Wenn etwas schiefgeht, wird das weltweit verheerende Folgen haben, General.«

»Dessen bin ich mir vollauf bewußt, Sir. Abgesehen davon, daß es weltweit Empörung auslösen wird, werden wir die Parias sein, die Aussätzigen der Welt.«

»Und keine Spur einer sowjetischen Beteiligung.«

»Nicht die geringste. Keinerlei Beweis, weder direkt noch indirekt. Vor den Augen der Welt sind sie schuldlos. Meine erste Reaktion ist, daß sie wirklich keine Schuld trifft. Bei genauerem Überlegen sind sie es auch. Ich sehe keine Möglichkeit, sie damit in Verbindung zu bringen. Die Last der Verantwortung liegt ganz allein bei uns, Sir.«

»Wir tragen die Schuld. Und die Welt wird uns dafür verurteilen.« Der General antwortete nicht. »Keine Vorschläge vom Komitee der Stabschefs?«

»Keine, die uns viel nützen, glaube ich. Keinen, der überhaupt was taugt, schroff gesagt. Wir müssen uns ganz auf unsere Leute da draußen verlassen. *Carte blanche*, Sir?«

»Uns bleibt keine andere Wahl. Wie gut sind Ihre Leute im Mittelmeer?«

»Es sind meine besten überhaupt. Keine Floskeln, Sir. Das ist mein Ernst.«

»Und dieses britische Schiff an Ort und Stelle?«

»Die Fregatte *Ariadne?* Ist wirklich ein Schiff ganz besonderer Art, wie man mir bedeutet hat. Ob sie mit dieser Sache fertig wird, weiß niemand. Zu viele Unwägbarkeiten.«

»Sollen wir sie abziehen?«

»Das zu entscheiden, ist nicht meine Sache, Sir.«

»Ich weiß.« Er schwieg eine Weile, dann sagte er: »Es ist vielleicht unsere einzige Hoffnung. Die bleibt uns noch.«

»Ja, Mr. President.«

Talbot war mit Van Gelder allein auf der Brücke, als der Funkraum sich meldete.

»Ich habe Sprechkontakt mit Rom, Sir. Wo wollen Sie das Gespräch hinhaben?«

»Hierher.« Er bedeutete Van Gelder mit einer Geste, einen Hörer aufzunehmen. »Hier Talbot.«

»Hawkins. Ich breche in Kürze mit zwei Zivilisten nach Athen auf. Wir rufen Sie von dort aus an und geben unsere ungefähre Ankunftszeit durch. Wir werden auf der Insel Santorin landen. Sorgen Sie dafür, daß für uns bei unserer Ankunft eine Barkasse bereitsteht.«

»Ja, Sir. Fahren Sie mit einem Taxi rüber nach Athinios – da ist eine neue Anlegestelle, ungefähr zwei Meilen südlich des Hafens von Thera.«

»Nach meiner Karte ist es näher zum Hafen von Thera.«

»Auf Ihrer Karte ist aber vielleicht nicht zu sehen, daß man nur per Maultier über einen Saumpfad an einer Steilklippe dahin hinuntergelangt. An einem Steilhang, der über zweihundert Meter hoch ist, um es genauer zu sagen.«

»Vielen Dank, Talbot. Sie haben mir das Leben gerettet. Sie haben meine beiden *bêtes noires* nicht vergessen, meine alten Fehler. Bis heute abend also.«

»Was für *bêtes noires?*« fragte Van Gelder. »Was für alte Fehler?«

»Er mag keine Pferde. Und ich könnte mir vorstellen, daß sich diese ablehnende Haltung auch auf Maultiere erstreckt. Und er leidet an Akrophobie.«

»Hört sich so an, als wäre es sehr unangenehm, darunter zu leiden. Und was ist das?«

»Schwindelanfälle. Höhenangst. Hätte fast dazu geführt, daß man ihn nicht in die Navy aufgenommen hätte. Er hatte eine starke Abneigung dagegen, die Takelage aufzuentern.«

»Dann kennen Sie ihn also gut?«

»Ziemlich gut. Nun zu heute abend. Normalerweise würde ich den jungen Henri dazu abkommandieren, jemanden abzuholen. Aber bei Vizeadmiral Hawkins und den beiden Zivilisten in seiner Begleitung, die ohne Zweifel auch hohe Persönlichkeiten und nicht irgend jemand sind, ist das etwas anderes. Also machen wir es mit Stil. Ich dachte an Sie.«

»Wird mir ein Vergnügen sein, Sir.«

»Und erzählen Sie ihnen alles über das Flugzeug, die *Delos* und die Überlebenden. Auch von unserem Verdacht in bezug auf die Geretteten. Das spart uns Zeit, wenn sie hier sind.«

»Wird gemacht. Da wir gerade von den Überlebenden sprechen, Sir, wollen Sie, daß ich sie mit an Land nehme und da absetze?«

»Sind Sie nicht recht bei Trost, Number One?«

»Doch, vollkommen. Ich habe nicht einen Moment angenommen, daß Sie sie aus den Augen haben wollen. Und wir könnten die beiden jungen Damen auch nicht gut auf diesem kahlen Eiland da absetzen.«

»Nur gut, daß die Inselbewohner Sie nicht hören konnten. In Thera wohnen vierzehnhundert Leute, und es gibt jede Menge Touristenquartiere. Doch um noch einmal auf unsere Überlebenden zurückzukommen, ganz zu schweigen von unseren anderen drei Gästen – wir müssen uns überlegen, wie wir sie alle unterbringen. Der Admiral kann die Admiralskabine haben – es ist bestimmt das erste Mal, daß ein Admiral sie benutzt. Dann haben wir noch drei freie Kabinen. Sie können meine haben, ich werde hier schlafen oder im Kartenzimmer. Die übrigen, na, das machen Sie schon.«

»Fünf Minuten«, sagte Van Gelder zuversichtlich.

Zurück war er aber erst in fünfundvierzig.

»Hat doch etwas länger gedauert, als ich dachte. Eine schwierige Angelegenheit.«

»Wer hat meine Kabine bekommen?«

»Irene. Und meine hat Eugenia.«

»Um das zu lösen, haben Sie eine Dreiviertelstunde gebraucht?«

»Entscheidungen, Entscheidungen. Das Ganze verlangte etwas Feingefühl und ein wenig Finesse.«

»Wahrhaftig, Sie leben nicht schlecht, Captain«, sagte Andropulos. Er nahm einen Schluck roten Bordeaux. »Oder ist dies ein besonderer Luxus – uns zuliebe?«

»Nein, Standardverpflegung. Das versichere ich Ihnen.« Andropulos, der eine bemerkenswerte Schwäche für Scotch hatte, wie Grierson ihm erzählt hatte, wirkte entspannt, ja fast schon geschwätzig. Talbot wäre dennoch jede Wette eingegangen, daß er stocknüchtern war. Er redete offen über dieses und jenes, brachte aber nicht einmal den Wunsch zum Ausdruck, an Land gebracht zu werden. Er und Talbot hatten, soviel war klar, wenigstens eines gemeinsam – sie wollten beide, daß Andropulos an Bord der *Ariadne* blieb.

Jenkins kam herein und sprach leise mit Van Gelder, der Talbot anblickte.

»Ein Anruf aus dem Funkraum, Sir. Soll ich ihn entgegennehmen?« Talbot nickte. Van Gelder eilte hinaus und kam eine Minute später wieder.

»Der Anruf hat sich verzögert, Sir. Es gab Schwierigkeiten, zu uns durchzukommen. Sie werden in einer knappen halben Stunde da sein. Ich glaube, ich sollte jetzt lieber gleich aufbrechen.«

»Ich erwarte heute abend noch Gäste«, sagte Talbot. »Ich muß Sie daher bitten, für einige Zeit nach ihrem Eintreffen nicht in die Offiziersmesse zu kommen. Es wird nicht allzu lange dauern. Zwanzig Minuten höchstens.«

»Gäste?« sagte Andropulos. »So spät noch? Wer denn, um alles in der Welt?«

»Tut mir leid, Mr. Andropulos. Dies ist ein Schiff der Royal Navy. Es gibt gewisse Dinge, über die ich mit Zivilisten nicht reden kann.«

3

Vizeadmiral Hawkins kam als erster die Gangway hinauf. Er schüttelte Talbot herzlich die Hand. Der Admiral hielt nicht viel von förmlichen Ehrenbezeigungen.

»Freut mich, Sie wiederzusehen, John. Oder vielmehr, es wäre mir eine Freude, wenn die Umstände anders wären. Wie geht es Ihnen, alter Junge?«

»Gut, Sir. Auch in Anbetracht der Umstände.«

»Und den Kindern? Der kleinen Fiona und Jimmy?«

»Bestens, danke, Sir. Sie sind sehr schnell angereist.«

»Was bleibt einem anderes übrig, wenn einem der Teufel im Nacken sitzt? Und er ist mir dicht auf den Fersen.« Er wandte sich zu den beiden Männern um, die ihm die Gangway hinauf gefolgt waren. »Professor Benson. Dr. Wickram. Meine Herren, Commander Talbot, der Kommandant der *Ariadne*.«

»Wenn Sie mich bitte begleiten wollen, meine Herren. Ich lasse Ihre Sachen in Ihre Quartiere bringen.« Talbot führte sie in die Offiziersmesse und lud sie ein, Platz zu nehmen. »Möchten Sie, daß ich von meinem Sonderrecht Gebrauch mache?«

»Ja, gern.« Talbot drückte auf eine Klingel, und Jenkins kam herein. »Zwei Gin-Tonic für diese Herren«, sagte Hawkins. »Mit viel Eis. Es sind Amerikaner. Und einen großen Scotch mit Wasser für mich. Quartiere, sagten Sie. Was für Quartiere?«

»Sie waren wohl seit Ihrem Amtsantritt nicht mehr an Bord eines Schiffes, Sir. Aber Sie werden das nicht vergessen haben. Für einen Admiral gibt es eine Admiralskabine. Die unsere ist noch nie benutzt worden.«

»Wunderbar, einfach wunderbar. Ich fühle mich geehrt. Und meine beiden Freunde?«

»Beide Einzelkabinen. Auch noch nie benutzt. Ich denke, sie werden sich arrangieren. Ich würde gerne einige meiner Offiziere hinzuziehen, Sir.«

»Aber natürlich. An wen haben Sie gedacht?«

»Surgeon-Commander Grierson.«

»Kenne ich«, sagte Hawkins. »Sehr kluger Bursche.«

»Lieutenant Denholm. Unser elektronisches Wunderkind. Sie sind ihm ja, wie ich weiß, bereits begegnet, Sir.«

»Ja, das bin ich.« Er blickte seine beiden Begleiter an und grinste breit. »Da müssen Sie genau aufpassen, was Sie sagen und tun. Lieutenant Denholm gehört von Geburt an dem Hochadel an. Er ist ein echter Lord. Zum Fürchten blasiert und aristokratisch. Aber lassen Sie sich nicht täuschen. Er hat einen messerscharfen Verstand. Wie ich schon zu General Carson sagte, ist er ein solches As auf seinem Gebiet, der Elektronik, und den anderen soweit voraus, daß Ihre *High-tech*-Wunderknaben in Silicon Valley nicht mal ansatzweise verstehen würden, wovon er überhaupt redet.«

»Dann Lieutenant McCafferty, unser Chefmaschinist, und Lieutenant-Commander Van Gelder, den Sie schon kennengelernt haben.«

»Bin ihm heute erstmals begegnet. Macht einen guten Eindruck auf mich. Einen sehr guten. Fiel mir gleich auf, wirkte sehr tüchtig.«

»Ist er auch. Ja, noch mehr als das. Wenn ich morgen wegen Krankheit ausfiele, müßten Sie sich keine Sorgen machen. Er könnte die *Ariadne* jederzeit übernehmen, ohne daß Sie es überhaupt bemerken.«

»Diese Worte aus Ihrem Munde sind soviel wert wie ein halbes Dutzend Empfehlungen von anderen. Ich werde es mir merken.«

Nach der Vorstellung der vier Offiziere blickte Hawkins Talbot und seine Führungsmannschaft an und sagte: »Sie werden sich natürlich fragen, meine Herren, warum ich diese beiden Zivilisten mitgebracht habe. Als erstes möchte ich Ihnen sagen, wer sie sind, und wenn ich Ihnen dann den Grund unseres Besuches erklärt habe, werden Sie verstehen, warum sie bei uns sind. Ganz nebenbei möchte ich sagen, wie außerordentlich froh ich bin, sie hier bei mir zu haben. Sie verlassen fast nie ihren Heimatstaat Kalifornien; es war so etwas wie ein glücklicher Zufall, daß die beiden gerade an einer internationalen Konferenz in Rom teilnahmen. – Dies ist Professor Alec Benson.«

Benson war ein großer, ruhiger Mann Anfang Sechzig, grauhaarig und mit rosigem, fröhlichem Gesicht; er trug ein Sportsakko, eine Flanellhose und ein Polohemd, alles in verschiedenen Grautönen und so abgetragen, bequem und zerknittert, als hätte er es von seinem Großvater geerbt. »Professor Benson ist der Leiter der seismologischen Abteilung des California Institute of Technology in Pasadena. Er ist überdies Geologe und Vulkanforscher. Ob die Erde birst, bebt oder sich sonstwie bewegt, das ist sein Gebiet. Er gilt allgemein und weltweit als der führende Experte auf diesem Sektor – er leitete gerade eine internationale Seismologen-Tagung in Rom, als ich ihn so unsanft da herausriß. Ich nehme an, Sie wissen alle, was Seismologie ist.«

»So ungefähr«, sagte Talbot. »Eine Art Wissenschaft – oder, vielleicht besser gesagt, ein Studienzweig zur Erforschung der Ursachen und Auswirkungen von Erdbeben.«

»Eine Art Wissenschaft?« sagte Hawkins. »Sie betrüben mich. Es ist eine Wissenschaft.«

»Ich bin sicher, das war nicht beleidigend gemeint. Und ich habe es auch nicht so aufgefaßt«, sagte Benson gleichmütig. »Der Commander hat völlig recht. Es ist noch weit davon entfernt, eine Wissenschaft zu sein. Wir tappen immer noch am Rande dieses Gebiets herum.«

»Also gut. Dr. Wickram ist Physiker und, was seinen Bereich anbelangt, ebenso berühmt wie Professor Benson. Sein Spezialgebiet ist Atomphysik.«

Talbot blickte Dr. Wickram an, dessen äußere Erscheinung in starkem Kontrast zu der von Benson stand. Er war dünn, dunkelhaarig und tadellos gekleidet; er trug einen blauen Anzug, ein weißes Hemd mit Button-down-Kragen und eine schwarze Krawatte, deren Begräbnisfarbe gut zu seinem meist tiefernsten Gesicht paßte. »Erstreckt sich Ihr Interesse an Atomphysik auch auf Atomwaffen, Dr. Wickram?« fragte Talbot.

»Nun, ja, freilich.«

»Da muß ich Ihnen und dem Professor meine Anerkennung aussprechen. Für so etwas müßte es so etwas wie eine Verdienstmedaille für Zivilisten geben. Vizeadmiral Hawkins handelt aus Pflichterfüllung. Bei Ihnen beiden jedoch hätte man annehmen können, daß Sie lieber in Rom geblieben wären. Ich meine, ist es da nicht sicherer?«

Hawkins räusperte sich. »Es würde Ihnen doch wohl nicht im Traume einfallen, Ihrem Vorgesetzten den Wind aus den Segeln zu nehmen, oder?«

»Nie im Leben, Sir.«

»Nun zur Sache. Wir haben Ihre beiden Meldungen empfangen. Die erste gab Anlaß zu etwas Sorge, die zweite war zutiefst alarmierend.«

»Wegen dieser ›Tick-tick-tick‹-Geschichte, Sir?«

»Ja, genau. Wir haben beide Meldungen ans Pentagon weitergegeben, die zweite ging außerdem auch ans Weiße Haus. Ich meine, konsterniert wäre ein treffender Ausdruck für die Reaktion da. Es ist natürlich nur eine Vermutung. Aber die Schnelligkeit, mit der sie auf die zweite Meldung antworteten, war meines Erachtens ein Zeichen dafür, wie tief beunruhigt sie waren. Normalerweise kann es ewig dauern – manchmal Monate –, bis man vom Pentagon auch nur das Fragment einer

Information erhält. Dieses Mal dauerte es nur Minuten. Als ich die Antwort las, konnte ich das nur zu gut verstehen.« Hawkins machte eine Pause, vermutlich der dramatischen Wirkung zuliebe.

»Ich auch«, sagte Talbot.

»Wie meinen Sie das?«

»Wenn ich im Pentagon oder im Weißen Haus säße, wäre ich auch beunruhigt, wenn ein Bomber oder ein Frachtflugzeug der US Air Force mit einer Ladung Bomben an Bord plötzlich im Meer verschwände. Vor allem, wenn die Bomben – oder Raketen – an Bord des Flugzeugs zu den Nuklearwaffen zählten. Und erst recht, wenn es Wasserstoffbomben wären.«

»Ach, zum Teufel mit Ihnen, Talbot, müssen Sie einen alternden Vizeadmiral der kleineren Freuden des Lebens berauben? Jetzt haben Sie mir die Pointe verdorben.«

»Das war nicht eben schwer zu erraten, Sir. Wir hatten uns schon gedacht, daß es ein Bomber war. Zivilflugzeuge fliegen nicht in der Höhe, in der wir die Maschine ausmachten – außer der Concorde. Es wäre ziemlich dumm von uns gewesen, wenn wir nicht entsprechende Vermutungen angestellt hätten. Und Bomber haben gewöhnlich Bomben an Bord. Die Reaktion der Amerikaner ließ eindeutig darauf schließen, daß es ein amerikanisches Flugzeug war. Und Sie wären nicht in solcher Windeseile und in Begleitung eines Nuklear-Experten hergekommen, wenn die Bomben nicht zu einer ziemlich üblen Sorte zählten. Und mir fällt keine üblere ein als Wasserstoffbomben.«

»Kann einem auch nicht einfallen. So gesehen, wie Sie es darstellen, hätte ich mir eigentlich denken sollen, daß Sie es erraten haben. Selbst das Pentagon weiß nicht, was für ein Flugzeug das war, oder gibt es nicht preis. Man vermutet dort, es war ein neueres Modell des C141 Starlifter-Frachtflugzeugs. Es hatte auf den Azoren zwischengetankt und befand sich auf dem Weg nach Griechenland. Aus Ihrer ersten Meldung schlossen wir, daß Sie das Flugzeug ins Meer stürzen sahen, es aber nicht identifizieren konnten. Wieso nicht?«

»Number One, zeigen Sie dem Admiral, wieso nicht.«

Van Gelder zog einen Stoß Fotos hervor und reichte sie Hawkins, der sie einmal schnell und dann noch einmal langsamer durchblätterte. Er blickte seufzend auf.

»Sehr aufschlußreich vermutlich, wenn man sich mit dem Wirkungsschema von Rauch und Flammen auskennt. Auf mich trifft das nicht zu. Alles, was ich erkennen kann, ist meines Erachtens das äußere Backbordtriebwerk, und das bringt einen nicht weiter. Und es gibt keinerlei Hinweis, was die Ursache des Feuers gewesen sein mag.«

»Ich glaube, Van Gelder ist da anderer Ansicht als Sie, Sir«, sagte Talbot. »Er glaubt, daß das Feuer von der Rumpfnase ausging und von einer Explosion an Bord verursacht wurde. Ich stimme da mit ihm überein. Das Flugzeug wurde mit Sicherheit nicht von einem Flugabwehrgeschoß von Bord eines Schiffes heruntergeholt. Das hätten wir gewußt. Die einzige Alternative ist eine Rakete, die auf Wärme reagiert. Dagegen spricht jedoch zweierlei. Eine solche Rakete hätte auf die Triebwerke gezielt, nicht auf den Rumpf. Und, was noch wichtiger ist, es waren weit und breit keine Schiffe da. Wir hätten sie mit unserem Radar geortet. Es war auch keine Rakete, die von einem Flugzeug kam. Ich muß den Admiral wohl nicht daran erinnern, daß die Radaranlage an Bord der *Ariadne* zu den fortschrittlichsten auf der ganzen Welt gehört.«

»Das entspricht vielleicht nicht dem Tatsachenbefund, Sir.« Denholms Stimme klang ehrerbietig, aber nicht zaudernd. »Aber Raketen lassen sich doch so ohne weiteres nicht ausschließen. Dies ist keine widersprüchliche Meinung, ich ziehe nur eine weitere Möglichkeit in Erwägung.«

»Erwägen Sie nur, Lieutenant«, sagte Hawkins. »Jedes Licht, das Licht in das Dunkel unserer Unkenntnis bringen kann – und so weiter und so fort . . .«

»Ich bin nicht sicher, ob ich mich so gut als Feuerbake eigne, Sir. Ich weiß nur eines: ich teile nicht die Ansicht, daß die Sowjets, was den technologischen Fortschritt anbelangt, noch immer hinter dem Westen herhinken. Ob dieser Glaube mit Bedacht von offizieller Seite genährt wird, weiß ich nicht. Ich gebe zu, daß die Sowjets ein gewisses Maß an Zeit und Mühe aufwenden, um dem Westen militärische Geheimnisse zu entlocken. Ich sage ›ein gewisses Maß‹, weil sie sich nicht gar so arg anstrengen müssen; es scheint so etwas wie einen ständigen Nachschub an Wissenschaftlern zu geben, sowohl amerikanischen als auch britischen, die in Zusammenarbeit mit Leuten, die nicht unbedingt etwas mit Spionage zu tun haben müssen, gerne bereit sind, den Sowjets alles, was sie wollen, zu verkaufen – vorausgesetzt, der Preis stimmt. Dies ist, glaube ich, zum Beispiel bei der Computertechnik der Fall, in der sie dem Westen noch unterlegen sind. Beim Radar ist es, glaube ich, nicht der Fall.

Auf diesem Gebiet ist im Westen wohl die britische Firma Plessey führend. Sie hat ein revolutionär neues Radarsystem entwickelt, das System Typ 966, mit dem die Flugzeugträger der Invincible-Klasse, die Zerstörer vom Typ 42 der Sheffield-Klasse und die neuen Typ-23-Fregatten der Norfolk-Klasse ausgerüstet sind oder ausgerüstet werden sollen. Dieses neue Radarsystem kann nicht nur Luft- und Wasserraketen entdekken und verfolgen, sondern auch ...«

Hawkins räusperte sich. »Entschuldigen Sie, Denholm, daß ich Sie unterbreche. Sie mögen ja Kenntnis davon haben, aber das fällt doch sicher unter die Kategorie Geheiminformationen?«

»Wenn es so wäre, Sir, würde ich nicht einmal in diesem Kreis darüber reden. Dies ist öffentliche Information. Wie ich gerade sagen wollte, ist man auch in der Lage, Seadart- und Seawolf-Raketen im Flug zu steuern und mit großer Treffsicherheit auf ihr Ziel zu lenken. Soweit ich weiß, sind diese

Geräte auch praktisch immun gegen Radarstörsender und -fallen. Wenn Plessey so etwas geschafft hat, haben die Sowjets es vielleicht auch. Sie neigen nicht dazu, dergleichen an die große Glocke zu hängen. Aber ich glaube, sie haben das Know-how.«

»Und Sie glauben auch, daß in diesem Fall eine Rakete die Unglücksursache war?« fragte Hawkins.

»Keineswegs, Sir. Ich will nur sagen, daß die Möglichkeit besteht. Kann durchaus sein, daß der Captain und Lieutenant-Commander Van Gelder recht haben. Leider verstehe ich nichts von Sprengstoffen. Vielleicht gibt es Raketen von so begrenzter Sprengkraft, daß der Schaden, den sie anrichten, überschaubar bleibt. Bei einer normalen Rakete würde ein Flugzeug wohl nicht mit relativ unversehrtem Rumpf im Meer versinken, sondern in tausend Stücke zerplatzen. Noch einmal, ich weiß es einfach nicht. Ich frage mich nur, wie die Sicherheitsmaßnahmen auf der Luftwaffenbasis in den Vereinigten Staaten aussahen, auf der dieses Flugzeug gestartet ist.«

»Die Sicherheitsmaßnahmen? Im Falle eines hochgefährdeten Flugzeugs? Hundertprozentig.«

»Admiral, glauben Sie wirklich, daß es so etwas wie hundertprozentige Sicherheit gibt?« Der Admiral antwortete nicht, sondern nippte schweigend an seinem Whisky. »Im letzten Jahr hat es vier größere Flugzeugunfälle gegeben, und alle vier Maschinen waren von Flugplätzen aus gestartet, die man für absolut sicher hielt. In allen vier Fällen fanden die Terroristen die strengsten Sicherheitsmaßnahmen kinderleicht zu umgehen.«

»Das waren Zivilflughäfen. In diesem Fall wird es sich wohl um eine streng geheime US Air Force-Basis gehandelt haben. Mit ausschließlicher US Air Force-Besatzung, sorgfältig ausgesucht für ihre jeweilige Position, gründlich durchleuchtet, Vergangenheit ausgiebig untersucht und alle mit Lügendetektor-Tests geprüft.«

»Bei allem Respekt dem Vizeadmiral und unseren amerikanischen Freunden gegenüber: Lügendetektor- oder, genauer gesagt, Polygraph-Tests sind Unsinn. Jeder einigermaßen intelligente Mensch kann dahingehend trainiert werden, den Polygraph-Test zu überlisten, der ja auf ziemlich primitiven Messungen beruht, wie Pulsschlag, Blutdruck und Schweißabsonderung. Man kann lernen, richtige, falsche oder schlicht irritierende Antworten zu geben, ohne daß der Untersuchungsbeamte einen Unterschied feststellen kann.«

»Wird Ihren Vorstellungen von Elektronik nicht gerecht, wie?«

»Das hat mit Elektronik nichts zu tun, Sir. Polygraphen sind Überbleibsel aus der Pferde-und-Kutschen-Zeit. Sie benutzten vorhin das Wort hochgefährdet, Sir. Die *Ariadne* ist, wenn ich es mal so sagen darf, extrem hoch gefährdet. Und wie viele Mitglieder ihrer Besatzung sind je einem Lügendetektortest unterworfen worden? Nicht eines.«

Hawkins blickte eine Weile sein Glas an, dann schaute er zu Talbot auf. »Wie schnell könnten Sie mit dem Pentagon Kontakt aufnehmen, wenn es sich als nötig erweisen sollte?«

»Umgehend. Also gut, in einer halben Minute. Jetzt gleich?«

»Nein. Warten Sie. Ich muß erst darüber nachdenken. Das Problem ist, daß selbst das Pentagon Schwierigkeiten hat, Genaueres von der Air Force-Basis zu erfahren, die meines Wissens irgendwo in Georgia liegt. Daran ist das Pentagon im Grunde selbst schuld, aber man kann natürlich nicht erwarten, daß es das zugibt. Die Leute in den Generalstäben sind so sehr auf absolute Geheimhaltung gedrillt, daß keiner von ihnen bereit ist, etwas zu enthüllen ohne die Erlaubnis des befehlshabenden Offiziers der Air Force-Basis, eines Schiffs oder was auch immer. In diesem speziellen Falle scheint der befehlshabende Offizier eine menschliche Seite zu besitzen und sich vierundzwanzig Stunden vom Dienst beurlaubt zu haben. Und kein Mensch scheint zu wissen, wo er steckt.«

»Ist ein wenig von Nachteil, Sir, finden Sie nicht, für den Fall, daß in der nächsten halben Stunde ein Krieg ausbricht?« sagte Van Gelder.

»Nein. Die Basis bleibt voll einsatzbereit. Aber die strengen Vorschriften, was die Freigabe geheimer Informationen betrifft, werden deswegen nicht aufgehoben.«

»Sie würden hier aber nicht sitzen«, sagte Talbot, »wenn sie nicht mit *etwas* herausgerückt wären.«

»Natürlich nicht. Was sie mitgeteilt haben, ist zwar vage und unvollständig, aber äußerst betrüblich. In einer Stellungnahme heißt es, es seien zwölf Nuklearwaffen an Bord, in einer anderen ist von fünfzehn die Rede. Ob es sich um Raketen oder Bomben handelt, geht daraus nicht hervor. Sicher ist, daß es sich um Wasserstoffwaffen der Monsterkategorie handelt, von zwölf bis fünfzehn Megatonnen. Außerdem hieß es, die Maschine habe zwei gewöhnliche Atombomben an Bord gehabt.«

»Ich glaube, ich werde gegen eine selbstauferlegte Regel verstoßen und mir auch einen Scotch genehmigen«, sagte Talbot. Eine halbe Minute lang herrschte Schweigen, dann sagte er ruhig: »Das sieht schlimmer aus, als ich es mir je hätte träumen lassen.«

»Träumen?« sagte Grierson. »Das ist ein Alptraum.«

»Traum oder Alptraum«, meinte Denholm, »das spielt keine Rolle, wenn wir als Dunstpartikel in der Stratosphäre um die Erde kreisen.«

»Eine Wasserstoffbombe, Dr. Wickram«, sagte Talbot. »Nennen wir es so. Besteht die Möglichkeit, daß sie plötzlich ohne äußere Einwirkung explodiert?«

»Von sich aus? Nein, unmöglich. Der Präsident der Vereinigten Staaten muß auf einen Knopf drücken, ein weiterer Mann an der Abschußstelle auf einen anderen. Die Radiofrequenzen sind so himmelweit verschieden, daß die Chance, jemand könnte die richtige Kombination treffen, bei eins zu mehreren Milliarden liegt.«

»Besteht eine Möglichkeit – sagen wir von eins zu einer Milliarde –, daß die Sowjets diese Kombination kennen?«

»Nein.«

»Sie halten es also für unmöglich, daß sie von selber losgeht. Gibt es etwas anderes, eine andere Form äußerer Einwirkung, wodurch sie detonieren könnte?«

»Das weiß ich nicht.«

»Heißt das, Sie können es nicht sagen oder Sie sind sich nicht sicher?«

»Ich bin nicht sicher. Wenn sich ganz in der Nähe eine ziemlich starke Explosion ereignet, könnte sie vielleicht mit hochgehen. Wir wissen es einfach nicht.«

»Diese Möglichkeit hat man nie untersucht? Ich meine, es hat keine Experimente gegeben?«

»Ich hoffe, nein«, sagte Denholm. »Wenn so ein Experiment erfolgreich verliefe, möchte ich zu der Zeit nicht dreißig oder vierzig Meilen weit weg davon sein.«

»Das ist eine Sache.« Dr. Wickram lächelte erstmals zaghaft, aber es war ein ziemlich frostiges Lächeln. »Die andere ist die, ganz offen gesagt, daß wir nie damit gerechnet haben, daß eine solche Möglichkeit eintritt. Ich denke, wir hätten durchaus ein Experiment durchführen können – ohne so drastische Folgen, wie Lieutenant Denholm sie anschnitt. Man könnte eine sehr kleine Atombombe in der Nähe einer anderen zünden. Selbst eine Ladung herkömmlichen Sprengstoffs in unmittelbarer Nachbarschaft einer kleinen Atombombe würde schon reichen. Geht die kleine Atombombe hoch, so wäre es mit einer Wasserstoffbombe nicht anders. Schließlich wird die Kernfusion in einer Wasserstoffbombe, wie jeder weiß, durch die Kernspaltung einer Atombombe ausgelöst.«

»Gibt es für Wasserstoffbomben eine Zeitschaltvorrichtung, vor allem mit verzögernder Wirkung?« fragte Talbot.

»Nein.« Die Entschiedenheit seiner Stimme ließ keinen Raum für weitere Fragen.

»Nach dem, was Vizeadmiral Hawkins berichtet hat, besteht die Möglichkeit, daß sich einige gewöhnliche Atombomben an Bord des gesunkenen Flugzeugs befinden. Könnte es sein, daß sie mit Zeitschaltuhren ausgerüstet sind?«

»Wiederum, ich weiß es nicht. Ist nicht mein Gebiet. Aber ich sehe keinen Grund, warum sie es nicht sein könnten.«

»Aus welchem Grund könnte man das machen?«

»Keine Ahnung. Das liegt im Bereich des Spekulativen, Captain, da ist eine Vermutung von Ihnen genausoviel wert wie eine von mir. Das einzige, was mir dazu einfällt, wäre eine Mine, eine Seemine. Würde jeden vorüberfahrenden Flugzeugträger säuberlich in seine Einzelteile zerlegen, nehme ich an.«

»Das ist zu klein gedacht«, sagte Van Gelder. »Eine Wasserstoffmine würde, glaube ich, einen ganzen Flottenverband, der in seine Nähe kommt, unschädlich machen.«

»Was für einen Flottenverband? Einen von uns? In Kriegswie in Friedenszeiten, das Meer ist für alle da.«

»Nicht das Schwarze Meer. Nicht in Kriegszeiten. Ist aber etwas weit hergeholt. Wie ließe sich eine solche Mine aktivieren?«

»Da muß ich Sie enttäuschen, auch das weiß ich nicht. Mit Minen kenne ich mich nicht aus.«

»Nun, früher gab es magnetisch ausgelöste Minen und akustisch reagierende. Durch das Entmagnetisieren von Schiffen sind Magnetminen *passé*. Also akustische. Durch das Maschinengeräusch eines vorüberfahrenden Schiffes ausgelöst. Interessant, nicht wahr? Ich meine, wir sind, seit wir das Ticken zum ersten Mal gehört haben, einige Male darüber hinweggefahren, und es ist nichts passiert. Bis jetzt. Also besagt das Tickgeräusch nicht, daß die Mine darauf eingestellt ist, jederzeit hochzugehen. Vielleicht ist sie nicht aktiviert, solange das Ticken anhält. Auch möglich, daß sie in die Luft geht, sobald das Ticken aufhört, wann immer das sein mag. Das Dumme ist, wir haben nicht den leisesten Schimmer, was das Ticken überhaupt in Gang gebracht hat. Ich kann mir einfach nicht vorstellen, daß es irgendwie absichtlich geschehen ist. Es muß durch die Explosion in Gang gesetzt worden sein, die den Flugzeugabsturz bewirkt hat, oder durch den Aufprall auf dem Wasser.«

»Sehr beruhigend, was Sie da ausführen«, bemerkte Hawkins mit rauher Stimme.

»Ich gebe zu, Sir, daß die Möglichkeiten, die da zur Wahl stehen, nicht sonderlich attraktiv sind. Meine eigenen Schlußfolgerungen, die in diesem Fall wahrscheinlich wertlos sind, laufen darauf hinaus, daß dies Ticken eine Art Gnadenfrist signalisiert – ich meine, daß die Mine nicht explodieren kann, solange das Ticken anhält, und daß sie auch nicht losgehen wird, sobald das Ticken aufhört, aber im Anschluß daran vom Geräusch vorbeifahrender Schiffe ausgelöst werden kann. Nur eine Vermutung, Sir, aber nicht gänzlich unbegründet. Ich gehe davon aus, daß eine solche Mine sowohl von einem Überwasserschiff als auch von einem Flugzeug versenkt werden könnte. Wenn das zutrifft, wäre das Schiff sicher gerne eine Anzahl von Meilen weit entfernt, bevor die Mine losgeht. Also würde man die Zeitschaltvorrichtung in dem Moment in Gang setzen, in dem man sie über Bord wirft. Ich bin sicher, Sir, daß das Pentagon uns darüber Aufschluß geben könnte.«

»Ja, ganz sicher«, meinte Hawkins. »Ihre Ausführungen scheinen mir sehr einleuchtend. Nun, Captain, was schlagen Sie vor, was wir in diesem Falle tun?«

»Ich dachte eigentlich, Sir, daß Sie hergekommen sind, um mir zu sagen, was ich tun *soll.*«

»Nein. Keineswegs. Ich bin nur gekommen, um mich mit der Lage vertraut zu machen und mich im Austausch gegen Informationen, die ich Ihnen liefere, von Ihnen über die Situation in Kenntnis setzen zu lassen.«

»Soll das heißen, Admiral – vorsichtig ausgedrückt, Sie verstehen –, ich sei an der Entscheidung beteiligt?«

»Nicht daran beteiligt. Sie allein entscheiden, verdammt noch mal. Ich zeichne gegen. Das ist alles.«

»Ich danke Ihnen. Meine erste Entscheidung – oder Vorschlag, wenn Sie so wollen, mit allem Respekt – ist, daß Sie und Ihre beiden Begleiter sofort wieder nach Rom abreisen. Es hilft hier niemandem und wäre ein erheblicher Verlust für die Wissenschaft wie für die Marine, wenn Sie drei beschlössen, sich selbst aufzuopfern. Und solange ich befugt bin, die Entscheidungen zu fällen, gibt es für Sie hier nichts zu tun, das ich und meine Crew nicht auch tun könnten. Lieutenant-Commander Van Gelder steht Ihnen sofort zu Diensten.«

»Der Lieutenant-Commander wird warten müssen. Wenigstens, was mich anbelangt. Ihre Logik ist überzeugend, aber mir ist momentan nicht sehr nach Logik zumute. Ich gebe Ihnen jedoch recht, was meine beiden Freunde hier betrifft. Sie könnten morgen wieder auf ihrer internationalen Konferenz in Rom sein, ohne daß ihre Abwesenheit jemandem aufgefallen wäre. Wir haben kein Recht, das Leben von Zivilisten aufs Spiel zu setzen.«

»Sie erwähnen da gerade etwas ganz Entscheidendes, Admiral.« Benson paffte genüßlich an einer arg verrußten Pfeife. »Nämlich, daß wir Zivilisten sind. Und Zivilisten lassen sich nicht vom Militär herumkommandieren. Ich für meinen Teil ziehe die Ägäis Rom vor.«

»Ganz meine Meinung«, schloß Wickram sich ihm an. »Lächerlich. Absurd.«

»Sie scheinen bei Ihren beiden Freunden nicht mehr ausrichten zu können als ich bei Ihnen dreien.« Talbot zog zwei Blatt Papier aus der Innentasche. »Dann bitte ich Sie, das abzuzeichnen, Sir.«

Hawkins nahm die Blätter, blickte Talbot nachdenklich an, überflog die beiden Seiten und las anschließend eines laut vor.

»›Erbitten schnellstens nächstgelegenes Bergungs- oder Hebeschiff auf Position 36.21 Nord, 25.22 Ost südlich Cap Akrotiri auf Santorin, um gesunkenes Flugzeug und gesunkene Jacht zu bergen. Erbitten weiter umgehend per Flugzeug zwei Tiefseetaucher mit Tauchausrüstung für vier, wiederhole, vier, nach Santorin. Priorität One Double A. Gezeichnet Vizeadmiral Hawkins.‹« Hawkins blickte Benson und Wickram an. »Diese Nachricht geht an Konteradmiral Blyth an Bord der HMS *Apollo*. Konteradmiral Blyth ist Einsatzleiter der europäischen Seestreitkräfte im östlichen Mittelmeerraum. Priorität One Double A bedeutet: Lassen Sie alles andere stehen und liegen, dies hat absolut Vorrang. Admiral Hawkins, denke ich, bin ich selbst. Warum die Bitte um vier Tauchausrüstungen, Captain?«

»Van Gelder und ich sind erfahrene Taucher, Sir. Ehemalige U-Boot-Besatzungsmitglieder.«

»Verstehe. Die zweite Nachricht geht an den Verteidigungsminister in Athen. ›Erbitten dringende Kontaktaufnahme mit Flugkontrolle Athen zwecks Auskunft über Flugzeug, vermutlich amerikanischer Herkunft, das heute 14.15 h südlich von Santorin abstürzte. Hat es um Fluganweisungen und Landeerlaubnis in Athen oder auf anderem griechischem Flughafen ersucht? Bitten ferner darum, Auskunft einzuholen bei Polizei und Geheimdienst, ob dort ein gewisser Spyros Andropulos bekannt ist, Eigner einer Jacht namens *Delos*.‹ Auch diese Meldung ist, wie ich nicht ohne Stolz vermerke, von mir unterzeichnet. In der Tat, Captain, ich habe Ihnen vor ein, zwei Minuten großes Unrecht angetan. Ich dachte, Sie hätten sich mit dem Problem, das uns hier auf den Nägeln brennt, noch nicht selber befaßt. Dabei haben Sie das sehr wohl. Und zwar sehr gekonnt und schon eine ganze Weile vor meiner Ankunft. Noch zwei Fragen.«

»Zum Flugzeug und Andropulos?« Hawkins nickte. »In 43000 Fuß Höhe brauchte der Pilot niemanden von seinem Vorhandensein in Kenntnis zu setzen. Er wußte, daß er da oben allein war. Aber sobald er mit dem Abstieg begann, sah es gänzlich anders aus. Er konnte nicht eben erpicht darauf sein, mit jemandem zusammenzustoßen, erst recht nicht mit einer Ladung, wie er sie an Bord hatte. Und natürlich würde er um Landeerlaubnis bitten.«

»Aber wieso Griechenland?«

»Weil die Flugroute, auf der er sich befand, als wir ihn erstmals orteten, ihn nach Ankara in der Türkei oder einen Flughafen ganz in der Nähe davon geführt hätte. Nun ist die Türkei – nominell wenigstens – Mitglied der NATO. Aber ich bin sicher, daß die Amerikaner bei Ankara keinen Luftstützpunkt haben. Und eine Raketenabschußbasis haben sie da erst recht nicht. In Griechenland dagegen haben sie sowohl das eine wie das andere. Also Griechenland. Was Andropulos angeht, glauben einige meiner Offiziere und ich, daß er ein undurchsichtiger und mit Vorsicht zu genießender Geselle ist. Wir haben den Verdacht, daß er über den Absturz des Flugzeugs vielleicht etwas weiß, wovon wir nicht wissen, daß er es weiß, wenn Sie mir folgen können. Er sagt, die *Delos* sei infolge einer Explosion gesunken. Aber es ist die alte Frage: Fiel er, oder wurde er gestoßen? Mit anderen Worten, war die Explosion Zufall oder Absicht? Wenn wir die *Delos* bergen könnten, ließe sich das feststellen.«

»Ja, das ließe es sich wohl. Doch immer der Reihe nach. Erst mal das Dringendste.« Hawkins warf noch einmal einen kurzen Blick auf die Meldungen, zog einen Stift hervor, unterzeichnete und reichte Talbot die Papiere zurück. »Da Sie sich all das, wie ich vermute, schon einige Zeit vor meiner Abreise von Rom überlegt haben, warum haben Sie die Meldungen dann nicht von sich aus verschickt?«

»Ein kleiner bescheidener Commander hat einem Konteradmiral Blyth keine Vorschriften zu machen. Dazu fehlt mir die Befugnis. Sie haben sie. Deshalb bat ich darum, daß Sie so schnell wie möglich herkommen. Danke für Ihre Unterschrift, Sir. Das war der einfache Teil. Jetzt kommt der schwierige.«

»Wieso?« fragte Hawkins alarmiert. »Was für ein schwieriger Teil?«

»Haben wir moralisch das Recht, die Mannschaft des Bergungsschiffes, von den Tauchern gar nicht zu reden, der Gefahr auszusetzen, daß sie, wie Lieutenant Denholm es so elegant formulierte, mit uns zusammen als Dunstpartikel in der Stratosphäre um die Erde kreisen?«

»Ah, ja. Da haben Sie natürlich recht. Was meinen *Sie?*«

»Ich kann mich nur wiederholen. Auch das ist nichts, was ein kleiner bescheidener Commander zu entscheiden hätte. Das kann nur ein Admiral.«

»Du lieber Gott! Wenn was schiefgeht, haben Sie sich nichts vorzuwerfen, die ganze Welt wird alles mir anlasten.«

»Wenn was schiefgeht, Sir, werden wir uns, glaube ich, kaum noch viel zu sagen haben, wenn wir als Dunstpartikel da oben herumschweben.«

»Da haben Sie recht. Das war eine unwürdige Bemerkung. Niemand übernimmt gern die Verantwortung für solche Entscheidungen. Schicken Sie die Meldungen hinaus.«

»Geht in Ordnung, Sir. Lieutenant Denholm, bitten Sie Myers her.«

»Man hat mir berichtet«, sagte Hawkins, »daß der Präsident der Vereinigten Staaten – ich will mich nicht mit ihm vergleichen – mit einem ähnlichen Problem konfrontiert war wie ich eben. Er hat den Vorsitzenden der Chiefs of Staff gefragt, ob er die *Ariadne* abziehen solle, die sich, wie sie beide sehr wohl wußten, über dem abgestürzten Flugzeug befand. Der General hat darauf geantwortet, getreu der alten und ehrenwerten amerikanischen Tradition, den Schwarzen Peter weiterzugeben, daß nicht er das zu entscheiden habe. Der Präsident entschied, die *Ariadne* solle an Ort und Stelle bleiben.«

»So. – Da könnte ich natürlich gallenbitter reagieren und sagen, der Präsident habe es ja leicht, so nobel und hochsinnig zu handeln; schließlich riskiere er nicht, mit seinem Sessel im

Oval Office hochzugehen, wenn die Geschichte da unten in die Luft fliegt. Aber das werde ich nicht tun. Ich beneide ihn nicht darum, eine solche Entscheidung fällen zu müssen. Vermute ich richtig, daß er seine Entscheidung begründet hat?«

»Ja. Das sei das Beste für die meisten Menschen.«

Myers trat ein. Talbot reichte ihm die beiden Meldungen.

»Schicken Sie diese gleich los. Beide mit Code B verschlüsselt. Hängen Sie in beiden Fällen an: ›Erbitten sofortige, wiederhole, sofortige, Bestätigung.‹« Kaum hatte Myers den Raum verlassen, sagte Talbot: »Wenn ich richtig informiert bin, Admiral, haben Sie als Oberkommandierender der Seestreitkräfte im östlichen Mittelmeerraum die Befugnis, die Weisungen des Präsidenten außer Kraft zu setzen?«

»Ja.«

»Haben Sie das schon einmal getan?«

»Nein. Sie werden mich fragen, warum. Aus den gleichen Gründen, aus denen der Präsident seine Entscheidung fällte. Man muß immer an das Wohlergehen der meisten Menschen denken. Aber was soll die Frage, Captain? Sie würden diesen Ort selbst dann kaum verlassen, wenn ich Ihnen das direkt befehlen würde.«

»Mir macht nur die Begründung ein wenig zu schaffen – es sei das Beste für die meisten. Mit einem Bergungsschiff, das, wie ich zugeben muß, ganz allein meine Idee war, erhöht man die Gefahr für eine Anzahl von Menschen.«

»Ich glaube, Ihnen ist nicht recht klar, wie groß die Anzahl von Menschen ist, die in diesem Fall gefährdet sind. Ich denke, Professor Benson kann Ihnen darüber Aufschluß geben. Kann uns allen darüber Aufschluß geben. Denn ich weiß da auch nicht so ganz Bescheid. Darum ist der Professor hier.«

»Der gute Professor«, sagte Benson, »ist zur Zeit nicht in Höchstform. Er ist hungrig.«

»Wie rücksichtslos von uns«, sagte Talbot. »Natürlich. Abendessen also, sagen wir, in zwanzig Minuten?«

»Mir würde ein Sandwich durchaus reichen.« Talbot blickte Hawkins und Wickram an, die ihm beide zunickten. Er drückte auf eine Klingel.

»Genau weiß ich das alles auch nicht«, sagte Benson. »Einige Fakten sind unbestreitbar. Eines davon ist die heiße Ladung, über der wir hier sitzen. Je nachdem, welcher Schätzung des Pentagon Sie Glauben schenken wollen, liegen da unten zwischen 144 und 225 Megatonnen hochexplosiver Ladung. Nicht daß der Unterschied zwischen dem niedrigsten und höchsten Schätzwert irgendwie von Bedeutung wäre. Die Explosion von einem Pfund Sprengstoff in dieser Offiziersmesse würde uns alle töten. Wir sprechen aber hier über die Sprengkraft von, sagen wir, viereinhalb Millionen Pfund. Der menschliche Verstand kann das nicht mehr fassen. Alles, was wir mit Gewißheit sagen können, ist, daß es die größte von Menschen ausgelöste Explosion in der Geschichte wäre, was sich gar nicht so schlimm anhört, wenn man es so schnell dahinsagt, wie ich es gerade getan habe.

Die Auswirkungen einer solchen Explosion sind gänzlich unbekannt, aber unsagbar gräßlich, wie optimistisch man in seinen Vermutungen auch sein mag. Die Explosion könnte die Erdkruste zum Bersten bringen, was katastrophale Auswirkungen hätte. Sie könnte einen Teil der Ozonschicht zerstören, was dazu führen könnte, daß die ultravioletten Strahlen der Sonne uns entweder bräunen oder braten, je nachdem, wie groß das Loch ist, das sie in die Stratosphäre sprengt; sie könnte auch das Einsetzen eines nuklearen Winters hervorrufen, was ja zur Zeit gerade eines der Lieblingsthemen unter Wissenschaftlern und Laien ist. Und *last but not least* die wirklich keineswegs gering einzuschätzenden Folgen von *Tsunami*, verheerenden Flutwellen, die normalerweise von Unterwasserbeben hervorgerufen werden; solche *Tsunami* haben den Tod von Zehntausenden von Menschen bewirkt, wenn sie niedrig gelegene Küstenregionen trafen.«

Benson streckte langsam die Hand nach einem Glas aus, das Jenkins ihm brachte. Talbot sagte: »Falls Ihre Ausführungen ein Versuch sind, uns zu ermutigen, so ist er Ihnen nicht besonders geglückt, Professor.«

»Ah, jetzt geht es mir besser, viel besser.« Benson setzte aufseufzend sein Glas ab. »Das habe ich gebraucht. Es gibt Zeiten, da bin ich in der Lage, mir selbst Angst einzujagen. Ermutigen? Das alles war erst die Hälfte. Die andere Hälfte ist Santorin. Genaugenommen stellt Santorin die größere Hälfte dar. Die Menschen sind ja schon sehr begabt, was blinde, mutwillige Zerstörung anbelangt, aber die Natur übertrifft sie noch allemal.«

»Santorin?« fragte Wickram. »Wer oder was ist Santorin?«

»Unwissenheit, George, Bildungsmangel. Sie und Ihre Physiker-Kollegen sollten von Zeit zu Zeit mal einen Blick aus Ihrem Elfenbeinturm werfen. Santorin liegt kaum zwei Meilen weit entfernt von der Stelle, wo wir uns zur Zeit befinden. Heißt schon seit vielen Jahrhunderten so. Offiziell heißt die Insel heute, wie vor fünftausend Jahren auf der Höhe ihrer Zivilisation, Thera.

Die Insel hat, unter welchem Namen auch immer, eine sehr turbulente seismische und vulkanische Vergangenheit. Keine Angst, George, ich habe nicht die Absicht, mich nun ausgiebig über mein altes Steckenpferd auszulassen; nur kurz höchstens, gerade lange genug, um Ihnen eine Vorstellung davon zu geben, wie viele Menschen hier im Zusammenhang mit der Formel ›das Beste für die meisten‹ gemeint sein könnten.

Es herrscht ziemlich allgemein die Vorstellung, Erdbeben und Vulkanausbrüche seien zwei Seiten einer Medaille. Das ist nur bedingt richtig. Erdbeben, vor allem die größeren, werden dadurch ausgelöst, daß zwei Erdplatten – Teile der Erdkruste, die frei auf dem geschmolzenen, flüssigen Magma darunter schwimmen – miteinander in Berührung kommen, eine Platte mit einer anderen zusammenstößt, zwei Platten sich reiben oder eine sich unter oder über die andere schiebt. Die einzigen zwei aufgezeichneten Riesenerdbeben der Geschichte waren von dieser Art – in Ekuador 1906 und in Japan 1933. Ähnlicher Art, aber weniger gewaltig – doch immer noch sehr stark – waren die Erdbeben von San Francisco und im kalifornischen Owens Valley, die auch durch Bewegungen der Erdkruste und nicht vulkanisch bedingt waren.

Zwar liegen praktisch alle 500 bis 600 aktiven Vulkane der Welt – vielleicht hat sich jemand mal die Mühe gemacht, sie zu zählen, ich habe es nicht – in der Nähe konvergenter Erdplattengebiete. Aber es ist auch erwiesen, daß sie selten etwas mit Erdbeben zu tun haben. Es hat gerade in den letzten Jahren drei größere Vulkanausbrüche in solchen Grenzgebieten gegeben: Mount St. Helens im Staate Washington, El Chichón in Mexiko und nordwestlich von Bogotá in Kolumbien. Der letztere – der sich erst im November 1985 ereignete – war besonders schrecklich. Der Nevado del Ruiz, ein über fünftausend Meter hoher Vulkan, der die letzten vierhundert Jahre mehr oder weniger geschlafen hat, brach plötzlich aus und löste in seinen oberen Regionen eine Schnee- und Eisschmelze aus, was wiederum eine Schlammlawine von schätzungsweise fünfundsiebzig Millionen Kubikmetern zur Folge hatte. In deren Weg lag die Stadt Armero. Dort starben 25 000 Menschen. Doch worauf ich hinauswollte: keiner dieser Vulkanausbrüche war von einem Erdbeben begleitet. Das gleiche gilt für Vulkane, die nicht in der Nähe bekannter tektonischer Grenz- und Randgebiete liegen. Der Vesuv etwa, auch wenn er Pompeji und Herculaneum begrub, Stromboli, der Ätna und die beiden eng beieinanderliegenden Vulkane auf Hawaii haben noch keine Erdbeben ausgelöst.

Die wirklich faulen Äpfel im großen seismischen Haufen sind die sogenannten thermalen Hot spots, Stellen in der Erdkruste, aus denen Magma austritt, geschmolzene Lava, und die Vulkane entstehen lassen oder Erdbeben auslösen oder beides.

Wir reden viel über diese Hot spots, aber wir wissen im Grunde nur wenig über sie. Wir wissen nicht einmal, ob sie ortsgebunden und lokal begrenzt sind oder wandern und sich ausdehnen und den tektonischen Platten bei ihren Verschiebungen praktisch als Gleitmittel dienen. Was wir wissen ist, daß sie extrem unangenehme Auswirkungen haben können. Einer von ihnen war schuld am größten Erdbeben dieses Jahrhunderts.«

»Sie verwirren mich, Professor«, sagte Hawkins. »Sie erwähnten eben die wirklich großen Beben, die in Japan und Ekuador. Aber die sind festgehalten, registriert. Dieses nicht?«

»Doch, natürlich. Aber Länder wie Rußland und China sind ziemlich zurückhaltend, was die Herausgabe näherer Informationen anbelangt. Sie haben die verrückte Vorstellung, man könnte Naturkatastrophen ihrem politischen System anlasten.«

»Darf ich fragen, woher Sie dann davon wissen?«

»Ja, sicher. Regierungen mögen es vorziehen, anderen Regierungen gegenüber Stillschweigen zu bewahren, aber wir Wissenschaftler sind ein unheilbar geschwätziges Volk. Dieses Erdbeben ereignete sich in der Provinz Tangshan im Nordosten Chinas und war das einzig bekannte Beben, das sich in einem dicht besiedelten Gebiet ereignete. In diesem Fall waren auch die Großstädte Peking und Tientsin betroffen. Ausgelöst wurde das Beben zweifellos von aufsteigender Magma. Unseres Wissens gibt es keine tektonischen Randzonen in der Gegend. Aber vielleicht gibt es da doch ein altes Randgebiet, das bis dahin schlummerte. Die Katastrophe ereignete sich am 27. Juli 1976.«

»Also erst in jüngster Zeit«, sagte Hawkins. »Gestern sozusagen. Gab es Tote, Verwundete?«

»Zwischen sechshundert- und siebenhunderttausend Tote, an die achthunderttausend Verletzte. Können auch in beiden Fällen hunderttausend mehr oder weniger gewesen sein. Falls das kaltschnäuzig und herzlos klingt, war das nicht meine

Absicht. Ab einer bestimmten willkürlichen Grenze – hunderttausend, zehntausend, ja schon tausend, das hängt ganz davon ab, wieviel Herz und Geist fassen können – spielt die Zahl keine Rolle mehr. Vor allem, wenn man es mit gesichtslosen Unbekannten in einem weitentfernten Land zu tun hat.«

»Ich vermute«, sagte Hawkins, »das war dann die größte Naturkatastrophe dieser Art?«

»Im Hinblick darauf, wie viele Menschenleben sie kostete, wahrscheinlich ja. Wir können nicht ganz sicher sein. Wir wissen nur eines mit Sicherheit: Tangshan steht in der Rangordnung erdgeschichtlicher Katastrophen an dritter Stelle. Vor rund hundert Jahren flog die Insel Krakatau in Indonesien in die Luft. Das war ein ziemlich lauter Knall, im wortwörtlichen Sinne – die Explosion war noch mehrere tausend Meilen weit weg zu hören. Dabei wurde so viel vulkanisches Material in die Stratosphäre geschleudert, daß die Welt noch mehr als drei Jahre danach aufregende Sonnenuntergänge zu sehen bekam. Kein Mensch weiß, wie hoch die Flutwelle war, die durch die Eruption ausgelöst wurde. Wir wissen lediglich, daß die drei großen Inseln am Rande der Javasee – Sumatra, Java und ein Teil von Borneo – und fast alle kleineren Inseln in diesem Seegebiet nicht höher als siebzig Meter über dem Meerespiegel liegen. Die Toten sind nie gezählt worden. Vielleicht ist es auch besser so.«

»Und vielleicht ist es auch besser, daß wir nicht wissen, worauf Sie nun gerade hinauswollen«, sagte Talbot. »Der Weg, den Sie uns entlangführen, gefällt mir gar nicht.«

»Mir auch nicht«, seufzte Benson und nahm noch einen Schluck Gin. »Ist einem von Ihnen schon einmal das Wort ›*kalliste*‹ begegnet?«

»Natürlich«, sagte Denholm. »Heißt ›das Schönste‹. Ist sehr alt. Ein Wort aus homerischen Zeiten.«

»Alle Achtung.« Benson beäugte ihn durch den Qualm seiner Pfeife. »Ich dachte, Sie sind der Elektronikfachmann?«

»Lieutenant Denholm ist von Haus aus klassischer Philologe«, sagte Talbot. »Elektronik ist nur sein Hobby.«

»Ah so!« Benson machte eine Bewegung mit seinem Daumen. »Kalliste – so hieß diese Kleine da, bevor aus ihr Thera beziehungsweise Santorin wurde. Einen unpassenderen Namen für sie kann ich mir nicht vorstellen. Diese hübsche Kleine ging nämlich 1450 vor Christus in die Luft, und die zerstörerische Kraft der Eruption war viermal so groß wie beim Ausbruch des Krakatau. Wo vorher die Kegelspitze eines Vulkans gewesen war, befand sich anschließend eine kreisförmige Vertiefung – wir nennen sie Caldera – von etwa dreißig Quadratmeilen, in die sich die See ergoß. Bewegte Zeiten, meine Herren, bewegte Zeiten.

Unglücklicherweise befinden wir uns noch mitten drin in diesen bewegten Zeiten. Santorin hat eine sehr turbulente seismische Vergangenheit, die sich bis in unsere Tage erstreckt. Alten Mythen zufolge soll übrigens 2500 vor Christus eine noch stärkere Eruption stattgefunden haben. Doch was hier nach 1450 v. Chr. geschah, war auch nicht ohne. 236 v. Chr. trennte eine weitere Eruption die Insel Therasia vom Nordwesten Theras. Vierzig Jahre später entstand die kleine Insel Palaia – Alt-Kameni. Seither hat es immer wieder neue Ausbrüche gegeben, sind weitere Inseln und vulkanische Erhebungen entstanden und später wieder verschwunden. Ende des sechzehnten Jahrhunderts versank die Südküste von Thera mit dem Hafen Eleusis im Meer; sie ist bis heute verschwunden geblieben. Und noch in jüngster Zeit, 1956 erst, zerstörte ein Erdbeben die Hälfte aller Häuser an der Westküste der Insel. Santorin ruht, wie man fürchtet, auf sehr unsicherem Boden.«

»Was geschah genau 1450 vor Christus?« fragte Talbot.

»Bedauerlicherweise haben unsere Vorfahren vor fünfunddreißig Jahrhunderten offenbar nicht viele Gedanken an die Nachwelt verschwendet, womit ich sagen will, sie haben keine die Neugier ihrer Nachfahren befriedigenden Aufzeichnungen hinterlassen. Man kann ihnen das kaum übelnehmen, sie hatten damals dringendere Dinge und Probleme zu bewältigen, als daß sie sich um solche Sachen hätten kümmern können. Einem Bericht zufolge bewirkte die Explosion eine Flutwelle, die an die fünfundfünfzig Meter hoch war. Ich weiß nicht, wer das errechnet hat. Ich glaube es nicht. Es stimmt zwar, daß die Wasserhöhe an der Küste Alaskas infolge von *Tsunami*, erdbebenbedingten Flutwellen, über hundert Meter gestiegen ist, aber das geschieht nur, wenn der Meeresboden nahe der Küste abflacht; auf dem tiefen Meer sind *Tsunami*, obwohl sie mit unglaublichen Geschwindigkeiten dahinrollen können – mit zwei-, ja vielleicht sogar dreihundert Meilen in der Stunde –, kaum mehr als ein Kräuseln der Wasseroberfläche.

Die Experten – und als Experte läßt sich in weiterem Sinne jeder bezeichnen, der über das, worüber er redet, Bescheid zu wissen vorgibt – sind zutiefst zerstritten, was die Ereignisse damals anbelangt. Das ist ein archäologisches Minenfeld. Es kann sein, daß die Eruption die Kykladen zerstört hat. Es kann auch sein, daß sie die minoische Kultur auf Kreta ausgelöscht hat. Es kann weiter sein, daß sie eine Flutwelle auslöste, die ägäischen Inseln und die niedrig gelegenen Küstengebiete Griechenlands und der Türkei überflutet hat; daß sie die vielleicht noch tiefer gelegenen Teile Ägyptens überflutet hat, das Nilbett hinaufgeströmt ist, das Wasser des Roten Meeres zurückgedrängt und damit den Israeliten die Flucht vor Pharao ermöglicht hat. Das ist eine Meinung. 1950 hat ein Wissenschaftler namens Immanuel Velikovsky für beträchtlichen Wirbel unter Historikern, Theologen und Astronomen gesorgt, indem er allen Ernstes die Meinung vertrat, die Überschwemmung sei dadurch ausgelöst worden, daß Venus sich von Jupiter entfernt habe und der Erde ungemütlich nahe gekommen sei. Es war eine sehr gelehrte und fundierte Abhandlung, die seinerzeit ein großes Echo fand, inzwischen jedoch auf heftige Ablehnung stößt. Aus beruflicher Eifersucht, Neid? Weil die Theorie anderen Wissenschaftlern nicht in den Kram paßte? Ein Scharlatan also? Unwahrscheinlich – der Mann war ein Freund und Kollege Albert Einsteins. Und dann war da natürlich noch Edmund Halley, der durch den nach ihm benannten Kometen berühmt wurde – auch er war ziemlich fest davon überzeugt, daß die Flutwelle durch den Vorbeiflug eines Kometen ausgelöst wurde.

Doch kommen wir auf unsere jetzige Lage zurück. Es gibt vier Dinge, die als gesichert gelten können, oder so gut wie gesichert. Erstens: Santorin ist so stabil wie der sprichwörtliche Wackelpudding. Zweitens: es liegt über einer Thermalspalte. Drittens: es liegt mit ziemlicher Sicherheit über einer alten tektonischen Randzone, die in ostwestlicher Richtung quer durchs Mittelmeer verläuft – da, wo die Erdplatten Afrikas und Asiens gegeneinanderstoßen. Schließlich, und das ist unbestreitbar, befinden wir uns über einer Sprengladung von ungefähr 200 Millionen Tonnen TNT. Wenn das hochgeht, wird es nach meinem Dafürhalten sehr wahrscheinlich – ich glaube, ich sollte unvermeidlich sagen – dazu kommen, daß sowohl die Thermalspalte als auch die zur Zeit gerade ruhige Erdbebenzone entlang dem tektonischen Graben wieder aktiv wird. Alles übrige überlasse ich Ihrer Phantasie.« Benson leerte sein Glas und blickte sich erwartungsvoll um. Talbot drückte auf eine Klingel.

Hawkins sagte: »Dazu reicht meine Vorstellungskraft nicht.«

»Die reicht bei niemandem von uns. Zum Glück. Denn das, worüber wir hier reden, eine Verbindung zwischen einer gewaltigen thermonuklearen Detonation, einem Vulkanausbruch und einem Erdbeben, liegt außerhalb des Erfahrungshorizontes der Menschheit. Deswegen können wir uns so etwas nicht vorstellen, aber wir können mit Sicherheit davon ausgehen, daß die Wirklichkeit schlimmer sein wird als unsere schlimmsten Alpträume. Der einzige Trost ist natürlich, daß wir das alles nicht mehr miterleben, gleichgültig ob Alptraum oder Wirklichkeit.

Ein solches Ausmaß an potentieller Vernichtungskraft übersteigt alle Vermutungen bei weitem, läßt sie vergleichsweise bescheiden erscheinen. Mit ›Vernichtung‹ meine ich die totale Auslöschung von Leben, ausgenommen vielleicht einige Formen von Leben unter der Erde und im Wasser. Was Lava, Vulkanschlacken, Staub und Asche nicht schaffen, werden die Druckwellen, das Feuer und die *Tsunami* tun. Sofern es überhaupt Überlebende gibt – und das auf einem Gebiet von vielen tausend Quadratmeilen –, wird der starke radioaktive Niederschlag ihnen den Garaus machen. Da noch über solche Dinge wie Nuklearwinter zu reden oder daß man von der ultravioletten Strahlung bei lebendigem Leibe gebraten wird, scheint mir unnötig.

Da sehen Sie, Commander Talbot, was wir meinen, wenn wir über so etwas wie die besten Aussichten für die meisten Menschen reden. Was spielt es für eine Rolle, ob hier draußen zwei Schiffe liegen oder zehn, ob wir hier zu zweihundert sind oder zweitausend? Jeder Mann, jedes Schiff, der oder das jetzt noch zu uns stößt, vergrößert vielleicht – vielleicht! –, wenn auch nur minimal, unsere Aussichten auf Erfolg, diese verdammten Dinger da unten auf dem Meeresboden außer Gefecht zu setzen. Was sind schon zweitausend angesichts der unvorstellbaren Zahl von Menschen, die früher oder später – eher früher – untergehen werden, wenn diese Dinger da unten losgehen, ohne daß wir etwas dagegen unternehmen können?«

»Sie haben eine nette Art, sich auszudrücken, Professor, und einem alles richtig zu verdeutlichen. Nicht daß die *Ariadne* die Absicht gehabt hätte, sich irgendwohin abzusetzen, aber es tut doch gut, gute Gründe dafür zu haben, an Ort und Stelle auszuharren.« Talbot überlegte kurz. »Damit ist wenigstens auch noch ein kleineres Problem gelöst. Wir haben sechs Überlebende von der Jacht *Delos* an Bord. Ich hatte daran gedacht, drei unschuldig Betroffene unter ihnen an Land zu setzen, aber das scheint sich nun zu erübrigen.«

»Nun, ja. Ob sie sich hier an Bord befinden oder auf Santorin, bevor sie, wie Lieutenant Denholm sich auszudrücken beliebte, in unserer Gesellschaft als Dunstpartikel durch die Sphäre schweben, dürfte gleich sein.«

Talbot nahm einen Hörer ab, verlangte eine Nummer, lauschte kurz und legte wieder auf.

»Der Radar-Raum. Immer noch das gleiche. Tick ... tick ... tick ...«

»Aha«, sagte Benson. »Tick ... tick ... tick ...«

4

»Hatten Sie ein angenehmes Tête-à-tête mit Mr. Andropulos, Sir?«

Vizeadmiral Hawkins war gerade mit seinen beiden Wissenschaftlern auf Talbots Wunsch auf die Brücke gekommen.

»Angenehm? Das hängt ganz davon ab, was Sie damit meinen, John?«

»Ich meine, waren Sie geziemend beeindruckt?«

»Geziemend unbeeindruckt, für meinen Teil. Interessiert, das ja, aber gänzlich unbeeindruckt. Ich meine, von dem Mann und seinem Charakter, nicht was seine außerordentliche Schwäche für Hochprozentiges anbelangt. So wie er sich darstellt, ist seine Weste noch weißer als frischgefallener Schnee. Ein Mann, der so offen und ehrenhaft wirkt, muß etwas zu verbergen haben.«

»Und er nuschelte auch an den falschen Stellen«, sagte Benson.

»Nuschelte?«

»Ja, Captain. Sprach undeutlich und schwerfällig an den falschen Stellen, um uns weiszumachen, daß er betrunken wäre. Vielleicht hätte man es ihm in seiner Muttersprache, dem Griechischen, abgenommen, aber nicht im Englischen. Stocknüchtern, glaube ich. Und gerissen. Jedenfalls gerissen genug, diese beiden charmanten jungen Damen in seiner Begleitung hinters Licht zu führen. Denn das tut er, glaube ich.«

»Und sein Busenfreund Alexander«, sagte Hawkins, »der ist offenbar nicht so schlau. Vielleicht ist er, als was er sich ausgibt – ein bezahltes Mannschaftsmitglied. Könnte allerdings auch ein Capo sein, von der Mafia. Er war ziemlich ungerührt, als ich ihnen mein Beileid ausdrückte, weil sie drei Mannschaftsmitglieder verloren haben. Andropulos sagte, er sei untröstlich, weil er drei treue, hochgeschätzte Freunde verloren habe. Das hat uns schon Van Gelder erzählt. Vielleicht war er wirklich untröstlich, vielleicht auch nicht. In Anbetracht der Tatsache, daß ich ihn, genau wie Sie, für einen gerissenen Lügner und einen meisterhaften Schauspieler halte, glaube ich das eher nicht. Vielleicht hat er Gewissensbisse und macht sich Vorwürfe, weil er an ihrem Tod schuldig ist. Doch auch das glaube ich nicht. Womit ich nicht sagen will, daß er nicht an ihrem Tod schuldig ist. Ich meine nur, daß sein Gewissen ihn kalt läßt. Das einzig Neue, das ich aus ihm herausbekommen habe, ist, daß er seine Jacht verlassen hat, weil er glaubte, sein Reserve-Treibstofftank könne in die Luft fliegen. Sehr undurchsichtig, Ihr neuer Freund.«

»Ja. Sehr geheimnisvoll. Ein Multi-Millionär. Vielleicht auch Multi-Multi-Millionär. Doch nicht, wie gewohnt, aus dem griechischen Tankergeschäft – der Markt ist kaputt, hat seinen Boden verloren. Er ist ein internationaler Geschäftsmann mit Verbindungen zu vielen Ländern.«

»Davon hat mir Van Gelder nichts erzählt«, sagte Hawkins.

»Kein Wunder, konnte er auch nicht. Er wußte nichts davon. Doch Ihr Name unter einer Nachricht, Admiral, garantiert bemerkenswert schnelle Auskünfte. Wir haben vor fünfundzwanzig Minuten Antwort auf unsere Anfrage beim griechischen Verteidigungsministerium erhalten.«

»Ein Geschäftsmann? In welcher Art von Geschäft?«

»Das haben sie offengelassen. Ich wußte, daß Sie danach fragen würden, deshalb habe ich sofort diesbezüglich noch einmal nachgefragt.«

»Natürlich in meinem Namen.«

»Natürlich, Sir. Wäre es um etwas anderes gegangen, hätte ich selbstverständlich erst Ihre Erlaubnis eingeholt. Aber hierbei handelte es sich um dieselbe Sache. Die Antwort ist vor wenigen Minuten eingetroffen, eine Auflistung von zehn verschiedenen Ländern, mit denen er Geschäfte macht.«

»Nochmal: was für Geschäfte?«

»Das war wieder nicht erwähnt.«

»Äußerst merkwürdig. Was halten Sie davon?«

»Zu dieser Auskunft muß der Außenminister seine Genehmigung erteilt haben. Vielleicht hat er auch ein wenig Zensur geübt. Schließlich gehört er der Regierung an. Ich vermute, daß der undurchsichtige Mr. Andropulos Freunde in der Regierung hat.«

»Der undurchsichtige Mr. Andropulos wird von Minute zu Minute undurchsichtiger.«

»Vielleicht, Sir. Vielleicht auch nicht – wenn Sie sich die Liste der zehn ausländischen Handelspartner ansehen, mit denen er Geschäfte macht. Vier davon sitzen in Städten, die Ihnen vermutlich von besonderem Interesse erscheinen werden – Tripolis, Beirut, Damaskus und Bagdad.«

»Ach.« Hawkins dachte kurz nach. »Waffenhandel?«

»Natürlich, Sir. Ist nichts Illegales am Waffengeschäft – England und Amerika mischen da auch mit. Aber alle Regierungen verhalten sich da ganz pharisäerhaft und würden nie öffentlich zugeben, etwas damit zu tun zu haben. Sie würden es nie tun, um nicht der Geschäftemacherei mit dem Tode bezichtigt zu werden. Das wäre eine einleuchtende Erklärung dafür, daß die griechische Regierung so geheimnisvoll und zurückhaltend reagiert.«

»Ja, das könnte sein.«

»Nur eines kommt mir merkwürdig vor: warum fehlt Teheran auf der Liste?«

»Richtig, ja. Die Iraner brauchen noch dringender Waffen als alle anderen – mit Ausnahme der Afghanen vielleicht. Aber Waffenhändler spezialisieren sich nicht darauf, Flugzeuge in der Luft explodieren zu lassen.«

»Ich verstehe das alles nicht, Sir. Der Irrgarten von Hampton Court ist dagegen ein Kinderspiel. Ich habe das Gefühl, daß wir eine ganze Weile brauchen werden, um herauszubekommen, was es damit auf sich hat. Zum Glück haben wir im Moment dringendere Probleme, mit denen wir uns befassen müssen.«

»Zum Glück?« Hawkins verdrehte die Augen himmelwärts.

»Ja, Sir.« Er wandte sich an Van Gelder. »Vincent? Ich nehme an, Jenkins weiß inzwischen, wonach es den Admiral und seine beiden Freunde gelüstet.«

»Sie schließen sich uns nicht an?« fragte Benson.

»Lieber nicht. Wir rechnen damit, daß wir heute nacht noch viel zu tun kriegen.« Er wandte sich wieder an Van Gelder. »Und befehlen Sie den sechs Schiffbrüchigen, sich in ihre Kabinen zu begeben und bis auf Widerruf dort zu bleiben. Stellen Sie Wachposten auf, die dafür sorgen, daß diese Anweisungen befolgt werden.«

»Ich glaube, ich sollte lieber gehen und mich selbst darum kümmern, Sir.«

»Gut. Mir selbst fehlt im Augenblick das nötige Taktgefühl.«

»Glauben Sie, sie werden sich mit dieser – äh – Einkerkerung abfinden?« fragte Hawkins.

»Einkerkerung? Nennen wir es doch lieber Schutzhaft. Ich möchte nicht, daß sie sehen, was hier in den nächsten Stunden vor sich geht. Ich erkläre Ihnen gleich, warum.

Das Verteidigungsministerium hatte noch eine weitere Information für uns. Über den Bomber. Er hatte tatsächlich Kontakt mit der Flugkontrolle in Athen und von dort die Anweisung erhalten, über der Insel Amorgos – die liegt ungefähr vierzig Meilen nordöstlich von hier – seinen Kurs zu ändern und in Richtung Nord-Nord-West weiterzufliegen. Zwei Jagdflugzeuge – US Air Force F15 – stiegen auf, um ihm entgegenzufliegen und ihm Geleitschutz zu geben.«

»Haben Sie hier irgendwo in der Nähe ein solches Flugzeug bemerkt?«

»Nein, Sir. War auch nicht zu erwarten. Der Treffpunkt sollte über Euböa sein. Das Flugziel war nicht Athen, sondern Thessaloniki. Vermutlich haben die Amerikaner da in der Gegend eine Raketenbasis. Ich weiß nichts davon.

Auch Admiral Blyth von der *Apollo* hat sich gemeldet. Wir haben Glück – doppeltes Glück. Ein Bergungsschiff, das sich auf dem Weg nach Piräus befand, wird nach Santorin umgeleitet. Mit Tauchercrews, Bergungsgerätschaft, allem Drum und Dran. Sie werden es kennen, Sir. Die *Kilcharran.*«

»Ja, die kenne ich. Ein Hilfsschiff der Flotte. Untersteht nominell meinem Kommando. Ich sage ›nominell‹, weil ich auch den Captain kenne. Einen Kerl namens Montgomery. Ein bärbeißiger Ire, der nicht viel von den Vorschriften der Royal Navy hält. Ist hier nicht weiter bedeutend. Ein hervorragender Mann, was seinen Job anbelangt. Einen besseren könnte man sich bei dieser Sache nicht wünschen. – Was ist die zweite gute Nachricht?«

»Es ist bereits ein Flugzeug auf dem Weg nach Santorin; an Bord befinden sich zwei Taucher mit Ausrüstung für vier. Sehr erfahrene Leute, wie man mir sagte, ein Oberbootsmann und ein Maat. Ich habe Cousteau an Land geschickt, damit er sie abholt. Sie müßten in ungefähr einer halben Stunde hier sein.«

»Hervorragend, ganz hervorragend. Und wann rechnen Sie mit der *Kilcharran?*«

»Gegen fünf Uhr morgens, Sir.«

»Bei Zeus, die Chancen bessern sich. Haben Sie etwas vor?«

»Ja. Mit Ihrer Erlaubnis, Sir.«

»Ach, hören Sie auf damit.«

»Ja, Sir. Damit werden auch Ihre beiden Fragen beantwortet – warum Van Gelder und ich nichts trinken und warum die sechs Schiffbrüchigen –, nun, sicherheitshalber eingesperrt sind. Wenn Cousteau mit den Tauchern und der Ausrüstung kommt, werden Van Gelder und ich mit ihnen hinuntersteigen und uns das Flugzeug ansehen. Ich bin ziemlich sicher, daß wir nicht viel ausrichten können. Aber wir werden feststellen können, wie groß der Schaden ist, werden mit etwas Glück auch dies tickende Monster finden, und wenn wir noch mehr Glück haben, wird es uns gelingen, es zu befreien. Ich weiß schon jetzt, daß uns nicht so viel Glück beschieden sein wird, aber der Versuch lohnt. Unter den gegebenen Umständen, Sir, wären Sie doch der erste, der zustimmt, daß alles einen Versuch wert ist.«

»Ja, ja, aber Sie werden entschuldigen, wenn ich ein wenig die Stirn runzele. Sie und Van Gelder sind die beiden wichtigsten Leute an Bord dieses Schiffes.«

»Nein, das sind wir nicht. Falls uns persönlich etwas zustoßen sollte, und ich wüßte nicht, was das sein sollte, sind Sie immer noch da, und Sie sind es gewohnt, sozusagen mit der linken Hand eine ganze Flotte zu befehligen. Daß Ihnen eine simple Fregatte große Schwierigkeiten bereiten sollte, leuchtet mir nicht ein. Und falls etwas passiert, das einer Katastrophe gleichkommt, wird sich ohnehin keiner mehr große Sorgen machen.«

»Sie sind ein kaltblütiger Nun-Sie-wissen-schon-was, Commander«, sagte Wickram.

Hawkins seufzte. »Nein, nicht kaltblütig, Dr. Wickram. Eher ein Mann mit eiskaltem Verstand. Und wenn Sie wieder raufkommen, was dann?«

»Dann fahren wir los und schauen uns die *Delos* an. Dürfte hochinteressant sein. Vielleicht hat Andropulos einen Fehler gemacht, Admiral, als er Ihnen erklärte, er habe befürchtet, daß sein Reservetank in die Luft fliegen könnte. Als er das sagte, konnte er nicht ahnen, daß wir uns die *Delos* näher anschauen würden. Darum ist er nun eingesperrt. Er muß ja nicht wissen, daß wir Taucher an Bord haben. Und ich möchte erst recht nicht, daß er mitbekommt, wenn ich mit den Tauchern in Richtung *Delos* aufbreche. Falls sich herausstellt, daß es gar keinen Reservetank gab, müssen wir noch besser auf ihn aufpassen. Auf ihn, aber auch auf seinen guten Freund Alexander und auf seinen Skipper Aristoteles. Daß dieser junge Seemann, Achmed oder wie er heißt, oder eines der beiden Mädchen mit der Sache zu tun hatte, kann ich mir nicht denken. Ich glaube, man hat sie nur zur Tarnung mitgenommen, um dem Ganzen einen glaubwürdigen Anstrich zu geben, wenn Sie so wollen. Auf alle Fälle sollten wir lange vor Ankunft der *Kilcharran* zurück sein.« Er wandte sich um zu Denholm, der eben auf die Brücke gekommen war. »Nun, Jimmy, was treibt Sie von den Fleischtöpfen fort?«

»Wenn ich so sagen darf, Sir, ohne mir was zu vergeben, ich versuche, ein gutes Beispiel zu geben. Mir ist da gerade eine Idee gekommen, Sir. Würden Sie mich bitte entschuldigen, Admiral?«

»Ich denke, daß jede Idee, die Ihnen kommt, junger Mann, es wohl wert ist, daß man sie anhört. Diesmal nichts aus der griechischen Literatur, möchte ich wetten. Diesmal – äh – eher etwas, das mit Ihrem Hobby zu tun hat. Elektronik, stimmt's?«

»Nun, ja, richtig, Sir.« Denholm schien ein wenig überrascht. Er blickte Talbot an. »Diese Atombombe da unten, die da so tickt ... Haben Sie die Absicht oder wenigstens die Hoffnung, sie von den anderen trennen zu können?«

»Wenn es machbar ist.«

»Und dann, Sir?«

»Immer eines nach dem anderen, Jimmy. Weiter sind meine Überlegungen bisher noch nicht gediehen.«

»Würden wir den Versuch unternehmen, sie zu entschärfen?« Denholm blickte Wickram an. »Glauben Sie, man könnte sie entschärfen, Sir?«

»Ehrlich, ich weiß es nicht, Lieutenant. Ich habe einen schrecklichen Verdacht, aber ich bin mir nicht sicher. Ich hatte eigentlich die Vorstellung, das läge mehr auf Ihrem Gebiet ...

Auf dem der Elektronik, meine ich. Ich weiß zwar, wie man diese verdammten Waffen baut, aber ich verstehe nichts von diesen raffinierten Auslösemechanismen.«

»Das tue ich auch nicht. Nicht, solange ich nicht weiß, wie sie funktionieren. Dazu brauchte ich einen Plan, ein graphisches Schema. Sie sagten, Sie hätten einen bösen Verdacht. Was für einen Verdacht, Sir?«

»Daß man die Bombe nicht entschärfen kann. Um ehrlich zu sein, ich bin sicher, daß sich das Ganze nicht rückgängig machen läßt. Und es gibt noch etwas, das ich mit Sicherheit weiß. Nämlich, daß ich nicht versuchen werde, es zu tun.«

»Da sind wir uns einig. Aber was für Möglichkeiten blieben uns dann noch?«

»Darf ein totaler Ignorant einen Vorschlag wagen?« fragte Benson. »Warum bringen wir das Ganze nicht an einen sicheren Ort, hundert Meilen weit weg von hier, und versenken es im tiefen blauen Meer?«

»Ein verführerischer Gedanke, Professor«, sagte Denholm, »aber nicht sehr brauchbar. Wir können mit hundertprozentiger Sicherheit davon ausgehen, daß der Auslösemechanismus von Batterien gespeist wird. Die Nife-Batterien der neuesten Generation können Monate, ja Jahre unbenutzt bleiben und trotzdem auf Anhieb anspringen, wenn es von ihnen verlangt wird. Man kann nicht ein ganzes Gebiet des Mittelmeers auf Jahre hinaus für allen Schiffsverkehr sperren.«

»Ich schickte meinem Vorschlag voraus, daß ich nichts von diesen Dingen verstehe. Nun, wer A sagt, muß auch B sagen. Noch ein zweifellos lächerlicher Vorschlag. Wir bringen das Ding dennoch an einen Ort, wie eben erwähnt, und lassen es da hochgehen.«

Denholm schüttelte den Kopf. »Ich fürchte, dann haben wir immer noch zwei Probleme zu klären. Das erste ist: Wie bekommen wir sie dahin?«

»Wir transportieren sie hin.«

»Gut. Wir transportieren sie hin. Oder versuchen wenigstens, sie dahin zu transportieren. Doch unterwegs hört das Ticken plötzlich auf. Der Auslösemechanismus horcht auf und sagt sich: ›Halt! Was höre ich da? Schiffsmaschinen.‹ Und wamm! Ohne jede Vorwarnung.«

»Daran hatte ich nicht gedacht. Wir könnten sie – da spricht der Optimist aus mir – vielleicht in Schlepp nehmen.«

»Unser kleiner Lauscher da unten hat seine Horcher immer noch auf Empfang gestellt, und wir können nicht wissen, wie gut sein Gehör ist. Maschinengeräusche würden die Bombe natürlich hochgehen lassen. Ebenso ein Generator. Auch ein Hebekran würde vielleicht schon einen ausreichenden Impuls liefern, womöglich sogar die Kaffeemühle in der Kombüse.«

Talbot sagte: »Sind Sie nur deshalb zu uns auf die Brücke gekommen, Jimmy, um uns mit Tröstungen Ihrer Spezialmarke Hiobsbotschaft zu erbauen?«

»Ganz so ist es nicht, Sir. Mir sind da nur zwei Ideen gekommen. Die eine ist Ihnen vielleicht auch schon selber gekommen. Doch was die andere angeht, wissen Sie über die Sache vielleicht nicht Bescheid. Die Bombe an ihren Bestimmungsort zu bringen, dürfte relativ leicht sein. Mit einem Segelboot. Davon gibt es hier in der Gegend genug. Ägäische Lugger.«

Talbot warf Hawkins einen Blick zu. »Man kann nicht an alles denken. Ich vergaß zu erwähnen, Sir, daß Lieutenant Denholm nicht nur Altgriechisch studiert hat, sondern auch ein Kenner der ägäischen Kleinschiffahrt ist. Er hat hier immer seine Sommer verbracht – nun, bis wir ihn uns geschnappt haben.«

»Ich hätte keine Ahnung, wie ich mit diesen Luggern oder Kaïkis fertig werden sollte. Um ehrlich zu sein, ich könnte nicht mal ein Dinghi segeln, selbst wenn man mich dafür bezahlen würde. Aber ich habe mich mit diesen Dingern befaßt. Die meisten kommen von der Insel Samos oder aus Bodrum in der

Türkei. Vor dem Krieg – dem Ersten Weltkrieg natürlich – waren es reine Segelboote. Heute sind sie fast alle mit Motor ausgerüstet, die meisten zusätzlich mit einigen Segeln. Es gibt aber auch welche, die sowohl mit Motoren als auch mit einem kompletten Satz Segeln ausgerüstet sind. Das sind die vom Typ Trehandiri und Perama, und davon gibt es auch einige in den Kykladen. Ein Schiff dieser Art wäre ideal für unsere Zwecke. Denn diese Boote haben einen flachen Kiel, nur wenig Tiefgang und keinen Ballast und sind daher praktisch kaum windwärts zu segeln. Aber in diesem Fall würde das keine Rolle spielen. Der Wind kommt hier vornehmlich von Nordwesten, und das offene Meer liegt südöstlich von hier.«

»Nützlich, das zu wissen«, sagte Talbot. »Wirklich sehr von Vorteil. Hm – Sie kennen nicht zufällig jemanden mit so einem Boot?«

»Doch, ich kenne jemanden.«

»Großartig! Das ist noch mal genausoviel wert wie all Ihre Ausführungen.« Talbot unterbrach sich, da Van Gelder auf die Brücke kam. »Pflicht erfüllt, Number One?«

»Ja, Sir. Andropulos wollte nicht so recht. Auch Alexander und Aristoteles nicht. Um ehrlich zu sein, sie haben sich schlichtweg geweigert zu gehen. Verstoß gegen ihre Rechte als freie griechische Staatsbürger oder irgend so etwas. Wollten wissen, wer das befohlen hat. Ich sagte, Sie. Sie verlangten, Sie zu sprechen. Ich sagte, morgen früh. Daraufhin noch mehr Empörung und Geschimpfe. Ich ließ mich mit ihnen nicht auf eine Diskussion ein. Rief einfach McKenzie und einige seiner Leute zu Hilfe. Die führten sie mit Gewalt ab. Ich habe McKenzie gesagt, er brauche keine Wachen aufzustellen, er solle einfach die Türen abschließen und die Schlüssel einstecken. Sie werden deswegen von der griechischen Regierung zu hören bekommen, Sir.«

»Na bestens. Ich wünschte, ich wäre dabei gewesen. Und die beiden jungen Damen?«

»Nett und einsichtig. Kein Problem.«

»Sehr gut. Nun, Jimmy, Sie sagten, Sie hätten zwei Ideen gehabt. Was war die zweite?«

»Dabei geht es um das zweite Problem, das der Professor anschnitt. Die Detonation. Wir könnten es natürlich versuchen, indem wir eine Wasserbombe darauf werfen, aber da wir uns dazu in nächster Nähe aufhalten müßten, wäre es, glaube ich, keine sehr gute Idee.«

»Glaube ich auch nicht. Also?«

»Könnte sein, daß das Pentagon die Antwort darauf hat. Trotz schwacher Proteste weiß doch jeder, daß das Pentagon die NASA kontrolliert – die National Aeronautics and Space Administration. Der NASA wiederum untersteht angeblich das Kennedy Space Center. ›Angeblich‹ ist hier das Schlüsselwort. Denn das stimmt nicht. Das Kennedy Space Center untersteht EG & G, einem größeren Verteidigungsunternehmen. EG & G – Dr. Wickram wird sicherlich viel mehr darüber wissen als ich – betreibt solche Sachen wie Atombombentests und die sogenannten Star Wars. Doch was viel wichtiger ist: sie sind dabei, etwas zu entwickeln, oder haben es bereits entwickelt, das sie Krytron nennen, eine elektronische Fernauslösung, mit der sich Atombomben zünden lassen. Ein Wort des Admirals ins Ohr des Pentagon könnte Wunder wirken.«

Hawkins räusperte sich. »Diese kleine Information, Leutenant, ist natürlich, genau wie Ihre anderen kleinen Kenntnisse, öffentlich bekannt und Allgemeingut?«

»Genauso ist es, Sir.«

»Sie erstaunen mich. Höchst interessant. Wirklich höchst interessant. Könnte vielleicht ein Teil der Antwort auf unsere Probleme sein, denken Sie nicht auch, Commander?« Talbot nickte. »Der Sache sollten wir, glaube ich, sofort nachgehen. Ah! Da kommt er ja gerade.«

Myers war soeben eingetreten und überreichte Talbot ein Papier. »Antwort auf Ihre letzte Mitteilung ans Pentagon, Sir.«

»Danke. Nein, gehen Sie nicht. Wir müssen ihnen gleich eine neue Meldung schicken.« Talbot reichte das Blatt an Hawkins weiter.

»›Sicherheit auf Bomberbasis‹«, las Hawkins, »›gilt zu 99,9 Prozent als gewährleistet. Aber so unwahrscheinlich es auch sein mag, es besteht eine Chance von eins zu zehntausend, daß die Sicherheitsvorkehrungen unterlaufen werden. Könnte sein, daß wir es hier mit dieser einen Chance zu tun haben.‹ Nun, ist das nicht entzückend! Absolut unbrauchbare, unergiebige Auskunft. ›Flugzeug hatte fünfzehn H-Bomben von je fünfzehn Megatonnen an Bord und drei Atombomben, alle drei mit Zeitschaltvorrichtungen ausgerüstet.‹ Na, vorzüglich. Da haben wir es also mit drei tickenden Monstern zu tun.«

»Bei etwas Glück nur mit einem«, sagte Talbot. »Das Sonar meldet nur eines. Höchst unwahrscheinlich, daß alle drei vollkommen im Gleichklang ticken. Ohnehin rein akademisch, diese Frage. Ein solches tickendes Monster oder hundert – die großen Dinger gingen so oder so hoch.«

»Sie wissen nun auch, wie groß sie sind, heißt es weiter«, fuhr Hawkins fort. »Einhundertfünfzig Zentimeter mal fünfzehn. Ziemlich klein für eine Atombombe, meiner Meinung nach. 4000 Kilotonnen. Ist das viel, Dr. Wickram?«

»Nach heutigen Maßstäben lächerlich klein. Nicht einmal halb so groß wie die Hiroshima-Bombe. Wenn die Bombe die da angegebene Sprengkraft hat, ist sie, was ihre Ausmaße angeht, sehr groß.«

»Es heißt hier weiter, sie sei für Marinezwecke entworfen und gebaut. Das ist, vermute ich, einen nette Art zu sagen, daß es sich um Minen handelt. Sie haben also recht, Dr. Wickram.«

»Das würde auch die Ausmaße der Bombe erklären. Die Zeitschaltvorrichtung wird eine ganz erhebliche Menge an Platz einnehmen. Und dann müssen sie natürlich mit Gewichten versehen sein, damit sie keinen Auftrieb bekommen.«

»Das wirklich häßliche Ende kommt noch«, sagte Hawkins. »Wenn das Ticken aufhört, ist die Zeitschaltuhr abgelaufen und der Auslösemechanismus, der durch äußere Einwirkungen aktiviert wird, wird in Betrieb gesetzt. Damit meinen sie vermutlich Maschinengeräusche. Es sieht also so aus, als hätten Sie in der Beziehung recht, Van Gelder. Als eine Art freundliches Lebewohl teilen sie uns dann noch mit, daß der Zeitschaltmechanismus, wenn er erst einmal in Betrieb ist, offenbar irreversibel, nicht mehr zu stoppen oder rückgängig zu machen ist.«

Die letzten Worte wurden allgemein mit Stillschweigen aufgenommen. Keiner hielt es für nötig, sich dazu zu äußern; die Fakten leuchteten allen ein.

»Eine Meldung ans Pentagon, Myers. ›Erbitten dringend Auskunft über Entwicklungsstadium des EG & G Krytron‹ – schreibt sich K-r-y-t-r-o-n, ja, Lieutenant? – ›Atombomben-Zündungsmechanismus.‹« Talbot legte eine Pause ein. »Fügen Sie noch hinzu: ›Sofern funktionierendes Modell vorhanden, sofortige Zusendung mit Gebrauchsanweisung dringend erforderlich.‹ Reicht das, Admiral?« Hawkins nickte. »Unterzeichnet Admiral Hawkins.«

»Wir müssen den Leuten im Pentagon einige Kopfschmerzen bereiten«, meinte Hawkins recht zufrieden. »Nach dieser Meldung werden sie wohl noch ein paar Aspirin nehmen müssen.«

»Ein paar Aspirin reichen da nicht«, meinte Van Gelder. »Da sind schon einige schlaflose Nächte angesagt.«

»Sie führen doch etwas im Schilde, Van Gelder, stimmt's?«

»Ja, Sir. Denen da drüben ist wahrscheinlich gar nicht klar, welches Schreckenspotential die Situation hier auf Santorin in sich birgt – was hier alles zusammenkommt mit all diesen Wasserstoffbomben, diesen heißen Erdspalten, den Vulkanen und Erdbebengefahren, ich meine, was für katastrophale Folgen hier im Bereich des Möglichen liegen. Wenn Professor

Benson ihnen in Kurzform den Vortrag, den er uns vorhin in der Offiziersmesse hielt, als Lagebericht schickte, würde ihnen das vielleicht erst recht zu denken geben.«

»Wie bösartig Sie sind, Van Gelder. Und welch wahrhaft phantastischer Vorschlag! Da werden die Köpfe am Potomac heute nacht nicht zur Ruhe kommen. Was meinen Sie, Professor?«

»Bin mit Vergnügen dabei.«

Als Lieutenant Cousteau mit den beiden Tauchern und ihrer Ausrüstung von Santorin zurückkehrte, war die *Ariadne* mehr oder weniger in tiefes Dunkel gehüllt. Aus Sorge über den kleinen boshaften Lauscher am Meeresboden hatte Talbot Denholm um Rat gefragt, wie sich Lärm vermeiden ließe. Denholm hatte ihm gegenüber in aller Deutlichkeit seine Empfehlungen ausgesprochen, mit dem Ergebnis, daß an Bord des Schiffes die Benutzung aller maschinell betriebenen Geräte verboten worden war, von Generatoren bis zu Elektrorasierern. Nur die Notbeleuchtung, das Radargerät, das Sonar und der Seefunk funktionierten noch normal – und allesamt genauso gut wie sonst, schließlich war bei ihnen auch von Anfang an eingeplant, daß sie batteriebetrieben arbeiten konnten. Das Tickgeräusch in dem abgestürzten Flugzeug wurde nun ständig vom Sonar überwacht.

Die beiden Taucher, Oberbootsmann Carrington und Obermaat Grant waren einander merkwürdig ähnlich, beide um die dreißig, mittelgroß und kräftig gebaut; beide lächelten oft, und dennoch umgab sie eine Aura von fachkundiger Sicherheit. Sie besprachen sich mit Talbot und Van Gelder in der Offiziersmesse.

»Das ist alles, was ich über die Lage da unten weiß«, sagte Talbot, »und das ist, weiß der Himmel, erschreckend wenig. Ich möchte drei Dinge wissen: wie groß der Schaden ist, wo das Ticken herkommt und ob es möglich ist, diese Atombombe, oder was immer es ist, da fortzuholen; aber ich bin jetzt schon überzeugt, daß es unmöglich ist. Sind Sie sich über die damit verbundenen Gefahren im klaren und darüber, daß ich Ihnen nicht befehlen kann, diesen Auftrag auszuführen? Wie gefällt Ihnen diese Aussicht, Oberbootsmann?«

»Das Ganze gefällt mir ganz und gar nicht, Sir«, antwortete Carrington ungerührt. »Bill Grant und ich fühlen uns beide nicht zu Helden berufen. Wir werden da unten mit aller Vorsicht zu Werke gehen. Um uns brauchen Sie sich keine Sorgen zu machen, eher schon darum, wie Ihren Leuten zumute ist. Wenn uns ein Fehler passiert, werden sie sich im weiten Blau des Jenseits, oder wo auch immer, zu uns gesellen. Ich weiß, daß Sie mit uns hinunter wollen, Sir, aber ist das wirklich nötig? Wir verfügen beide über ziemlich viel Erfahrung, wie man sich in Wracks bewegt, ohne irgendwo gegenzustoßen; wir sind beide alte Torpedomaaten, und der Umgang mit Sprengstoffen ist, könnte man sagen, unser Geschäft. Nicht gerade mit Sprengladungen der Art, wie die da unten, das gebe ich zu, aber wir kennen uns doch soweit aus, daß wir nicht durch Zufall eine Bombe auslösen.«

»Und Sie meinen, wir täten das?« Talbot lächelte. »Sehr taktvoll von Ihnen, Oberbootsmann. Sie glauben also, wir könnten aus Versehen irgendwo gegenstoßen, auf einen Zündmechanismus treten oder irgend etwas dergleichen? Wenn Sie ›nötig‹ sagen, meinen Sie damit ›klug‹? Da kann ich nur auf unsere Taucherfahrung hinweisen.«

»Wir wissen, daß Sie erfahrene Taucher sind, Sir. Ich denke, Sie werden verstehen, daß wir diskret einige Erkundigungen eingezogen haben, als wir hörten, um was es sich bei dieser Sache handelt. Uns ist bekannt, daß Sie ein U-Boot befehligt haben und daß Lieutenant-Commander Van Gelder seinerzeit Ihr Erster Wachoffizier war. Uns ist auch bekannt, daß Sie beide auf der *HMS Dolphin* durch die Unterwasserluke ausgestiegen sind und Ihre Tauchkünste mehr als ausreichend unter

Beweis gestellt haben. Nein, wir befürchten keineswegs, daß Sie uns behindern oder irgendwo gegenstoßen könnten.« Carrington drehte zum Zeichen seines Einverständnisses seine Handflächen nach außen. »Über wieviel Batteriestrom verfügen Sie, Sir?«

»Über recht viel, solange es um lebensnotwendige und nicht motorbetriebene Geräte geht. Für mehrere Tage.«

»Wir werden drei mit Gewichten versehene Flutlichter hinunterlassen bis ungefähr sieben Meter über dem Meeresboden. Die müßten das Flugzeug ausreichend anstrahlen. Jeder von uns nimmt überdies eine starke Taschenlampe mit. Dann haben wir noch eine kleine Tasche mit Geräten zum Schneiden und Sägen mit, ebenso Scheren. Wir haben auch einen Schneidbrenner mit, der unter Wasser jedoch schwerer zu benutzen ist, als die meisten Leute sich vorstellen können, und weil wir nun erstmal hinabtauchen, um alles genau zu erkunden, nehmen wir ihn vorerst nicht mit. Am liebsten arbeiten wir mit *closed-circuit*-Sauerstoffgeräten, Sauerstoff und Stickstoff fünfzig zu fünfzig, mit Kohlendioxyd-Absorber. In einer Tiefe von dreißig Metern, in der wir uns etwa befinden werden, könnten wir uns so über eine Stunde ohne Risiko einer Sauerstoffvergiftung oder Taucherkrankheit aufhalten. Das ist natürlich eine rein akademische Überlegung. Sofern wir in das Flugzeug hineinkommen und der Rumpf nicht zerschmettert ist, müßten uns eigentlich einige Minuten ausreichen, um alles in Erfahrung zu bringen, was wir wissen wollen.

Noch zwei Bemerkungen zu den Taucherhelmen. An den Kinnpartien befinden sich Schalter; wenn man darauf drückt, kann man sich von Taucher zu Taucher unterhalten. Mit einem zweiten Druck lassen sie sich wieder ausschalten. Und über den Ohren befinden sich zwei Anschlußkontakte, in die man Geräte einstöpseln kann, die wie Stethoskope wirken.«

»Ist das alles?«

»Ja.«

»Dann kann es losgehen?«

»Ein letzter Check, Sir?« Carrington brauchte nicht weiter auszuführen, was für einen Check er meinte.

Talbot hob den Hörer ab, redete kurz und legte wieder auf. »Unser Freund arbeitet noch.«

Das Wasser war warm und ruhig und so klar, daß sie die Flutlichter in der Tiefe schon sehen konnten, bevor sie unter die dunkle Oberfläche der Ägäis tauchten. Mit Carrington an der Spitze folgten sie dem Seil der Markierungsboje über fünfzehn Meter tief hinunter und verharrten dann.

Die drei Lampen waren über dem gesunkenen Bomber zur Ruhe gekommen und tauchten den Rumpf und die beiden Tragflächen in grelles Licht. Die linke Tragfläche war nur noch teilweise mit dem Rumpf verbunden – es war zwischen dem inneren Triebwerk und dem Rumpf jedoch fast ganz abgetrennt und um dreißig Prozent gegenüber der Normallage nach hinten gebogen. Das Heckteil war so gut wie völlig zerstört. Der Rumpf selbst, oder das, was von oben davon zu sehen war, schien unversehrt. Die Nase des Flugzeugs war in Dunkelheit gehüllt.

Sie stiegen weiter hinab, bis ihre Füße die Oberhaut des Rumpfes berührten, bewegten sich dann halb gehend, halb schwimmend zum Bug vor, schalteten ihre Taschenlampen ein und blickten durch die zerschmetterten Frontscheiben ins Cockpit. Der Pilot und der Copilot saßen noch auf ihren Sitzen. Sie mußten auf der Stelle tot gewesen sein. Carrington blickte Talbot an und schüttelte den Kopf, dann ließ er sich vor der Bugspitze auf den Meeresboden gleiten.

Das Loch in der Flugzeugwand war ungefähr kreisrund und an den Rändern nach außen verbogen und ausgezackt, ein schlüssiger Beweis dafür, daß die Explosion innen erfolgt war; das Loch maß etwa einen Meter fünfzig im Durchmesser. Langsam und vorsichtig, um ihre Taucheranzüge nicht zu beschädigen, bewegten sie sich nacheinander in ein Abteil hinein, das knapp einen Meter zwanzig hoch, aber etwa sieben Meter lang war und sich von der Bugspitze unterhalb des Cockpits bis noch ein Stück dahinter erstreckte. An beiden Seiten dieses Raumes befanden sich alle möglichen Maschinen und Metallboxen, sämtlich derart zerstört und zerfetzt, daß ihre ursprüngliche Funktion nicht mehr zu erkennen war.

Nach etwa zwei Dritteln der Raumlänge war eine Luke nach oben aufgesprengt. Durch diese Öffnung gelangte man unmittelbar hinter die Sitze der beiden Piloten. Hinter diesen befand sich, was noch von einem kleinen Funkraum übrig war, in dem ein Mann scheinbar friedlich schlafend vorgelehnt über verschränkten Armen ruhte, die Finger der einen Hand noch auf den Tasten des Funkgeräts. Dahinter führten vier kleine Stufen zu einer ovalen Tür, die in eine solide Stahlwand eingelassen war. Die Tür war mit acht Klampen gesichert, von denen sich einige unter dem Druck der Explosion verzogen hatten und festsaßen. Mit einem Hammer, den Carrington in seiner Werkzeugtasche bei sich hatte, gelang es ihm bald, sie zu lockern.

Hinter der Tür befand sich das Frachtabteil, nüchtern, kahl, funktionell und offensichtlich nur für einen einzigen Zweck gedacht, den Transport von Raketen. Sie waren mit schweren stählernen Klemmen an längsseits angebrachten dicken Stahlbalken befestigt, die in den Boden und die Seiten des Flugzeugrumpfes eingelassen waren. Das Wasser im Frachtraum war mit Öl vermischt, aber selbst in dem unheimlichen, wabernden gelblichen Licht sahen die Dinger weder besonders bedrohlich noch angsteinflößend aus. Schlank, grazil, an beiden Enden in rechteckigen Metallboxen gelagert, wirkten sie ganz unschuldig. Dabei enthielt eine wie die andere fünfzehn Megatonnen hochexplosive Sprengkraft.

Im ersten Frachtraum befanden sich sechs davon. Nur der Form halber, nicht wegen bestimmter Erwartungen horchten

Talbot und Carrington einen Zylinder nach dem anderen mit ihren Stethoskopen ab. Das Ergebnis war negativ, wie sie es erwartet hatten; Dr. Wickram war ganz sicher gewesen, daß keine von ihnen einen Zeitschaltmechanismus hatte.

Auch im mittleren Frachtraum befanden sich sechs Raketen. Drei davon waren genauso groß wie die im vorderen Abteil, die anderen drei waren nicht länger als einen Meter fünfzig. Das mußten die Atombomben sein. Als er die dritte mit dem Stethoskop abhörte, winkte Carrington Talbot zu sich heran. Talbot kam und horchte auch. Er brauchte nicht lange. Die Zweieinhalb-Sekunden-Sequenz des Tickgeräuschs entsprach genau der, die sie im Sonar-Raum gehört hatten.

Sie führten ihre Routinetests auch im hinteren Frachtraum durch, horchten die restlichen sechs Raketen ab und fanden, wie erwartet, gar nichts. Carrington näherte sich mit seinem Tauchhelm dem von Talbot.

»Genug?«

»Ja. Genug.«

»Das hat nicht lange gedauert«, meine Hawkins.

»Lange genug, um herauszufinden, was wir wissen wollten. Die Raketen sind da, vollständig und ganz den Angaben des Pentagon entsprechend. Von den Bomben ist nur eine scharf. Drei Tote an Bord. Das ist alles, mit Ausnahme des Wichtigsten überhaupt: der Bomber ist infolge einer Explosion an Bord abgestürzt. Irgendein freundlicher Mensch hatte unterhalb des Cockpitdecks eine Bombe versteckt. Das Pentagon wird sich freuen, zugegeben zu haben, es bestehe eine Chance von eins zu zehntausend, daß die Sicherheitsvorkehrungen unterlaufen worden sein könnten. Diese schwache Möglichkeit ist eingetreten. Damit erheben sich einige interessante Fragen, Sir, finden Sie nicht? Wer? Was? Warum? Wann? Nach dem Wo brauchen wir nicht zu fragen, das ist uns bereits bekannt.«

»Ich will mich ja nicht bitter oder rachelüstern äußern«,

sagte Hawkins, »denn das bin ich nicht. Na ja, ein wenig vielleicht doch. Das sollte die Herren auf Foggy Bottom oder wo immer in die Schranken verweisen und dafür sorgen, daß sie in Zukunft ein wenig höflicher und hilfsbereiter sind. An der Lage, in der wir uns hier befinden, ist also nicht nur ein amerikanisches Flugzeug schuld, sondern die Verantwortung trägt letztlich auch noch jemand in Amerika. Falls sie jemals herausfinden, wer der Schuldige ist, und das ist nicht gänzlich ausgeschlossen, werden etliche Leute hochrote Gesichter bekommen, und damit meine ich nicht nur den Halunken, der uns das hier eingebrockt hat. Ich möchte wetten, daß es ein Insider war, ein Insider, der ziemlich hoch oben sitzt und freien Zugang zu geheimen Informationen hat, auch zu so gut gehüteten Geheimnissen wie der Zusammensetzung einer solchen Ladung, Bestimmungsort, Abflugzeit und Ankunft. Glauben Sie nicht auch, Commander?«

»Ich sehe keine andere Erklärung dafür. Gut, daß das nicht meine Sorge ist. Denn das ist *ihr* Problem. *Wir* haben es hier mit einem viel größeren Problem zu tun.«

»Wie wahr, wie wahr«, seufzte Hawkins. »Was ist nun also der nächste Schritt? Ich meine, wie gehen wir vor, um diese verdammte Bombe zu bergen?«

»Ich glaube, da sollten Sie Oberbootsmann Carrington fragen, Sir, nicht mich. Carrington und Grant sind unsere Experten.«

»Ziemlich heikle Sache, Sir«, sagte Carrington. »Ein Loch in den Rumpf zu schneiden, das groß genug ist, um die Bombe da durch zu bergen, ist recht einfach. Aber bevor wir die Bombe herausholen können, müßten wir sie von ihren Klemmen befreien, und das ist das große Problem. Diese Klemmen sind aus Stahl gefertigt und mit einem Verschluß versehen. Dafür brauchen wir einen Schlüssel, und wo der steckt, wissen wir nicht.«

»Vielleicht«, meinte Hawkins, »haben sie ihn auf der Raketenbasis, auf die diese Bomben gebracht werden sollten.«

»Bei allem Respekt, Sir, aber das halte ich für unwahrscheinlich. Die Klemmen mußten ja auf der Air Force-Basis, wo die Bomben geladen wurden, verschlossen werden. Also mußten sie den Schlüssel dort haben. Viel einleuchtender wäre, glaube ich, daß sie den Schlüssel mitgenommen haben. Das dumme ist nur: so ein Schlüssel ist sehr klein, und der Bomber da unten ist ziemlich groß.

Ohne Schlüssel läßt sich so eine Klemme auf zwei Weisen lösen. Zum ersten chemisch, mit einem Metallweichmacher oder mit einem Ätzmittel. Mit Metallweichmachern arbeiten Zauberkünstler, die bei ihren Bühnenauftritten Löffel verbiegen oder so.«

»Zauberkünstler?« sagte Hawkins. »Scharlatane, meinen Sie.«

»Was auch immer. Die Arbeitsweise bleibt sich gleich. Sie nehmen eine farblose Paste, die über die merkwürdige Eigenschaft verfügt, daß sie die Molekularstuktur von Metall verändert und dieses biegbar macht. Ein Ätzmittel ist einfach eine starke Säure, die sich durch den Stahl hindurchfrißt. Davon gibt es jede Menge auf dem Markt. Aber in diesem Fall haben sowohl Weichmacher als auch Ätzmittel einen Nachteil: man kann sie nicht unter Wasser verwenden.«

»Sie sagten, es gebe zwei Methoden, die Klemmen zu lösen«, sagte Hawkins. »Welches ist die zweite?«

»Mit einem Schweißbrenner, Sir. Wird mit jeder Klemme im Handumdrehen fertig. Noch schneller fertig ist jedoch, fürchte ich, derjenige, der ein solches Gerät bedient. Diese Schweißbrenner entwickeln eine enorme Hitze, und ich könnte mir vorstellen, daß man schon beim Gedanken daran, einen solchen Schweißbrenner bei einer Atombombe betätigen zu müssen, reif für die Klapsmühle werden könnte.«

Hawkins blickte Wickram an. »Irgendein Kommentar?«

»Nein. Keiner.«

»Ich will mich ja nicht beklagen, Carrington«, sagte Hawkins. »Aber Ihre Ausführungen sind nicht sehr ermutigend. Es läuft wohl darauf hinaus, daß Sie uns vorschlagen, auf das Eintreffen der *Kilcharran* zu warten und darauf, daß diese das verdammte Ding hochholt.«

»Ja, Sir.« Carrington zögerte. »Aber die Sache hat auch einen Haken.«

»Auch einen Haken?« sagte Talbot. »Sie meinen, daß das Ticken aufhören könnte, während die *Kilcharran* mit ihrem Hebekran in aller Eile den Bomber heraufhievt?«

»Ja, Sir.«

»Ein Bagatellproblem. Es gibt kein Bagatellproblem gleich welcher Art, das die an Bord der *Ariadne* versammelte Intelligenz nicht zu lösen vermöchte.« Er wandte sich an Denholm. »Wissen Sie, was da zu tun ist, Lieutenant?«

»Ja, Sir.«

»Und was, Sir?« Carringtons Stimme klang zweifelnd, wenn nicht sogar ganz und gar ungläubig, was jedoch verzeihlich war; Lieutenant Denholm sah nicht aus wie jemand, der in solchen Dingen Rat weiß.

Talbot lächelte. »Vorsichtig gesagt, Oberbootsmann, man sollte Lieutenant Denholms Fähigkeiten in diesen Dingen nicht anzweifeln. Er kennt sich im Bereich Elektrik und Elektronik besser aus als jeder andere im Mittelmeerraum.«

»Es ist ganz einfach, Chef«, sagte Denholm. »Wir koppeln die gesamte Batteriekraft der *Ariadne* mit der von der *Kilcharran*. Die Winden der *Kilcharran* arbeiten wahrscheinlich mit Dieselmotor. Vielleicht gelingt es uns, sie auf Elektroantrieb umzustellen, vielleicht aber auch nicht. Wenn nicht, ist es auch nicht schlimm. Wir haben elektrisch betriebene Ankerwinden an Bord der *Ariadne*.«

»Ja, aber – wenn Sie einen Ihrer beiden Anker lösen, würden Sie doch anfangen zu treiben, oder nicht.«

»Nein, das würden wir nicht. Ein Bergungsschiff verfügt normalerweise über vier schräg ausgeworfene Anker, mit denen es sich genau über jeder beliebigen Stelle des Meeresbodens vertäuen läßt. Wir machen die *Ariadne* einfach an der *Kilcharran* fest. Das ist alles.«

»Ich schneide wohl nicht eben gut ab, wie? Dennoch ein letzter Einwand, Sir. Ein dummer wahrscheinlich. Ein Anker ist nur ein Anker. Dieser Bomber hingegen wiegt mit seiner Ladung vermutlich über hundert Tonnen. Ich meine, das ist ein ganz schönes Gewicht.«

»An Bord von Bergungsschiffen gibt es Luftkissen. Wir befestigen sie am Rumpf des Flugzeugs und blasen sie mit Preßluft auf, bis Auftriebs- und Schwerkraft sich ausgleichen.«

»Ich gebe auf«, sagte Carrington, »und beschränke mich lieber aufs Tauchen.«

»Also drehen wir Däumchen, bis die *Kilcharran* eintrifft«, sagte Hawkins. »Sie jedoch vermutlich nicht, Commander?«

»Nein. Ich denke, ich werde mir mal die *Delos* anschauen, Sir.«

5

Sie waren ungefähr eine Meile weit gerudert, als Talbot auf der *Ariadne* anrief. Er sprach kurz, hörte einen Moment zu und wandte sich dann an McKenzie, der an der Ruderpinne saß.

»Ruder rein. Die Uhr tickt noch, also können wir, glaube ich, den Motor starten. Erst mal langsam. Aus dieser Entfernung könnten wir die Bombe vermutlich nicht zünden, selbst wenn sie schon scharf wäre, aber keine unnützen Risiken. Kurs 095.«

Sie waren zu neunt im Boot – Talbot, Van Gelder, die beiden Taucher, McKenzie und die vier Seeleute, die sie bisher gerudert hatten und erst wieder für die letzte Meile der Rückfahrt gebraucht wurden.

Etwa vierzig Minuten später ging Van Gelder mit einem tragbaren Suchscheinwerfer nach vorne in den Bug. In einer so klaren Nacht wie dieser konnte man mit der Lampe über eine Meile weit sehen; sie war jedoch wahrscheinlich gar nicht nötig, denn am Himmel strahlte ein Dreiviertel-Mond, und Talbot konnte mit seinem Nachtfernglas deutlich das Kloster und die Radarstation auf dem Berg Elias ausmachen. Van Gelder kehrte binnen Minuten zurück und reichte den Scheinwerfer an McKenzie weiter.

»Da. Genau an Backbord, Chief.«

»Ja. Ich sehe sie«, sagte McKenzie. Im vereinten Licht des Mondes und des Scheinwerfers war die gelbe Boje klar zu sehen. »Soll ich ankern?«

»Nicht nötig«, sagte Talbot. »Keine Strömung, die der Rede wert wäre, und kein Wind. Machen Sie einfach an der Boje fest.«

McKenzie tat, wie ihm geheißen, und die vier Taucher ließen sich seitlich über Bord gleiten und standen knapp über eine Stunde nach Verlassen der *Ariadne* auf dem Deck der *Delos*. Carrington und Grant verschwanden im vorderen Niedergang, Talbot und Van Gelder nahmen den hinteren.

Talbot machte sich nicht die Mühe, die hintere Kabine zu besichtigen. Da waren die beiden Mädchen untergebracht gewesen, und er wußte, daß es da nichts Interessantes für ihn zu entdecken gab. Er sah sich den toten Maschinisten an, beziehungsweise den Mann, den Van Gelder wegen des blauen Overalls für den Maschinisten gehalten hatte, und unterzog die Rückseite seines Kopfes einer sorgfältigen Untersuchung. Der Hinterkopf war nicht eingeschlagen, und in der Umgebung der tiefen offenen Wunde in der Kopfhaut gab es keine Anzeichen von einer Prellung oder von Blut. Er gesellte sich wieder zu Van Gelder, der schon in den Maschinenraum vorgedrungen war.

Jetzt gab es da natürlich keinen Rauch mehr und auch nur noch geringfügige Spuren von Öl. Im Licht der Taschenlampen war die Sicht gut, so gut, wie man sie sich nur wünschen konnte, und so brauchten sie nur zwei Minuten, um ihre Untersuchungen durchzuführen – wenn man nicht gerade nach einem versteckten Maschinenschaden sucht, gibt es in einem Maschinenraum nicht eben viel zu finden. Auf dem Rückweg nach draußen öffneten sie einen Werkzeugkasten und entnahmen ihm beide je ein langes, schlankes Stemmeisen.

Als sie auf der Brücke anlangten, fanden sie, daß diese genauso aussah, wie sie es von der Brücke einer solchen Jacht erwartet hätten – überladen mit einer Vielzahl teurer und großenteils überflüssiger Navigationshilfen, aber ansonsten völlig unauffällig. Nur eines zog Talbots Aufmerksamkeit an: ein Holzschrank am hinteren Schott. Er war abgeschlossen, aber da er davon ausging, daß Andropulos ihn nun nicht mehr brauchen würde, stemmte Talbot ihn mit dem Brecheisen auf. Er enthielt nichts weiter als die Schiffspapiere und das Schiffstagebuch.

Eine Tür an Backbord desselben Schotts führte in eine Mischung aus Funkraum und Kartenzimmer. Der Kartenraumteil enthielt nichts, das da nicht hingehört hätte; das galt auch für einen abgeschlossenen Schrank, den Talbot in der gleichen rüden Manier öffnete wie den auf der Brücke: er enthielt nichts als Segelhandbücher. Andropulos schien sich daran gewöhnt zu haben, Schränke abzuschließen. Das Funkgerät war ein Standard-RCA-Gerät. Sie kehrten um.

Sie fanden Carrington und Grant im Salon, wo die beiden bereits auf sie warteten. Carrington trug etwas bei sich, das einem Kofferradio glich. Grant hatte eine schwarze Metallbox, die etwa 35 mal 45 Zentimeter maß und sieben bis acht Zentimeter hoch war. Carrington näherte sich mit seinem Taucherhelm dem von Talbot.

»Alles, was wir gefunden haben. Alles, was von Interesse sein könnte, meine ich.«

»Wir haben genug gefunden.«

»Ihre Untersuchungen scheinen unter dem Motto ›Eile tut not‹ zu stehen, Commander«, sagte Hawkins. Er saß mit einem Glas in der Hand Talbot gegenüber am Tisch in der Offiziersmesse. »Sie haben auf ihre Untersuchungen unter Wasser wirklich bemerkenswert wenig Zeit verschwendet.«

»Man kann in sehr kurzer Zeit hochinteressante Dinge herausfinden, Sir. Zu viele sogar, was einige Leute betrifft.«

»Meinen Sie damit unsere schiffbrüchigen Freunde?«

»Wen sonst? Fünf Dinge, Sir. Van Gelder hatte recht: bei der klaffenden Wunde am Kopf des Maschinisten fanden sich weder Anzeichen von einer Prellung noch von Blut. Eine Untersuchung des Maschinenraums ergab, daß es da weder Vorsprünge, Winkelträger noch scharfe metallische Kanten gab, von denen die Verletzung herrühren konnte. Indizienbeweise, ich weiß. Aber sie sprechen dafür, daß der Maschinist mit einem schweren metallischen Instrument erschlagen wurde. Davon gibt es im Maschinenraum mehr als genug. Wir haben natürlich keinerlei Beweise dafür, wer der Täter war.

Zweitens hat Ihnen der Eigentümer der *Delos*, fürchte ich, einen Bären aufgebunden, Admiral. Er hat behauptet, er habe die *Delos* aufgegeben, weil er befürchtet habe, der Reservetank könne auch explodieren. Einen solchen Tank gibt es nicht.«

»Ach, interessant. Sieht für Andropulos nicht gerade gut aus.«

»In der Tat. Er könnte natürlich noch immer behaupten, er habe sich im Maschinenraum nicht so ausgekannt und einfach angenommen, daß es einen Reservetank geben müsse. Oder er habe in der Panik aus Sorge um seine geliebte Nichte ganz vergessen, daß es einen solchen Tank nicht gibt. Er ist ein gewiefter Bursche, das steht fest. Und wir wissen, daß er ein recht guter Schauspieler ist und sich vor Gericht beherzt und glaubhaft verteidigen könnte. Aber er hätte wohl kaum überzeugende Argumente zu seiner Verteidigung dafür zur Hand, wenn man ihm zur Last legte, daß die Explosion nicht einfach so von sich aus erfolgte – es sei denn, man betrachtet die Explosion einer Bombe, wahrscheinlich einer Plastikbombe, unter dem Haupttreibstofftank als naturgegeben.«

»Möchte wissen, wie er sich da herausreden will. Sie sind sich Ihrer Sache ganz sicher?«

»Wir sind gebrannte Kinder, Sir«, sagte Van Gelder. »Der Captain und ich kennen uns mittlerweile mit der Wirkung von Sprengstoff bei Metallen recht gut aus. Bei dem Bomber war das Metall des Rumpfes nach außen verbogen. Hier war das Metall des Treibstofftanks nach innen verbogen.«

»Wir sind natürlich keine Sprengstoffexperten, Sir«, sagte Talbot. »Aber es sieht so aus, als wäre Andropulos das auch nicht.« Er nickte Carrington und Grant zu. »Aber diese beiden

Herren da – die kennen sich damit aus. Wir haben uns unterwegs darüber unterhalten. Sie haben den Verdacht, daß Andropulos – oder, falls nicht Andropulos, dann vielleicht Alexander oder Aristoteles – aus amateurhafter Unkenntnis einen entscheidenden Fehler begangen hat. Sie sagen, der Schurke, der das getan hat, gleichgültig wer, hätte etwas nehmen müssen, das sie als nach innen gerichtete Hohlladung oder so ähnlich bezeichnen, und sie sagten ferner, er hätte das Ganze mit einer magnetischen Klemme an der Unterseite des Tanks befestigen müssen, dann wäre die Sprengladung zu neunzig Prozent nach oben losgegangen. Es scheint so, als hätte er nicht über solche Mittel verfügt.«

Hawkins blickte Carrington an. »Sind Sie sich dessen sicher, Chief?«

»So sicher, wie man nur sein kann, Sir. Wir wissen, daß er keine Hohlladung benutzt haben kann. Die Sprengladung muß flach, rund oder zylindrisch gewesen sein; jedenfalls ist sie gleichförmig in alle Richtungen losgegangen. Grant und ich sind überzeugt, daß er die Jacht nicht absichtlich versenken wollte, sondern einfach aus Unkenntnis ein Loch in den Boden gesprengt hat.«

»Wenn es dabei nicht drei Tote gegeben hätte, könnte man das fast als komisch empfinden. So wie es ist, muß man einräumen, daß das Leben voller kleiner Ironien und Tücken steckt. Was ist das, was Sie da vor sich haben, Carrington?«

»Eine Art Funkgerät, Sir. Habe es aus der Kapitänskajüte.«

Talbot blickte Denholm an. »Ein normales Radio?«

»Nicht ganz.« Denholm nahm das Radio und untersuchte es kurz. »Ein Sender-Empfänger. Das heißt, man kann damit sowohl senden als auch empfangen. Davon gibt es hier in der Gegend Hunderte, Tausende; sie sind hier üblich im Bord-Land-Funkverkehr auf Privatjachten. Werden auch bei geologischen und seismologischen Untersuchungen verwendet und beim Häuserbau. Auch zur Fernauslösung von Explosionen.«

Er legte eine Pause ein und blickte kurzsichtig in die Runde. »Ich will ja nicht unken, aber damit ließe sich auch die Zündung einer Sprengladung an Bord eines amerikanischen Bombers auslösen.«

Es trat eine kurze Stille ein, dann sagte Hawkins: »Ich will mich nicht beklagen, Denholm, aber Sie haben eine Neigung, die Dinge immer noch mehr zu komplizieren.«

»Ich habe gesagt ›ließe sich die Zündung auslösen‹, Sir, nicht ›damit ist die Zündung ausgelöst worden‹. Doch wenn ich es recht bedenke, würde ich angesichts der mysteriösen und unerklärlichen Umstände die letztere Formulierung vorziehen. Wenn es so wäre, würde uns das natürlich noch mehr Rätsel aufgeben. Wie konnte Andropulos oder wer sonst immer wissen, wann und von wo dieser Bomber losfliegen würde? Woher wußte er über die Fracht Bescheid? Wie konnte er wissen, daß eine Sprengladung an Bord geschmuggelt worden war? Woher kannte er die Radiofrequenz, mit der sich die Sprengladung zünden ließ? Und dann ist da natürlich auch noch die Frage nach dem Warum.«

Diesmal dauerte das Schweigen erheblich länger. Schließlich meinte Hawkins: »Vielleicht tun wir Andropulos unrecht. Vielleicht ist Alexander der Hauptschurke.«

»Unmöglich, Sir«, erklärte Van Gelder entschieden. »Andropulos hat uns die Lüge mit dem Reservetank aufgetischt. Er steht in Verbindung mit den großen Waffenhandelszentren. Die Tatsache, daß Alexander das Radio in seiner Kabine hatte, ist ohne Bedeutung. Ich könnte mir vorstellen, daß Irene Charial hin und wieder ihren Onkel in seiner Kabine besuchte und daß er nicht von ihr gefragt werden wollte: ›Wozu brauchst du noch ein zweites Radio in deiner Kabine, Onkel?‹ Ich kann mir kaum denken, daß es ihr je in den Sinn gekommen wäre, Alexander zu besuchen. Also hatte Alexander das Radio bei sich in Verwahrung.«

»Sie sprachen die Möglichkeit eines Insiders auf dieser Air

Force-Basis in Amerika an, Sir«, sagte Talbot. »Ich glaube, wir müssen in Begriffen einer ganzen Truppe von Insidern denken. Würden Sie bitte Meldungen ans Pentagon, den Air Force Intelligence Service und die CIA aufsetzen? Schön scharf und ätzend? Ich könnte mir vorstellen, Sir, daß die da drüben inzwischen der Gedanke an weitere Meldungen von der *Ariadne* das Fürchten lehrt. Daß Sie nach Washington gehen und an einem Beliebtheitswettbewerb teilnehmen, hätte, glaube ich, wenig Sinn.«

»Ja, ja, die Pfeil' und Schleudern des wütenden Geschicks ... Wir sind es gewohnt, daß man uns unrecht tut. Was haben Sie da in diesem Kasten?«

»Den hat Obermaat Grant in Andropulos' Kabine gefunden. Wir haben ihn noch nicht geöffnet.« Er öffnete die beiden Federbügel, was nicht ganz einfach war, und hob den Deckel hoch. »Wasserdicht, Donnerwetter!« Er besah sich den Inhalt. »Sagt mir nichts.«

Hawkins nahm ihm den Kasten aus der Hand, nahm einige Blatt Papier heraus und ein Taschenbuch, betrachtete sie kurz und schüttelte den Kopf. »Ich kann auch nichts damit anfangen. Denholm?«

Denholm blätterte in den Papieren herum. »Griechisch, natürlich. Sieht aus wie eine Liste von Namen, Adressen und Telefonnummern. Aber ich werde nicht schlau daraus.«

»Ich dachte, Sie können Griechisch.«

»Ja. Kann ich auch. Aber kein verschlüsseltes Griechisch. Und das ist das hier – verschlüsselt.«

»Verschlüsselt! O verdammt, zur Hölle damit!« Hawkins wirkte sehr aufgebracht. »Das könnte wichtig sein. Lebenswichtig.«

»Höchstwahrscheinlich, Sir.« Denholm sah sich das Taschenbuch an. »Homers *Odyssee*. Ich könnte mir denken, daß es nicht rein zufällig mit hier drin war. Wenn wir wüßten, was für eine Verbindung zwischen diesen Gesängen und dem besteht, was auf diesen Blättern steht, dann wäre es kinderleicht, den Code zu knacken. Aber wir kennen den Schlüssel nicht. Den hat Andropulos in seinem Kopf. Anagramme und Worträtsel sind nicht meine Stärke. Ich bin kein Kryptologe.«

Hawkins blickte nachdenklich Talbot an. »Sie haben nicht zufällig einen Code-Knacker in Ihrer bunten Crew an Bord?«

»Nicht, daß ich wüßte. Und mit Sicherheit niemanden, der einen griechischen Code knacken könnte. Dürfte jedoch nicht allzu schwierig sein, einen zu finden, könnte ich mir denken. Das griechische Verteidigungsministerium und dessen Secret Service müssen einen Entschlüsselungsspezialisten in ihrem Stab haben. Nur einen Funkspruch und eine halbe Flugstunde weit weg von hier, Sir.«

Hawkins warf einen Blick auf seine Uhr. »Es ist zwei Uhr morgens. Um diese Zeit liegen alle gottesfürchtigen Kryptologen im Bett.«

»Alle gottesfürchtigen Admirale auch«, sagte Denholm. »Übrigens, meinem Freund Wotherspoon hat es nichts ausgemacht, daß ich ihn vor einer Stunde aus dem Bett aufgescheucht habe...«

Talbot sagte: »Wer ist Wotherspoon, wenn ich mal vorsichtig fragen darf?«

»Professor Wotherspoon. Mein Freund mit dem ägäischen Lugger. Sie haben mich doch gebeten, mit ihm Kontakt aufzunehmen, erinnern Sie sich? Lebt auf Naxos, sieben bis acht Segelstunden von hier. Er hat sich gleich auf den Weg gemacht mit seiner *Angelina.*«

»Sehr anständig von ihm, muß ich sagen. *Angelina?* Was für ein merkwürdiger Name.«

»Das sollten Sie ihn lieber nicht hören lassen, Sir. Ist der Name seines Luggers. Alter, ehrwürdiger griechischer Name. Auch der Name seiner Frau. Einer entzückenden Person.«

»Ist er – wie soll ich es ausdrücken? – ein wenig exzentrisch?«

»Das hängt ganz davon ab, was Sie darunter verstehen. Er findet, daß alle anderen etwas exzentrisch sind.«

»Ein Professor? Was für ein Professor?«

»Der Archäologie. Das hat er gelehrt. Jetzt ist er emeritiert.«

»Emeritiert? Ach du lieber Himmel! Ich meine, haben wir ein Recht, einen älteren Archäologen in diese Sache hineinzuziehen?«

»Das sollten Sie ihn auch nicht hören lassen, Sir. Er ist kein älterer Herr. Sein Alter Herr hat ihm ein Vermögen hinterlassen.«

»Haben Sie ihn auch gewarnt, wie gefährlich das Ganze ist?«

»So offen, wie ich konnte. Schien ihn zu amüsieren. Sagte, seine Vorfahren hätten bei Agincourt und Crécy gekämpft. Oder etwas in dieser Art.«

»Was man einem pensionierten Archäologen zumuten kann, ist auch einem griechischen Kryptologen zuzumuten«, meinte Hawkins. »Auch wenn ich diese Schlußfolgerung nicht ganz nachvollziehen kann. Wenn Sie also so gut sein würden, Commander?«

»Wir werden gleich einen Funkspruch nach Athen senden. Zwei Dinge noch, Sir. Ich schlage vor, wir lassen Andropulos und seine Freunde zum Frühstück wieder heraus und dann auf freiem Fuß. Sicher, wir haben etliches, was sie belastet, aber wir haben noch keine schlüssigen Beweise, und die drei A's – Andropulos, Aristoteles und Alexander – sind so verschwiegen und werden, da können wir sicher sein, sich uns nicht offenbaren und uns nichts verraten. Aber vielleicht reden sie offener, wenn sie unter sich sind. Lieutenant Denholm wird sich unauffällig in ihrer Nähe aufhalten und ihnen lauschen. Sie wissen nicht, daß er Griechisch genausogut spricht wie sie selber. Number One, würden Sie bitte McKenzie auftragen, die vier Seeleute, die heute nacht mit uns unterwegs waren, unter Androhung schärfster Strafen zu ermahnen, daß sie unter gar keinen Umständen darüber reden dürfen, daß wir auf der *Delos* waren. Und noch eines. Wenn dieser Kryptograph eintrifft, das wird nicht unbemerkt bleiben.«

»Das ist kein Kryptograph«, sagte Van Gelder. »Lieutenant Denholm in allen Ehren, aber das ist ein ziviler Elektronikfachmann, der herkommt, um irgendeinen abstrusen Fehler in der Elektronik zu reparieren, mit dem Denholm nicht fertig wird. Das ist auch ein hervorragender Vorwand dafür, daß er Denholms Kabine benutzt, wenn er sich ans Entschlüsseln begibt.«

»Hm. Vielen Dank!« Denholm lächelte und wandte sich an Talbot. »Wenn Sie erlauben, Sir, würde ich mich dann jetzt gerne zurückziehen und etwas schlafen, bevor dieser Hochstapler kommt.«

»Gute Idee. Vizeadmiral Hawkins, Professor Benson, Dr. Wickram, ich schlage vor, Sie folgen seinem Beispiel. Ich verspreche Ihnen, daß wir Sie wachrütteln, wenn sich neue widrige Umstände ergeben.«

»In Ordnung«, sagte Hawkins. »Nach einem gemeinsamen Schlummertrunk. *Und* nachdem Sie Ihren Funkspruch nach Athen geschickt haben und ich eine den Umständen angemessen aufrüttelnde Meldung an den Vorsitzenden der Joint Chiefs of Staff in Washington aufgesetzt habe.«

»Aufrüttelnd?«

»Natürlich. Warum soll ich der einzige sein, der an Schlaflosigkeit leidet? Ich werde ihm mitteilen, daß wir allen Grund zu der Annahme haben, an Bord des Bombers habe sich eine eingeschmuggelte Sprengstoffladung befunden. Die Detonation sei per Funk ausgelöst worden und der Bösewicht, der dafür verantwortlich sei, befinde sich vermutlich hier in unseren Händen. Grund zu der Annahme, nicht Beweise. Ich werde den Namen Andropulos erwähnen und Auskunft verlangen, woher er wissen konnte, wann und von wo der Bomber abflog. Wie er wissen konnte, was er geladen hatte? Wie es möglich war, daß diese Sprengladung an Bord geschmuggelt wurde?

Woher er wissen konnte, mit welcher Radiowellenlänge sie gezündet werden konnte? Ich werde vorschlagen, unsere Befürchtungen sofort weiterzugeben ans Weiße Haus, den Air Force Intelligence Service, die CIA und das FBI. Ich werde zu verstehen geben, daß Andropulos Informationen der höchsten, strengsten Geheimhaltungsstufe von einem sehr hochstehenden Beamten bekommen haben muß, was die Zahl derer, unter denen sie ihre Nachforschungen anzustellen hätten, stark eingrenze. Ferner werde ich zu verstehen geben, daß sich der Verräter wahrscheinlich in seinem eigenen Verantwortungsbereich, dem Pentagon, befindet.«

»Das wird wirklich einigen Wirbel machen. Deutlicher geht's nicht, könnte man sagen.« Talbot legte eine Pause ein. »Aber ist Ihnen schon mal der Gedanke gekommen, Admiral Hawkins, daß Sie damit auch Ihre eigene Karriere aufs Spiel setzen?«

»Nur wenn ich mich irre.«

»Nur wenn wir uns irren.«

»Unter den Umständen ist das nebensächlich. Sie würden nicht anders handeln.«

»Fünf Uhr, Sir.« Talbot erwachte in seiner Kabine hinter der Brücke und sah Van Gelder über sich gebeugt. »Die *Kilcharran* ist nur noch drei Meilen von uns entfernt.«

»Was sagt das Sonar?«

»Das Ticken ist noch da, Sir. Captain Montgomery sagt, er wird seine Maschinen stoppen, wenn er eine halbe Meile weiter ist. Kann uns klar sehen und schätzt, daß er mehr oder weniger längsseits von uns zum Liegen kommt. Er sagt, wenn er übers Ziel hinausschießt, will er einen Seeanker benutzen oder einen Heckanker ausbringen, und wenn er es nicht bis zu uns schafft, will er eine Mannschaft mit Seil zu uns rüberschikken. Seinen Worten nach zu schließen, scheint er sowohl die eine als auch die andere Möglichkeit nur für entfernt denkbar zu halten. Er wirkt nicht eben schüchtern oder so, als hätte er Komplexe.«

»Das gleiche entnahm ich auch den Worten des Admirals. Ist unser Kryptologe eingetroffen?«

»Ja. Heißt Theodor. Spricht perfekt Englisch, ist aber vermutlich Grieche. Hat sich in Denholms Kabine niedergelassen. Denholm ist oben in der Offiziersmesse und versucht, noch ein wenig Schlaf zu bekommen.« Van Gelder verstummte und nahm von einem Seemann, der in der Tür erschienen war, ein Blatt Papier entgegen, warf einen kurzen Blick darauf und reichte es wortlos an Talbot weiter. Auch er überflog es, murmelte lautlos etwas vor sich hin und schwang seine Beine an Deck.

»Seinen Versuch, noch ein wenig Schlaf zu bekommen, muß er auf später verschieben. Sagen Sie ihm, er soll sofort zu uns in die Admiralskabine kommen.«

Vizeadmiral Hawkins saß im Pyjama und mit Kissen im Rükken gegen seine Kojenrückwand gelehnt da, blickte finster auf die Meldung in seiner Hand und reichte sie dann an Denholm weiter. »Pentagon. Kein Absender. Dieses Krytron-Gerät, von dem Sie sprachen.«

»Wenn ich ein aufbrausender Mensch wäre, was ich nicht bin, würde mich dies hier mit Sicherheit zur Weißglut bringen.« Denholm las die Nachricht noch einmal. »›Krytron-Versuchsgerät scheint lieferbar. Versuchen Expedierung mit schnellstmöglicher Zoll- und Flugsicherungsabfertigung.‹ Welch krauses Amtskauderwelsch, Sir. Der Verfasser ist entweder unwissend und dumm, oder er hält sich für schlau. Vermutlich alles auf einmal. Was meint er mit ›versuchen‹? Entweder es geht oder es geht nicht. Was meint er mit ›scheint‹? Entweder er weiß es oder er weiß es nicht. Und entweder ist es lieferbar oder nicht. Expedierung? Heißt, sich um eine beschleunigte Abfertigung bemühen. Das Pentagon expediert nicht. Es verlangt sofortige Erledigung. Das gleiche gilt für ›schnellstmöglich‹. Auch hier müßte es heißen sofortige. Was heißt Zoll- und Flugsicherungsabfertigung? Das Pentagon kriegt da alles durch, was es will. Und was meinen sie mit ›Versuchsgerät‹? Entweder es funktioniert oder es funktioniert nicht. Und diese Formulierung ›scheint lieferbar‹ – hat das nicht etwas völlig Vages an sich? Unverständliches, schwülstiges Amtskauderwelsch, Sir.«

»Jimmy hat recht, Sir«, sagte Talbot. »Das ist empörend. Abwimmel- und Hinhaltemanöver. In Wirklichkeit heißt das nichts anderes, als daß sie ihr neuestes Spielzeug nicht einmal ihrem engsten Verbündeten anvertrauen wollen, weil wir es dem erstbesten Russen verkaufen könnten, der uns über den Weg läuft.«

»Das ist stark!« sagte Denholm. »Wirklich großartig. Die Amerikaner drängen den Contras in Nicaragua und den Rebellen, die in Angola gegen das marxistische Regime kämpfen, ihre Stinger-Boden-Luft-Raketen regelrecht auf. Es ist kein Geheimnis, daß sich in diesen Guerilla-Banden ein gehöriger Prozentsatz an Leuten befindet, die ebenso schlimm und unerfreulich sind wie die Regierungen, die sie angeblich bekämpfen. Und es ist auch bekannt, daß diese Leute nicht zögern würden, diese 60 000-Dollar-Raketen zu einem Bruchteil dessen, was sie gekostet haben, an jeden Terroristen, der gerade des Wegs kommt, zu verkaufen, der wiederum nicht zaudern würde, eine dieser Raketen auf eine vorüberfliegende Boeing 747 abzufeuern, am liebsten eine mit fünfhundert Amerikanern an Bord. Aber das findet die amerikanische Regierung mit ihren *Ad-hoc*-Reaktionen, die sie als auswärtige Politik ausgibt, völlig in Ordnung. Aber es ist für sie undenkbar, das Krytron den Händen ihres ältesten Verbündeten anzuvertrauen. – Das macht mich krank.«

»Mich macht es wütend«, sagte Hawkins. »Erteilen wir ihnen doch mal eine Lektion, was deutliches, unmißverständliches Englisch heißt. ›Nicht namentlich abgezeichnete Nachricht erhalten. Sinnloses Amtskauderwelsch, um uns hinzuhalten. Verlangen sofortige, wiederhole, sofortige, wiederhole nochmals, sofortige Zusendung des Krytron oder sofortige, wiederhole, sofortige, wiederhole nochmals, sofortige Erklärung, warum nicht möglich. Absender obiger Nachricht und alle für weitere Verzögerungen zuständige Personen werden im Eventualfall direkt verantwortlich gemacht für Tausende von Todesopfern. Können Sie sich die Reaktion vorstellen, wenn die Welt erfährt, daß Amerika nicht nur die Schuld an diesem möglichen Desaster trägt, sondern daß die Verräter mit ziemlicher Sicherheit in den höchsten militärischen Rängen Amerikas zu suchen sind? Eine Kopie dieses Funkspruchs geht direkt an den Präsidenten der Vereinigten Staaten.‹ Das müßte reichen, meinen Sie nicht auch?«

»Sie hätten es vielleicht noch ein wenig stärker formulieren können, Sir«, sagte Talbot, »aber ich hätte den Rest der Nacht damit verbringen müssen, darüber nachzudenken, wie. Sie sprachen früher davon, daß die Sache einigen Köpfen am Potomac eine schlaflose Nacht bereiten sollte. Ich denke, jetzt kann man davon ausgehen, daß am Potomac Köpfe rollen werden. Wenn ich an Ihrer Stelle wäre, Sir, würde ich mich für einige Zeit nicht in Washington blicken lassen – womit ich meine, Sie sollten es für den Rest Ihres Lebens nicht tun.« Er erhob sich. »In ein paar Minuten kommt die *Kilcharran* längsseits. Gehe ich recht in der Annahme, daß Sie es nicht sonderlich eilig haben, Captain Montgomery zu begrüßen?«

»Ja, mit der Annahme haben Sie recht. Ist eben keine christliche Nächstenliebe in mir.« Er blickte auf seine Uhr. »Fünf Uhr fünfzehn. Meine Empfehlungen an den Captain. Und richten Sie ihm aus, ich erwarte ihn zum Frühstück. Sagen wir, um acht Uhr dreißig. Hier in meiner Kabine.«

Captain Montgomery brachte es fertig, die *Kilcharran* durch

Zufall oder Können – Talbot war sicher, durch Können – absolut fehlerlos genau direkt neben der *Ariadne* zum Stillstand kommen zu lassen. Talbot stieg hinüber – die Decks befanden sich ziemlich genau auf einer Höhe – und begab sich auf die Brücke. Captain Montgomery war ein großer, stämmiger Mann mit buschigem, schwarzem Bart, weißen Zähnen, leicht gebogener Nase und humorvollen Augen; er hätte trotz seiner makellos geschnittenen Uniform mit vier goldenen Tressen an beiden Ärmeln leicht als wohlhabender, freundlicher karibischer Pirat des achtzehnten Jahrhunderts durchgehen können. Er streckte ihm eine Hand entgegen.

»Sie müssen Commander Talbot sein.« Seine Stimme war tief, die irische Aussprache des Englischen unüberhörbar. »Willkommen an Bord. Hat sich die Situation irgendwie verschlechtert?«

»Nein. Aber die einzig mögliche Verschlechterung, Captain, mag ich mir auch nicht vorstellen.«

»Mit Recht. Mir würde man auch sehr nachtrauern auf den Mountains of Mourne. Da sind wir ganz groß, im Weinen, Jammern und Wehklagen auf den Mountains of Mourne. – Tickt diese Atombombe noch, oder was immer es ist?«

»Ja. Das könnte man, denke ich, wohl auch als Verschlechterung der Lage bezeichnen, wenn das Ticken aufhört. Sie hätten nicht herkommen sollen, Captain. Sie hätten sich in den Golf von Korinth verdrücken sollen – da hätten Sie eine Chance gehabt.«

»Das habe ich nicht eine Sekunde in Erwägung gezogen. Das hat weder mit Heroismus zu tun noch damit, daß ich keinen Spaß am Leben hätte. Ich konnte nur einfach nicht den Gedanken ertragen, was dieser Kerl da über mich sagen würde.«

»Meinen Sie Vizeadmiral Hawkins?«

»Genau den. Beschimpft mich und macht mich schlecht, wo er nur kann, möchte ich wetten.«

»Kann man eigentlich nicht sagen.« Talbot lächelte. »Er hat allerdings, wohlgemerkt, beiläufig einige Bemerkungen darüber fallen lassen, daß Sie etwas gegen bestimmte Marinevorschriften hätten. Er hat aber auch gesagt, daß Sie der beste auf Ihrem Gebiet sind.«

»Na ja. Ein fairer Mann und ein verdammt guter Admiral – aber erzählen Sie ihm ja nicht, daß ich das gesagt habe. Ich schlage vor, Kaffee in meiner Kabine, Commander. Und vielleicht besitzen Sie dann die Freundlichkeit, mir alles zu erzählen, was Sie wissen.«

»Das dürfte nicht lange dauern.«

»Elf Uhr nachts«, sagte der Präsident. »Wieviel Uhr ist es da drüben?«

»Sechs Uhr früh. Wir haben sieben Stunden Zeitdifferenz.«

»Ziemlich unverblümt, dieser Admiral Hawkins.« Der Präsident blickte nachdenklich auf die beiden Meldungen, die vor ihm auf dem Schreibtisch lagen. »Sie kennen ihn selbstverständlich?«

»Ziemlich gut, Sir.«

»Ein tüchtiger Mann, General?«

»Außerordentlich tüchtig.«

»Auch außerordentlich hartnäckig und zäh, wie mir scheint.«

»Da haben Sie zweifelsohne recht, Sir. Aber das muß man auch sein, wenn man die Seestreitkräfte der NATO im Mittelmeer befehligt.«

»Und Sie – kennen Sie ihn, John?« Diese Frage richtete sich an John Heiman, den Verteidigungsminister, die einzige sonst noch anwesende Person.

»Ja. Nicht so gut wie der General, aber doch gut genug, um der Beurteilung des Generals zuzustimmen.«

»Ein Jammer, daß ich ihn nie kennengelernt habe. Wer hat ihn für diesen Job vorgeschlagen, General?«

»Das übliche NATO-Komitee.«

»Dem Sie natürlich auch angehörten?«

»Ja. Ich war der Vorsitzende.«

»Ah. Der Mann mit der entscheidenden Stimme?«

»Nein, eine solche Stimme gab es nicht. Die Entscheidung war einstimmig.«

»Verstehe. Er scheint eine ziemlich schlechte Meinung vom Pentagon zu haben.«

»Das sagt er eigentlich nicht. Allerdings scheint er tatsächlich von einer Person im Pentagon oder auch mehreren eine sehr schlechte Meinung zu haben. Zumindest hegt er einen bösen Verdacht.«

»Bringt Sie in eine etwas unglückliche Lage. Ich meine, das muß doch für einigen Wirbel im Taubenschlag des Pentagon gesorgt haben.«

»Ganz recht, Mr. President. Einige haben sich mächtig aufgeregt. Andere haben eine Stinkwut im Bauch. Wieder andere scheinen ernsthaft darüber nachzudenken. Insgesamt könnte man von einer allgemeinen, aber doch gefaßten Konsterniertheit sprechen.«

»Und Sie persönlich? Neigen Sie dazu, dieser unerhörten Unterstellung Glauben zu schenken?«

»Und das Undenkbare für denkbar zu halten? Mir bleibt keine andere Wahl, oder? Jeder Instinkt in mir sagt nein, es kann nicht sein. Dies sind alles Freunde von mir, langjährige Kollegen, alles ehrenwerte Männer. Aber der Instinkt kann einen täuschen, Mr. President. Der gesunde Menschenverstand und das bißchen, was ich an geschichtlichen Kenntnissen besitze, sagen mir, daß jeder Mensch seinen Preis hat. Ich muß dem nachgehen. Die Untersuchung ist bereits eingeleitet. Ich hielt es für klug, nicht die Nachrichtendienste der Streitkräfte damit zu befassen. Also das FBI. Dem Pentagon macht es nichts aus, vom FBI überprüft zu werden. Es ist eine extrem schwierige und delikate Angelegenheit, Sir.«

»Ja. Man kann schlecht zu einem Flottenadmiral gehen und ihn fragen, was er in der Nacht von Freitag, dem dreizehnten, gemacht hat. Ich wünsche Ihnen Glück.« Der Präsident blickte auf ein Blatt Papier, das vor ihm lag. »Ihre Antwort hinsichtlich des Krytron, die Hawkins' Zorn so erregt hat, scheint böse manipuliert worden zu sein.«

»Ja. Sehr böse. Dieser Sache muß ich auch nachgehen.«

»Dieses Krytron – ist es einsatzbereit?«

»Ja.«

»Und schon auf den Weg gebracht?« Der General schüttelte den Kopf. Der Präsident drückte auf einen Knopf, und ein junger Mann kam herein. »Nehmen Sie bitte diese Meldung für den General hier auf. ›Krytron unterwegs. Wären sehr dankbar, von Ihnen über Ihre Einschätzung der Lage und die von Ihnen ergriffenen Maßnahmen auf dem laufenden gehalten zu werden. Sind uns über den extremen Ernst, die Gefahren und die Schwierigkeiten der Situation voll im klaren. Garantieren Ihnen persönlich volle und sofortige, wiederhole, sofortige, wiederhole nochmals, sofortige, Unterstützung und Kooperation bei allen von Ihnen verfügten Maßnahmen.‹ Das müßte reichen. Unterzeichnen Sie mit meinem Namen.«

»Ich hoffe, er würdigt das dreimalige ›sofortige‹«, sagte der General.

»Acht Uhr vierzig, Sir«, sagte McKenzie. »Der Admiral bittet um Entschuldigung, aber er möchte Sie gerne sprechen. Er ist in seiner Kabine, zusammen mit Captain Montgomery.«

Talbot bedankte sich, stand auf, wusch sich den Schlaf aus dem Gesicht und den Augen und machte sich auf den Weg zur Kabine des Admirals. Hawkins winkte ihm leger hemdsärmelig, sich zu ihm und Montgomery an den Frühstückstisch zu setzen.

»Kaffee? Tut mir leid, Sie zu stören, aber diese Zeiten sind uns gesandt, um uns hart zu prüfen.« Für einen hartgeprüften

Mann wirkte Hawkins erstaunlich frisch, ausgeruht und entspannt, und er sprach seinem Frühstück kräftig zu. »Captain Montgomery berichtet mir gerade, welche Fortschritte er macht, und ich dachte, Sie würden sich das vielleicht auch gerne anhören. Übrigens, unser Freund, die Zeitschaltuhr, tickt noch fröhlich vor sich hin.«

»Wir machen Fortschritte«, sagte Montgomery. »Langsam, aber stetig – langsam, weil die Gegenwart Ihres Freundes, der Zeitschaltuhr, wie der Admiral das nennt, sich etwas verzögernd auswirkt. Wahrscheinlich sind einige unserer Vorsichtsmaßnahmen im akustischen Bereich völlig überflüssig. Aber wir haben es hier mit einer Teufelsmaschine zu tun, die wir nicht kennen, und wir müssen auf diese Teufelsmaschine über Gebühr Rücksicht nehmen. Unser eigenes Sonargerät ist nun auf diese Maschine ausgerichtet, und der Sonarraum der *Kilcharran* steht plötzlich im Mittelpunkt des Interesses.

Wir haben bisher zwei Dinge erreicht. Erstens: indem wir die Batteriereserven unserer beiden Schiffe miteinander gekoppelt haben, verfügen wir über mehr als genug elektrische Leistung, um das Wrack zu heben. Ihr junger Lieutenant, dieser Denholm, sieht aus wie eine Romangestalt von P. G. Wodehouse, und er redet auch so, aber er weiß zweifellos, was er sagt. Ihr Maschinist, dieser McCafferty, ist auch keine Flasche, und meiner ist auch nicht auf den Kopf gefallen. Das ist jedenfalls kein Problem. Zweitens: wir haben die Backbordtragfläche des Bombers abgetrennt.«

»Sie haben was?« fragte Talbot.

»Nun, Sie wissen ja, wie es ist.« Montgomery hörte sich fast so an, als wollte er sich entschuldigen. »Die Tragfläche war sowieso zu drei Vierteln abgetrennt, und ich dachte mir, daß weder Sie noch die US Air Force weiter Verwendung dafür hätten. Also haben wir sie ganz abgetrennt.« Obwohl er sich ein wenig entschuldigend anhörte, wurde doch deutlich, daß er nicht im geringsten bedauerte, was ganz allein seine Entscheidung gewesen war; er war schließlich der einzige Experte an Ort und Stelle und hatte nicht die Absicht, irgend jemanden um Rat zu fragen. »Eine schwere Entscheidung und eine kniffige Operation. Soweit ich weiß, ist bei einem großen Jet bisher noch nie unter Wasser eine Tragfläche abgetrennt worden. Darin sind die Treibstofftanks untergebracht, und obwohl es ziemlich wahrscheinlich schien, daß auch die Treibstoffleitungen kaputtgingen und der Treibstoff auslief, als die Fläche zum Teil abriß, konnte man sich dessen doch keineswegs sicher sein. Und um es noch einmal zu sagen, soweit ich weiß, war noch nie jemand mit dem Problem konfrontiert, was passiert, wenn der Strahl eines Schneidbrenners unter Wasser auf einen Tank mit Treibstoff trifft. Aber meine Leute sind sehr vorsichtig zu Werke gegangen. Es war kein Treibstoff mehr da, und es gab daher auch keine Komplikationen. Und nun, in diesem Moment, befestigen meine Leute Luftkissen und Hebeschlaufen am Flugzeug.

Das Entfernen der Tragfläche bringt uns zwei Vorteile, einen kleineren und einen größeren. Der kleinere besteht darin, daß mit der Fläche auch zwei schwere Düsentriebwerke entfallen; allerdings bin ich davon überzeugt, daß wir auch das Ganze ohne Probleme hätten heben können. Der zweite Vorteil besteht darin, daß die Fläche, wenn wir sie drangelassen hätten, gegen den Boden der *Kilcharran* gestoßen wäre und den Rumpf gekippt hätte, vielleicht sogar in einem so unglücklichen Winkel, daß es den Zugang zu dieser verdammten Bombe erschwert oder gar unmöglich gemacht hätte.«

»Gut gemacht, Captain, sehr gut«, sagte Hawkins. »Aber wenn mich nicht alles täuscht, ist da immer noch ein Problem. Wenn der Bomber an die Wasseroberfläche kommt, wird er dann nicht durch das Eigengewicht der anderen Tragfläche und das Gewicht der beiden Düsentriebwerke entsprechend in die andere Richtung kippen?«

Montgomery lächelte auf eine freundlich tolerante Art, die

jeden normalen Menschen vermutlich zur Weißglut gebracht hätte. Gottlob war Hawkins kein normaler Mensch.

»Kein Problem«, sagte Montgomery. »Wir bringen auch unter dieser Tragfläche Luftkissen an. Wenn der Rumpf auftaucht, sind die Flächen noch unter Wasser – Sie wissen ja, wie tief sie bei den modernen Jets angebracht sind. Im ersten Stadium des Auftauchens wird sich nur das Rumpf-Oberteil über Wasser befinden – und wenn wir über der Stelle, wo diese Bombe liegt, ein rechteckiges Loch hineinschneiden, möchte ich, daß sich soviel Wasser wie möglich darunter befindet, damit sich die Hitze der Schneidbrenner verteilt. Nachdem wir dieses Loch hineingeschnitten haben, werden wir den Rumpf so weit herausheben, daß der größte Teil des Wassers ablaufen kann.«

»Wie lange wird das dauern, diese Luftkissen aufzublasen und die Maschine hochzuholen?«

»Eine Stunde oder zwei. Ich weiß es nicht.«

»Eine Stunde oder zwei?« Hawkins unternahm keinen Versuch, sein Erstaunen zu verbergen. »Ich hätte gedacht, nur einige wenige Minuten. Sie wissen es nicht, sagen Sie. Ich hätte vermutet, das ließe sich ziemlich genau berechnen.«

»Normalerweise ja.« Montgomerys massive Zurückhaltung war genauso provozierend wie seine freundliche Nachsicht. »Aber normalerweise würden wir auch mit starken Diesel-Kompressor-Maschinen arbeiten. Mit Rücksicht auf dies hübsche kleine Ding da unten auf dem Meeresboden lassen wir das lieber und arbeiten mit Strom. Aber auch nur mit gebremster Kraft. Folglich weiß man nicht genau, wie lange es dauert. Könnte ich vielleicht noch etwas Kaffee haben?« Montgomery betrachtete die Unterhaltung offenbar als beendet.

Van Gelder klopfte an die offene Tür und trat mit einer Meldung in der Hand ein. Er reichte sie Hawkins.

»Für Sie, Admiral. Kam vor zwei Stunden oder so. Nicht so wichtig. Deswegen wollte ich Sie nicht wecken.«

»Sehr klug von Ihnen, mein Junge.« Hawkins las sie und reichte sie breit grinsend an Talbot weiter. Der warf ebenfalls einen Blick darauf, lächelte und las sie laut vor.

»Gut, gut«, bemerkte Talbot dann. »Direkter Funkverkehr mit dem Präsidenten. Vielleicht, Sir, könnten Sie doch die Pennsylvania Avenue hinuntergehen, ohne daß man Sie gleich in Ketten legt – oder was man sonst da drüben zu machen pflegt. Viel wichtiger noch: Sie bekommen das Krytron. Und dann dieses großartige Gelöbnis von Kooperationswilligkeit! Ihre Entrüstung – jemand, der nicht so wohlmeinend wäre, könnte von hohem Poker reden – hat sich also bezahlt gemacht. Mir gefällt diese ›Wiederhole sofort‹-Geschichte. Der Präsident scheint so etwas wie Humor zu haben.«

»Ja, das scheint er wahrhaftig. Man muß ihm sehr dankbar sein, daß er sich persönlich eingeschaltet hat. Sehr befriedigend, wirklich. Ich entnehme dem hier, daß er weitere Informationen wünscht. Würden Sie sich bitte darum kümmern?«

»Ja, natürlich. Betonung, wie gehabt, auf angespannter Situation und Gefahren?«

»Natürlich.«

»Noch etwas Neues, Sir«, sagte Van Gelder zu Talbot. »Ich hatte gerade ein recht interessantes Gespräch mit Irene Charial.«

»Das kann ich mir denken. Schließlich befinden sich Andropulos und Co. nun wieder in Freiheit. Wie geht es ihnen heute morgen?«

»Sie sind noch ein wenig verstimmt, Sir. Wenigstens was Andropulos und Alexander angeht. Der Koch dagegen war guter Laune. Und sie schienen ein wenig aufzutauen, als ich sie fröhlich griechisch plaudernd allein ließ, Denholm mitten unter ihnen – natürlich ohne ein Wort von dem zu verstehen, das sie sprachen. Irene war nicht da.«

»Aha. Also eilten Sie sorgengequält zu meiner Kabine rauf, um sich nach ihrem Gesundheitszustand zu erkundigen.«

»Genau. Ich war mir sicher, daß Sie das von mir verlangen würden, Sir. Sie sah so aus, als hätte sie nicht sonderlich gut geschlafen, und brachte das auch mir gegenüber zum Ausdruck. Wirkte besorgt, sogar verängstigt. Anfangs schien sie große Hemmungen zu haben, darüber zu reden, was sie bekümmerte. Unangebrachte Loyalität, würde ich sagen.«

»Ja, würde ich auch«, sagte Talbot. »Das heißt, wenn ich wüßte, worüber Sie geredet haben.«

»Entschuldigung. Es stellte sich heraus, daß sie wissen wollte, ob Onkel Adam eine Funkmeldung durchgegeben habe. Es scheint –«

»Onkel Adam?«

»Adamantios Andropulos. Daran sind allein seine Eltern schuld. Sie und ihre Freundin Eugenia – die Eltern der beiden leben in Piräus, die beiden Mädchen studieren an der Universität in Athen – scheinen allabendlich zu Hause angerufen zu haben. Sie wollte, daß ihre Eltern über das Schiffsunglück informiert würden – und daß sie sich nun in Sicherheit an Bord eines Schiffes der Royal Navy befänden und bald nach Hause kämen.«

»Ich hoffe, das stimmt«, sagte Hawkins.

»Ich auch, Sir. Ich habe ihr erklärt, daß wir keinerlei Meldungen herausgesandt hätten und daß ihr Onkel schließlich Geschäftsmann sei – ich hielt es für besser, nicht zu erwähnen, daß er, wie wir bereits wüßten, steinreich sei – und es vielleicht vorziehen würde, das Ganze etwas herunterzuspielen und nicht an die große Glocke zu hängen, daß er die Jacht vermutlich durch eigenes Verschulden verloren habe. Sie sagte, das sei keine Entschuldigung dafür, daß man nicht die nächsten Angehörigen der drei Besatzungsmitglieder, die an Bord der *Delos* ums Leben gekommen seien, benachrichtigt habe. Ich fragte sie, ob sie mit ihm darüber gesprochen habe, und sie sagte nein. Sie verhielt sich in bezug auf diesen Punkt ein wenig ausweichend. Ich schließe daraus, daß sie entweder nicht sehr viel über ihren Onkel Adam weiß oder daß sie das, was sie weiß, nicht sonderlich kümmert.« Van Gelder zog ein Blatt Papier aus einer Tasche hervor. »Ich sagte ihr, sie solle ihre Nachricht aufschreiben und ich würde dafür sorgen, daß sie hinausginge.«

Talbot blickte auf das Papier. »Griechisch. Vielleicht hat dieser Onkel Adam ...«

»Sie plagt das gleiche häßliche Mißtrauen wie mich, Sir. Ich habe Jimmy deswegen vom Frühstückstisch aufgescheucht. Ist ganz harmlos, sagt er.«

»Ich habe da eine bessere Idee. Bringen Sie die beiden jungen Damen in den Funkraum. Über die Rundfunkstation Piräus läßt sich ziemlich leicht eine Telefonverbindung mit dem Festland herstellen. Dann können sie direkt mit ihren Verwandten reden.«

»Und ganz zufällig hält sich Jimmy auch da auf?«

»Es ist schon so, wie Sie sagen: uns plagt das gleiche häßliche Mißtrauen. Bevor Sie das machen, sollten wir aber, glaube ich, mal nachschauen, wie unser jüngster Rekrut vorankommt.«

»Ach, unser Bord-Kryptologe. Theodor.«

»Ja. Theodor. Nachdem wir ihn besucht und die beiden jungen Damen ihre Telefonate erledigt haben, möchte ich, daß Sie Irene Charial beiseite nehmen.«

»Um sie in eine lockere Unterhaltung zu verwickeln?«

»Was sonst? Sie und ihr Onkel scheinen nicht gerade ein Herz und eine Seele zu sein, und sie wird sich Ihnen gegenüber zu Dank verpflichtet fühlen, weil Sie ihr gestattet haben, mit ihren Eltern zu telefonieren. Finden Sie soviel wie möglich über Andropulos heraus. Finden Sie heraus, was sie über ihn denkt. Versuchen Sie, etwas über sein Geschäft oder seine Geschäfte in Erfahrung zu bringen. Finden Sie heraus, mit wem er Geschäfte macht und mit wem er befreundet ist und was sie über diese Leute denkt, vorausgesetzt natürlich, daß sie ihnen je begegnet ist. Außerdem wäre es interessant zu wissen, wohin ihn seine Reisen führen – womit ich nicht seine Kreuzfahrten mit der Jacht meine, wenn sie bei ihm ist – und was der Grund dieser Reisen ist.«

»Im Grunde verlangen Sie also von mir, Sir, daß ich Irene mit gerissenen und hinterhältigen Fragen überhäufe, ihr zusetze, sie in Widersprüche verwickele, wenn Sie so wollen, und einem süßen, harmlosen Mädchen wider seinen Willen Informationen entlocke?«

»Ja.«

»Wird mir ein Vergnügen sein, Sir.«

Theodor war ein fröhlicher, rundlicher Mann Ende Vierzig mit fahlem Gesicht und dicken geschliffenen Brillengläsern; letztere waren vermutlich eine Folge lebenslanger Beschäftigung mit abstrusen Codes.

»Sie sind wohl gekommen, um zu sehen, ob ich Fortschritte mache, meine Herren. Es freut mich, Ihnen berichten zu können, daß ich welche mache. Hat einige Zeit gedauert, bis ich den Schlüssel fand, die Verbindung zwischen dem Code und der *Odyssee*. Von da an war es einfach. Diese Papiere bestehen aus drei verschiedenen Teilen, und ich habe jetzt den ersten Teil zu etwa zwei Dritteln durchgearbeitet.«

»Und – sind Sie dabei auf etwas Interessantes gestoßen?« fragte Talbot.

»Auf etwas Interessantes? Es ist faszinierend, Captain, faszinierend. Kontostände, Bankguthaben, wenn Sie so wollen. Er scheint überall in der Welt Geldvorräte zu haben. Interessehalber zähle ich alles zusammen, so wie es kommt. Er hat es mir ziemlich leicht gemacht, alles in US-Dollar angegeben. Bisher ist es, lassen Sie mich sehen, zwei-achtzig. Ja, zwei-achtzig. Dollar.«

»Damit könnte man sich zur Ruhe setzen«, sagte Van Gelder.

»Ja, wahrhaftig. Zwei-achtzig. Mit sechs Nullen dahinter.«

Talbot und Van Gelder blickten einander schweigend an, dann beugten sie sich über Theodors Schulter, um einen Blick auf die von ihm addierten Zahlen zu werfen. Nach einigen Sekunden richteten sie sich wieder auf, blickten einander an und beugten sich noch einmal vor.

»Zweihundertachtzig Millionen Dollar«, sagte Talbot. »Damit könnte man sich wahrhaftig zur Ruhe setzen, Vincent.«

»Wenn man ein bißchen knausern und sparen würde, könnte es reichen. Wissen Sie, wo er diese Bankkonten unterhält, Theodor? Städte, Länder, meine ich.«

»Bei einigen, ja, weil er da Namen und Adressen angegeben hat, bei anderen nicht. Was die letzteren angeht, verfügt er vielleicht über eine Art Zusatzcode, den ich nicht habe oder den er vielleicht auswendig weiß. Ja, ich vermute, er weiß ihn auswendig. Bei der Hälfte der Konten weiß ich einfach nicht, wo sie sind. Da weiß ich nur die Beträge, das ist alles.«

»Könnten Sie uns einige davon zeigen?« fragte Talbot.

»Natürlich.« Theodor zeigte auf einige Einträge, blätterte einige Seiten weiter und deutete auf einige andere. »Nur Zahlen, wie ich schon sagte. Wie Sie sehen, steht nur hinter jeder Zahl ein anderer Großbuchstabe, der mir aber nichts sagt. Vielleicht sagen sie aber Andropulos etwas.«

Talbot blätterte die Seiten noch einmal durch. »Fünf Buchstaben, nur fünf, kehren regelmäßig wieder – Z, W, V, B und G. Angenommen, Sie wären ein geldgieriger Mensch und wollten ein sicheres Konto bei einer Bank, die so bösartigen Leuten wie Polizei und Steuerfahndern keinen Einblick gewährt, welches Land würden Sie dann wählen?«

»Die Schweiz.«

»Der gleiche, nicht eben originelle Gedanke ist, glaube ich, auch Andropulos gekommen – zumindest, was die Hälfte seiner Guthaben angeht. Z könnte für Zürich stehen. W? Für Winterthur vielleicht. V? Dazu fällt mir so auf Anhieb nichts ein.«

»Vevey?« schlug Van Gelder vor. »Am Genfer See?«

»Kann ich mir nicht vorstellen. Nicht gerade das, was man als internationales Bankenzentrum bezeichnen könnte. Ah! Jetzt habe ich's. Liegt nicht in der Schweiz, könnte es aber durchaus sein. Vaduz. Liechtenstein. Ich verstehe nicht viel von solchen Dingen. Ich weiß nur eines: ist Geld, Bargeld, erst einmal in den Tresoren von Vaduz verschwunden, tritt es nie wieder in Erscheinung. B, das könnte Bern oder Basel sein – Andropulos würde das natürlich wissen. G muß Genf sein. Wie finden Sie mich, Number One?«

»Großartig. Ich bin sicher, daß Sie recht haben. Leider, leider muß ich nur darauf hinweisen, Sir, daß wir damit immer noch nicht die Namen und Adressen dieser Banken kennen.«

»Richtig. Dafür haben wir die Namen und Adressen anderer Banken. Haben Sie eine Aufstellung der Städte, wo diese Banken sind?«

»Brauche ich nicht«, sagte Theodor. »Das habe ich im Kopf. Sie sind überall. Westen, Osten und dazwischen. Orte ganz unterschiedlicher Art wie Miami, Tijuana, Mexico City, Bogotá, Bangkok, Islamabad, Kabul. Warum jemand in Kabul über geheime Geldreserven verfügen muß, ist mir unklar. Das Land ist durch den Krieg zerrissen, und die Russen sind die Herren und Herrscher über das Kapital.«

»Andropulos scheint überall Freunde zu haben«, sagte Talbot. »Warum sollten die armen Russen draußen in der Kälte bleiben? Sind das so ziemlich alle?«

»Es gibt noch eine ganze Reihe anderer«, sagte Theodor. »Meist kleinere Guthaben. Bis auf eine Ausnahme. Das größte Bankguthaben überhaupt.«

»Wo das?«

»Washington D.C.«

»Ach!« Talbot schwieg einige Minuten. »Was halten Sie davon, Number One?«

»Ich stehe gerade im Begriff, von nichts mehr nichts zu

halten. Mein Gehirn hat so etwas wie Urlaub genommen. Aber meine Augen arbeiten noch, so oder so, einigermaßen, könnte man sagen. Und ich glaube, ich sehe so etwas wie einen schwachen, hellen Schimmer am Ende des Tunnels.«

»Ich glaube, wenn wir das alles etwas genauer durchdenken, könnte dieser Schimmer ein heller Lichtstrahl werden. Um wieviel Geld handelt es sich da?«

»Achtzehn Millionen Dollar.«

»Achtzehn Millionen Dollar«, sagte Van Gelder. »Du meine Güte! Mit achtzehn Millionen Dollar kann man selbst in Washington D.C. eine Menge anfangen.«

6

Die *Angelina* war, um es so wohlwollend wie möglich zu sagen, ein ziemlich auffallendes Schiff. Ein Achtzigtonner, aus dem Kiefernholz der Wälder von Samos erbaut und am Rumpf von einem strahlenden Weiß, das stark – manche hätten gesagt, so grell, daß es schon wehtat – von dem zinnoberroten Schandeck abstach. Mittschiffs breit und tief im Wasser gelegen, verfügte sie über ein kräftig ausgebildetes Heck und einen Bug mit gebogenem Vordersteven, der sich hoch über das Deck erhob. Für ein Segelschiff war sie gut ausgerüstet mit einem Hauptsegel und einer Fock sowie zwei zusätzlichen Stagsegeln. Hätte man sie so belassen, wie sie ursprünglich gebaut worden war, wäre die *Angelina*, ein typisches Boot der *Tehandiri*-Klasse, nicht nur auffallend, sondern sogar schön gewesen. Aber leider hatte man sie nicht in ihrem alten Zustand belassen.

Der Eigentümer, Professor Wotherspoon, war zwar ein verschworener Traditionalist, aber auch daran interessiert, daß seine Gäste es bequem hatten. Nicht damit zufrieden, den erheblichen Stauraum des Schiffs – schließlich war es ursprünglich als Frachtschiff gebaut – in Kabinen und Badezimmer umzuwandeln, hatte er an Deck auch noch Aufbauten errichten lassen wie Brücke, Salon und Kombüse, die zugegebenermaßen zwar praktisch waren, den ästhetischen Gesamteindruck des Schiffes jedoch erheblich beeinträchtigten.

Kurz vor zehn Uhr morgens legte die *Angelina* bei einem Meltemi, der beinahe schon als Flaute zu bezeichnen war, mit fast schlaffen Segeln steuerbords an der *Ariadne* an. Talbot stieg, von Denholm begleitet, das Fallreep hinunter, um den Eigner zu begrüßen.

Als erstes fiel Talbot an Wotherspoon auf, daß er überhaupt nicht wie ein Professor oder ein Archäologe aussah; allerdings mußte Talbot sich eingestehen, daß er im Grunde nicht wußte, wie ein Professor oder Archäologe auszusehen hat. Wotherspoon war groß und hager, hatte buschiges, struppiges Haar und ein tiefbraungebranntes Gesicht; mit seiner humorigen Art und seiner locker-legeren Ausdrucksweise wäre er der letzte gewesen, den man als beschaulichen Wanderer in akademischen Gefilden angesiedelt hätte. Er war mit Sicherheit nicht älter als vierzig. Seine Frau, die kastanienbraunes Haar und strahlende haselnußbraune Augen hatte, wirkte noch mindestens zehn Jahre jünger als er und war, wie es schien, gleichfalls Archäologin.

Nachdem Denholm sie alle miteinander bekannt gemacht hatte, sagte Talbot: »Ich bin Ihnen dankbar, Professor. Es war sehr freundlich von Ihnen herzukommen. Um nicht zu sagen mutig. Sind Sie sich darüber im klaren, daß Sie hier eine gute Chance haben, vorzeitig ins Jenseits zu gelangen? Hat Lieutenant Denholm Sie über die Gefahren aufgeklärt?«

»Auf eine vorsichtige und vage Art. Er ist sehr verschlossen, seit er in die britische Kriegsmarine eingetreten ist.«

»Ich bin nicht eingetreten. Man hat mich eingezogen.«

»Er hat angedeutet, daß wir uns in Dunst auflösen könnten. Ach, wissen Sie, man wird es mit der Zeit etwas leid, sich immer mit der Antike zu befassen. Es ist viel interessanter, aktiv am geschichtlichen Geschehen beteiligt zu sein.«

»Das Interesse könnte recht kurzlebiger Natur sein. Teilt Mrs. Wotherspoon Ihr kurzlebiges Interesse?«

»›Angelina‹, bitte. Wir hatten kürzlich eine sehr prüde und propere Schweizerin bei uns zu Besuch, und sie bestand darauf, mich immer als Madame Professor Wotherspoon anzureden. Entsetzlich. Nein, ich kann nicht behaupten, daß ich den manchmal recht extravaganten Enthusiasmus meines Mannes in jedem Fall teile. Aber er hat leider einen für Professoren typischen Fehler. Er ist schrecklich zerstreut. Irgendeiner muß sich um ihn kümmern und auf ihn aufpassen.«

Talbot lächelte. »Schrecklich für eine so junge und hübsche Frau. Also nochmals vielen Dank, Ihnen beiden vielen Dank. Es wäre mir eine Freude, wenn Sie uns beim Lunch Gesellschaft leisten würden. Inzwischen überlasse ich Sie Lieutenant Denholm, der Sie über das volle Ausmaß unseres Problems in Kenntnis setzen wird – vor allem auch der Gefahren, die Ihnen bei Tisch bevorstehen.«

»Schwermut und Verzagtheit«, sagte Van Gelder. »Zu jemandem, der so jung und hübsch ist wie Sie, paßt es nicht recht, schwermütig und verzagt zu sein. Was ist los mit Ihnen, Irene?«

Irene Charial blickte so mürrisch und verdrossen über die Heckreling der *Ariadne*, wie jemand ihres Alters und ihres Aussehens es überhaupt fertigbrachte.

»Lieutenant-Commander Van Gelder, ich bin nicht in der Stimmung für Schmeicheleien.«

»Vincent. Eine Schmeichelei ist ein unaufrichtiges Kompliment. Wie kann das, was der Wahrheit entspricht, eine Schmeichelei sein? Aber Sie haben recht mit dem Wort ›Stimmung‹. Sie sind schlechter Laune. Sie sind besorgt, aufgebracht. Was bereitet Ihnen Sorgen?«

»Nichts.«

»Ihre Schönheit hält Sie nicht davon ab zu flunkern. Das können Sie kaum als Schmeichelei bezeichnen, oder?«

»Nein.« Ein flüchtiges Lächeln erhellte ihre grünen Augen. »Nicht so richtig.«

»Ich weiß, daß Sie sich in einer sehr unangenehmen Lage befinden. Aber wir versuchen alle, das Beste daraus zu machen. Oder haben Ihre Eltern etwas gesagt, das Sie aufgeregt hat?«

»Nein. Und das wissen Sie recht gut.« Van Gelder wußte es tatsächlich. Denholm hatte ihm das versichert.

»Ja, da haben Sie recht. Sie waren schon heute morgen bei unserer ersten Begegnung nicht eben fröhlich gestimmt. Irgend etwas macht Ihnen zu schaffen. Ein schreckliches Geheimnis, das Sie mir nicht verraten können?«

»Sind Sie gekommen, um mich auszuhorchen?«

»Ja. Sie auszuhorchen und auszuforschen. Ihnen mit geschickten, gerissenen, hinterlistigen Fragen Informationen zu entlocken, die Sie sonst nicht herausrücken würden.« Nun blickte Van Gelder betreten und betrübt drein. »Ich fürchte, ich bin nicht sehr gut in solchen Dingen.«

»Das glaube ich allerdings auch. Dieser Mann hat Sie zu mir geschickt, stimmt's?«

»Welcher Mann?«

»Jetzt sind Sie nicht ehrlich. Commander Talbot. Ihr Captain. Ein kalter Mensch. Abweisend. Humorlos.«

»Er ist weder kalt noch abweisend. Und er verfügt über eine ganze Menge Humor.«

»Humor? Davon habe ich bisher nichts bemerkt.«

»Das erstaunt mich nicht weiter.« Van Gelder hatte aufgehört zu lächeln. »Vielleicht hat er gedacht, bei Ihnen sei er sowieso verschwendet.«

»Vielleicht hat er recht.« Sie schien nicht beleidigt zu sein. »Vielleicht finde ich momentan auch nicht sonderlich viel zum Lachen. Aber mit dieser anderen Sache habe ich recht. Er ist unnahbar, abweisend. Ich bin schon früher Leuten wie ihm begegnet.«

»Das möchte ich ebenso bezweifeln wie Ihre Fähigkeit, Menschen zu beurteilen. Das scheint nicht Ihre Stärke zu sein.«

»Oh.« Sie zog einen Schmollmund. »Aus und vorbei mit Schmeichelei und Charme, ja?«

»Ich bin kein Schmeichler. Und ich habe nie behauptet, ein Charmeur zu sein.«

»Ich wollte Sie nicht kränken. Bitte. Ich finde an einer Offizierslaufbahn nichts auszusetzen. Aber er lebt nur für zwei Dinge – die Royal Navy und die *Ariadne*.«

»Sie armes irregeleitetes Wesen.« Van Gelder sprach ganz leidenschaftslos. »Aber wie sollten Sie es auch besser wissen? John Talbot lebt nur für zwei Dinge – seine Tochter und seinen Sohn. Fiona, sechs Jahre alt, und Jimmy, drei. Er liebt sie abgöttisch. Ich auch. Ich bin ihr Onkel, Onkel Vincent.«

»Oh.« Sie schwieg eine Weile. »Und seine Frau?«

»Tot.«

»Das tut mir leid.« Sie faßte seinen Arm. »Zu sagen, daß ich das nicht wußte, ist noch lange keine Entschuldigung. Los, fahren Sie fort. Nennen Sie mich dumm und ungehobelt.«

»Ich schmeichle nicht. Ich umgarne Sie nicht – und ich lüge nicht.«

»Aber Sie wissen geschickt mit Komplimenten umzugehen.« Sie lehnte sich auf die Reling und blickte hinaus aufs Meer. Nach einiger Zeit sagte sie, ohne sich zu ihm umzusehen: »Sie sind hier wegen Onkel Adam, stimmt's?«

»Ja. Wir kennen ihn nicht, wir trauen ihm nicht, und wir finden ihn höchst verdächtig. Bitte verzeihen Sie mir, daß ich so über Ihren nächsten Angehörigen rede.«

»Er ist nicht mein nächster Angehöriger.« Sie hatte sich zu ihm umgewandt. Ihre Stimme hatte weder heftig geklungen, noch hatte ihr Gesicht starke Bewegung erkennen lassen. »*Ich* kenne ihn auch nicht, *ich* traue ihm auch nicht, und *ich* finde ihn auch höchst verdächtig.«

»Wenn Sie ihn nicht kennen, was um alles in der Welt hatten Sie dann auf seiner Jacht zu tun?«

»Auch das ist schon verdächtig, vermutlich. Nein, nicht wirklich. Es gibt drei Gründe dafür, denke ich. Er kann einen sehr gut zu etwas überreden. Er scheint wirklich sehr an unserer Familie zu hängen – an meinem jüngeren Bruder, meiner Schwester und mir –, denn er überhäuft uns immer mit Geschenken, auch sehr teuren Geschenken, und es wäre mir unpassend erschienen, seine Einladung abzulehnen. Außerdem gab es Dinge, die mich reizten – ich weiß praktisch nichts über ihn, weder was er geschäftlich tut, noch warum er soviel Zeit im Ausland verbringt, in allen möglichen fremden Ländern. Und dazu kommt noch, daß Eugenia und ich im Grunde unseres Herzens Snobs sind und es uns vielleicht reizte, an einer Kreuzfahrt auf einer richtigen Luxusjacht teilzunehmen.«

»Nun, die Gründe sind schon ziemlich überzeugend. Aber doch nicht einleuchtend genug, um zu erklären, warum Sie mitfuhren, wenn Sie ihn nicht mögen.«

»Ich habe nicht gesagt, daß ich ihn nicht mag. Ich habe gesagt, ich traue ihm nicht. Das ist nicht das gleiche. Und es ist erst seit dieser Reise, daß ich ihm nicht traue.«

»Und wieso erst seit jetzt?«

»Wegen Alexander.« Sie tat so, als schüttele es sie. »Würden Sie Alexander trauen?«

»Ehrlich gesagt, nein.«

»Und Aristoteles ist fast genauso schlimm. Die drei hockten Stunden um Stunden zusammen und redeten, meist im Funkraum. Und immer wenn Eugenia oder ich in die Nähe kamen, verstummten sie. Warum bloß?«

»Das liegt doch klar auf der Hand, oder nicht? Sie wollten nicht, daß Sie mitbekamen, worüber sie sprachen. Waren Sie jemals zusammen mit ihm auf Geschäftsreise im Ausland?«

»Großer Gott, nein.« Schon der Gedanke daran schien sie zu erschrecken.

»Auch nicht mit der *Delos?*«

»Ich war vorher nur einmal auf der *Delos*. Zusammen mit meinem Bruder und meiner Schwester. Bei einem kurzen Ausflug nach Istanbul.«

Er würde seinem Captain nichts sehr Sensationelles zu berichten haben, dachte Van Gelder. Sie kannte ihren Onkel kaum. Sie wußte nicht, was für Geschäfte er machte. Sie hatte ihn nie auf seinen Reisen begleitet. Und wenn sie ihm nicht traute, so nur um Alexanders willen. Und dieses Mißtrauen teilte sie vermutlich mit den meisten Menschen, die Alexander je begegnet waren. Van Gelder unternahm einen letzten Versuch.

»Der Bruder Ihrer Mutter, nicht wahr?« Sie nickte. »Was hält sie von ihm?«

»Sie spricht nie schlecht über ihn. Aber sie spricht überhaupt nie schlecht über jemanden. Sie ist eine wunderbare Frau, eine wunderbare Mutter. Sie ist nicht einfältig oder so, nur eben sehr gutgläubig, sie brächte es einfach nicht übers Herz, schlecht über jemanden zu reden.«

»Offenbar ist sie Alexander nie begegnet. Und Ihr Vater?«

»Er spricht auch nie über Onkel Adam, aber aus anderen Gründen. Mein Vater ist ein sehr aufrichtiger, sehr ehrlicher Mann; er leitet eine große Baufirma. Aber auch er redet nicht über meinen Onkel. Ich bin nicht so vertrauensselig wie meine Mutter. Ich habe das Gefühl, daß mein Vater Onkel Adam oder die Geschäfte, die er betreibt, entschieden ablehnt. Vielleicht auch beides. Ich glaube, sie haben schon seit Jahren nicht mehr miteinander geredet.« Sie zuckte mit den Schultern und lächelte leicht. »Sorry, mit mehr kann ich Ihnen nicht dienen. Sie haben nichts Neues herausbekommen, stimmt's?«

»Doch. Daß ich Ihnen trauen kann.«

Diesmal war ihr Lächeln herzlich, echt und freundlich. »Sie schmeicheln nicht, Sie umgarnen einen nicht und Sie lügen nicht. Aber Sie sind galant.«

»Ja«, sagte Van Gelder. »Das bin ich, glaube ich.«

»Sir John«, sagte der Präsident, »Sie haben mich in eine äußerst unangenehme Lage gebracht. Ich spreche, verstehen Sie, mehr in Sorge als im Zorn.«

»Ja, Mr. President. Ich bin mir darüber im klaren, und es tut mir leid. Es ist für Sie natürlich kein Trost zu wissen, daß die Lage für mich ebenso unangenehm ist.« Wenn die Lage für Sir John Travers, den britischen Botschafter in den Vereinigten Staaten, wirklich ebenso unangenehm war, so ließ er sich das nicht anmerken. Aber Sir John war in der Welt der Diplomatie auch bekannt für sein *savoir-faire*, seine monolithische Ruhe und seine Fähigkeit, selbst in den anstrengendsten und schwierigsten Situationen völlig gelassen zu bleiben. »Ich bin nichts weiter als Bote. Erster Kategorie allerdings.«

»Wer zum Teufel ist dieser Hawkins überhaupt?« Richard Hollison, stellvertretender Chef des FBI, war nicht so gelassen wie Sir John, hielt seinen deutlich erkennbaren Ärger aber einigermaßen unter Kontrolle. »Es gefällt mir nicht besonders, daß ein Ausländer dem Weißen Haus, dem Pentagon und dem FBI Vorschriften macht, wie sie ihr Gewerbe zu betreiben haben.«

»Hawkins ist Vizeadmiral der Royal Navy.« Der General war der vierte und einzige weitere Anwesende. »Ein außerordentlich fähiger Mann. Ich wüßte keinen amerikanischen Marineoffizier, den ich unter den gegebenen, ziemlich aussichtslosen Umständen lieber an seiner Stelle wüßte. Und ich muß wohl nicht darauf hinweisen, daß die Situation auch für mich höchst unangenehm ist. Ich will mich ja nicht übermäßig wichtig machen, aber das Pentagon ist, verdammt noch mal, *meine* Angelegenheit.«

»Richard Hollison«, sagte Sir John, »ich kenne Sie nun schon etliche Jahre. Sie sind für Ihre Zähigkeit und Härte, aber auch für Ihre Fairneß bekannt. Seien Sie in diesem Fall fair. Admiral Hawkins befindet sich, wie der General eben schon erwähnte, in einer Lage, wo er mit fast aussichtslosen Umständen fertig werden muß, und das verlangt ihm beinahe unmögliche Entscheidungen ab, wie Sie in Ihrer Position gewiß besser wissen als die meisten anderen. Er macht niemandem Vorschriften. Er hat nur, um eine Nachricht direkt in die Hände des

Präsidenten zu spielen, ohne daß jemand in der Regierung oder im Pentagon sie vorher zu sehen bekam, es vorgezogen, das Pentagon und alle üblichen Kommunikationswege zu umgehen. Sicherlich weiß das Pentagon bereits, daß da Untersuchungen im Gange sind, aber Hawkins wollte nicht ans Licht kommen lassen, daß sein Finger in bestimmte Richtungen zeigt. Wenn man vorhat, eine Katze unter Tauben auszusetzen oder einen Adler in einem Taubenschlag loszulassen, dann schickt man nicht vorher eine Postkarte, um seine Absicht zu verkünden.«

»Ja, das sehe ich ein«, sagte Hollison. »Müde und resigniert, aber ich akzeptiere das. Verlangen Sie jedoch nicht von mir, daß ich es gutheiße.«

»Ob einem das nun paßt oder nicht, man muß sich damit abfinden«, sagte der Präsident. »Ich auch.« Er blickte ohne Begeisterung auf das Blatt Papier, das vor ihm auf dem Tisch lag. »Wenn ich es recht verstehe, hat dieser Adamantios Andropulos, der vorübergehend Admiral Hawkins' Gast ist – ich könnte mir denken, daß Admiral Hawkins ihn sogar dann noch als ›Gast‹ bezeichnen würde, wenn er an Bord des Schiffes angekettet im Kielraum läge –, hat dieser Andropulos also ein Konto bei einer Bank in Washington; Namen und Adressen sind angegeben, und wir sollen nun so nett sein und ein paar Erkundigungen einziehen, ob er in letzter Zeit etwas davon ausgegeben hat und, wenn es so ist, an wen. Ich weiß, daß dies im Bereich Ihrer Möglichkeiten liegt, Richard. Die Frage ist nur, wie lange werden Sie dazu brauchen?«

»Das hängt ganz davon ab, wie viele falsche Namen, wie viele Scheinfirmen, wie viele der üblichen Geldwaschanlagen zwischengeschaltet sind. Der Schurke, sofern es einen solchen gibt, hat vielleicht ein Nummernkonto in der Äußeren Mongolei. Unwahrscheinlich, das gebe ich zu, aber Sie verstehen, was ich meine, ja? Eine Stunde oder drei. Ich brauche mich wohl nicht in aller Form zu verabschieden. Entschuldigen Sie mich bitte, Mr. President. Entschuldigen Sie mich, meine Herren.« Hollison eilte davon.

»Die Army und die Marineinfanterie wird es freuen, zu erfahren – wenn sie es erfahren –, daß Admiral Hawkins sie einer näheren Betrachtung nicht für wert erachtet«, fuhr der Präsident fort. »Nur die Air Force und die Navy. Die Air Force, das kann ich unter den gegebenen Umständen verstehen. Aber es wäre interessant zu wissen, warum er meint, daß die Navy sein Interesse verdient hat. Er gibt keinerlei Erklärungen dazu.« Der Präsident seufzte. »Vielleicht traut er selbst mir nicht. Oder er weiß vielleicht etwas, das wir nicht wissen.«

»Wenn das der Fall ist – daß er etwas weiß, das wir nicht wissen«, sagte Sir John ruhig, »dann wird er uns das, da bin ich sicher, zu gegebener Zeit mitteilen.«

Der Mann, über den im Weißen Haus debattiert wurde, verweilte gerade beim gleichen Thema.

»Die geflügelte Karosse der Zeit, John. Den Rest des Zitats habe ich vergessen, aber an den Ausdruck ›geflügelt‹ erinnere ich mich.« Hawkins lehnte sich mit einem Glas eisgekühlten Limonensafts in der Hand in einem bequemen Sessel zurück, und so gelang es ihm, den Eindruck eines Mannes zu erwecken, der so viel Zeit hat, wie er will. »So viel zu tun, und so wenig Zeit, es zu tun. Wie steht es da um die *Ariadne* angesichts der Gleichgültigkeit der restlichen Welt?«

»Ich denke, man könnte sagen, Sir, daß der Patient den Umständen entsprechend gute Fortschritte macht. Unser Schreiner ist an Bord der *Angelina* und baut gerade nach den Maßen, die wir vom Pentagon erhalten haben, ein Transportgerüst mit zwei Hängeklemmen, in denen die Bombe selbst bei schlechtestem Wetter gut aufgehoben ist, was wir, wie Sie ja selbst sehen können, heute nun wirklich nicht zu erwarten haben.«

»Ja, wahrhaftig.« Der Admiral blickte durch das Fenster

seiner Kabine. »Ganz und gar das falsche Wetter, John. Angesichts der apokalyptischen Aufgabe, mit der wir uns zu befassen haben, könnten wir wohl mit Recht wenigstens Sturm, Regen, Donner, Blitz, Gewitter und all die übrigen widrigen Wetterbedingungen erwarten, mit denen King Lear bei seinem Gang über die verdorrte Heide zu tun hatte. Aber was haben wir? Eine brennend heiße Julisonne, einen wolkenlosen blauen Himmel und eine weindunkle See, auf der sich nicht einmal ein leichtes Kräuseln zeigt. Wahrhaft enttäuschend. Um nicht zu sagen: in höchstem Maße beunruhigend ist auch, daß diese Windstille mit Wahrscheinlichkeit anhält und die *Angelina* dann eine Woche braucht, um nur den halben Weg zum Horizont zurückzulegen.«

»Darüber brauchen wir uns, glaube ich, keine Sorgen zu machen, Sir. Zwischen Anfang Juli und Mitte September ist das Wetter hier höchst zuverlässig und voraussagbar. Es ist jetzt elf Uhr fünfundvierzig. Der Meltemi – oder die Etesien, wie der Wind auch heißt – kann jeden Augenblick von Nordwesten her einsetzen. Im Laufe des Nachmittags erreicht er Stärke fünf oder sechs, manchmal auch sieben. Gegen Abend legt er sich dann wieder, aber er soll auch schon ganze Nächte hindurch geweht haben. Der Meltemi wird der ideale Wind für die *Angelina* sein. Diese Lugger sind, wie Denholm schon sagte, hoffnungslos schlecht beim Segeln scharf am Wind, aber in diesem Fall wird der Wind direkt von achtern kommen und die *Angelina* runter zur Straße von Kasos östlich des östlichsten Zipfels von Kreta bringen.«

»Hört sich gut an. Hm, aber *selbst wenn* Montgomery es schafft, diesen Bomber zu heben, ein Loch in den Rumpf zu schneiden, ohne uns alle ins Jenseits zu befördern, die Atombombe herauszuholen und sie in der Transportvorrichtung der *Angelina* sicher festzulaschen – was passiert, wenn das Ding hochgeht, bevor er die Straße von Kasos erreicht?«

»Dann ist es um Wotherspoon und seine Mannschaft geschehen. Für uns ist das Risiko gering. Ich habe mich mit Dr. Wickram darüber unterhalten. Er scheint davon überzeugt zu sein, daß die Wasserstoffbomben von sich aus stabil und sicher sind – und schließlich baut er ja diese verdammten Dinger. Er sagt, sie würden mit hundertprozentiger Sicherheit hochgehen, wenn in nächster Nähe eine Atombombe explodierte. Die Auswirkungen einer weiter entfernten Explosion jedoch sollten wir nicht überbewerten, selbst wenn es nur einige wenige Meilen wären. Schließlich hätten diese Bomben auch die Auswirkungen der Explosion vorne im Bug des Bombers und sogar den Aufprall des Flugzeugs auf dem Wasser bei hoher Geschwindigkeit überstanden. Außerdem würde sich jede Meile Wasser, die dann – hoffentlich – zwischen den beiden Bomben läge, dämpfend auswirken.«

»Für die Leute an Bord der *Angelina* wird sich nichts dämpfend auswirken. Schluß. Aus. Ende. Was motiviert einen Mann wie ihn, John? Offenbar ist er unglaublich wagemutig – aber, hm, ist er ganz gesund?«

»Wenn Sie damit meinen, ob er nicht recht bei Trost ist, nun, dann sind wir es alle nicht. Er ist so normal wie Sie oder ich. Er ist im Grunde seines Herzens ein Romantiker, ein geborener Abenteurer; vor zweihundert Jahren wäre er irgendwo am anderen Ende der Welt gewesen, um beim Aufbau eines Imperiums mitzuhelfen.«

»Mag ja sein. Aber der Gedanke, daß er vielleicht an unserer Stelle sterben könnte, ist dennoch schrecklich.«

»Er wird nicht für uns sterben. Denn ich fahre auf der *Angelina* mit. Zusammen mit Vincent Van Gelder.«

Hawkins stellte sein Glas ab und starrte ihn an. »Wissen Sie, was Sie da sagen? *Ich* weiß es, und ich bin der Ansicht, Sie haben den Verstand verloren. Sind Sie wahnsinnig? Sie und Van Gelder? Ganz und gar wahnsinnig?«

»Van Gelder besteht darauf mitzukommen. Und ich bestehe darauf, diese Fahrt zu machen. Das ist alles.«

»Ich verbiete das kategorisch.«

»Bei allem Respekt, Admiral, aber Sie werden mir gar nichts verbieten. Haben Sie im Ernst geglaubt, ich würde eine solche Sache nur zur Hälfte erledigen? Haben Sie im Ernst geglaubt, ich ließe ihn so davonsegeln? Ich möchte Sie daran erinnern, daß ich immer noch der Captain dieses Schiffes bin und daß mir auf See nicht einmal ein Admiral das Kommando abnehmen oder mir Befehle erteilen kann, von denen ich glaube, daß sie für das Schiff von Nachteil sind.«

»Meuterei!« Hawkins deutete mit einer kurzen, ablehnenden Handbewegung auf sein Glas Zitronensaft. »Haben wir nicht etwas Stärkeres da?«

»Doch, natürlich.« Talbot ging an den Barschrank des Admirals und bereitete ihm einen Drink, während Hawkins mit leerem Blick eine Stelle an der Decke anstarrte, die tausend Meilen weit weg zu sein schien. »Ein großer Scotch mit Wasser. Ohne Eis.«

»Danke.« Hawkins kippte den Drink fast zur Hälfte hinunter. »Meuterei, in der Tat!«

»Ja, Sir. Trotzdem, Sie können mich deswegen nicht an der Rahnock aufhängen. Es ist meine Rahnock. – Sie haben Angelina noch nicht gesehen – ich meine, die Frau des Professors, nicht den Lugger. Aber das kommt noch. Ich habe die beiden zum Lunch an Bord gebeten. Jung, ziemlich hübsch, mit einem netten Sinn für Humor und sehr vernarrt in ihren Mann. Das muß sie sein – in ihn vernarrt, meine ich –, um etwas zu tun, das sie eindeutig gar nicht tun will, nämlich sich mit ihrem Mann auf so eine Fahrt zu begeben und auch noch die Bombe an Bord des Luggers zu nehmen.«

»Es wird mir sicher eine Freude sein, ihre Bekanntschaft zu machen.« Hawkins nahm einen zweiten Schluck von seinem Drink. »Was hat sie noch damit zu tun, wenn wir die Sache in der Hand haben?«

»Oh, sie wird nicht auf dem Lugger bleiben und mit der

Bombe mitfahren. Übrigens auch Wotherspoon nicht und seine beiden Matrosen. Sie werden alle an Bord der *Ariadne* bleiben. Wotherspoon werden wir wohl mit Gewalt zurückhalten müssen. Aber das ist kein Problem. Van Gelder und ich werden die *Angelina* hinunter und durch die Straße von Kasos segeln. Zwei kleine Medaillen werden reichen.«

Hawkins schwieg eine Weile. Dann sagte er: »Wie soll man Ihnen beiden ein posthum verliehenes Viktoriakreuz oder einen anderen Orden anheften, wenn Sie als Dunstpartikel in der Stratosphäre kreisen?«

»Immer ein Problem nach dem anderen. Wir können diese Frau nicht mitreisen lassen.«

»Du lieber Himmel, nein. Das würde ich mir nie verzeihen. Daran habe ich nicht einmal im Traum gedacht. Einer muß die *Ariadne* heil nach Hause bringen, stimmt's? Die Sache mit der *Angelina* haben wir geregelt. Jetzt also zur *Kilcharran*. Ich habe eben mit Captain Montgomery gesprochen. Er läßt gerade versuchsweise die Hebeschlaufen anziehen, und er schätzt, daß der Bomber mit Hilfe der Luftkissen eine Art Schwebezustand erreicht. Noch zwanzig Minuten oder eine halbe Stunde höchstens, und er wird mit dem Heben beginnen. Ich nehme an, das wollen Sie nicht verpassen, Sir.«

»Nein, wahrhaftig nicht. Wie sagte schon Walter de la Mare? ›Betrachte alles, als wäre es das letzte, auf das mit Wohlgefallen dein Auge fällt; es könnte das letzte sein, das du siehst.‹ Es könnte also das letzte sein, das ich sehe?«

»Ich hoffe nicht, Sir. Abgesehen von dem Lugger und der Bergung des Bombers müssen wir noch drei weitere Dinge abwarten. Die Reaktion auf die Nachricht, die wir über unsere Botschaft in Washington an den Präsidenten geschickt haben; das könnte einige Zeit dauern, denn selbst die kooperativsten Banken – und Banken sind praktisch von ihrer Bestimmung her verschwiegen und hassen den Gedanken an Kooperation –, also selbst die kooperativsten Banken werden zögern, Informationen gleich welcher Art über ihre wichtigsten Kunden herauszurücken; wichtige Kunden mögen so etwas nicht. Zugegeben, Luftwaffengeneräle und Admirale sind in bezug auf Finanzstärke wahrscheinlich nicht sehr bedeutend, aber sie sind es im Hinblick auf Prestige und Macht und werden daher vermutlich überproportional viel Einfluß haben. Ich hoffe, wir haben da drüben nicht zu viele Leute vor den Kopf gestoßen. Dann, und damit rechne ich schon sehr bald, müßten wir eigentlich bald eine Antwort vom griechischen Geheimdienst auf unsere Bitte um eine Aufstellung sämtlicher Orte bekommen, mit denen Andropulos in den letzten Jahren Geschäfte, gleich welcher Art, gemacht hat. Und dann müssen wir natürlich auch noch auf das Eintreffen dieses Krytrons aus Amerika warten.«

»Das zu einem x-beliebigen Zeitpunkt eintreffen kann. Ich meine, wir haben keine Ahnung, wann es kommt, stimmt's? Haben die Amerikaner Überschallflugzeuge?«

»Natürlich. Aber nur Jagdflugzeuge. Die nächste Möglichkeit aufzutanken wäre für sie auf den Azoren, und ich bin ziemlich sicher, daß kein Jäger die fast zweitausend Meilen bis dahin fliegen könnte. Das ist eine Frage der Tank-Kapazität. Außerdem ist es auch nicht absolut notwendig, daß wir dieses Gerät bekommen, bevor wir mit der Bombe aufbrechen – immer noch vorausgesetzt natürlich, wir brechen mit ihr auf. Wir könnten die Bombe auch immer noch versenken, die Stelle mit einer Boje markieren, alle Schiffe warnen, sich von der Stelle fernzuhalten, das Eintreffen des Krytrons abwarten, dann zurückkehren und die Bombe hochgehen lassen.«

»Aber es wäre doch viel angenehmer, wenn man das Ganze mit einem Schlag erledigen könnte.« Hawkins dachte einen Moment nach, dann lächelte er. »Wieviel Uhr ist es jetzt in Washington?«

»Vier Uhr morgens, glaube ich.«

»Großartig, großartig. Eine kurze Nachricht. Fragen Sie an, wie es transportiert wird und wann mit dem Eintreffen zu rechnen ist. Geben Sie ihnen etwas zu tun.« Talbot hob den Hörer ab und diktierte die Meldung.

»Ich habe Ihren Ersten Offizier schon lange nicht mehr gesehen«, sagte Hawkins. »Wie ich höre, versucht er der Nichte von Andropulos Geheimnisse zu entlocken?«

»Vincent erledigt das, was man ihm aufträgt, normalerweise schnell und gründlich. Wenn der Auftrag mit Irene Charial zu tun hat, braucht er allerdings anscheinend etwas länger.«

»Es ist noch gar nicht so lange her, da hätte ich für so etwas auch mehr Zeit gebraucht. Ah!« Van Gelder war im Türrahmen erschienen. »Wir haben gerade über Sie gesprochen, junger Mann. War ein schwieriges Gespräch, das sich länger hinzog, wie?«

»Man muß so etwas mit Feingefühl angehen, Sir. Aber sie hat mir alles erzählt, was sie weiß.« Er blickte Talbot vorwurfsvoll an. »Ich entdecke eine Spur Skepsis in Ihrem Gesicht, Sir. Die ist nicht berechtigt, das versichere ich Ihnen. Ich glaube ihr, ich traue ihr, und ich habe mich nicht von ihren grünen Augen bezirzen lassen, weil ich zu der Zeit im Dienst war.«

»Hinterhältigkeit und List sind zwar nicht besonders vornehm, Vincent, erfüllen aber ihren Zweck.«

»So war es ganz und gar nicht. Ich habe ihr gesagt, daß Sie mich zu ihr geschickt haben, um sie in die Falle zu locken, zu unvorsichtigen, unbedachten Äußerungen zu verleiten und sich selbst zu verraten. Seither kommen wir bestens miteinander zurecht.«

Talbot lächelte. »Ein ganz neuer Weg, etwas hintenherum herauszukriegen. Was weiß sie denn?«

»Nichts. Ich garantiere Ihnen, Sie wären zu demselben Schluß gekommen, Sir. Sie kennt ihren Onkel kaum, nur flüchtig, oberflächlich. Sie hat kein Vertrauen zu ihm. Sie hält ihn für höchst verdächtig. Ebenso Alexander. Aber dazu ist ja nicht sonderlich viel Scharfsinn erforderlich. Sie weiß nichts über seine Geschäfte. Sie ist nie mit ihm auf Reisen gewesen.

Ihr Vater, den sie abgöttisch liebt und vor dem sie sehr viel Respekt hat, mißtraut ihm auch – er und Andropulos reden schon seit Jahren nicht mehr miteinander. Sie ist überzeugt, daß ihr Vater eine ganze Menge über ihren Onkel und seine Geschäfte weiß, aber er weigert sich, darüber zu reden.«

»Hört sich so an, als wäre es gut, ihren Vater jetzt bei uns an Bord zu haben«, sagte Hawkins. »Ich habe das Gefühl, wir könnten von ihm sehr interessante Dinge erfahren.«

»Da bin ich sicher, Sir. Eines ist merkwürdig – sie ist überzeugt, daß ihr Onkel wirklich sehr an ihr hängt.«

Hawkins lächelte. »Es kommt mir so vor, als wäre es schwer, die junge Dame nicht zu mögen. Übrigens, ganz beiläufig und ohne Anspielung auf irgend etwas: auch Massenmörder hingen, wie man weiß, an kleinen Wesen.«

»Ich glaube kaum, daß er ein Massenmörder ist, Sir.«

»Und sie ist mit Sicherheit kein kleines Wesen.« Er blickte Talbot nachdenklich an. »Ist Ihnen ein Gedanke gekommen, John?«

»Ja.« Talbot blickte einen Moment lang geistesabwesend durchs Fenster hinaus, dann sah er wieder Hawkins an. »Woher wissen wir eigentlich, daß er kein Massenmörder ist?«

Hawkins blickte immer noch fragend. »Sie machen normalerweise nicht solche Bemerkungen. Jedenfalls nicht ohne guten Grund. Denken Sie an etwas Bestimmtes?«

»Ich glaube, ja. Aber es ist noch so weit weg, daß ich es nicht greifen kann. Das kommt noch.« Er drehte sich um; Denholm hatte gerade den Raum betreten. »Habe ich Sie nicht schon einmal so etwas gefragt wie: Was zieht Sie weg von den Fleischtöpfen?«

»Pflicht, Sir.«

»Admiral, ist Ihnen eigentlich schon aufgefallen, wie pflichtbewußt die Offiziere der *Ariadne* sind?« sagte Talbot. »Jimmy, ich dachte, Sie wollten sich unauffällig auf die Lauer legen und die Ohren spitzen?«

»Das habe ich auch getan. Mich unauffällig auf die Lauer gelegt. Und die Ohren gespitzt. Ich habe außerdem Mr. Andropulos und seinen Freund zum Trinken animiert und mit starken Getränken versorgt.«

»Zu dieser frühen Stunde?« fragte Hawkins.

»Befehl vom Captain, Sir. Ich hoffe, Captain, daß die Admiralität meine Bar-Rechnung übernehmen wird.«

»So gewaltig?«

»Nicht so gewaltig wie ihr Durst. Sie haben sich mittlerweile ein wenig entspannt. Sind offenbar beide zu dem Schluß gelangt, daß ich ein bißchen blöd bin. Sie sind ziemlich sicher, daß ich nicht ein Wort Griechisch verstehe, verhalten sich aber immer noch vorsichtig. Machen viele versteckte Anspielungen, sprechen dabei aber vorsichtshalber in mazedonischem Dialekt.«

»Den Sie schon auf dem Schoß Ihrer Mutter gelernt haben?«

»Nein, etwas später. Aber er ist mir vertraut. Ich weiß nicht, ob Sie das als gute Neuigkeit betrachten oder schlechte, Sir, aber Andropulos weiß, daß Wasserstoffbomben an Bord des Flugzeugs sind. Und er weiß auch, daß es fünfzehn sind.«

Es trat ein längeres Schweigen ein, währenddessen die drei anderen Männer im Raum darüber nachdachten, was aus Denholms Worten zu folgern war. Schließlich sagte Hawkins: »Gute Neuigkeiten *und* schlechte. Eine gute Neuigkeit für uns, eine schlechte für Andropulos. Gut gemacht, mein Junge. Sehr gut.«

»Ich kann mich dem nur anschließen, Sir«, meinte Talbot. »Lieutenant Denholm ist eine Fehlbesetzung sowohl als klassischer Philologe wie auch als Elektronikoffizier. Er wäre der richtige Mann für MI5. Andropulos kann unmöglich an Bord der *Ariadne* von der Existenz dieser Bomben erfahren haben. Also wußte er es vorher. Das ist der Beweis, den wir brauchten. Der Beweis für unsere fast sichere Überzeugung, daß Andropulos das Pentagon angezapft hat.«

»Ich möchte darauf hinweisen, Sir«, bemerkte Denholm, »daß das Wort ›Wasserstoffbomben‹ nicht gefallen ist. Außerdem steht nur meine Aussage gegen ihre.«

»Das spielt keine Rolle, wir sind hier nicht vor Gericht. Es kommt auch nicht zu einer Gegenüberstellung. Wichtig ist nur, daß wir es wissen. Und daß sie nicht wissen, daß wir es wissen.«

»Dann habe ich meinen Zweck erfüllt? Oder soll ich weiter auf Horchposten gehen?«

»Weiterhorchen, natürlich. Die drei A's müssen irgendwelche Pläne schmieden. Wir wissen nun, warum sie an Bord der *Ariadne* wollten. Aber wir wissen nicht, was sie jetzt vorhaben. Nehmen Sie also Ihr Zechgelage wieder auf.«

»Zechgelage?« Denholm klang verbittert. »Ich habe eine Absprache mit Jenkins, derzufolge ich Unmengen von Tonic water, Lemon und Eis zu mir nehme. Gräßlich.« Er machte Anstalten zu gehen, aber Talbot hielt ihn fest, weil gerade ein Seemann hereinkam und ihm ein Papier übergab.

»Sie können ruhig mit anhören, was hier drinsteht.« Er überflog das Blatt. »Dies ist eine Antwort auf unsere Bitte an den griechischen Geheimdienst, uns eine ausführliche Auflistung aller Orte zu geben, mit denen Andropulos ihres Wissens entweder Geschäfte getätigt hat oder in Kontakt stand. Keine Namen, keine Adressen, nur die Orte. Vierzig oder fünfzig, in der Tat. Diese Liste wurde nicht spontan und kurzfristig erstellt. Der griechische Geheimdienst muß schon seit längerem, seit Jahren vermutlich, ein mehr als flüchtiges Interesse an Andropulos haben. Ich frage mich, warum. Ungefähr die Hälfte aller Orte sind mit Sternchen versehen. Auch da frage ich mich, warum. Haben sie das für sich selbst, zu ihrer eigenen Information gemacht, oder wollten sie uns damit etwas signalisieren?«

Er gab das Papier an Hawkins weiter, der es einen Moment studierte und dann sagte: »Ich kenne all diese Orte, die mit einem Sternchen versehen sind. Aber ich sehe keinen Bezug zu unserer jetzigen Situation. Ich kann sie nicht einmal irgendwie entfernt mit unserem Problem in Verbindung bringen. Ich könnte schwören, daß keiner dieser Orte etwas mit Wasserstoffbomben zu tun hat.«

»Ich auch«, meinte Talbot. »Vielleicht geht es um etwas anderes. So ernst die Lage, in der wir uns befinden, auch ist, vielleicht sind die Wasserstoffbomben dennoch nicht der größte Anlaß zur Sorge. Das heißt, sofern man sich überhaupt etwas vorstellen kann, das zu noch mehr Sorge Anlaß geben könnte als unsere gegenwärtige Situation. Könnte ich das bitte zurückhaben, Sir?«

Er setzte sich an seinen Schreibtisch, schrieb einige Anmerkungen aufs Papier und blickte dann auf.

»Bangkok, Islamabad, Kabul, Bogotá, Miami, Mexico City, Tijuana, San Diego, die Bahamas, Ocho Rios, Ankara, Sofia – im Falle der beiden letzteren hat Andropulos auf beide gegnerischen Seiten gesetzt, die türkischen Minderheitengruppen in Bulgarien haben es momentan wirklich schwer, aber das stört Andropulos nicht bei seinen Geschäftsinteressen – und Amsterdam. Worauf läßt diese Liste schließen?«

»Rauschgift«, meinte Van Gelder.

»Drogen. Heroin, Kokain, Marihuana, was Sie wollen. Jetzt noch ein paar Orte. Teheran, Bagdad – auch hier setzte Andropulos wieder auf die beiden gegnerischen Pferde; der Iran und der Irak führen nun schon seit Jahren Krieg miteinander, dann Tripolis, Damaskus, Beirut, Athen, Rom, Ostberlin, New York und London. Fällt Ihnen dazu etwas ein?«

»Ja«, antwortete wiederum Van Gelder. »Terrorismus. Ich bin mir nur nicht ganz sicher, was New York und London in dieser Liste verloren haben.«

»Ich glaube mich zu erinnern, daß es da zwei Versuche gegeben hat – einen auf dem John F. Kennedy-Airport, einen in Heathrow –, Bomben an Bord von Flugzeugen zu schmuggeln. Beide Versuche schlugen fehl. Ich glaube, man kann mit einiger Sicherheit davon ausgehen – wahrscheinlich wäre es sogar verbrecherisch nachlässig, es nicht zu tun –, daß die Terroristen, die diese Anschläge geplant haben, sich noch in London und New York aufhalten. Jimmy, würden Sie mal bitte Ihre Kabine aufsuchen und zusammen mit Theodor und allen weiteren Ergebnissen seiner kryptologischen Forschungen zurückkehren?«

Hawkins sagte: »Ich hoffe allen Ernstes, daß Sie nicht denken, was ich glaube, daß Sie denken, wenn Sie mir zu folgen vermögen.«

»Kann schon sein, Sir, daß ich das gleiche denke wie Sie, wenn *Sie mir* zu folgen vermögen.«

»Sie meinen also, Andropulos sei so eine Art Welt-Koordinator des Rauschgifthandels? Meinten Sie das vorhin mit Ihrer Bemerkung, daß wir ja gar nicht wissen, ob er ein Massenmörder ist?«

»Ja, Sir. Was sonst kann diese Auflistung von Kontakten in Drogenhandelszentren bedeuten? Wie sonst kann er seine Riesenreichtümer angesammelt haben – und wir haben längst noch nicht alles zusammengezählt.«

»Wir haben keine echten Beweise dafür.«

»Das hängt ganz davon ab, was Sie als Beweis ansehen. Alle Indizien sprechen dafür. Wie weit reicht Ihre Bereitwilligkeit, alles noch als Zufall anzusehen? Unendlich?«

»Und Sie meinen ferner, er habe auch mit dem Terrorismus zu tun? Daß er seine Riesengewinne aus dem Drogenhandel benutzt, um seine terroristischen Tätigkeiten zu finanzieren?«

»Das wäre möglich, glaube ich aber nicht. Ich könnte mir denken, daß er diese beiden Geschäfte im Tandemverfahren abwickelt.«

»Drogenschmuggel ist eine Sache. Terrorismus eine ganz andere. Unvereinbar. Welten voneinander entfernt. Nicht auf einen Nenner zu bringen.«

»Man widerspricht nur ungern einem Vorgesetzten, Sir. Aber ich fürchte, Sie irren sich. Vincent, würden Sie den Admiral bitte aufklären. Sie wissen schon, worüber.«

»Nur allzugut, Sir. Oktober 1984, Admiral. Unsere letzte U-Boot-Patrouille. Nordatlantik. Ungefähr zweihundert Meilen westlich vor der irischen Küste. Ich sehe alles deutlich vor mir, als wäre es erst gestern gewesen. Man hatte uns befohlen, uns an einer bestimmten Position auf die Lauer zu legen und ein kleines amerikanisches Schiff zu beobachten, aber nicht abzufangen, das sich auf dem Weg von den Staaten nach Irland befand und zu einem bestimmten Zeitpunkt auf einem bestimmten Kurs eine bestimmte Stelle passieren sollte. Weder die Mannschaft des Schiffes noch der Kapitän, ein gewisser Captain Robert Anderson, der sich meines Wissens immer noch auf freiem Fuß befindet, wußten etwas davon, daß man sie von einem Weltraumsatelliten aus seit ihrem Auslaufen aus einem amerikanischen Hafen beobachtet hatte. Wir fuhren das Periskop aus, identifizierten das Schiff und holten das Periskop wieder ein. Sie haben uns nie zu Gesicht bekommen. Es war ein New-England-Trawler, die *Valhalla*, mit Heimathafen Cloucester, Massachusetts, aus dem sie einige Tage vorher ausgelaufen war. Sie übergab ihre Ladung einem irischen Schlepper, der *Marita Ann*, die ordnungsgemäß von der irischen Küstenwache aufgebracht wurde.

Die Ladung bestand ausschließlich aus militärischer Hardware – Gewehren, Maschinengewehren, Schrotflinten, Pistolen, Handgranaten, Raketen und, daran erinnere ich mich, über 70 000 Pfund Munition, und alles war für die IRA bestimmt. Es sollte der größte Waffenschmuggelcoup der IRA überhaupt werden. Aber er mißlang aufgrund der ›Operation Kobold‹, bei der die CIA, unser MI5 und der irische Geheimdienst ein gesundes – oder ungesundes, je nach Sichtweise – Interesse an den Aktionen von Noraid entwickelte, einer irisch-amerikanischen Gruppe, die sich darauf spezialisierte – und, soweit ich weiß, immer noch darauf spezialisiert ist –, amerikanische Waffen zu kaufen und sie der IRA nach Nordirland zu bringen.

Ungefähr zur gleichen Zeit legte ein in Panama registriertes Frachtschiff namens *Ramsland*, das von derselben Gang gechartert war wie die *Valhalla*, im Hafen von Boston an, wo sie prompt von der Küstenwache der Vereinigten Staaten beschlagnahmt wurde. Die *Ramsland* hatte geheime Kammern unter Deck, die der Küstenwache aber bekannt waren. Sie enthielten nicht weniger als dreißig Tonnen Marihuana. Ein weiterer Schmuggelrekord. Die Einnahmen aus den Verkäufen des Rauschgifts sollten natürlich dazu dienen, die terroristischen Aktivitäten der IRA zu finanzieren.«

»Wir fingen dann an, uns ziemlich stark für diese Verbindung von Rauschgift und Terrorismus zu interessieren«, fuhr Talbot fort, »und zogen diskret einige Erkundigungen ein. Daraufhin wurden mindestens noch fünf weitere Drogen-Terrorismus-Verbindungen aufgedeckt und zerschlagen. Man nimmt an, daß es noch erheblich mehr Verbindungen dieser Art gab und gibt, die aber nicht aufgeflogen sind. Warum sollte Andropulos die Ausnahme von der Regel sein?«

»Sie sehen einen ziemlich zerknirschten Admiral vor sich«, sagte Hawkins. »Wir leben, also lernen wir. Sie beide sollten sich mit Denholm zusammentun und Ihre Dienste dem MI5 anbieten. Ah, da kommt ja unser Mann!«

Denholm trat zusammen mit Theodor ein, der Talbot einige Papiere überreichte. Talbot warf einen Blick darauf und gab sie dann an Hawkins weiter.

»Ah, ja«, räusperte sich Hawkins. »Was für ein interessanter Zufall. Oder, in Anbetracht dessen, was ich eben erfahren habe, eher kein Zufall. Fünfzehn der vom griechischen Geheimdienst mit einem Sternchen versehenen Orte stehen auch auf Ihrer Liste. Aber hier sind auch die Namen und Adressen angegeben. Ist das nicht großartig? Captain, mir ist etwas aufgefallen. Einen der mit einem Sternchen versehenen Orte haben Sie zu erwähnen vergessen. Washington, D. C. Fällt das unter R wie Rauschgifthandel oder unter T wie Terrorismus?«

»Weder – noch. Unter B wie Bestechung. Sind Sie mit der Liste bald durch, Theodor?«

»Zu zwei Dritteln, würde ich sagen.«

»Und dann haben Sie es geschafft?«

»Nein, Captain. Es gibt noch eine Liste.«

»Es wäre sehr befriedigend, wenn die noch neue Enthüllungen enthielte, aber das ist wohl zuviel verlangt. Wie lange sind Sie jetzt auf und hier, Theodor?«

»Seit drei Uhr letzte Nacht. Drei Uhr dreißig. Ich weiß es nicht genau. Ich war ein bißchen benommen. Wenn ich gewußt hätte, was heute morgen auf mich zukommt, wäre ich gestern abend nicht auf diese Geburtstagsparty gegangen.«

»Und jetzt geht es schon auf Mittag zu. Sieben Stunden haben Sie sich also das Gehirn zermartert, dabei waren Sie gleich von Anfang an nicht eben in bester Verfassung. Sie müssen erschöpft sein. Aber ich wäre Ihnen dankbar, wenn Sie wenigstens die angefangene Liste fertig bearbeiten könnten. Danach, Jimmy, schlage ich vor, daß Theodor einen Drink bekommt, eine Kleinigkeit zu essen und danach etwas Schlaf. In dieser Reihenfolge.« Die beiden gingen zusammen hinaus. »Wenn es Ihnen recht ist, Admiral, schlage ich vor, daß Vincent, sobald Theodor mit seiner Liste fertig ist, mit dem griechischen Geheimdienst Kontakt aufnimmt und ihm eine Auflistung der Orte zusammen mit den dazugehörigen Namen und Adressen schickt. Das könnte sie weiterbringen.«

»Und was, meinen Sie, könnte der griechische Geheimdienst in dieser Sache tun?«

»Sehr wenig, glaube ich. Aber sie könnten die Liste mit größter Dringlichkeit an Interpol weiterleiten. Zugegeben, die Macht von Interpol reicht nicht weltweit. In Tripolis, Teheran und Beirut ist ihr Einfluß, würde ich sagen, gleich Null. Und sie sind eher eine Informations-Sammel- und Ausgabestelle als eine mit verfügender Gewalt. Aber sie wissen mehr über die Bösewichter dieser Welt als jede andere Behörde. Und fragen Sie an, ob es einen Verdacht gibt – Verdacht, keine Beweise –, daß Andropulos mit Waffenhandel zu tun hat?«

»Wird erledigt, Sir. Soll ich mit ›Admiral Hawkins‹ unterschreiben?«

»Ja, natürlich.«

Hawkins schüttelte den Kopf. »Admiral Hawkins hier, Admiral Hawkins da. Es scheint so, als unterschriebe er alles. Oder als fälschte jemand seine Unterschrift. Ich glaube, ich sollte auf meine Barschecks achtgeben.«

7

Der schwere Stahlhebekran ragte mittschiffs der *Kilcharran* in einem Winkel, der ungefähr um dreißig Grad von der Senkrechten abwich, außenbords in die Höhe. Von der Winsch am Fuß des Hebekrans lief das Kabel bis zur Spitze des Krans hinauf und fiel dann senkrecht in die See hinunter. Das untere Ende des Kabels war an einem schweren Metallring befestigt, der sich ungefähr sieben Meter über dem Rumpf des gesunkenen Flugzeugs befand; an diesem Ring waren über zwei kürzere Kabel die beiden Hebeschlaufen befestigt, die am Bug und Heck des Bombers festgemacht waren.

Die Winsch drehte sich mit einer Langsamkeit, die von den meisten Zuschauern als quälend empfunden wurde. Es stand genug elektrische Kraft zur Verfügung, um die Trommel der Winde dreimal so schnell laufen zu lassen, aber Captain Montgomery hatte es nicht eilig. Wie er da so neben der Winsch stand, ließ er ungefähr so viel Angst und nervöse Spannung erkennen wie ein Mann, der an einem Sommernachmittag mit geschlossenen Augen in einem Gartenliegestuhl sitzt. Es war zwar kaum denkbar, daß sich eine Schlaufe gelockert hätte und abrutschen könnte, aber es war immerhin möglich, und Montgomery zog es vor, lieber nicht daran zu denken, was passieren könnte, wenn das Flugzeug abrutschte und schwer gegen den Schiffsboden schlug. Deswegen stand er einfach geduldig da, bediente selber die Steuerung der Winsch und lauschte über aufgesetzte Kopfhörer den beiden Tauchern, die das Flugzeug bei seinem Aufstieg von drei Metern pro Minute begleiteten.

Nach ungefähr fünf Minuten war durch die nun leicht windgekräuselte Oberfläche der See undeutlich der grotesk aussehende Rumpf des Flugzeugs zu erkennen – grotesk, weil die linke Tragfläche fehlte. Drei weitere Minuten später tauchte der Ring aus dem Wasser auf. Montgomery zentrierte das Winschrad, zog die Bremse an, ging zum Schanzdeck, blickte über die Reling und wandte sich an den Offizier, der neben ihm stand.

»Zu nahe dran. Der Rumpf wird unten gegenschlagen. Müssen ihn etwas weiter ausbringen. Noch mehr Fender raus, vorne und hinten ...« Die *Kilcharran* war seitlich bereits mit Girlanden gummiüberzogener Fender behängt. »Und legen Sie Taue bereit, um die Nase und das Heck des Flugzeugs festzumachen.« Er kehrte zur Winsch zurück, drückte vorsichtig einen Hebel nach vorne und fuhr den Hebekran langsam herunter, bis er ungefähr in einem Winkel von vierzig Grad über die Bordwand des Schiffes ragte. Das Flugzeug, das nun in etwa sieben Meter Tiefe deutlich auszumachen war, entfernte sich träge von der Bordwand des Schiffes. Montgomery ließ die Winsch weiter aufspulen, und bald durchstieß der Rumpf des Flugzeugs die Wasseroberfläche. Er stoppte die Winsch, als das Oberteil einen knappen halben Meter aus dem Wasser ragte. Die Steuerbordtragfläche befand sich noch unter Wasser. Montgomery wandte sich zu Admiral Hawkins um.

»Bisher war es simpel und leicht. Mit ein bißchen Glück sollte es genauso glatt weiterlaufen. Wir trennen aus der oberen Rumpfhälfte das Stück, auf das es ankommt, heraus und bringen gleichzeitig seitlich unter dem Rumpf und unter der Tragfläche weitere Schwimmkissen an. Dann heben wir das Ganze weiter hoch, so daß der Rumpf beinahe aus dem Wasser kommt, und gehen hinein.« Das Telefon klingelte, und er nahm den Hörer ab, bedankte sich bei dem Anrufer und legte wieder auf. »Ja, vielleicht ist es doch nicht ganz so unkompliziert. Anscheinend hat die Bombe zu ticken aufgehört.«

»Jetzt eben?« Hawkins wirkte nicht sonderlich beunruhigt

und schon gar nicht fassungslos. »Ich hätte mir einen besseren Zeitpunkt und einen besseren Ort denken können. Aber daß es so kommt, war abzusehen. Also ist das Ding jetzt scharf.«

»Richtig. Trotzdem, es gibt keinen Grund, nicht fortzufahren wie geplant.«

»Was bleibt uns anderes übrig? Wir müssen alle an Bord beider Schiffe warnen. Es dürfen keinerlei Maschinen benutzt werden; kein Krach und kein Knallen, alle müssen sich leise auf Zehenspitzen bewegen. Das wissen natürlich schon alle, aber ich könnte mir denken, daß sie von nun an doppelt vorsichtig sein werden.«

Außenbords wurde ein Fallreep hinuntergelassen, bis eine Sprosse auf dem Rumpf des Flugzeugs lag. Carrington und Grant stiegen hinunter und vermaßen die Außenhaut des Flugzeugs vom Cockpit bis zu der entscheidenden Stelle mit einem Meßband – die entsprechende Entfernung innen, vom Cockpit bis zu der Stelle, an der die Bombe lag, hatten sie schon vorher ausgemessen. Diese Stelle im Flugzeugdeck rieben sie mit Werg aus dem Maschinenraum trocken und markierten anschließend ein schwarzes Rechteck auf der Außenhaut für die beiden Männer, die bereits mit Schweißbrennern neben ihnen standen.

»Wie lange wird es dauern?« fragte Hawkins.

»Das läßt sich nur schätzen«, antwortete Montgomery. »Eine Stunde, vielleicht auch etwas länger. Wir wissen nicht, wie dick oder stabil die Rumpfhaut ist. Auch nicht, wie dick oder stabil die Seitenverstrebungen sind. Ich weiß nur eines, nämlich daß wir mit der kleinstmöglichen Flamme arbeiten werden – selbst mit entsprechend reduzierter Leistungskraft entsteht noch eine erhebliche Hitze in dem Luftraum und im Wasser darunter. Und ich brauche wohl nicht zu erwähnen, daß noch nie jemand vorher so etwas gemacht hat.«

»Hilft es, die Dinge zu beschleunigen, wenn Sie hier herumstehen und die Arbeiten überwachen – oder, was vielleicht eher zutrifft, nur zuschauend verfolgen? Ich meine, bringt uns das die Lösung der großen Unbekannten?«

»Nicht im geringsten. Ah! Lunch?«

»Ob wir nun hier sind oder in der Offiziersmesse der *Ariadne*, das macht auch keinen großen Unterschied, wenn das Ding hochgeht. Oder?«

»Genau. Die eine Tausendstelsekunde hier, die nächste Tausendstelsekunde schon dort. Der zum Tode Verurteilte nahm ein herzhaftes Frühstück zu sich. In unserem Falle: Lunch.«

Der Lunch war nicht festlich-fröhlich, verlief aber auch nicht in so trüber Stimmung, wie man es angesichts der Tatsache hätte erwarten können, daß alle am Tisch Anwesenden sich darüber im klaren waren, daß sie auf einer Zeitbombe saßen, die nun zu ticken aufgehört hatte. Es wurde reichlich und viel geredet, aber keineswegs in der Art zwanghafter nervöser Plauderei von Leuten, die sich in Lebensgefahr wissen. Professor Wotherspoon äußerte sich offen und oft zu allen Themen, die zur Sprache kamen, aber nicht aus Geschwätzigkeit, sondern weil er es von Natur aus liebte, sich mit anderen zu unterhalten und Gedanken auszutauschen. Auch Andropulos war alles andere als schweigsam, schien aber nur eines im Kopf zu haben: das Geheimnis um den Bomber, der eben aus der Tiefe emporgehoben wurde. Man hatte ihn nicht aufgefordert, an Bord der *Kilcharran* zu kommen, aber er hatte von der *Ariadne* aus verfolgen können, was da vorging. Er schien verständlicherweise zutiefst daran interessiert zu sein, was sich da tat und was weiter mit dem Bomber geschehen sollte, aber er war klug genug, keine bohrenden Fragen zu stellen oder zu verraten, daß er wußte, um was es ging. Talbot fing über den Tisch hinweg einen Blick von Admiral Hawkins auf, der ihm fast unmerklich zunickte. Es war klar, daß sie Andropulos nicht völlig über das im dunkeln lassen konnten, was geschah.

»Wir haben Sie noch nicht über alles in Kenntnis gesetzt, das wir inzwischen erfahren haben«, begann Talbot. »Das geschah nicht aus Nachlässigkeit, und wir brauchen uns für unser Schweigen auch nicht zu entschuldigen. Es geschah einzig aus der Sorge, Sie nicht unnötig zu beunruhigen, vor allem die beiden jungen Damen. Aber ein Mann wie Sie muß ein lebhaftes Interesse an internationalen Angelegenheiten haben, und schließlich sind Sie Grieche und Mitglied der NATO und haben daher ein Recht darauf, informiert zu werden.« So offen und ruhig, wie Talbot redete, wäre wohl niemand so schnell auf die Idee gekommen, daß Andropulos seiner Ansicht nach nur an internationalen Verbrechen interessiert war, daß ihm Griechenland und die Nato völlig gleichgültig waren und daß er im übrigen nur das erfahren würde, was er, Talbot, ihm zu erzählen bereit war.

»Dieses Flugzeug war ein amerikanischer Bomber; er hatte eine tödliche Ladung an Bord, unter anderem auch Wasserstoff- und Atombomben, die mit ziemlicher Sicherheit für eine NATO-Raketenbasis irgendwo in Griechenland bestimmt waren.« In Andropulos' Gesicht wich der erste Ausdruck verblüffter Fassungslosigkeit schnell dem grimmigen Verstehens. »Wir können nur Vermutungen über die Unglücksursache anstellen. Es könnte eine Explosion in der Maschine gewesen sein. Andererseits kann es auch sein, daß sich eine Vielzahl verschiedener Waffen an Bord befand, und daß eine davon nicht ganz in Ordnung war. Wir wissen es nicht und werden es wahrscheinlich auch nie herausfinden. Die Besatzung ist natürlich ums Leben gekommen.«

Andropulos schüttelte den Kopf. Seine hellen, unschuldig dreinblickenden Augen hatten sich vor Trauer getrübt. »Mein Gott, wie schrecklich, wie tragisch.« Er legte eine Pause ein und dachte nach. »Aber es gibt Terroristen auf der Welt.« Er sprach über Terroristen, als wären es Lebewesen von einem anderen Stern. »Ich weiß, es klingt unvorstellbar: könnte es sich dabei um einen Fall von Sabotage handeln?«

»Ausgeschlossen. Dieses Flugzeug kam von einer streng geheimen Air Force-Basis mit hundertprozentigen Sicherheitsvorkehrungen. Unachtsamkeit, Nachlässigkeit, das kann sein. Aber daß jemand mit Absicht eine Sprengladung an Bord geschmuggelt haben könnte, ist einfach unvorstellbar. Es läßt sich nur unter höherer Gewalt einordnen.«

»Ich wünschte, ich hätte ebensoviel Vertrauen in unsere Mitmenschen wie Sie.« Andropulos schüttelte noch einmal den Kopf. »Es gibt Unmenschen, Monster, denen keine Tiefe zu tief ist, um sie nicht auszuloten. Aber wenn Sie sagen, es war aufgrund der äußeren Gegebenheiten unmöglich, dann muß und will ich es Ihnen schon glauben. Ich möchte nicht zu den Menschen zählen, die auf so entsetzlichen Vorstellungen beharren und sie weiterverfolgen. Was vorbei ist, ist vorbei. Aber was geschieht nun weiter, Captain?«

»Um das zu entscheiden, müssen wir erst ins Flugzeug gelangen. Wenn ich richtig unterrichtet bin, kann ein Aufprall und eine Explosion, wie sie hier offenbar stattgefunden haben, bei Nuklearwaffen zu schwerwiegenden Störungen in den höchst empfindlichen Zündsicherungsmechanismen führen.«

»Verfügen denn Sie – oder jemand in Ihrer Mannschaft – über die Erfahrung, um so etwas beurteilen zu können?«

»Nein, weder ich noch sonst jemand aus meiner Mannschaft. Aber zwei Stühle weiter neben Ihnen sitzt ein Mann, der das kann. Dr. Wickram ist Atomphysiker. Sein Spezialgebiet sind Nuklearwaffen. Wir können von Glück sagen, daß wir ihn an Bord haben.«

»Ja, wahrhaftig, das nenne ich einen glücklichen Zufall.« Andropulos lehnte sich vor und beugte sich zu Wickram hinüber. »Davon wußte ich noch gar nichts, daß Sie ein Experte in diesen Angelegenheiten sind. Ich hoffe, Sie können uns aus diesem schrecklichen Dilemma heraushelfen.«

»Schreckliches Dilemma wäre wohl zuviel gesagt, Mr. Andropulos«, meinte Talbot. »Eher ein Problem, sagen wir mal.«

Er drehte sich um, da Denholm, der nicht am Lunch teilgenommen hatte, eingetreten war. »Lieutenant?«

»Entschuldigen Sie bitte die Störung, Sir. Lieutenant McCafferty läßt Sie fragen, ob Sie es einrichten könnten, zu ihm in den Maschinenraum zu kommen.«

Sobald sie draußen waren, fragte Talbot: »Was ist denn los im Maschinenraum, Jimmy?«

»Nichts. Das Lügen wird einem mit der Zeit nur zur zweiten Natur. Eine Nachricht vom Pentagon, Sir, und einige interessante Neuigkeiten von Theodor.«

»Ich dachte, der hat sich zur Ruhe begeben.«

»Er hat es sich anders überlegt, Sir. Kann uns auch nur recht sein, wie Sie sicherlich zugeben werden.« Er holte ein Blatt Papier hervor. »Die Nachricht aus Washington.«

»›Krytron unterwegs per Direktflug New York–Athen mit Concorde.‹ Tatsächlich, da drüben macht jemand seinen ganzen Einfluß geltend. Kommt mir so vor, als hätte der Präsident da seine Hand im Spiel. Ich stelle mir die Entrüstung von hundert oder noch mehr Europareisenden vor, die man auf der Rollbahn vom John F. Kennedy Airport ausgeladen hat, um statt dessen ein winziges elektrisches Gerät an Bord zu nehmen. Sie werden natürlich nie erfahren, warum man sie ausgeladen hat. – Es geht hier weiter: ›Volle Kooperation von British Airways und den spanischen und italienischen Behörden.‹«

»Wieso Spanien und Italien?« fragte Denholm. »Man braucht keine Erlaubnis, um Länder zu überfliegen, mit denen man freundschaftliche Beziehungen unterhält. Man muß nur die Air Control benachrichtigen, das ist alles.«

»Außer, könnte ich mir denken, wenn man sie mit Überschallknall in ihrer friedlichen Ruhe stört. Die Botschaft endet: ›Eintreffen vermutlich drei Uhr nachmittags Ortszeit.‹ In gut einer Stunde. Wir müssen dafür sorgen, daß auf dem Flughafen von Athen ein Flugzeug bereitsteht. – Wollen sehen, was Theodor für uns hat. Etwas Wichtiges, möchte ich wetten.«

Theodor hatte tatsächlich etwas von Bedeutung herausgefunden, wenn auch nicht gleich auf Anhieb zu erkennen war, wie schwerwiegend es war.

»Ich habe mich über die dritte und letzte Liste hergemacht, Captain«, sagte Theodor. »Und der sechste Name, auf den ich gestoßen bin, ist dieser: George Skepertzis. Gefolgt von der vollständigen Anschrift in Washington. Und unter der Adresse steht, wie Sie sehen, Ref. KK, TT. Damit kann ich überhaupt nichts anfangen.«

»Ich auch nicht«, sagte Talbot. »Sie, Lieutenant?«

»Vielleicht. Skepertzis ist ein griechischer Name, das ist sicher. Könnte ein Landsmann von Andropulos sein. Und wenn unser Freund Kontakte zum Pentagon hat, kann man mit Sicherheit wetten, daß er nicht an sie schreibt, an ihren Namen und per Adresse Pentagon. Ich könnte mir denken, daß Andropulos für so etwas einen Mittelsmann einsetzt.«

»Ja, damit muß man rechnen. Wahrscheinlich haben Sie recht. Also schicken Sie eine Nachricht an die Bank und fragen Sie an, ob sie Konten unter diesen Initialen unterhält, und eine weitere Anfrage ans FBI, ob es Luftwaffengenerale oder Admirale mit solchen Initialen gibt. Ist natürlich ein Schuß ins Dunkle, aber wer weiß, vielleicht trifft er sein Ziel. Und für den Fall, daß er auch nur entfernt an eine gesunde Nachtruhe denkt, schicken Sie noch eine Meldung an den Präsidenten persönlich, via FBI, daß dieses Ticken aufgehört hat und die Atombombe nun also scharf ist. Wir werden das vorher noch mit dem Admiral absprechen. Könnten Sie ihn bitten, zu uns zu kommen? Und bitten Sie auch Number One und Dr. Wickram dazu. Ich würde sagen, auf der Brücke. Ich bin sicher, daß Ihnen auf dem Weg zur Offiziersmesse eine plausible Ausrede einfällt.«

»Da brauche ich nicht groß nachzudenken, Sir. Das ist mir schon zur Gewohnheit geworden.«

»Das wäre nur fair.« Hawkins schob die drei Funkmeldungen beiseite, die Talbot aufgesetzt hatte. »Das griechische Verteidigungsministerium stellt eine Maschine bereit für den Zeitpunkt, wenn die Concorde landet. Wenn die geschätzte Ankunftszeit einigermaßen stimmt, sollte dieses Krytron ungefähr um drei Uhr dreißig auf Santorin eintreffen. Und selbst wenn Ihre Männer nach Cap Akrotiri rudern müssen und von dort zurück, sollten wir das Gerät bis fünf an Bord haben. Es besteht auch durchaus eine Chance, daß bei den Anfragen beim FBI und bei der Bank in Washington etwas Positives herauskommt. Was die Nachricht angeht, daß die Bombe jetzt scharf ist, sehen wir mit Neugier der Reaktion des Präsidenten entgegen. Schicken Sie das alles gleich los. – Sie haben aber noch etwas anderes auf dem Herzen, Captain, etwas Dringendes, vermute ich?«

»Wie Sie selbst schon einmal vor gar nicht so langer Zeit bemerkten, Sir, läuft uns die Zeit davon. Fragen, Sir, und wir sollten versuchen, schnell eine Antwort auf sie zu finden. Warum hat Andropulos so zurückhaltend reagiert und uns nicht mit mehr Fragen über den Bomber gelöchert? Weil er – bis auf das tickende Gerät – schon fast alles wußte, was es da zu wissen gab, und weil er keinen Anlaß sah, Fragen zu stellen, wenn er die Antworten schon kannte.

Warum zeigte er sich so wenig erstaunt, daß Dr. Wickram gerade in einem so kritischen Moment an Bord ist? Selbst die unschuldigsten Gemüter hätte das sehr verwundert, und sie hätten sich dahingehend geäußert, daß es doch ein äußerst bemerkenswerter Zufall sei, daß Dr. Wickram gerade in dem Moment hier auftaucht, in dem er am dringendsten gebraucht wird.

Was geht bloß in diesem gerissenen, berechnenden Gehirn vor, wenn er sieht, wie wir die Bombe aus dem Flugzeugrumpf herausholen – angenommen natürlich, es kommt überhaupt dazu? Und wie stillen wir seine Neugier?«

»Die letzten beiden Fragen kann ich beantworten, und ich kann auch meine Anwesenheit hier erklären«, sagte Wickram. »Ich habe inzwischen Zeit gehabt, nachzudenken, obwohl das gar nicht so viel Nachdenken erforderte. Sie haben gehört, daß an Bord des Bombers Wasserstoffbomben seien. Sie wußten nicht, wie gefährlich sie sind, und beorderten deshalb einen Experten her. Das bin ich. Der Experte erklärt Ihnen, daß die Gefahr, die besteht, ziemlich groß ist. Es gibt keine Möglichkeit, zu verhindern, daß langsam aber stetig ein gewisser Prozentsatz an Radioaktivität aus den Wasserstoffbomben entweicht. Und davon befinden sich fünfzehn Stück an Bord des Flugzeugs. Diese Radioaktivität speichert sich in der Atombombe, die ganz anders konstruiert ist, bis ein kritisches Stadium erreicht ist. Dann gute Nacht, uns allen. Alles eine Frage der Masse, tatsächlich.«

»Ist das wirklich so der Fall?«

»Wie zum Teufel soll ich das wissen? Ich habe es eben erfunden. Klingt aber einigermaßen wissenschaftlich und einleuchtend. Der Normalbürger versteht nichts von Nuklearwaffen. Wer wird da schon das Wort eines weltbekannten Atomphysikers anzweifeln? Und der – für den Fall, daß Ihnen Commander Talbots Worte entfallen sind – bin ich.«

Talbot lächelte. »Das würde mir nicht im Traum einfallen, Dr. Wickram. Hervorragend. Nächste Frage. Was haben Andropulos' verschlüsselte Listen an Bord der *Ariadne* verloren?«

»Nun, zunächst einmal«, sagte Hawkins, »haben Sie sie selbst an Bord gebracht. Kein Grund, sich so zurückhaltend auszudrücken, Captain. Meinten Sie in Wirklichkeit etwas anderes?«

»Ja, die Frage war falsch gestellt. Warum hat er sie an Bord der *Delos* zurückgelassen? Hat er sie vergessen? Unwahrscheinlich. Nicht etwas so Wichtiges. Weil er glaubte, sie würden nie aufgefunden? Möglich, aber auch nicht wahrscheinlich. Weil er dachte, selbst wenn sie jemand fände, würde der Finder nicht erkennen, daß es sich um einen verschlüsselten Text handele, und ihn nicht zu entschlüsseln versuchen? Schon wahrscheinlicher. Aber der eigentliche Grund war, glaube ich, daß er es für zu riskant hielt, sie an Bord der *Ariadne* zu bringen. Wenn er versucht hätte, sie allein aus dem Wrack zu retten, wäre das in sich schon auffällig und verdächtig gewesen. Also zog er es vor, sie zurückzulassen und später durch einen Taucher zurückholen zu lassen. Diese Möglichkeit kann er von Anfang an in Betracht gezogen haben; wenn es so war, hätte er die Sachen wohl kaum in einer Kartonmappe aufgehoben. Vielmehr entschied er sich für eine wasserdichte Metallbox.

Um die Metallbox vom Boden des Meeres heraufzuholen, hätte man Tauchercrews oder ein Bergungsschiff gebraucht. Das ist nur eine Vermutung. Ich glaube, daß die *Delos* unterging, war Zufall, nicht Absicht. Wahrscheinlich hat sich Andropulos nie vergegenwärtigt, daß man ein Bergungsschiff brauchen würde. Aber ein solches Schiff wäre für andere Zwecke gut gewesen, etwa um Atomwaffen aus einem gesunkenen Bomber zu holen, denke ich. Den hätten sie – wer immer sie sind – nie irgendwo über dem Kretischen Becken abstürzen lassen – das ist das Meer zwischen dem Peloponnes im Westen, dem Dodekanes im Osten, den Kykladen im Norden und Kreta im Süden. Da ist das Meer größtenteils zwischen 500 und 2300 Metern tief – viel zu tief, um etwas zu bergen. Vielleicht sollte das Flugzeug genau da abstürzen, wo es abgestürzt ist. Und vielleicht sollte dieses hypothetische Bergungsschiff da sein, wo wir dann unpassenderweise waren.«

»Etwas weit hergeholt, aber möglich«, meinte Hawkins. »Man muß schließlich alles in Erwägung ziehen. Sie würden also gerne wissen, ob hier oder irgendwo in der Nähe ein Tauchboot oder Bergungsschiff registriert ist, vorübergehend liegt oder herumkreuzt. Richtig?« Talbot nickte. »Das herauszufinden ist kein Problem.«

»Iraklion auf Kreta?«

»Natürlich. Die US Air Force Base ist unsere Hauptstation für elektronische Überwachung in diesem Bereich. Sie arbeiten mit AWACS und anderen Radarflugzeugen, um die Sowjets, Libyen und die militärischen Bewegungen in anderen Ländern zu überwachen. Die griechische Luftwaffe tut das gleiche, aber mit Phantom- und Mirage-Flugzeugen. Ich kenne den Kommandeur des Stützpunktes ziemlich gut. Ein Funkspruch genügt. Entweder finden sie das in Kürze heraus oder haben die Antwort schon parat. Eine Sache von einigen Stunden höchstens.«

»Ich will mich ja nicht beklagen«, sagte Captain Montgomery zu Talbot. Tatsächlich klang seine Stimme jedoch etwas wehleidig. »Aber das hätte uns nun wirklich erspart bleiben können.« Er deutete auf eine dicke schwarze Wolkenwand, die von Nordwesten heraufzog. »Wir haben schon Windstärke 5, und wir fangen schon an zu schaukeln. Den Reisebüros wird das auch ganz und gar nicht gefallen. Angesagt ist ein goldener Sommertag in der goldenen Ägäis.«

»Windstärke 5 ist hier in dieser Gegend zu dieser Jahreszeit nachmittags nicht ungewöhnlich. Regen ist allerdings selten. Aber es sieht so aus, als bekämen wir in Kürze eine ganze Menge davon. Die Wettervoraussage ist schlecht, und das Barometer verkündet nichts Gutes.« Talbot blickte über die Reling der *Kilcharran*. »Was Sie wirklich unglücklich macht, ist das da.«

Tatsächlich schaukelte Montgomerys Schiff überhaupt nicht. Exakt nach Nordwesten ausgerichtet lag es völlig ruhig, was man von dem Flugzeug, das längsseits festgemacht war, nicht sagen konnte. Da es viel kürzer war und zu neun Zehnteln unter Wasser lag, stampfte es kräftig und zerrte an den Trossen, mit denen es an Bug und Heck an der *Kilcharran* verlascht war. Für das Arbeitsteam auf dem Flugzeugrumpf wurde es immer schwieriger, gleichzeitig das Metall aufzuschweißen und das Gleichgewicht zu halten; von Zeit zu Zeit überspülten die Wellen auch die Stelle, an der sie arbeiteten. Es war bereits soweit, daß sie mehr Zeit für ihre eigene Sicherheit brauchten, als daß sie ihre Schneidbrenner zum Einsatz bringen konnten.

»Nicht so sehr unglücklich, eher ärgerlich. Wir kommen kaum noch vorwärts, und es war schon unter guten Bedingungen mühsam genug. Der Rumpf und die Querverstrebungen vor allem erwiesen sich als stärker als erwartet. Wenn sich die Lage nicht bessert – und wenn ich mir anschaue, was da auf uns zukommt, sieht es nicht so aus –, muß ich unser Schneidbrenner-Team zurückziehen. Nicht weil es für sie gefährlich wird, sondern des Flugzeugs wegen. Es gibt keine Möglichkeit festzustellen, wie lädiert Bug und Heck sind, aber ich mag mir nicht ausmalen, was passiert, wenn das eine oder das andere sich abtrennt.«

»Dann wollen Sie es wohl achtern an einem Schlepptau treiben lassen?«

»Mir bleibt keine andere Wahl. Ich werde eine Art Korbgeflecht um Bug und Tragfläche des Flugzeugs legen lassen, das Ganze dann an einem Tau festmachen – einem dicken, das federartig reagiert – und es eine Kabellänge entfernt hinter uns treiben lassen. Vorher muß ich den Admiral informieren.«

»Nicht nötig. Er pfuscht Experten nie ins Handwerk. Aber da kommt mir ein unerfreulicher Gedanke, Captain. Was passiert, wenn es sich losreißt?«

»Dann schicken wir ein Boot aus – ein Ruderboot natürlich –, um es mit einem Anker zu sichern.«

»Und wenn der nicht hält?«

»Durchlöchern wir die Luftkissen und versenken es. Wir können es nicht wild in der Gegend herumtreiben und den ganzen Krempel hochgehen lassen, kaum daß ein motorisiertes Schiff in Hörweite gelangt.«

»Und wenn es sinkt, wo es ist, sitzen wir hier natürlich weiter fest.«

»Man kann nun mal nicht alles haben.«

»Also gut«, sagte Hawkins, »Montgomery bleibt gar nichts anderes übrig. Wann will er damit anfangen?«

»Jetzt gleich, jeden Moment. Villeicht wollen Sie mit ihm reden. Ich habe ihm versichert, daß Sie einverstanden wären. Aber er würde es vielleicht lieber von Ihnen selbst hören.«

»Natürlich«, sagte Hawkins. »Wie sieht die Wettervorhersage aus?«

»Schlecht. Haben Sie etwas von der Bank in Washington gehört, vom FBI oder von Iraklion?«

»Nein, nichts. Wir haben nur eine Menge unverlangter dummer Beileidsbezeugungen erhalten, von allen möglichen Staatsoberhäuptern, Präsidenten, Premiers und so weiter, die uns einerseits ihr Mitgefühl ausdrücken und andererseits im nächsten Atemzug fragen, warum wir nichts unternehmen. Möchte wissen, wie das durchgesickert ist.«

»Ich weiß nicht, Sir. Aber interessiert mich eigentlich auch nicht.«

»Mich auch nicht.« Er deutete auf einige Papiere auf seinem Schreibtisch. »Wollen Sie sie lesen? Sie wissen noch nicht, daß dieses Ticken aufgehört hat.«

»Nein, ich will sie nicht lesen.«

»Das habe ich mir schon gedacht. Was machen Sie nun als nächstes, John?«

»Letzte Nacht habe ich kaum geschlafen. Kann sein, daß ich nächste Nacht auch nicht viel Schlaf kriege. Die Zeit ist günstig. Nichts zu tun momentan.«

»Gute Idee. Ich werde Ihrem Beispiel folgen, sobald ich von der *Kilcharran* zurück bin.«

Als Talbot kurz nach sechs Uhr abends auf die Brücke trat,

hätte noch hellichter Tag sein müssen. Aber der Himmel war so finster, daß es auch schon späte Dämmerstunde hätte sein können. Van Gelder und Denholm erwarteten ihn bereits.

»Bei dem Wetter«, meinte Talbot, »könnte man fast sagen: ›Hüter, ist die Nacht schier hin?‹ – Alles in Ordnung und unter Kontrolle, während Captain Drake in seiner Hängematte schlummerte?«

»Wir sind nicht faul gewesen«, sagte Van Gelder. »Auch Captain Montgomery nicht. Er hat den Bomber eine Kabellänge entfernt in südöstlicher Richtung ausgebracht. Stampft ziemlich stark – wir haben Windstärke 6 oder 7 –, scheint aber stabil zu sein und nicht auseinanderzubrechen. Er hat ein Blinklicht darauf anbringen lassen, um prüfen zu können, daß er sich nicht losreißt, und um Spinner daran zu hindern, ihn zu klauen. Allerdings kann ich mir kaum vorstellen, daß jemand in der Nähe verrückt genug wäre, das zu versuchen. Ich rate Ihnen jedenfalls davon ab, sich da hinauszubegeben, um selber nach dem Rechten zu schauen, Sir. Sie könnten leicht fortgespült werden.« Van Gelders Ratschlag war überflüssig. Der Regen, der von dem schwarzen, bleiernen Himmel herabfiel, war von sintflutartiger, tropischer Stärke; die dicken warmen Tropfen spritzten an Deck fünfzehn Zentimeter hoch.

»Ich verstehe, was Sie meinen.« Er warf einen Blick auf eine braune Metallbox, die auf dem Deck lag. »Was ist das?«

»*Voilà!*« Denholm hob die Box an dem Griff, der oben eingelassen war, hoch und öffnete den Deckel mit dem gleichen Schwung, mit dem ein Bühnenzauberer sein neuestes Kunststück vorführt. »*Pièce de résistance.*« Das, was vermutlich das Bedienungsfeld war, oben auf dem Deckel der Box, sah ungemein unbeeindruckend und altmodisch aus und erinnerte mit zwei kalibrierten Skalen, einigen Knöpfen, darunter einem zum Drücken, und zwei halbkugelförmigen orangenen Kuppeln, die in die Oberfläche eingelassen waren, an ein Vorkriegsradio.

»Das Krytron, nehme ich an«, sagte Talbot.

»Ja, nichts Geringeres. Ein dreimaliges Hoch auf den Präsidenten. Hat sein Wort wirklich gehalten.«

»Ausgezeichnet. Wirklich ausgezeichnet. Da wollen wir nur hoffen, daß wir es auch unter, sagen wir mal, optimalen Umständen zum Einsatz bringen können.«

»›Optimal‹ ist das richtige Wort«, sagte Denholm. »Ganz simpel, das Gerät – jedenfalls was die Bedienung angeht. Innen ist es wahrscheinlich verflixt kompliziert. Dieses Modell hier – vermutlich gibt es noch andere – arbeitet mit einer Vierundzwanzig-Volt-Batterie.« Er legte den Finger auf einen der Knöpfe. »Ich drücke hier drauf – und *hey presto!*«

»Wenn Sie versuchen, mich nervös zu machen, Jimmy, so ist Ihnen das gelungen. Nehmen Sie den Finger von diesem verdammten Knopf.«

Denholm drückte ihn einige Male herunter. »Keine Batterie drin, Sir. Die müssen wir erst einsetzen. Kein Problem. Und unter diesen orangenen Halbkugeln befinden sich zwei Schalter, die um 180 Grad gedreht werden müssen. Extra entworfen, sehen Sie, für unvorsichtige Spaßmacher wie mich. Eine zusätzliche Sicherheitsmaßnahme ist, daß man die Kuppeln nicht herausschrauben kann. Ein kurzer harter Schlag mit einem leichten metallenen Gegenstand, so heißt es in der Gebrauchsanweisung, und die Dinger zersplittern. Vermutlich ebenfalls mit Absicht so entworfen, damit man nicht auf die Idee kommt, die Deckel abzuschrauben und an den Schaltern herumzuspielen. Konstruiert, wenn Sie mir folgen können, zum einmaligen Gebrauch. Die Schalter liegen nur ein einziges Mal frei: unmittelbar bevor man auf den Knopf drückt.«

»Und wann werden Sie die Batterie einsetzen?«

»Als zusätzliche Sicherheitsmaßnahme – Sicherheitsmaßnahme *meinerseits* – erst unmittelbar vor Gebrauch. Hier sind Positiv- und Negativ-Anschlüsse. Wir benutzen Krokodilklemmen mit Federdruck. Zwei Sekunden, um die Klemmen anzubringen. Drei Sekunden, um die Kuppeln einzuschlagen und die Schalter umzustellen. Eine Sekunde, um auf den Knopf zu drücken. Könnte nicht einfacher sein. Voraussetzung ist nur eine winzige Kleinigkeit, Sir – daß wir die Atombombe haben, nur sie allein, weit, weit weg von allem, und daß wir selbst in sicherer Entfernung sind, wenn wir sie zünden.«

»Sie verlangen nicht sehr viel, Jimmy.« Talbot blickte in den peitschenden Regen hinaus und auf die dunkle und nun mit weißen Schaumkronen bedeckte See. »Vielleicht müssen wir noch etwas warten – eine Stunde oder zwei, optimistisch geschätzt, oder, wenn man schwarz sieht, die ganze Nacht. Vorher ist nicht einmal daran zu denken, daß wir uns von hier fortbewegen. Noch etwas?«

»Ich wiederhole, wir waren nicht faul inzwischen«, sagte Van Gelder. »Wir haben eine Nachricht erhalten von der Iraklion Air Base. Da ist – oder war – eine Tauchermannschaft mit ihrem Schiff ganz in der Nähe, sofern man sagen kann, daß die Westspitze Kretas ganz in der Nähe von Iraklion liegt.«

»Ist – oder war?«

»War. Das Schiff lag für einige Tage draußen vor der Suda-Bucht vor Anker und ist offenbar heute morgen abgefahren. Wie Sie wissen, ist die Suda-Bucht eine strengen Sicherheitsvorkehrungen unterliegende griechische Marinebasis und stark bewachtes militärisches Sperrgebiet. Selbst harmlos kreuzende Jachten werden da alles andere als gern gesehen. In der Suda Bay hat man sich natürlich für diesen Burschen interessiert. Mißtrauen gehört zum Geschäft, vor allem, wenn in der Nähe gerade NATO-Operationen durchgeführt werden.«

»Und haben sie etwas herausgefunden?«

»Herzlich wenig. Das Schiff hieß *Taormina* und war in Panama registriert.«

»Ein sizilianischer Name? Aber das hat nichts zu bedeuten. Panama – da registriert man, weil es kostengünstiger ist. Einige der erfolgreichsten Reeder der Welt haben da ihre Schiffe registriert. Außerdem ist es keine Kunst, Schiffsnamen und Heimathafen in kürzester Zeit zu wechseln – das einzige, was man dazu braucht, sind ein paar Töpfe Farbe und ein paar Schablonen. Woher kam sie denn?«

»Das wußten sie nicht. Das Schiff hatte außerhalb des Hafens geankert und brauchte sich deshalb weder beim Zoll noch bei den Hafenbehörden zu melden. Aber sie wußten, daß es ungefähr in nordöstlicher Richtung davongefahren ist, und das ist zufälligerweise der Kurs, den es hätte nehmen müssen, um nach Santorin zu kommen. Und da die Suda-Bucht noch nicht einmal hundert Meilen von hier entfernt ist, hätte selbst ein langsames Schiff hier in dieser Gegend sein können, bevor der Bomber abstürzte. Es könnte also sein, daß Sie mit Ihrer Vermutung recht hatten, Sir. Das einzige Problem ist, daß wir das Schiff nirgends bemerkt haben.«

»Das könnte Zufall gewesen sein. Vielleicht hat die *Delos* sie auch gewarnt und geraten, fernzubleiben. Haben die in Iraklion etwas davon erwähnt, daß sie nach dem Schiff Ausschau halten wollten?«

»Nein. Jimmy und ich haben uns darüber unterhalten, aber wir hielten es nicht für wichtig genug, um Sie – und den Admiral – in Ihrer Ruhe zu stören.«

»Wahrscheinlich ist es nicht wichtig. Wir sollten es dennoch versuchen. Unter normalen Bedingungen aber. In welcher Richtung liegt Iraklion von hier aus gesehen? Ungefähr genau südlich?«

»In etwa.«

»Mit zwei Flugzeugen, einem, das in einem Bogen gen Norden, und einem zweiten, das Richtung Osten fliegt, sollten sie diesen Burschen, wenn er irgendwo hier in dieser Gegend ist, in einer halben Stunde, wahrscheinlich weniger, ausgemacht haben. Das gehört zu einem dringend notwendigen NATO-Manöver, verstehen Sie. Aber die Bedingungen sind nicht normal.

Reine Zeitverschwendung bei einem Wetter wie diesem mit praktisch null Sichtweite. Das ist eine Möglichkeit, die wir uns für besseres Wetter aufheben müssen. Sonst noch etwas?«

»Ja. Wir haben sowohl von der Bank in Washington als auch vom FBI gehört. Mit gemischten Ergebnissen, könnte man sagen. Unter den Initialen KK, sagt die Bank, hat sie einen gewissen Kyriakos Katzanakis.«

»Klingt vielversprechend. Noch griechischer geht es ja wohl kaum.«

»Und unter TT haben sie einen Thomas Thompson. Noch angelsächsischer geht es eigentlich auch nicht. Das FBI teilte uns mit, unter diesen Initialen gebe es keine hohen Offiziere im Pentagon – womit vermutlich Admirale und Air Force-Generale gemeint sind und, draußen, Vizeadmirale und Generalleutnants.«

»Scheint auf den ersten Blick enttäuschend. Könnte aber auch eine Stufe in der Geldwaschanlage sein zur Vertuschung dessen, woher sie das Geld haben. Das FBI hatte keinen Kontakt mit der Bank? Nein, natürlich nicht. Wir haben ihm gegenüber ja nichts von der Bank erwähnt. War ein Versäumnis unsererseits. Nein, ein Fehler meinerseits. Die Bank muß Adressen für die Herren KK und TT haben; das sind zwar vermutlich nur Hoteladressen, aber sie könnten uns vielleicht weiterbringen. Und dann haben wir noch etwas versäumt, und auch dafür bin ich allein verantwortlich. Wir haben dem FBI nicht den Namen und die Adresse dieses George Skepertzis mitgeteilt. Wir werden das gleich nachholen. Es gibt immerhin eine winzige Chance, daß das FBI eine Verbindung zwischen Skepertzis, KK und TT erkennen kann. – Und wie hat der Präsident darauf reagiert, daß das Ticken aufgehört hat?«

»Er scheint zu keinen Reaktionen mehr fähig zu sein.«

Montgomery nippte an seinem Drink, blickte finster durch sein Kajütfenster, zuckte zusammen und wandte den Blick ab.

»Das Wetter hat sich im Laufe der letzten halben Stunde verschlechtert, Commander Talbot.«

»Noch schlechter als vor einer halben Stunde kann es kaum geworden sein.«

»In solchen Dingen kenne ich mich aus«, seufzte Montgomery. »Macht mich ganz krank vor Heimweh nach den Mourne Mountains. In den Mourne Mountains regnet's sehr viel. Glauben Sie, das sich das in absehbarer Zeit aufklärt?«

»Nicht vor Mitternacht.«

»Und auch das ist optimistisch geschätzt, möchte ich meinen. Bis wir diesen verdammten Bomber längsseits verholt, das Loch in den Rumpf geschnitten, das Ganze aus dem Wasser gehievt und die Bombe herausgeholt haben, fängt es an zu dämmern. Mindestens. Könnte auch leicht sein, daß es darüber Vormittag wird. Sie werden sicher verstehen, daß ich Ihre freundliche Einladung zum Dinner ablehne. Ein kleiner, früher Imbiß für mich, dann ab in die Koje. Könnte sein, daß ich irgendwann mitten in der Nacht aufstehen muß. Ich werde meine Leute die ganze Nacht über an Heck Wache halten lassen und ihnen auftragen, das Flugzeug genau im Auge zu behalten und mich zu wecken, sobald das Wetter sich ihrer Ansicht nach soweit bessert, daß man mit dem Verholen des Flugzeugs anfangen kann.«

Dr. Wickram sagte: »Wie finden Sie die kurze Zusammenfassung der Rede, die ich eigentlich wider meine Natur heute abend bei Tisch halten werde? Nicht zuviel, würde ich denken, nicht zu wenig?«

»Perfekt. Vielleicht nur im Ton etwas schicksalsschwerer?«

»Eine halbe Oktave tiefer, meinen Sie? Merkwürdig, wie leicht man sich an einen so verlogenen Ton gewöhnt.«

»An Bord der *Ariadne* ist das wirklich wie eine ansteckende Krankheit. Man kann sich nicht dagegen wehren.«

»Ich habe mich gerade mit Eugenia unterhalten«, sagte Denholm. »Ich dachte, ich sollte Sie darüber in Kenntnis setzen.«

»Darüber, daß Sie Ihre Pflicht vernachlässigt – und nicht auf Horchposten gelegen haben, meinen Sie?«

»Man wird es leid, immerzu Leute auszuhorchen. Nein, ich meinte das, was sie mir gesagt hat.«

»Sie haben also privat mit ihr gesprochen?«

»Ja, Sir. In ihrer Kabine. Das heißt, in Number Ones Kabine.«

»Sie setzen mich in Erstaunen, Jimmy.«

»Wenn ich so sagen darf, Sir, mit angemessenem Ernst, wir haben rein theoretisch über alle möglichen Dinge diskutiert. Sehr klug, dieses Mädchen. Hat zwei Prüfungen mit Auszeichnung bestanden. Sprachen und Literatur, Alt- und Neugriechisch.«

»Aha! Also ergaben sich sprachliche Gemeinsamkeiten, nicht wahr?«

»So kann man das nicht sagen, Sir, weil ich nur Englisch gesprochen habe. Ich hatte den Eindruck, daß sie überzeugt war, ich spräche nicht ein Wort Griechisch.«

»Das heißt, sie ist nicht mehr davon überzeugt? Ist offenbar eine gute Beobachterin, die junge Dame? Hat offenbar ein verstehendes Aufflackern bemerkt, als etwas auf Griechisch gesagt wurde und Sie eigentlich keine Reaktion hätten zeigen dürfen? Ich habe den Verdacht, daß Sie in Ihrer jugendlichen Unbefangenheit einer weiblichen List aufgesessen sind.«

»Wie würden Sie reagieren, Sir, wenn jemand sagt, an Ihrem Schuh kröche gerade ein Skorpion hoch?«

Talbot lächelte. »Das hat sie natürlich auf griechisch gesagt. Und Sie haben schnell nachgesehen, wo das gräßliche Vieh saß. Darauf wäre jeder reingefallen. Ich hoffe, es hat Sie nicht zu sehr gegrämt und gekränkt?«

»Nicht wirklich, Sir. Sie ist sehr nett. Und hat große Angst. Wollte sich mir anvertrauen.«

»Ach, die Tage, als hübsche junge Damen sich mir anvertrauen wollten, scheinen vorüber zu sein.«

»Ich glaube, sie hat ein wenig Angst vor Ihnen, Sir. Genau wie Irene. Sie wollte mit mir über Andropulos reden. Frauengeschwätz, natürlich – sie hat offenbar sonst niemanden auf dem Schiff, mit dem sie sprechen könnte. Das ist, denke ich, nicht ganz fair. Die beiden scheinen sehr eng miteinander befreundet zu sein. Irene scheint ihr das Gespräch, das sie heute morgen mit Number One hatte, ziemlich wörtlich wiedergegeben zu haben; und sie hat ihr erzählt, daß sie Vincent gesagt hat, was sie über ihren Onkel Adam weiß. Es hat den Anschein, daß Eugenia mehr über diesen Onkel Adam weiß als seine Nichte. Kann ich einen Drink haben, Sir? Ich habe Unmengen Tonic und Lemon in mich hineingekippt.«

»Bedienen Sie sich. Und hat sie Ihnen etwas enthüllt, ja?«

»Ich weiß nicht, ob man es so bezeichnen kann, Sir, aber ich bin sicher, daß Sie es interessant finden werden. Eugenias Vater scheint sehr viel mit Irenes Vater gemeinsam zu haben – offenbar sind sie eng miteinander befreundet –, sie sind beide reiche Geschäftsleute, kennen beide Andropulos und scheinen ihn beide für einen Gauner zu halten. Gut, soweit ist das alles nichts Neues. Wir glauben ja alle, daß er ein Gauner ist. Aber Eugenias Vater ist im Gegensatz zu Irenes bereit, sich offen und ausführlich über Andropulos auszulassen. Eugenia redet darüber aber nicht mit Irene, weil sie ihre Gefühle nicht verletzen will.« Denholm kostete seinen Drink und stöhnte zufrieden. »Es sieht so aus, als hätte Adamantios Andropulos einen krankhaften Haß auf die Amerikaner. Wer würde denken, daß ein so charmanter, liebenswürdiger, gebildeter und zivilisierter Mann einen krankhaften Haß auf jemanden hat?«

»Ich schon. Nun, wir wissen alle, daß er ein kluger Mann ist. Also muß er einen Grund haben.«

»Hat er. Zwei sogar. Sein Sohn und sein einziger Neffe. Offenbar hat er sie abgöttisch geliebt. Eugenia ist davon ziemlich überzeugt. Und sie sagt, Andropulos habe ohne Zweifel auch Irene und sie selbst sehr gerne, aber die beiden scheinen dieses Gefühl – und darüber bin ich froh, das sagen zu können – nicht zu erwidern.«

»Was ist mit seinem Sohn und seinem Neffen?«

»Sind unter höchst merkwürdigen Umständen verschwunden. Wurden nie wieder gesehen. Andropulos ist überzeugt, daß sie von der CIA erledigt wurden.«

»Die CIA steht in dem Ruf, ob mit Recht oder nicht, Leute, die sie für unerwünscht hält, auszulöschen. Aber sie haben, wiederum ob berechtigt oder nicht, meist einen Grund dazu. Kennt Eugenias Alter Herr den Grund?«

»Ja. Er sagt – und ist davon überzeugt –, daß die beiden jungen Männer Heroinhändler waren.«

»Nun, hm. Das deckt sich mit allem, was wir ohnehin schon und in ständig zunehmendem Maße vermutet haben. Jimmy, es gibt Zeiten, da halte ich die CIA für eine verfluchte Saubande.«

Die Atmosphäre beim Dinner war spürbar steifer als beim Lunch. Die Unterhaltung floß nicht so ungezwungen; vor allem Hawkins, Talbot und Van Gelder schienen mehr als sonst still in sich hineinzuhorchen und leeren Blickes auf eine Stelle zu starren, die in weiter Ferne lag. Es war nichts Greifbares, und nur ein sehr sensibler Mensch hätte bemerkt, daß etwas nicht in Ordnung war. Andropulos bewies, daß er nicht zu diesen Leuten gehörte.

»Ich will mich ja nicht in Ihre Angelegenheiten einmischen, meine Herren, und vielleicht irre ich mich auch, das tue ich häufig. Aber kann es sein, daß ich heute abend am Tisch so etwas wie Unbehagen, ja Spannung verspüre?« Sein Lächeln war ebenso offen und kindlich-naiv wie seine Worte frei und ehrlich. »Oder bilde ich mir das nur ein? Überrascht Sie meine Frage? Commander Talbot?«

»Nein, nicht wirklich.« Das einzige, was Talbot erstaunt hatte, war, daß Andropulos so lange gebraucht hatte, bis er ihn ansprach. »Sie sind ein sehr aufmerksamer Beobachter, Mr. Andropulos. Ich bin etwas enttäuscht, muß ich sagen. Ich hatte gedacht – oder gehofft –, daß wir unsere Sorge besser zu verbergen gewußt hätten.«

»Sorge, Captain?«

»Eine leichte Besorgnis. Nicht wirklich Sorge. Aber es gibt keinen Grund, warum Sie nicht ebensoviel wissen sollten wie wir.« Genau wie Dr. Wickram schon gesagt hatte, dachte Talbot – es war nicht viel Übung dazu notwendig, daß einem Verlogenheit zur zweiten Natur wurde. Es gab Gründe über Gründe, warum Andropulos nicht über den gleichen Kenntnisstand verfügen sollte wie sie. »Sie wissen ja wohl, daß uns das schlechte Wetter gezwungen hat, unsere Arbeiten an dem Bomber zu verschieben?«

»Ich habe bemerkt, daß er nun einige hundert Meter achternaus auf den Wellen reitet. Arbeiten? Was für Arbeiten, Captain? Wollen Sie versuchen, diese häßlichen Waffen zu bergen?«

»Nur eine. Eine Atombombe.«

»Und warum nur eine?«

»Dr. Wickram? Würden Sie bitte so freundlich sein, das zu erklären?«

»Natürlich. So gut ich kann jedenfalls. Wir befinden uns in einer Situation, die höchst kompliziert und bedenklich ist, weil wir es weitgehend mit Unbekanntem zu tun haben. Sie wissen sicherlich, daß es zu einer Atomexplosion kommt, wenn sich eine kritische Masse von Uran und Plutonium angesammelt hat. Nun gibt es keine Möglichkeit, zu verhindern, daß bei den Wasserstoffbomben langsam, aber stetig eine gewisse Menge Radioaktivität austritt. Und an Bord des Flugzeugs befinden sich fünfzehn Stück dieser Art.

Diese Radioaktivität speichert sich in der Atombombe, die

gänzlich anders konstruiert ist, bis die für eine Atombombe kritische Menge erreicht ist. Dann macht die Atombombe *wumm!* Dummerweise machen die Wasserstoffbomben aufgrund einer Reaktion, die wir sympathetische Detonation nennen, auch *wumm!* Was dann mit uns geschieht, will ich hier nicht weiter ausmalen.

Normalerweise werden Atom- und Wasserstoffbomben, weil diese Gefahr allgemein bekannt ist, nie gemeinsam gelagert, wenigstens nie für längere Zeit. Vierundzwanzig Stunden gelten noch als sicher, und ein Flugzeug kann sie leicht über lange Strecken zusammen transportieren. Danach müßten sie natürlich gleich wieder getrennt verwahrt werden. Was nach vierundzwanzig Stunden passiert, wissen wir einfach nicht; es gibt allerdings Leute – und zu denen zähle auch ich –, die glauben, daß sich die Lage danach rapide verschlechtert.

Das ist übrigens der Grund, warum ich den Captain gebeten habe, alle Maschinen und Generatoren zu stoppen. Es ist eine erwiesene Tatsache, daß akustische Schwingungen das Erreichen einer kritischen Phase beschleunigen.«

Wickrams tiefe, feierliche und Autorität ausstrahlende Stimme wirkte absolut überzeugend. Hätte er es nicht besser gewußt, dachte Talbot, nämlich daß Wickram nur wissenschaftlich verbrämten Unsinn redete, dann hätte er ihm selbst jedes Wort geglaubt.

»Deshalb ist es, wie Sie leicht erkennen können, höchst dringend, daß wir die Atombombe sobald wie möglich aus dem Flugzeug holen und wegbringen – per Segelboot natürlich. Darum liegt die *Angelina* längsseits. Denn die gefährlich angereicherte Masse wird sich nur langsam abbauen. – Wir werden sie an einen weit, weit entfernten Ort bringen. Und da werden wir sie sanft auf dem Meeresboden absetzen.«

»Und wie wollen Sie das machen?« fragte Andropulos. »Sie sanft auf dem Meeresboden absetzen, meine ich. Es könnte sein, daß das Meer an der Stelle an die tausend Meter tief ist, oder sogar noch mehr. Würde die Bombe ihren Fall nicht auf dem Weg nach unten beschleunigen?«

Wickram lächelte nachsichtig. »Ich habe diese Sache mit Captain Montgomery von der *Kilcharran* besprochen.« Tatsächlich hatte er mit niemandem darüber gesprochen. »Wir werden ein Luftkissen an der Bombe befestigen und es aufblasen, bis eine Art *leicht* negativer Schwebezustand eintritt. Dann wird die Bombe *leicht* wie eine Feder auf den Meeresboden hinunterschweben.«

»Und dann?«

»Und dann nichts weiter.« Wenn Wickram sich in Gedanken vorstellte, wie ein Passagierdampfer über eine Atombombe hinwegfuhr, die scharf war, dann ließ er sich das jedenfalls nicht anmerken. »Sie wird da unten im Laufe der Jahre, ja vielleicht Jahrhunderte, verrotten und verrosten. Vielleicht wird sie einigen vorüberschwimmenden Fischen ein leichtes Magengrimmen bereiten. Ich weiß es nicht. Ich weiß nur eines: wenn wir dieses verfluchte Ding nicht schleunigst loswerden, wird es uns mehr als nur leichtes Magendrücken bereiten. Besser also, daß einige unter uns – die mit der Bergung der Bombe befaßt sind – eine schlaflose Nacht haben, als daß wir alle die ewige Ruhe finden.«

8

Talbot zuckte zusammen, richtete sich halbwegs in seiner Koje auf und blinzelte zu dem Licht an der Decke hin, das plötzlich in seiner Kajüte brannte. Van Gelder stand im Eingang.

»Zwei Uhr dreißig. Eine unchristliche Zeit, Vincent. Es muß sich wohl etwas tun. Hat sich das Wetter gebessert? Holt Captain Montgomery das Flugzeug ein?«

»Ja, Sir. Aber da ist noch etwas anderes, Dringenderes. Jenkins ist verschwunden.«

Talbot schwang seine Füße an Deck. »Jenkins? Ich frage nicht: Wieso kann er verschwunden sein? Wenn Sie es sagen, wird es so sein. Sie haben ihn natürlich schon gesucht?«

»Natürlich. Mit vierzig Freiwilligen. Sie wissen ja, wie beliebt Jenkins ist.« Talbot wußte es. Jenkins, der Messe-Steward, der schon seit fünfzehn Jahren bei der Marine war – ein Mann, dessen Ruhe und Tüchtigkeit sich mit einem ausgeprägten Sinn für Humor paarten –, wurde von allen, die ihn kannten, sehr geschätzt.

»Kann Brown Licht in diese Sache bringen?« Marine-Sergeant Brown, ein Mann wie ein Felsen und so handfest wie Chief McKenzie, war Jenkins' bester Freund auf dem Schiff. Die beiden tranken nach getaner Arbeit gerne zusammen ein Gläschen in der Kombüse, was zwar verboten war, von Talbot jedoch stillschweigend geduldet wurde. Selbst bei den Elite-Royal-Marines hätte man nur schwerlich zwei Männer wie diese gefunden.

»Nein, Sir. Sie gingen gemeinsam hinunter zur Mannschaftsmesse. Brown legte sich dann aufs Ohr, während Jenkins einen Brief an seine Frau zu schreiben begann. Das war das letzte Mal, daß Brown ihn gesehen hat.«

»Und wer hat sein Fehlen bemerkt?«

»Carter. Sie wissen ja, wie er zu jeder Tages- und Nachtzeit herumschnüffelt. Er ging zur Offiziersmesse hinauf und zur Kombüse, fand ihn da nicht, kehrte zur Mannschaftsmesse zurück und weckte Brown. Sie führten eine kurze Suche durch. Wieder nichts. Dann kamen sie zu mir.«

»Es ist wohl sinnlos zu fragen, ob Ihnen dazu etwas einfällt?«

»Ja, sinnlos. Brown scheint davon überzeugt zu sein, daß er nicht mehr an Bord ist. Er sagt, Jenkins sei nie somnambul gewesen, habe nur in Maßen getrunken und sehr an seiner Frau und seinen beiden Töchtern gehangen. Er habe keine Probleme gehabt – da ist Brown ganz sicher – und auch keine Feinde hier an Bord. Wenigstens nicht unter der Mannschaft. Brown ist ferner überzeugt, daß Jenkins irgend etwas bemerkt oder gesehen hat, das er nicht hätte bemerken sollen. Auch wenn man sich nur schwer vorstellen kann, wie so etwas möglich war, während er in der Messe saß und an seine Frau schrieb. Sein Verdacht konzentrierte sich sofort auf Andropulos und Co. – ich hatte das Gefühl, daß er sich mit Jenkins oft über sie unterhalten hat –, und er war drauf und dran, in Andropulos' Kabine zu stürzen und ihn zusammenzuschlagen. Ich hatte etwas Mühe, ihn davon abzuhalten, ich hatte auch, im Vertrauen gesagt, selber nicht übel Lust dazu.«

»Eine verständliche Reaktion.« Talbot schwieg eine Weile. »Ich weiß nur nicht, was Andropulos oder seine Freunde damit zu tun haben oder was für einen Grund sie haben sollten, ihn umzubringen. Glauben Sie, es besteht eine winzige Chance, daß er an Bord der *Kilcharran* gegangen ist?«

»Es gibt nicht den geringsten Grund für ihn, so etwas zu tun. Aber der Gedanke ist uns auch schon gekommen. Ich habe Danforth – den Oberbootsmann der *Kilcharran* – gebeten, mal nachzuschauen; also schnappte er sich einige seiner Leute und suchte mit ihnen das Schiff ab. Auf einem Bergungsschiff gibt es nicht viele Möglichkeiten, wo man sich verstecken – oder versteckt werden – könnte. Sie haben nicht mal zehn Minuten gebraucht, um sich davon zu überzeugen, daß er nicht bei ihnen an Bord war.«

»Ja, im Moment können wir da nichts tun. Ich habe überhaupt das unbehagliche Gefühl, daß wir da nicht mehr viel tun können. Lassen Sie uns mal nachschauen gehen, wie Captain Montgomery vorankommt.«

Der Wind hatte nachgelassen, wehte jetzt nur noch mit Stärke 3, die See war noch kabbelig; auch der Regen hatte nachgelassen, aber nur wenig, er war jetzt nicht mehr sintflutartig, nur noch stark. Montgomery stand in wassertriefendem Ölzeug an der Winde. Das Flugzeug, das immer noch ungemütlich heftig auf und nieder stampfte, näherte sich langsam, aber stetig. Die Schweißer-Crew, die ebenfalls Ölzeug trug, stand mit ihrem Gerät an der Reling bereit.

Talbot fragte: »Glauben Sie, daß Ihre Männer sich darauf werden halten können?«

»Es wird nicht einfach sein. Das Flugzeug müßte allerdings etwas ruhiger liegen, wenn wir es erst vorne und hinten festgemacht haben. Und wir werden natürlich auch die Männer mit Tauen sichern. Dieser verwünschte Regen ist der Arbeit natürlich auch nicht förderlich. Ich denke, wir werden dennoch vorankommen, aber nur langsam. Der entscheidende Punkt ist, daß wir nicht wissen, ob und wann sich das Wetter weiter bessern wird. Hat keinen Sinn, daß Sie weiter hierbleiben, Commander. Es ist besser, Sie legen sich wieder aufs Ohr. Ich gebe Ihnen Bescheid, wenn wir das Loch da hineingeschnitten haben und im Begriff stehen, das Ding aus dem Wasser zu ziehen.« Er wischte sich den Regen aus den Augen. »Ich habe gehört, Sie haben Ihren Chief Steward verloren. Verdammt komisch, finden Sie nicht? Halten Sie es für möglich, daß es ein Verbrechen war?«

»Im Augenblick halte ich fast alles für möglich und habe fast jeden in Verdacht. Van Gelder und ich sind uns darin einig, daß er nicht durch Zufall abhanden gekommen sein kann, also war es Absicht, aber nicht seine Absicht. Ja, ein Verbrechen. Aber wie das Verbrechen aussah und wer dahintersteckte, wissen wir nicht.«

Es hätte schon hell werden sollen, als Van Gelder kurz nach halb sieben Uhr morgens Talbot weckte. Doch der Himmel war immer noch wolkenverhangen und dunkel, und im Laufe der letzten vier Stunden hatte weder der Wind nachgelassen noch der stetig trommelnde Regen.

»So sieht also einer Ihrer atemberaubend schönen Sonnenaufgänge in der Ägäis aus«, sagte Talbot. »Captain Montgomery hat es also offenbar geschafft, das Loch in den Rumpf des Flugzeugs schneiden zu lassen?«

»Ja. Schon vor vierzig Minuten. Er hat bereits den Rumpf weiter als zur Hälfte aus dem Wasser geholt.«

»Wie werden die Winsch und der Kran mit der Belastung fertig?«

»Die Belastung ist, glaube ich, nicht sehr groß. Er hat vier weitere Luftkissen unter dem Rumpf und der Tragfläche anbringen lassen und läßt die Preßluft die Hauptlast der Arbeit verrichten. Er läßt anfragen, ob Sie hinzukommen wollen. Ach, und noch etwas, wir haben eine Nachricht vom griechischen Geheimdienst über Andropulos bekommen.«

»Scheint nicht sehr aufregend gewesen zu sein.«

»Nein. Sie ist interessant, bringt uns aber nicht wirklich weiter. Bestätigt nur, daß unser Verdacht, was Onkel Adam angeht, alles andere als grundlos war. Sie haben unsere Meldungen an Interpol weitergegeben. Es scheint so – sie haben das Ganze mit sehr vorsichtigen Worten verkleidet –, als hätten sich der griechische Geheimdienst und Interpol schon seit mehreren Jahren stark für Andropulos interessiert. Beide sind sicher, daß unser Freund an illegalen Geschäften beteiligt ist, aber sie haben nicht die nötigen Beweise dafür. Andropulos arbeitet mit Mittelsmännern, die wiederum mit Mittelsmännern arbeiten und so weiter, bis die Spur entweder im Sande verrinnt oder, was auch gelegentlich vorkommt, bei irgendwelchen Gesellschaften endet, Deckadressen in Panama oder auf den Bahamas, in denen er viel Geld stecken hat. Die Banken weigern sich hartnäckig, Briefe oder Telegramme an ihn entgegenzunehmen; sie tun tatsächlich so, als hätten sie noch nie von ihm gehört. Auch von den Schweizer Banken ist keine Kooperation zu erwarten. Sie legen ihre Bücher nur offen, wenn der Kontoinhaber eines Verbrechens überführt ist, das auch in der Schweiz als solches angesehen wird. Und bisher ist das nicht der Fall.«

»Illegale Geschäfte? Was für illegale Geschäfte?«

»Rauschgifthandel. Die Nachricht endet mit einer Bitte – klingt allerdings eher nach einer Forderung, so wie sie es formuliert haben –, daß wir diese Informationen mit äußerster und absoluter Vertraulichkeit behandeln.«

»Was für Informationen? Sie haben uns doch nichts mitgeteilt, was wir nicht schon selber gewußt oder geahnt hätten. Nichts, keinerlei Informationen über das, was wir wirklich wissen wollten. Wer ist – entweder in der Regierung, im Staatsdienst oder in den höheren Rängen der Streitkräfte – Andropulos' mächtiger Beschützer oder Freund? Vielleicht wissen sie es nicht, wahrscheinlicher aber ist, daß sie es uns nicht verraten wollen. Neues aus Washington?«

»Nein. Kein Wort. Vielleicht arbeitet das FBI nachts nicht.«

»Wahrscheinlicher ist, daß andere Leute keine Nachtarbeit leisten. Die haben da drüben elf Uhr dreißig Ortszeit. Da sind alle Banken geschlossen und alle Bankangestellten auf und davon, bis morgen früh. Da kann es Stunden dauern, bis wir von ihnen zu hören bekommen.«

»Gleich haben wir's«, sagte Captain Montgomery. »Wir hören auf zu hieven, sobald der Wasserspiegel unter das Niveau des Kabinenraumbodens sinkt. Auf die Weise kriegen wir keine nassen Füße, wenn wir reingehen.«

Talbot blickte über die Seite, auf einen Mann, der – einen Schneidbrenner in der Hand und mit baumelnden Beinen – am Rand des rechteckigen Loches saß, das sie in den Flugzeugrumpf geschnitten hatten.

»Wir werden nicht nur nasse Füße haben, bis wir an Ort und Stelle sind. Wir müssen erst durch das Abteil unterm Cockpit, und darin wird noch eine Menge Wasser sein.«

»Das verstehe ich nicht«, sagte Montgomery. »Ich denke, wir schlüpfen einfach durch das Loch hinein, das wir in den Rumpf geschnitten haben.«

»Das wäre in Ordnung, wenn wir uns auf den Laderaum beschränken wollten. Aber von da aus kommt man nicht ins Cockpit. Dazwischen ist eine schwere, stählerne Tür, die ins Schott eingelassen und nur von außen zu öffnen ist. Wenn wir die Riegel betätigen wollen, müssen wir es von der auf der Cockpit gelegenen Seite aus tun. Und dazu müssen wir erst durch den noch gefluteten Raum.«

»Warum sollten wir die Tür überhaupt öffnen wollen?«

»Weil die Klemmen, die die Atombombe sichern, mit Vorhängeschlössern versehen sind. Wo würden Sie als erstes einen Schlüssel für die Vorhängeschlösser suchen?«

»Ah! In den Taschen der Toten natürlich.«

»Es reicht, Captain«, rief der Mann oben auf dem Rumpf. »Das Deck ist klar.«

Montgomery zentrierte die Winsch und zog die Bremse an, dann überprüfte er die hinten und vorne angelegten Sicherheitstrossen. Als sie zu seiner Zufriedenheit justiert waren, sagte er: »Wird nicht lange dauern, meine Herren. Will nur schnell selber einen Blick hineinwerfen.«

»Van Gelder und ich kommen mit. Wir haben unsere Taucheranzüge mitgebracht.« Talbot versuchte zu sehen, wie hoch das ausgezackte Loch im Bug des Flugzeugs über dem Meeresspiegel lag. »Unsere Taucherhelme brauchen wir, glaube ich, nicht.«

Es stellte sich heraus, daß sie die Helme wirklich nicht brauchten. Der Raum unter dem Cockpit stand nur noch zu zwei Dritteln unter Wasser. Sie wateten bis zu der geöffneten Luke und stemmten sich hinter den Pilotensitzen hoch. Montgomery warf einen Blick auf die beiden toten Männer und preßte einen Moment lang die Augen zu.

»Wie gräßlich, was für eine abscheuliche Schweinerei! Und wenn man dann bedenkt, daß dieser Schurke, der dafür verantwortlich ist, noch frei herumläuft.«

»Ich denke, das wird er nicht mehr lange tun.«

»Aber Sie sagten doch selbst, es gebe keine Beweise, ihn zu überführen.«

»Andropulos wird nie vor Gericht kommen. Vincent, würden Sie so freundlich sein, diese Tür da zu öffnen und Captain Montgomery zu zeigen, wo sich unser Freund befindet?«

»Mit aller Vorsicht, würde ich sagen. Vielleicht mag es unser Freund nicht, wenn man zu forsch ist und hämmert oder klopft.« Van Gelder zog einen großen Gelenkhakenschlüssel hervor. »Mit Gefühl. Kommen Sie nicht mit, Sir?«

»Gleich. Ich komme gleich nach.« Sie gingen voraus, und Talbot machte sich an die unangenehme Aufgabe, die Taschen der Toten zu durchsuchen. Er fand nichts. Er prüfte alle Regale, alle Schränke und Fächer. Wieder nichts. Er folgte Montgomery und Van Gelder und gesellte sich zu ihnen.

»Nichts, Sir?«

»Nein, nichts. Auch im Cockpit habe ich nichts gefunden.«

Montgomery zog ein Gesicht. »Sie haben also die Taschen der Toten durchsucht? Na, besser Sie als ich. Dies ist ein großes Flugzeug, sehr groß, und der Schlüssel könnte – sofern er sich überhaupt an Bord befindet – überall versteckt sein. Ich sehe nicht viele Chancen, ihn zu finden. Also müssen wir uns etwas anderes einfallen lassen. Ihr Number One meinte, wir sollten es mit Ätzen versuchen. Wäre es nicht einfacher, wir versuchten es mit einer altmodischen Stahlsäge?«

»Das würde ich nicht empfehlen, Sir«, sagte Van Gelder. »Wenn Sie das ausprobieren, wäre ich lieber einige hundert Meilen weit weg. Ich weiß nicht, ob dieses Gerät klug genug ist, zwischen dem Krächzen einer Säge und dem Stampfen einer Schiffsmaschine zu unterscheiden.«

»Vincent hat recht«, sagte Talbot. »Selbst wenn es nur eine Chance von eins zu eintausend wäre – nach allem, was wir wissen, könnten die Chancen auch eins zu eins stehen –, wäre das Risiko es nicht wert, daß man es eingeht. Bisher hat das Schicksal es gut mit uns gemeint, aber wenn wir *Lady Luck* zu sehr herausfordern, könnte sie uns das übelnehmen.«

»Sie meinen also, wir sollten es mit Ätzen versuchen? Da habe ich meine Bedenken.« Montgomery musterte die Klemmen aus nächster Nähe. Vielleicht hätte ich an Bord schon einige Vorabtests durchführen sollen, aber ich hätte nie damit gerechnet, daß diese Klemmen so dick sind, und dazu, wie ich befürchte, aus gehärtetem Stahl. Das einzige Ätzmittel, das ich an Bord habe, ist Schwefelsäure. Reine Schwefelsäure, H_2SO_4, Dichte 1,8 – Vitriol, wenn Sie so wollen –, wirkt auf viele Stoffe stark ätzend; deshalb hebt man es gewöhnlich in Glasballons auf, die gegen Säure immun sind. Aber ich glaube, dieses Metall wäre ein schweres Fressen für sie. Mit Geduld und Ausdauer könnte man es, glaube ich, schon schaffen, aber es würde Stunden dauern.«

»Was meinen Sie, Vincent?« fragte Talbot.

»Ich bin kein Experte. Aber ich könnte mir denken, daß Captain Montgomery recht hat. Also keine Ätzmittel. Keine Stahlsägen. Keine Schweißbrenner.« Van Gelder hob den großen Gelenkhakenschlüssel, den er in der Hand hatte, in die Höhe. »Also dies hier.«

Talbot sah sich die Klemmen an und wie sie montiert waren. Dann nickte er. »Natürlich. Genau. Wir waren nicht sehr schlau, wie? Ich zumindest nicht.« Er sah sich an, wie die Klemmen seitlich am Rumpf und auf dem Boden befestigt waren. Die Basen der vier unteren Klemmenstützen saßen jeweils auf zwei Bolzen und wurden von schweren, etwas über vier Zentimeter dicken Muttern gehalten. »Wir lassen die Klemmen *in situ* und lösen statt dessen ihre Verankerungen. Probieren Sie mal, wie fest die Muttern sitzen, ja?«

Van Gelder setzte den Gelenkhakenschlüssel an einer der Muttern an, justierte den Griff und drückte. Die Mutter war groß und fest angezogen, aber ein Gelenkhakenschlüssel hat eine beträchtliche Hebelwirkung. Die Mutter ließ sich drehen.

»Einfach«, sagte Van Gelder.

»Tatsächlich.« Talbot verglich die Länge der Klemmenstützen mit der Größe des Loches über ihnen im Rumpf. »Aber ich halte es für nicht so einfach, die Bombe da oben durch das Loch zu bekommen. Mit diesen Stützstreben haben wir nicht genug Spielraum. Wir müssen das Loch vergrößern. Ist das machbar, Captain?«

»Kein Problem. Wir müssen den Rumpf nur wieder in seine vorige Position herunterlassen. Ich bin wie Van Gelder der Meinung, daß wir kein Risiko eingehen sollten. Ich möchte, daß sich im Frachtraum so viel Wasser wie möglich befindet, damit sich die Hitze der Schweißgeräte verteilt. Es wird zwei Stunden dauern, vielleicht sogar länger, aber lieber zwei, drei Stunden Verspätung hier als zwanzig Jahre zu früh – na, Sie wissen schon, wo.«

»Soll ich die Muttern jetzt schon lösen?« fragte Van Gelder.

»Nein. Im Moment liegen wir ziemlich ruhig. Aber wenn der Rumpf wieder in seine alte Lage gebracht wird und es womöglich wieder auffrischt – dann wäre es wohl nicht so gut, wenn eine scharfe Atombombe lose hier unten herumrollt.«

Talbot und Van Gelder waren wieder an Bord der *Ariadne* und befanden sich allein in der Offiziersmesse, als ein Seemann aus dem Funkraum eintrat und Talbot eine Nachricht überreichte. Talbot las sie und gab sie an Van Gelder weiter, der sie zweimal las und dann etwas überrascht seinen Vorgesetzten ansah.

»Sieht so aus, als hätte ich das FBI ganz zu Unrecht verdächtigt. Es scheint so, als ob es doch auch nachts arbeitet.«

»Und was noch besser ist, es scheint keine Bedenken zu haben, auch andere, etwa Bankmanager, mitten in der Nacht aus dem Schlaf zu reißen und zur Arbeit anzuhalten. Dieser Meldung ist zu entnehmen, daß Andropulos' geheimnisvoller Freund George Skepertzis die beiden noch rätselhafteren Herren Kyriakos Katzanakis und Thomas Thompson kennt.«

»Wenn GS auf die Konten von KK und TT jeweils eine Million Dollar einzahlt und ihnen schon vorher kleinere Beträge zukommen ließ, ist daraus zu schließen, daß sie mehr als flüchtige Bekannte sind. Bedauerlicherweise scheint der einzige Mensch, der sie identifizieren könnte, der Bankbeamte, der die Konten gerade dieser drei Herren führte, versetzt worden zu sein. Es heißt hier, sie stellen diesbezüglich weitere Nachforschungen an, was immer das heißen mag.«

»Das heißt, da bin ich sicher, daß das FBI diesen unglückseligen Bankangestellten aus dem Bett holt und ihm eine Menge anderer Leute zur Identifizierung vorführt.«

»Ich kann mir kaum vorstellen, daß Generale und Admirale freiwillig zur Inspektion antreten.«

»Das brauchen sie auch nicht. Das FBI oder das Pentagon müssen Bilder von ihnen haben.« Talbot blickte aus dem Fenster. »Jetzt fängt es doch an, hell zu werden. Und der Regen hat auch nachgelassen, es ist kaum noch mehr als ein Nieseln – ich schlage vor, wir setzen uns mit der Iraklion Air Base in Verbindung und bitten sie mal, nach dem Taucherschiff *Taormina* Ausschau zu halten.«

Talbot und Van Gelder saßen gerade mit den beiden Wissenschaftlern beim Frühstück, als ein Bote von der *Kilcharran* eintraf. Das Loch im Rumpf des Bombers sei vergrößert, meldete er, und Captain Montgomery stehe im Begriff, das Flugzeug wieder hochzuhieven. Ob sie Lust hätten, dabeizusein? Er habe ausdrücklich nach Lieutenant-Commander Van Gelder gefragt.

»Ich persönlich bin gar nicht gefragt«, meinte Van Gelder. »Sondern nur mein zuverlässiger Gelenkhakenschlüssel. Als ob er nicht selbst ein Dutzend davon an Bord hätte.«

»Ich möchte das nicht verpassen«, sagte Hawkins. Er blickte Benson und Wickram an. »Sie, meine Herren, sicherlich auch nicht. Dies wird schließlich ein historischer Moment sein, wenn zum erstenmal im Laufe der Geschichte eine scharfe Atombombe an Deck eines Schiffes verladen wird.«

»Haben Sie ein Problem, Captain Montgomery?« fragte der Admiral. Montgomery hatte die Winsch gestoppt, stand über die Reling gebeugt und blickte auf den Flugzeugrumpf hinunter, der auf seine alte Höhe hochgehievt worden war, so daß sich das Frachtdeck gerade über dem Meeresspiegel befand. »Sie wirken ein wenig verzagt.«

»Ich wirke nicht verzagt, Admiral, ich sehe nachdenklich aus. Wir sind gerade im Begriff, die Bombe aus dem Flugzeug herauszuhieven. Danach werden wir sie an Bord der *Angelina* verladen. Und dann segelt die *Angelina* auf und davon. Richtig?« Hawkins nickte. Montgomery befeuchtete seinen Zeigefinger und hielt ihn hoch. »Um auf und davon zu segeln, braucht man Wind. Unglücklicherweise hat sich der Meltemi aber völlig gelegt.«

»Ja, wahrhaftig«, sagte Hawkins. »Sehr rücksichtslos. Das muß ich schon sagen. Nun, wenn wir es schaffen, die Bombe an Bord der *Angelina* zu bekommen, ohne uns in Fetzen zu sprengen, müssen wir sie eben einfach abschleppen.«

»Wie das, Sir?« fragte Van Gelder.

»Mit dem Beiboot der *Ariadne*. Natürlich nicht mit dem Motor. Wir rudern.«

»Wie sollen wir wissen, ob das schlaue kleine Gehirn der Bombe da zwischen dem wiederholten Knirschen der Ruder und dem Pulsieren eines Motors unterscheiden kann? Schließlich ist dies Ding in erster Linie darauf angelegt, daß es auf Geräusche reagiert.«

»Dann müssen wir eben auf eine alte List zurückgreifen und die Riemen umwickeln.«

»Aber die *Angelina* hat eine Wasserverdrängung von mindestens achtzig Tonnen, Sir. Selbst bei bestem Willen und mit den kräftigsten Rücken der Welt schaffte man nicht mal eine Seemeile pro Stunde – vorausgesetzt, daß die Männer ununterbrochen mit voller Kraft rudern. Selbst die stärksten und durchtrainiertesten Rennruder-Teams – Oxford, Cambridge, Thames Tideway – erreichen nach etwa zwanzig Minuten einen Zustand totaler Erschöpfung. Und da wir nicht die Oxbridge Blues sind, läge unser Leistungslimit vermutlich eher bei zehn Minuten. Bei einer halben Seemeile, wenn wir Glück haben. Und danach werden die Phasen, nach denen die Erschöpfung eintritt, natürlich immer kürzer. Kumulierende Wirkung, wenn Sie mir folgen können, Sir. Eine Viertelmeile pro Stunde. Bis zur Straße von Kasos sind es an die hundert Meilen. Selbst wenn wir davon ausgehen, daß wir Tag und Nacht rudern, was wir nicht können, und wenn wir nicht die Möglichkeit von Herzanfällen einkalkulieren, würde es mindestens vierzehn Tage dauern, bis wir die Straße von Kasos erreichen.«

»Sie verfügen wirklich über eine besondere Begabung, einen zu ermutigen«, meinte Hawkins. »Nicht zu überbieten. Sie schäumen über vor Optimismus. Professor Wotherspoon, Sie leben hier in der Gegend und segeln hier. Was meinen Sie?«

»Die letzte Nacht war sehr untypisch. Aber dieser Morgen

ist ganz normal. Null Wind. Die Etesien – oder der Meltemi, wie wir diese Winde hier nennen – erheben sich erst gegen Mittag. Blasen von Norden oder Nordosten.«

»Und wenn der Wind nun statt dessen von Süden oder Südwesten kommt?« fragte Van Gelder. »Das würden die Ruderer nie schaffen, gegen ihn anzurudern und voranzukommen. Da könnte eher das Gegenteil eintreten. Können Sie sich vorstellen, daß die *Angelina* auf die Felsen von Santorin zutreibt?«

»Ermutigung Marke Hiobsbotschaft«, sagte Hawkins. »Wäre es zuviel verlangt, wenn ich Sie bitte, damit aufzuhören?«

»Nicht Hiob, Sir, und auch nicht Ermutigung nach seiner Art. Ich sehe mich selbst eher in der Rolle der Kassandra.«

»Wieso Kassandra?«

»Das war die schöne Tochter des Priamus, des Königs von Troja«, erklärte Denholm. »Die Prophezeiungen der Prinzessin stimmten zwar immer, doch Apollo hatte ihr das Schicksal bestimmt, daß man ihr nie glaubte.«

»Ich mache mir nicht viel aus griechischer Mythologie«, sagte Montgomery. »Hätte er von Kobolden oder Wichtelmännchen gesprochen, hätte ich vielleicht aufgehorcht. Doch so, wie die Dinge liegen, heißt es zupacken. Mr. Danforth –«, wandte er sich an seinen Oberbootsmann, »stellen Sie ein halbes Dutzend Männer oder auch ein Dutzend ab und lassen Sie von ihnen die *Angelina* auf unsere Backbordseite verholen. Sobald wir die Bombe da rausgeholt haben, können wir den Flugzeugrumpf vorziehen, und die *Angelina* kann noch weiter nach vorne verholt werden, bis sie seinen Platz einnimmt.«

Auf Montgomerys Befehl wurde der Haken des Krans von dem Hebering gelöst, und der Kran schwenkte leicht nach achtern, bis der Haken mitten über der rechteckigen Öffnung baumelte, die in den Rumpf geschnitten worden war. Montgomery, Van Gelder und Carrington stiegen die Gangway hinab auf die Oberhaut des Rumpfes, Van Gelder mit seinem Gelenkhakenschlüssel, Carrington mit zwei verstellbaren Taukränzen, an die je zwei dünnere Tauenden geknüpft waren, eines etwa zwei Meter fünfzig, das andere ungefähr viermal so lang. Van Gelder und Carrington ließen sich in die Luke hinab, schlangen die Taukränze um die konisch zulaufenden Enden der Mine und sicherten sie, während Montgomery oben blieb und den Winschführer dirigierte, bis die Hebegabel direkt mitten über der Mine stand. Der Haken senkte sich herab und verharrte schließlich ungefähr einen Meter über der Mine.

Die Schraubenmuttern der acht Sicherheitsklemmen boten Van Gelders Gelenkhakenschlüssel kaum mehr als symbolischen Widerstand. Es dauerte noch nicht einmal drei Minuten, und die Atombombe war frei von allen Fesseln, mit denen sie an der Innenwand des Flugzeugs festgemacht war; kaum anderthalb Minuten später war sie auch schon hochgezogen, langsam und äußerst vorsichtig, bis sie frei über dem Rumpf schwebte. Die beiden längeren Tauenden, die an den Taukränzen befestigt waren, wurden aufs Deck der *Kilcharran* geschleudert, wo sie festgemacht wurden, um sicherzugehen, daß die Mine parallel zur Bordwand des Schiffes blieb.

Montgomery kletterte an Bord und übernahm wieder die Winsch. Er hievte die Mine weiter in die Höhe, bis sie fast auf einer Höhe mit dem Schiffsdeck war, und brachte sie dann vorsichtig längsseits, bis sie außenbords an den Gummifendern der *Kilcharran* zur Ruhe kam. Dieses Manöver war nötig, um sicherzugehen, daß die Mine nicht gegen die Backbordwanten des Fockmastes der *Angelina* schlug, wenn diese längsseits verholt wurde.

Es schien unendlich lange zu dauern – tatsächlich war es etwas mehr als eine halbe Stunde –, bis die *Angelina* längsseits lag. Den Flugzeugrumpf fortzuziehen, um Platz für den Lugger zu schaffen, war leicht zu bewerkstelligen gewesen, aber schließlich ruhte er auch in einer Art gewichtslosem Schwebezustand auf Luftkissen, und so hätte auch ein Mann allein die

Aufgabe bewältigen können. Die *Angelina* hingegen hatte eine Wasserverdrängung von achtzig Tonnen; das Dutzend Männer, die abkommandiert waren, das Schiff zu verholen, mußte sich stark anstrengen, um es in Bewegung zu bringen. Und die Mühe, die ihnen das bereitete, bewies zugleich Van Gelders Behauptung, daß es praktisch unmöglich war, sie mit dem Beiboot der *Ariadne* nur mit Ruderkraft irgendwohin zu schleppen. Aber schließlich lag die *Angelina* doch längsseits, und die Mine wurde langsam und sanft herabgelassen auf das vorbereitete Ruhelager und dort mit Klemmen festgemacht.

»Routine«, sagte Montgomery zu Hawkins. Wenn er etwas wie Erleichterung und Befriedigung empfand, was schließlich nur menschlich gewesen wäre, so ließ er sich davon nichts anmerken. »Es hätte nichts schiefgehen dürfen, und es ist auch nichts schiefgegangen. Alles, was wir jetzt noch brauchen, ist eine kleine Brise Wind, damit der Lugger Fahrt aufnimmt und all unsere Sorgen somit verpuffen.«

»Womöglich fangen unsere Sorgen jetzt erst richtig an«, meinte Van Gelder.

Hawkins blickte ihn mißtrauisch an. »Und wie ist diese rätselhafte Bemerkung zu verstehen, wenn ich mal fragen darf?«

»Die kleine Brise Wind haben wir bereits, Sir.« Van Gelder feuchtete einen Zeigefinger an und hielt ihn hoch. »Leider kommt sie aber nicht von Nordwesten, sondern von Südosten. Ein Vorbote des Euros, fürchte ich.« Van Gelder fuhr in einem Ton geselliger Unterhaltung fort. »Ich habe letzte Nacht von diesem Wind gelesen. Er tritt in den Sommermonaten nur selten auf, ist aber nicht unbekannt. Professor Wotherspoon wird das sicherlich bestätigen.« Wotherspoon tat das mit einem ernsten Kopfnicken. »Kann äußerst unangenehm werden, sehr stürmisch. Mit Böen bis zu einer Windstärke von 7 oder 8. Ich kann nur vermuten, daß die Funker auf der *Kilcharran* und der *Ariadne* – wie soll ich mich ausdrücken? – in ihrer Wachsamkeit etwas nachgelassen haben. Ist verständlich nach allem, was sie durchgemacht haben. Der Euros ist mit Sicherheit in der Wettervorhersage angekündigt worden. Und wenn dieser Wind weiter zunimmt, und nach dem, was im Buch steht, wird er das tun, wird jeder Versuch, die *Angelina* irgendwohin zu segeln oder zu rudern, damit enden, daß sie – nein, nicht gegen die Felsen von Santorin, wie ich dachte, sondern – gegen die von Sifnos oder Folegandros prallt, die, glaube ich, nur dünn besiedelt sind. Wenn der Euros aber weiter nach Osten dreht, was er, wie ich gelesen habe, bisweilen auch tut, dann würde die *Angelina* auf Milos stranden. Und Milos hat fünftausend Einwohner, heißt es in dem Buch.«

»Van Gelder«, sagte Hawkins, »ich halte mich wirklich zurück. Die Rolle eines römischen Kaisers liegt mir eigentlich nicht. Aber Sie wissen ja wohl, was mit den Leuten geschah, die dem Kaiser Unglücksbotschaften überbrachten?«

»Man machte sie einen Kopf kürzer. So war es immer und überall, Sir. Der Prophet gilt nichts im eigenen Lande.«

An diesem Morgen hatten es die Verkünder von Unglücksbotschaften auf beiden Seiten des Atlantiks schwer.

Der Präsident der Vereinigten Staaten war kein junger Mann mehr, und an diesem Morgen um halb sechs im Oval Office war ihm jedes Jahr seines Alters anzusehen. Die Besorgnis zog tiefe Furchen in sein Gesicht, und sein stets sonnengebräunter Teint wirkte ein wenig grau. Aber er war verhältnismäßig munter, und seine Augen waren so klar, wie man es von einem älteren Mann, der die ganze Nacht kein Auge zugetan hatte, erwarten konnte.

»Meine Herren, ich fange an, mit mir selbst – und mit uns – ebensoviel Mitleid zu empfinden wie mit den armen Leuten draußen bei Santorin.« Die Herren, an die er diese Worte richtete, waren der Vorsitzende der Joint Chiefs of Staff, Richard Hollison vom FBI, John Heiman, der Verteidigungsminister, und Sir John Travers, der britische Botschafter. »Ich glaube, ich sollte mich in aller Förmlichkeit dafür entschuldigen, daß ich Sie zu dieser unchristlich frühen Stunde hier zusammengerufen habe, aber der Sinn für Förmlichkeiten ist mir, offen gesagt, vergangen. Ich stehe selbst unbestritten ganz oben auf der Liste derer, die ich bemitleide.« Er blätterte in einigen Papieren, die auf seinem Schreibtisch lagen. »Admiral Hawkins und seine Männer sitzen auf einer tickenden Zeitbombe, und es sieht aus, als hätten sich alle Elemente und Gegebenheiten der Natur gegen jeden ihrer Versuche verschworen, sich dieses Krebsgeschwürs zu entledigen. Ich hatte angenommen, mit seinem letzten Bericht wäre der absolute Tiefpunkt erreicht. Bedauerlicherweise habe ich mich geirrt.« Er blickte sorgenvoll zu Hollison hinüber. »Sie hatten kein Recht, mir das anzutun, Richard.«

»Es tut mir leid, Mr. President.« Es war durchaus möglich, daß es Hollison mit seinen Worten ernst war, aber wenn dies so war, verbarg es sich ganz und gar hinter dem Ausdruck und Ton zorniger Verbitterung. »Dies sind nicht nur schlechte oder verdammt schlechte, sondern einfach niederschmetternde Nachrichten. Niederschmetternd für Sie, niederschmetternd für mich, am niederschmetterndsten für den General. Ich kann es eigentlich immer noch nicht recht fassen.«

»Ich wäre ja gern bereit zu verstehen«, sagte Sir John Travers, »und ich wäre auch bereit, Ihre allgemeine Niedergeschlagenheit zu teilen – wenn ich nur die geringste Ahnung hätte, wovon Sie reden.«

»Entschuldigen Sie«, sagte der Präsident. »Das geschah nicht aus Nachlässigkeit. Wir hatten nur noch nicht die Zeit dazu. Richard, der Botschafter hat die entscheidenden Unterlagen noch nicht gesehen. Könnten Sie ihn bitte so knapp wie möglich über alles ins Bild setzen?«

»Das dürfte nicht allzu lange dauern. Es ist eine verdammt häßliche Geschichte, Sir John, weil sie ein übles Licht – wie übel, fängt selbst mir jetzt erst langsam an zu dämmern – auf die Amerikaner im allgemeinen und auf das Pentagon im besonderen wirft.

Die Schlüsselgestalt in diesem Spiel ist ein gewisser Adamantios Spyros Andropulos, von dem Sie vielleicht schon gehört haben und der, wie sich schnell herausgestellt hat, in internationalem Ausmaß verbrecherisch tätig ist. Wie Sie wissen, wird er zur Zeit an Bord der Fregatte *Ariadne* festgehalten. Er ist unglaublich reich – ich rede hier nur von einigen hundert Millionen Dollar, doch nach allem, was ich weiß, könnten es auch Milliarden sein –, und er hat überall auf der ganzen Welt auf Konten unter falschem Namen Geld, gewaschenes Geld, hinterlegt. Ferdinand Marcos von den Philippinen und Duvalier von Haiti sind – beziehungsweise waren – schon sehr gut in solchen Dingen, aber man ist ihnen auf die Schliche gekommen. Sie hätten dafür einen Könner wie Andropulos engagieren sollen.«

»Ein so großer Könner ist er nun wohl auch wieder nicht, Richard«, meinte Sir John. »Schließlich sind Sie auch ihm auf die Schliche gekommen.«

»Ein einmaliger Glücksfall bei einer Chance von eins zu einer Million; so etwas widerfährt einem nur einmal im Leben. Wären hier nicht ganz außergewöhnliche Umstände zusammengekommen, hätte er sein Geheimnis mit ins Grab genommen. Übrigens bin ich ihm gar nicht auf die Schliche gekommen – wie hätte ich das auch tun können? –, uns gebührt keinerlei Verdienst daran. Daß man ihm auf die Schliche gekommen ist, war nur durch Verkettung zweier Umstände möglich: einmal einer gewaltigen Portion Glück, zum anderen einer gewaltigen Portion Scharfsinn von seiten der Leute an Bord der *Ariadne*. Ich habe mich übrigens veranlaßt gesehen, meine voreingenommene Meinung über Admiral Hawkins zu revidieren. Er hat nachdrücklich betont, das Ganze sei nicht sein Verdienst, sondern allein das des Captains und zweier Offiziere der *Ariadne*. Dazu gehört schon was, um so etwas so hervorzuheben.

Unter den offenbar zahllosen Geld-Depots in aller Welt besaß Andropulos auch eines über achtzehn Millionen Dollar bei einer Bank in Washington, das er dort über einen Mittelsmann namens George Skepertzis angelegt hatte. Dieser Mittelsmann wiederum hat jeweils eine Million Dollar auf die Konten zweier Herren weiterüberwiesen, die bei der Bank unter den Namen Thomas Thompson und Kyriakos Katzanakis laufen. Diese Namen sind natürlich erfunden – Männer dieses Namens gibt es nicht. Der einzige Bankangestellte, der die drei hätte identifizieren können, weil er als einziger mit der Führung der drei Konten betraut war, hat die Bank verlassen. Wir konnten ihn jedoch ausfindig machen; verständlicherweise war er etwas ungehalten, daß wir ihn um Mitternacht aus dem Bett geholt haben. Wir zeigten ihm eine ganze Reihe von Fotos. Zwei Männer erkannte er gleich wieder, aber niemand auf den Fotos ähnelte auch nur entfernt dem Mann namens George Skepertzis.

Er war jedoch in der Lage, uns einige weitere sehr wertvolle Informationen über Skepertzis zu geben, der ihn in gewissen Grenzen ins Vertrauen gezogen hatte. Das hatte er ohne großes Risiko tun können – schließlich hatte er allen Grund zu der Annahme, sämtliche Spuren verwischt zu haben. Das war vor ungefähr zwei Monaten. Er wollte Auskunft haben über Bankverbindungen in einigen bestimmten Städten in den Vereinigten Staaten und in Mexiko. Der Bankangestellte – sein Name ist Bradshaw – gab ihm so viele Informationen, wie er konnte. Er brauchte ungefähr eine Woche, um alles herauszufinden, was Skepertzis wissen wollte. Ich könnte mir denken, daß er für seine Mühen gut entlohnt wurde, auch wenn er nichts davon erwähnt hat. Wir hätten ihm keinerlei Verbrechen vorwerfen können – und hätten das auch gar nicht gewollt, selbst wenn wir es gekonnt hätten.

Bradshaw lieferte unserem Mann die Namen und Adressen der Banken, um die es diesem ging. Wir verglichen sie mit den Listen von Andropulos' Bankverbindungen, die wir gerade von der *Ariadne* und vom griechischen Geheimdienst erhalten hatten – und noch einer dritten, die von Interpol stammt. Skepertzis hatte Erkundigungen über Banken in fünf Städten eingeholt, und es wird Sie sicherlich nicht erstaunen zu erfahren, daß alle fünf sich auch auf den Listen, die Andropulos betrafen, wiederfanden.

Wir ließen sofort Nachforschungen anstellen. Bankiers – höhere Bankbeamte – haben eine tiefe Abneigung dagegen, daß man sie mitten in der Nacht aus dem Schlaf reißt, aber unter unseren etwa achttausend FBI-Agenten in den Vereinigten Staaten haben wir einige zähe Burschen, die es sogar schaffen, äußerst gesetzestreuen Bürgern Gottesfurcht einzuflößen. Und wir haben auch einige gute Freunde in Mexiko. Dabei stellte sich heraus, daß unser Freund Skepertzis in allen fünf Städten Bankkonten unterhält. Alle unter seinem eigenen Namen.«

»Jetzt sind Sie mir voraus«, sagte der Präsident. »Das ist mir neu. Wann haben Sie das herausgefunden?«

»Erst vor gut einer halben Stunde. Tut mir leid, Mr. President, aber ich hatte bis jetzt einfach keine Zeit, Ihnen alles im einzelnen zu berichten. In zwei dieser Banken – in Mexico City und San Diego – stießen wir auf Gold. In beiden Banken wurde jeweils eine Dreiviertelmillion Dollar auf die Konten eines gewissen Thomas Thompson und eines gewissen Kyriakos Katzanakis überwiesen. Wie sehr die beiden glaubten, vor Nachforschungen sicher zu sein, zeigt sich schon daran, daß sie sich nicht einmal die Mühe machten, ihre Namen zu wechseln. Nicht daß das auf die Dauer eine Rolle gespielt hätte – nachdem wir dazu übergegangen waren, einige Fotos in Umlauf zu bringen. Noch ein letzter Punkt, der Sie interessieren wird. Vor zwei Wochen erhielt die Bank in Mexico City einen Wechsel über zwei Millionen Dollar zugunsten von George Skepertzis, und zwar von einer angesehenen oder angeblich angesehenen Bank in Damaskus, Syrien. Eine Woche später wurde der gleiche Betrag an einen gewissen Philip Trypanis in Griechenland überwiesen. Wir haben den Namen der Bank in Athen und haben den griechischen Geheimdienst gebeten, herauszufinden, wer oder was dieser Trypanis ist oder wer sich hinter ihm verbirgt, für wen er den Strohmann abgibt. Ich gehe jede Wette ein, daß er ein Kumpan von Andropulos ist.«

Es trat Stille ein, eine Stille, die länger andauerte, tief und unheilschwanger. Der Präsident unterbrach sie schließlich.

»Eine spannende Geschichte, nicht wahr, Sir John?«

»Spannend. Ja, in der Tat. Richard hat sie sehr treffend bezeichnet – niederschmetternd.«

»Ja, aber – haben Sie gar keine Fragen dazu?«

»Nein.«

Der Präsident blickte ihn ziemlich fassungslos an. »Nicht einmal eine kleine Frage?«

»Nein, nicht einmal eine, Mr. President.«

»Aber wollen Sie gar nicht wissen, wer sich hinter Thompson und Katzanakis verbirgt?«

»Nein, das will ich lieber nicht. Wenn wir schon überhaupt über sie reden müssen, wäre es mir lieber, wir bezeichneten sie nur als ›der General‹ und ›der Admiral‹.« Er blickte Hollison an. »Ist das auch Ihre Meinung, Richard?«

»Ja. Leider. Ein General und ein Admiral. Ihr Admiral Hawkins, Sir John, ist smarter als die meisten seinesgleichen.«

»Dem würde ich zustimmen. Aber seien Sie fair sich selbst gegenüber. Er hatte Zugang zu Informationen, die Sie bisher nicht hatten. Und auch ich genieße Vorzüge, die Ihnen nicht zur Verfügung stehen. Sie stecken mitten im Wald. Ich stehe außen davor und schaue hinein.

Zwei Punkte, meine Herren. Als Vertreter der Regierung

Ihrer Majestät bin ich verpflichtet, über alles, was irgendwie von Bedeutung ist, dem Foreign Office und dem Kabinett Bericht zu erstatten. Aber wenn mir bestimmte Informationen einfach fehlen, bestimmte Namen etwa, kann ich nicht gut über sie Bericht erstatten, oder? Als Botschafter steht es mir frei, über sehr viele Dinge Stillschweigen zu bewahren. In diesem besonderen Falle etwa würde ich es vorziehen, eben das zu tun: Stillschweigen zu bewahren.

Der zweite Punkt. Sie alle scheinen davon überzeugt zu sein, daß diese Angelegenheit, dieser Verrat auf höchster Ebene, wenn Sie so wollen, notgedrungen an die Öffentlichkeit kommen muß. Ich habe nur eine einzige Frage dazu: Wieso muß es das?«

»Wieso? Wieso?« Der Präsident schüttelte den Kopf, als wäre er verblüfft oder sprachlos über die Naivität der Frage. »Du lieber Gott, Sir John, es wird gezwungenermaßen herauskommen. Es ist unvermeidlich. Wie sollten wir diese Dinge alle einfach wegerklären? Wenn wir etwas verkehrt gemacht haben, wenn wir uns schuldig gemacht haben, müssen wir uns in aller Ehrlichkeit und Offenheit zu unseren Fehlern bekennen. Wir müssen aufstehen und uns zur Rechenschaft ziehen lassen.«

»Wir sind nun schon einige Jahre miteinander befreundet, Mr. President. Freunde dürfen doch offen reden, oder?«

»Natürlich, natürlich.«

»Ihre Einstellung, Mr. President, gereicht Ihnen sehr zur Ehre, ist aber kaum eine angemessene Reaktion auf das, was sich glücklicher- oder unglücklicherweise in der internationalen Diplomatie tut. Ich spreche hier nicht von Täuschung und Hinterlist. Ich rede über das, was praktisch richtig und politisch klug ist. Sie sagen, es läßt sich nicht vermeiden, daß es herauskommt. Das stimmt sicherlich – aber nur, wenn der Präsident der Vereinigten Staaten es so beschließt. Wie sollen wir das alles *weg*erklären, fragen Sie. Ganz einfach. Wir tun es nicht.

Nennen Sie mir einen Grund, warum wir das Ganze an die Öffentlichkeit zerren oder alles offen eingestehen sollten, wofür Sie anscheinend plädieren, und ich werde Ihnen ein halbes Dutzend Gründe nennen – Gründe, die mindestens ebenso stichhaltig sind, wenn nicht sogar mehr –, warum wir das nicht tun sollten.« Sir John legte eine Pause ein, als müßte er seine Gedanken ordnen. In Wirklichkeit wartete er nur ab, ob einer seiner vier Zuhörer Einspruch erhob. Er hatte sich seine Argumente längst zurechtgelegt.

»Ich glaube, Mr. President, es könnte uns nicht schaden, wenn wir uns anhören, was Sir John zu sagen hat«, meinte Hollison und lächelte. »Wer weiß, vielleicht können wir etwas daraus lernen. Als langjähriger Leiter der Botschaft eines erfahrenen Außenministeriums wird Sir John, nehme ich an, im Laufe der Jahre einige wertvolle Erfahrungen gesammelt haben.«

»Danke, Richard. Offen gesagt und ohne diplomatische Floskeln, Mr. President, haben Sie sogar die Pflicht, die Sache nicht an die große Glocke zu hängen. Es gibt nichts, was Sie damit gewinnen könnten; aber es gibt sehr viel zu verlieren. Bestenfalls geht es damit ab, daß in der Öffentlichkeit eine Menge schmutziger Wäsche gewaschen wird, ohne daß es irgend etwas bringt; schlimmstenfalls liefern Sie Ihren Feinden Munition von unschätzbarem Wert. Wenn Sie, schlecht beraten, wenn ich so sagen darf, derart offene Geständnisse ablegen, werden Sie bestenfalls überhaupt nichts erreichen und schlimmstenfalls ein dickes schwarzes Minus für Sie selbst, für das Pentagon und für die Amerikaner überhaupt. Das Pentagon setzt sich, davon bin ich überzeugt, aus ehrenwerten Männern zusammen. Gewiß gibt es darunter einige fehlgeleitete, inkompetente, sogar regelrecht dumme – aber nennen Sie mir eine große und mächtige bürokratische Einrichtung, die nicht ihren Anteil an solchen Leuten hat. Das einzige, das letztlich zählt, ist, daß da auch wirkliche Ehrenmänner sind, und ich sehe keinerlei Rechtfertigung dafür, daß man den Ruf ehrenwerter Männer in den Dreck zieht, nur weil man zwei faule Äpfel im Korb gefunden hat.

Sie selbst, Mr. President, wären dabei in einer besonders prekären Lage. Sie haben einen erheblichen Teil Ihrer Amtszeit der Bekämpfung des Terrorismus in jeder Art und Form gewidmet. Wie werden Sie vor den Augen der Welt dastehen, wenn herauskommt, daß zwei hohe Offiziere Ihrer Streitkräfte materiellen Gewinns wegen terroristische Tätigkeiten aktiv unterstützt haben? Sie werden die beiden betreffenden Herren vielleicht kaum kennen, aber man wird sie in Ihre Nähe spielen; man wird sie in den Status von Beratern erheben, die großes Vertrauen genießen, und das dürfte noch nicht alles sein. Schlimmstenfalls wird man Ihnen nicht nur vorwerfen, daß sich unter Ihrem Schutz und Schirm Männer befanden, die an terroristischen Aktionen beteiligt waren, sondern daß Sie sie sogar in die Lage versetzt hätten, neue terroristische Glanzleistungen zu vollbringen. Sehen Sie nicht schon die verleumderischen Schlagzeilen auf den ersten Seiten der Sensationsblätter in aller Welt vor sich? Wenn die mit Ihnen fertig sind, werden Sie in die Geschichte eingehen als Inbegriff der Verlogenheit und Heuchelei, der angeblich so noble und hohen Prinzipien huldigende Präsident, der in seiner Laufbahn ausgerechnet das Grundübel förderte, das zu zerstören er geschworen hatte. Überall in der Welt, wo Amerika unbeliebt oder gefürchtet ist aufgrund seiner Macht, seines Einflusses und seines Reichtums – in den meisten Ländern also, ob Ihnen das nun gefällt oder nicht –, wird Ihr Ruf ruiniert sein. Da Sie hier in Ihrem Heimatland so außerordentlich populär sind, werden Sie hier überleben. Aber ich kann mir kaum vorstellen, daß Ihnen das Freude machen wird. Ihre Kampagne gegen den Terrorismus würde eine nicht wieder rückgängig zu machende Schlappe erleiden. Aus dieser Asche würde sich kein Phönix mehr erheben. Als treibende Kraft für Gerechtigkeit, Sitte und

Anstand wären Sie unwiderruflich am Ende. Ohne jede Rücksicht auf diplomatische Floskeln ausgedrückt, Sir: um so vorzugehen, wie Sie es vorhaben, müßten Sie ziemlich verrückt sein.«

Der Präsident starrte eine Weile vor sich hin, dann sagte er mit fast klagender Stimme: »Glaubt sonst noch jemand, daß ich verrückt bin?«

»Kein Mensch glaubt, daß Sie verrückt sind«, sagte der General. »Am wenigsten von allen, würde ich sagen, Sir John. Er bringt nur zum Ausdruck, was sonst unser Außenminister, der heute leider nicht da ist, deutlich klarlegen würde. Beide Herren halten viel von pragmatischer Logik und wenig von nicht genug durchdachten, übereilten Aktionen. Vielleicht bin ich nicht der ideale Ratgeber in dieser Frage. Ich wäre natürlich mehr als froh, wenn der Ruf des Pentagon so wenig angekratzt würde wie irgend möglich; aber bevor man vom Dach des Empire State Building herunterspringt, sollte man darüber nachdenken, was für fatale und irreparable Folgen das haben kann.«

»Dazu kann ich nur bestätigend nicken«, sagte John Heiman, der Verteidigungsminister. »Wenn ich dazu zwei Metaphern anführen und miteinander in Verbindung bringen darf, so bleibt uns die Wahl zwischen zwei Möglichkeiten. Wir können schlafende Hunde ruhen lassen oder die Furien des Krieges wecken. Schlafende Hunde haben noch nie jemandem geschadet, die Furien des Krieges hingegen sind unberechenbar. Statt über den Feind herzufallen, könnten sie sich auch, und in unserem Fall hielte ich das für sehr wahrscheinlich, auf uns stürzen und uns böse zurichten.«

Der Präsident blickte Hollison an. »Richard?«

»Sie spielen gerade das Pokerspiel Ihres Lebens, Mr. President. Und Sie haben nur einen Trumpf in der Hand, und der heißt ›Stillschweigen‹.«

»Also steht es vier zu eins, ja?«

»Nein, Mr. President«, sagte Heiman, »das tut es nicht, und das wissen Sie auch. Es steht fünf zu null.«

»Ja, vermutlich, vermutlich.« Der Präsident strich sich mit einer Hand müde übers Gesicht. »Und wie inszenieren wir dieses massive Stillschweigen, Sir John?«

»Entschuldigen Sie, Mr. President, aber da kann ich Ihnen nicht helfen. Wenn man mich nach meiner Meinung fragt, halte ich damit, wie Sie gesehen haben, nicht hinterm Berge. Aber ich kenne die Regeln, und eine davon lautet, daß ich mich nicht in die Politik eines souveränen Staates einmischen darf. Die Entscheidungen müssen Sie und Ihr Kabinett fällen.«

Ein Bote trat ein und reichte dem Präsidenten ein Blatt Papier. »Nachricht von der *Ariadne*, Mr. President.«

»Dagegen muß ich mich nicht erst wappnen«, sagte der Präsident. »Was Nachrichten von der *Ariadne* anbelangt, bin ich ständig gewappnet. Eines Tages bekomme ich von diesem Schiff auch eine gute Botschaft.« Er las die Nachricht. »Diesmal natürlich noch nicht. ›Atom-Mine aus Bomber geborgen und heil auf Segelboot *Angelina* verfrachtet.‹ Großartig. So weit, so gut. Aber dann: ›Unerwartetes Umspringen des Windes um 180 Grad verhindert geplanten Segeltörn. Erwartete Verzögerung drei bis sechs Stunden. H-Waffen aus Bomberluke werden derzeit auf *Kilcharran* verladen. Erwarten, bis Einbruch der Nacht damit fertig zu sein.‹ Ende der Nachricht. Nun, was bedeutet das für uns?«

»Das bedeutet für Sie, Mr. President«, sagte Sir John Travers, »einige Stunden Atempause.«

»Und das heißt?«

»Nichtstun. Nichtstun auf höchster Ebene. Im Augenblick läßt sich nichts tun, das sich lohnen würde. Ich denke nur laut.« Er musterte den General mit einem langen Blick. »Sagen Sie, General, diese beiden Herren im Pentagon, wissen die, daß wir sie im Verdacht haben? Ich korrigiere mich. Wissen sie, daß wir Beweise für ihren Verrat haben?«

»Nein. Und ich stimme mit Ihnen in bezug darauf, was Sie gerade sagen wollen, völlig überein. Es würde niemandem nützen und nichts bringen, sie jetzt, in diesem Moment, darüber zu informieren.«

»Ganz recht. Wenn Sie erlauben, Mr. President, werde ich mich jetzt zurückziehen und über Probleme der Politik und der internationalen Diplomatie nachdenken. Mit Hilfe eines Kissens.«

Der Präsident lächelte – ein Lächeln, das bei ihm immer seltener wurde.

»Was für eine glänzende Idee! Genau das werde ich auch tun. Es ist kurz vor sechs, meine Herren. Darf ich vorschlagen, daß wir uns hier gegen zehn Uhr dreißig wieder zusammenfinden?«

Um zwei Uhr dreißig am selben Nachmittag trat Van Gelder mit einer Nachricht in der Hand auf der Brücke der *Ariadne* zu Talbot.

»Funkspruch von Iraklion, Sir. Besagt, daß eine Phantom der griechischen Air Force das Bergungsschiff *Taormina* knapp zehn Minuten nach Abheben von der Basis ausgemacht hat. Und zwar unmittelbar östlich der Insel Avgó, die nach meiner Karte ungefähr vierzig Meilen nordöstlich von Iraklion liegt. Sehr günstig gelegen für eine Durchfahrt durch die Straße von Kasos.«

»In welcher Richtung fuhr sie?«

»In gar keiner. Um keinen Verdacht zu erregen, wollte der griechische Pilot nicht in ihrer Nähe bleiben. Aber seinem Bericht zufolge lag die *Taormina* regungslos im Wasser.«

»Auf der Lauer. Auf der Lauer. Worauf, fragt man sich da. Apropos Lauer – was macht Jimmy im Augenblick?«

»Als ich ihn das letzte Mal sah, hing er in der Nähe zweier junger Damen in der Offiziersmesse herum. Nicht pflichtvergessen, das kann ich Ihnen versichern. Die drei As haben sich in ihre Kabinen zurückgezogen, wahrscheinlich für die Dauer des restlichen Nachmittags. Die jungen Damen sprachen davon, daß sich ihr Benehmen nicht eben wenig gewandelt hat. Sie hätten aufgehört, darüber zu reden, in welch mißlicher Lage sie sich befänden. Genau genommen hätten sie überhaupt aufgehört, öffentlich über irgend etwas zu reden. Sie wirkten ungewöhnlich ruhig, gelassen und nicht sehr besorgt; das könne bedeuten, daß sie sich innerlich mit ihrem Schicksal, ganz gleich, was es für sie bereithält, abgefunden haben. Oder daß sie sich mit irgendwelchen Plänen tragen. Mit was für Plänen, konnte ich allerdings nicht einmal ansatzweise herausfinden.«

»Was würden Sie vermuten, Vincent?«

»Daß sie vorhaben, irgendwie aktiv zu werden. Etwas zu unternehmen. Ich weiß, es ist nicht mehr als eine bloße Vermutung, aber es wäre doch möglich, daß sie sich heute nachmittag ausruhen wollen, weil sie damit rechnen, im Laufe der nächsten Nacht nicht viel Ruhe zu bekommen.«

»Ich habe so ein merkwürdiges Gefühl, als würden wir heute nacht auch nicht viel zur Ruhe kommen.«

»Aha! Das zweite Gesicht, Sir? Ihr nicht existierendes schottisches Blut bricht mächtig in Ihnen durch?«

»Wenn es stärker in mir durchbricht, gebe ich Ihnen rechtzeitig Bescheid. Ich mache mir nur ständig Gedanken über das Verschwinden von Jenkins.« Ein Telefon läutete, und Talbot nahm den Hörer auf. »Eine Nachricht für den Admiral? Vom Pentagon? Bringen Sie sie herauf.« Talbot legte auf und blickte durch die vorderen Scheiben der Brücke.

Die *Angelina* lag, um sie vor den derben Stößen der an die vier Fuß hohen Wellen zu schützen, friedlich im stillen Wasser zwischen dem Bug der *Ariadne* und dem Heck der *Kilcharran*, wohin man sie verlegt hatte.

»Da wir nun schon gerade vom Pentagon sprachen – vor einer Stunde hatten wir mitgeteilt, bis zum Einbrechen der Nacht mit dem Umladen der H-Bomben fertig zu sein. Und was ist? Windstärke 6, und der Rumpf des Flugzeugs liegt eine Kabellänge entfernt nordwestlich von hier. Gott allein weiß, wann wir mit dem Umladen fertig sein werden. Meinen Sie, wir sollten sie entsprechend informieren?«

»Nein, Sir, das glaube ich nicht. Der Präsident der Vereinigten Staaten ist viel älter als wir, und was er in letzter Zeit an Nachrichten von der *Ariadne* bekommen hat, kann seinem Herzen nicht sonderlich gutgetan haben.«

»Da mögen Sie recht haben. Ah, danke, Myers.«

»Verdammt merkwürdige Nachricht, Sir, wenn Sie mich fragen. Kann absolut gar nichts damit anfangen.«

»Diese Dinge sind uns gesandt, um uns zu prüfen.« Talbot wartete, bis Myers fort war, dann las er die Nachricht vor.

»›Kuckucke im Nest entdeckt. Unwiderlegbare Beweise für Verbindung mit ihrem großzügigen Wohltäter. Herzliche Glückwünsche an Admiral Hawkins und die Offiziere der *Ariadne*.‹«

»Sie wissen es also. Endlich«, sagte Van Gelder.

»Sie kommen als letzter, Sir John«, sagte der Präsident. »Ich muß Ihnen mitteilen, daß wir schon entschieden haben, was wir tun werden.«

»Das war vermutlich eine sehr schwierige Entscheidung, Mr. President. Wahrscheinlich die schwerste, die Ihnen je abverlangt wurde.«

»Ja. Jetzt, da sie unwiderruflich gefallen ist, kann man Ihnen ja nicht mehr vorwerfen, daß Sie sich in die Angelegenheiten eines anderen Staates einmischen. Was hätten Sie gemacht? Sir John?«

»Ganz einfach. Das gleiche wie Sie. Keinerlei Informationen – an nichts und niemanden. Bis auf zwei Leute. Und diese in Kenntnis setzen lassen, daß der Präsident sie auf unbestimmte Zeit vom Dienst suspendiert hat, bis die Untersuchungen aller gegen sie erhobenen Vorwürfe abgeschlossen sind.«

»Oh, zum Teufel mit Ihnen, Sir John.« Der Präsident sagte das ohne Eifer. »Und ich habe, statt zu schlafen, Stunden um Stunden mit meinem Gewissen gerungen, um zum gleichen Ergebnis zu kommen.«

»Es mußte darauf hinauslaufen, Sir. Sie hatten keine andere Wahl. Und ich muß noch eines hinzufügen: für uns ist es ziemlich leicht, zu einer Entscheidung zu gelangen. Sie hingegen, Sie ganz allein, müssen den Befehl erteilen.«

»Ohne Ihrer Intelligenz zu nahe treten zu wollen – Ihnen ist doch sicher klar, was ein solcher Befehl bedeutet?«

»Völlig klar. Jetzt, da meine Meinung nicht mehr verlangt ist, kann ich ja ruhig sagen, daß ich genauso entschieden hätte. Es ist ein Todesurteil, und es wird für Sie kein Trost sein, daß niemand von Ihnen verlangt, dieses Todesurteil zu vollstrecken oder seine Vollstreckung anzuordnen.«

9

»Manhattan Project?« sagte Admiral Hawkins. »Was um alles in der Welt meint sie mit ›Manhattan Project‹?«

»Ich weiß nicht«, antwortete Denholm. »Eugenia weiß es auch nicht. Sie hat diese Worte nur aufgeschnappt, als sie die Offiziersmesse betrat. Andropulos, Alexander und Aristoteles waren alleine dort. Sie haben das Stichwort zweimal fallen lassen, und sie fand es so merkwürdig – ich empfinde es auch so –, daß sie es an mich weitergab. Als sie ihre Anwesenheit bemerkten, haben sie das Thema gewechselt. Sie meinte, was immer das auch gewesen sein mag, worüber sie sprachen, es schien sie in höchstem Maße zu amüsieren.«

Talbot fragte: »Auch Alexander?«

»Humor, Sir, ist nicht Alexanders Stärke. Kein Mensch hat ihn je lächeln sehen, seit er an Bord kam. Übrigens war er es, der über diese Sache sprach. Vielleicht lacht er nicht über seine eigenen Witze.«

»Ich weiß, Sie verstehen etwas von solchen Dingen, Denholm«, sagte Hawkins. »Fällt Ihnen nichts dazu ein?«

»Nichts, Sir. Das einzige, was einem auf Anhieb und schnell – viel zu schnell – dazu einfällt, ist die Sache mit der Atombombe. ›Manhattan Project‹ – das war bekanntlich jener immens lang andauernde, immens komplizierte und immens teure Prozeß, der zur Erfindung der Atombombe führte. ›Manhattan‹ war nur ein Code-Wort. Tatsächlich fanden die Forschungsarbeiten in New Mexico und Nevada oder sonstwo statt. Tut mir leid, Sir, aber was ›Manhattan Project‹ in unserer gegenwärtigen Situation bedeuten könnte – keine Ahnung.«

»Wenigstens geht es mir da nicht allein so«, sagte Hawkins. Er nahm zwei Papiere von dem Schreibtisch seiner Admiralskabine auf und reichte sie Denholm. »Diese beiden Nachrichten sind eingetroffen, seit wir uns das letzte Mal sahen. Was sie besagen, wird Ihnen, denke ich, schon klar sein.«

»Oh! Hier eine direkt vom Weißen Haus. ›Zwei Ihrer menschenfreundlichen Wohltäter leider nicht mehr unter uns. A starb bei einem Autounfall.‹« Denholm blickte auf. »Erst kürzlich, ja? Wohltäter A ist also vermutlich Admiral X oder General Y, ja? Stolperte er, sprang er oder wurde er gestoßen? Das ist hier die Frage.« Er blickte nochmals auf das Papier in seiner Hand. »Und Wohltäter B ist einfach verschwunden, sehe ich. Und vermute wiederum: Wohltäter B war X oder Y. Welch ein unglücklicher Zufall für diese beiden, denke ich, und welch ein glücklicher Zufall für uns.« Denholm blickte von Hawkins zu Talbot. »Nach der Vorsicht, mit der das Ganze formuliert ist, nehme ich an, daß diese Nachrichten nicht laut herausposaunt werden sollen.«

»Das glaube ich auch«, sagte Hawkins. »Wir haben bereits veranlaßt, daß das Original des verschlüsselten Funkspruchs vernichtet wird.«

»Weiter darüber nachzudenken, wieso sie so urplötzlich verschieden sind, bringt also wohl nichts, wenn ich recht verstehe, Sir?«

»So ist es. Es bringt nicht nur nichts, es ist auch sinnlos. Sie haben sich in ihre Schwerter gestürzt. Zynismus liegt mir im Grunde fern – aber was sie da getan haben, ist vermutlich das einzig Ehrenhafte, das sie seit langem getan haben. Und die zweite Nachricht, Denholm?«

»Die von Iraklion. Interessant, Sir. Der letzte Anlaufhafen der *Taormina* scheint Tobruk gewesen zu sein. Außerdem sieht es so aus, als wäre das Schiff zwar in Panama registriert, aber meistens in Tobruk stationiert gewesen. Das ist äußerst interessant. Höchst interessant. Vor allem angesichts der Tatsache, daß dieser große unbekannte Wohltäter der Menschheit, der da unten in unserer Offiziersmesse sitzt, über beträchtliche geschäftliche Interessen in Tripolis verfügt. Das Ganze ist höchst frustrierend, Sir.«

»Was?«

»Daß wir keinerlei Indizien gegen ihn haben, schon gar keine Beweise.«

»Ich habe so ein Gefühl«, sagte Talbot, »als brauchten wir weder Indizien noch Beweise gegen ihn. Andropulos wird nie vor ein Gericht kommen.«

Hawkins blickte ihn einige Augenblicke lang nachdenklich an. »Das sagen Sie nun schon zum zweiten Mal, Captain. Haben Sie Zugang zu Informationen, die wir nicht haben?«

»Nein, nein, keineswegs, Sir. Vielleicht habe ich nur blindes Vertrauen zu dieser blinden Göttin der Gerechtigkeit. Sie wissen schon, zu dieser Dame mit Waage und Schwert.« Talbot lächelte. »Vielleicht habe ich aber auch, wie Van Gelder nicht müde wird zu behaupten, einige Restspuren Hochlandblut in mir. Das heißt, ich bin hellseherisch begabt, habe das zweite Gesicht oder sonst irgend so etwas Albernes. Aber da kommt er ja selbst.«

»Ein Funkspruch vom griechischen Geheimdienst«, sagte Van Gelder. Er streckte ihnen das Papier, das er in der Hand hielt, entgegen.

»Sagen Sie es mir lieber selber«, sagte Hawkins. »Behutsam. Ich werde allmählich allergisch gegen schlechte Neuigkeiten.«

»Sie sind gar nicht so schlecht, Sir. Nicht für uns jedenfalls. Es heißt darin, daß einer ihrer Beamten, der für den Mittleren Osten und nordafrikanische Angelegenheiten zuständig war – sie geben hier mit Bedacht offenbar seinen Namen nicht preis; ich vermute, er ist ein Minister und wir könnten das Ganze leicht herausfinden, ohne daß uns das jedoch irgendwie weiterbrächte –, also daß dieser Beamte zu einem Routinebesuch nach Chania geflogen sei, einer Stadt ganz in der Nähe der Luftwaffenbasis in der Suda-Bucht. Er sei dort jedoch nie angekommen. Doch genau um die gleiche Zeit, zu der er dort hätte eintreffen sollen, habe ein griechisches Mirage-Flugzeug, das Patrouille flog, eine ganz ähnliche Maschine wie die, in der er flog – viel zu ähnlich, als daß es nicht dieselbe Maschine gewesen sein mußte –, direkt über Iraklion hinwegfliegen sehen.«

»Also«, meinte Talbot, »haben Sie sich die Karte angesehen und sind zu dem Schluß gelangt, daß es woandershin unterwegs war. Und wohin?«

»Nach Tobruk.«

»Und Sie gelangten ferner zu dem Schluß, daß er von dort nicht mehr zurückkehren würde?«

»Angesichts der Unbeständigkeit, die das Wesen des Menschen nun einmal auszeichnet, würde ich nicht damit rechnen. Der griechische Geheimdienst ist auch dahintergekommen, daß der abgängige Minister, sofern er Minister war, bei derselben Bank in Athen ein Konto unterhielt, die Philip Trypanis in Anspruch nahm. Es sieht so aus, als wären sie, um es etwas gängig auszudrücken, diesem Mr. Trypanis nun dicht auf den Fersen. Ob sie diesen Mr. Trypanis schnappen oder nicht, scheint für uns nicht so wichtig zu sein.«

»Ich könnte mir denken«, sagte Hawkins, »daß die gute Laune unseres Menschenfreundes da unten in der Offiziersmesse inzwischen doch merklich getrübt wäre, wenn er wüßte, was mit seinem Freund in der Regierung hier geschehen ist und welche Schicksale seine Freunde A und B – oder X und Y – in Washington erlitten haben. Und wenn er wüßte, daß wir von der *Taormina* wissen und daß ihr eigentlicher Heimathafen Tobruk ist, müßte ihn das richtig nachdenklich stimmen. War das alles, Van Gelder?«

»Zu dem Thema, ja, Sir. Captain Montgomery, Professor Wotherspoon und ich haben uns übers Wetter unterhalten.«

»Ja, und?« Hawkins beäugte ihn voller Mißtrauen. »Erzählen Sie mir nur nicht, daß Kassandra Sie schon wieder in ihren Klauen hatte.«

»Nein, Sir. Der Euros hat sich gelegt. Vollkommen. Wir gehen davon aus, daß es jetzt nur noch eine Frage der Zeit ist, bis sich das Wetter wieder normalisiert. Das wird vermutlich schon sehr bald sein. Die neuesten Wettervorhersagen besagen das gleiche. Die *Angelina* liegt zur Zeit zwischen unserem Schiff und der *Kilcharran*, mit dem Bug Richtung Nordwesten. Wenn der Meltemi aufkommt, der ja aus Nordwesten bläst, werden wir sie aus ihrer jetzigen Position nicht fortsegeln können. Es wäre daher klug, sie jetzt längsseits zu verholen.«

»Ja, natürlich«, sagte Talbot. »Bitte veranlassen Sie das gleich, Number One. Und danach versammeln wir uns zum letzten Abendmahl.«

Van Gelder blickte durch die offene Tür nach draußen. »Es wird schon dunkel, Sir. Wollen Sie nicht doch vielleicht lieber bis zum Morgengrauen warten und erst dann lossegeln?«

»Ich würde nichts lieber tun als das. Aber wir haben unseren Mitmenschen gegenüber eine Verpflichtung.«

»Und müssen tapfer, edelmütig und zur Selbstaufopferung bereit sein?«

»Je früher wir aufbrechen, desto eher werden die Häupter am Potomac zur Ruhe kommen. Ganz zu schweigen von denen an Bord der *Kilcharran* und der *Ariadne*.«

Denholm blickte von Talbot zu Van Gelder. Auf seinem Gesicht lag ein gewisser Ausdruck von Ungläubigkeit.

»Verstehe ich Sie recht, Captain, daß Sie und Lieutenant-Commander Van Gelder auf der *Angelina* mitfahren?«

Talbot schüttelte den Kopf. »Vermutlich mußte es soweit kommen, Number One. Daß jüngere Offiziere uns unsere seemännischen Fähigkeiten absprechen.«

»Ich verstehe nicht, Sir. Warum um alles in der Welt wollen Sie und Number One an Bord der *Angelina* mitfahren? Ich meine...«

»Wir wollen nicht an Bord der *Angelina* mitfahren. Wir werden die *Angelina* führen. Professor Wotherspoon und seine Frau bleiben hier. Das weiß er natürlich noch nicht. Der gute Professor wird toben, aber man kann es nicht jedem recht machen.«

»Verstehe, Sir. Ja, verstehe. Das hätte ich mir eigentlich denken müssen. Ich würde Sie gerne begleiten, Sir.«

»Ja und nein. Sie werden uns begleiten, aber nicht an Bord der *Angelina.* Sie begleiten uns mit der Barkasse. Sie werden den Motor aber erst starten, wenn wir wenigstens drei Meilen weit weg sind. Wissen Sie, wir möchten nicht, daß es vorzeitig zum großen Knall kommt.«

»Und dann folgen wir Ihnen in dieser Entfernung?«

»Weniger folgen als umkreisen. Und natürlich immer im Sicherheitsabstand von drei Meilen. Ihre Aufgabe besteht natürlich darin, alle Schiffe zu warnen und davon abzuhalten, uns nichtsahnend zu nahe zu kommen.«

»Und später sollen wir Sie dann zurückschleppen?«

»Wenn wir die Mine versenkt haben und weit genug fortgesegelt sind, um in sicherer Entfernung zu sein, werden wir die Maschine anwerfen und umkehren. Ein Schlepper könnte nicht schaden. Vielleicht holt uns ja auch der Admiral mit der *Ariadne* ab. Das haben wir noch nicht entschieden, und es ist momentan auch nicht so wichtig. Aber was ich Ihnen jetzt zu sagen habe, ist wichtig.

Sie nehmen Oberbootsmann McKenzie, Marine-Sergeant Brown und Obermaat Myers zur Bedienung des Funkgeräts mit. Außerdem nehmen Sie, und das ist das wichtigste von allem, den Krytron-Fernzünder mit und verstecken ihn gut. Unter den Planken des Ruderhauses, würde ich vorschlagen. Geben Sie Myers Anweisung, den kleinsten Sender-Empfänger mitzunehmen, den er auftreiben kann, und ihn an derselben Stelle zu verstecken. Und sorgen Sie dafür, daß die Planken anschließend wieder richtig festgenagelt werden.«

»Darf ich nach dem Grund für diese übertriebenen Sicherheitsvorkehrungen fragen, Sir?«

»Nein, das dürfen Sie nicht, und zwar aus dem einfachen Grund, daß ich Ihnen nicht sagen kann, warum. Ich kann nur sagen, daß man auf alle Eventualitäten gefaßt sein muß. Das Dumme mit dem Unvorhersehbaren ist, daß es nicht vorhersehbar ist. Sie verstehen?«

»Ich glaube, ja, Sir.«

»Dann schlage ich vor, Sie gehen jetzt und trommeln Ihre Crew zusammen. Und achten Sie um Gottes Willen darauf, daß niemand Sie mit dem Krytron unterm Arm herumlaufen sieht.«

Nachdem Denholm fort war, meinte Hawkins: »Manchmal, Captain, glaube ich mit Bedauern feststellen zu müssen, daß Sie nicht immer die Wahrheit sagen. Ich meine, die Wahrheit, die ganze Wahrheit und nichts als die Wahrheit.«

»Dem schließe ich mich an, Sir«, sagte Van Gelder. »Sie geben damit unseren jungen Offizieren ein sehr schlechtes Beispiel.«

Talbot lächelte. »›Sei so keusch wie Eis, so rein wie Schnee, und du wirst der Verleumdung nicht entgehen.‹ So oder so ähnlich. Als Kapitän wird man mit der Zeit immun gegen Ungerechtigkeiten dieser Art. Ich habe so ein merkwürdiges Gefühl – okay, okay, Vincent, einigen wir uns auf einige winzige Tropfen Hochlandgewächs –, also ein merkwürdiges Gefühl, als würde Andropulos heute abend bei Tisch beiläufig die entscheidende Frage stellen. Ich schlage vor, wir lassen Dr. Wickram heraufkommen.«

Andropulos kam am Abend bei Tisch tatsächlich beiläufig auf die entscheidende Frage zu sprechen, aber er hatte keine Eile damit. Erst als sie schon mit dem Hauptgericht fertig waren, sagte er: »Wir wollen uns nicht einmischen und Ihnen Fragen zu reinen Marineangelegenheiten stellen, die uns nichts angehen, Captain. Aber was immer hier passiert, betrifft, direkt oder indirekt, auch uns, und schließlich sind wir auch nur Menschen und sehr, sehr neugierig. Wir können alle sehen, daß die *Angelina* jetzt längsseits liegt und bei ihr an Deck diese äußerst suspekte Atommine mitsamt ihrer Halterung vertäut ist. Ich dachte, Sie hätten vor, so schnell wie möglich mit ihr auf und davon zu segeln?«

»Genau das werden wir auch tun, Mr. Andropulos. Zur gegebenen Zeit, das heißt, sobald wir zu Ende gegessen haben. Werden Sie Ihres Lebens erst wieder froh, wenn sie außer Sichtweite ist?«

»Ich gebe zu, daß ich mich erheblich erleichtert fühlen werde, wenn ich die *Angelina* am Horizont verschwinden sehe, und bei klarem Himmel und fast Vollmond müßte das eigentlich bald möglich sein. Egoistisch? Feige? Vielleicht, vielleicht auch nicht.« Andropulos seufzte. »Ich sehe mich nicht in der Rolle eines Helden.«

»Ich mich auch nicht. Kein vernünftiger Mensch tut das.«

»Aber ja – diese Atommine ist doch sicher noch immer sehr unstabil, oder nicht?«

»Sie ist jetzt, glaube ich, nicht mehr ganz so gefährlich wie vorher. Aber warum fragen Sie mich? Sie sitzen direkt neben unserem Experten.«

»Natürlich. Dr. Wickram. Wie sehen Sie das, Sir?«

»Der Captain hat ganz recht. Ich hoffe zumindest, daß es so ist. Die bei den H-Bomben austretende Radioaktivität, von denen man die Atommine ja inzwischen entfernt hat, haben nur eine sehr begrenzte Reichweite. Sie hat nun keinerlei Wirkung mehr auf die Atommine, so daß diese nun allmählich anfangen müßte, sich wieder zu stabilisieren. Aber ich muß betonen: das ist ein langsamer Prozeß.«

»Wie lange wird es dauern, bevor sie sich wieder ganz stabilisiert hat? Ich meine: wann erreicht sie einen Zustand, in dem ein Schiff vorbeifahren kann, ohne daß etwas passiert?«

»Hm, ja. Nun ja.« Wickrams Reaktion war eine Art verbales Achselzucken. »Wie ich schon früher sagte, bewegen wir uns *da* auf unerforschtem Terrain; aber ich habe *da* einige Berechnungen angestellt. Schwierige, hochkomplizierte mathematische Berechnungen, mit denen ich Sie nicht belasten will. Meinen Schätzungen nach müßte die Mine spätestens in zwölf Stunden wieder ganz sicher sein. Vielleicht auch schon in sechs Stunden. Bei allem, was zeitlich darunter liegt, hm – ist das Risiko untragbar hoch.«

»Zur Hölle mit Ihnen, Talbot«, sagte Wotherspoon. Seine Stimme war ruhig und beherrscht, doch die elfenbeinfarbenen Knöchel seiner zu Fäusten geballten Hände verrieten, wie erregt er war. »Das ist *mein* Schiff, von dem Sie reden. Nicht Eigentum Ihrer verdammten Navy!«

»Darüber bin ich mir im klaren, Professor, und es tut mir wirklich verdammt leid.« Talbot befand sich mit Hawkins, Wotherspoon und dessen Frau in der Admiralskabine. »Aber Sie kommen nicht mit. Dachten Sie im Ernst, daß die Royal Navy müßig dastehen und zusehen würde, wie Zivilpersonen für uns ihr Leben riskieren?« Talbot lächelte. »Wir erfüllen damit nicht nur unsere Pflicht, wir werden dafür auch noch bezahlt.«

»Das ist nicht nur verfluchte Willkür, das ist Piraterie! *Hijacking!* Die Art von illegaler Tätigkeit, die zu vernichten Sie geschworen haben. Vermutlich sind Sie auch bereit, mich mit Gewalt zurückzuhalten?«

»Wenn es sein muß, ja.« Talbot nickte zum Eingang hin, der im Dunkeln lag. Wotherspoon drehte sich um und erblickte, halb versteckt in der Dunkelheit, drei große Gestalten. Als er sich wieder umwandte, war er im wahrsten Sinne des Wortes sprachlos vor Wut. »Das wäre das letzte Mittel, zu dem wir greifen würden«, sagte Talbot. »Und es wird auch gar nicht nötig sein.« In seiner Stimme wurde eine gewisse Kühle spürbar. »Offen gesagt, Wotherspoon, meine Hauptsorge gilt gar nicht Ihrem Wohlergehen. Sie verhalten sich meiner Ansicht nach in höchstem Maße egoistisch und rücksichtslos. Wie lange sind Sie jetzt verheiratet, Mrs. Wotherspoon?«

»Wie lange ...« Sie versuchte zu lächeln, aber es wollte ihr nicht recht gelingen. »Nicht ganz sechs Monate.«

»Noch nicht einmal sechs Monate. Und Sie wollen Ihre Frau dieser Gefahr aussetzen und sie vielleicht – die Gefahr besteht durchaus –, vielleicht in den Tod schicken, und das nur aus verletztem, halsstarrigem Stolz. Da dürfen Sie stolz auf sich sein, Mr. Wotherspoon. – Wollen Sie wirklich diese Fahrt antreten, Mrs. Wotherspoon?«

»Angelina«, berichtigte sie ihn automatisch und mußte lächeln, da sie selbst merkte, wie unpassend das unter den gegebenen Umständen war. »Sie bringen mich in eine unmögliche Lage.«

Sie schwieg. Dann fuhr sie schnell fort: »Nein. Das stimmt nicht. Das tun Sie nicht. Ich will diese Fahrt *nicht* antreten. Und ich will auch nicht, daß James es tut. Unsere Sache ist es, nach antiken Gegenständen zu suchen. Nicht Gewalt und Tod. Ich bin, weiß der Himmel, keine Amazone, und wenn hier irgendwo Drachen darauf warten, getötet zu werden, so will ich trotzdem nicht, daß mein Mann den Heiligen Georg spielt. *Bitte*, James.«

Hawkins ergriff zum ersten Mal das Wort. »Ich appelliere nicht an Ihre Gefühle, Professor. Ich bitte Sie nur darum, sich mal in Captain Talbots Lage zu versetzen. Ich denke, Sie werden mir zustimmen, daß ihm keine andere Möglichkeit bleibt.«

»Ja«, sagte Wotherspoon und öffnete seine Fäuste. »Das sehe ich ein.«

»Ich denke, wir sollten drei Nachrichten rausschicken, John«, meinte Hawkins, nachdem die Wotherspoons gegangen waren. »Eine ans Weiße Haus, eine an General Carson in Rom und eine an Konteradmiral Blyth. An alle drei die gleiche Nachricht, und natürlich verschlüsselt. Was halten Sie von: ›Wetter hat sich beruhigt. Günstiger Nord-West-Wind. *Angelina* mit Mine an Bord segelklar. Verladung der H-Waffen auf *Kilcharran* macht gute Fortschritte.‹ Das müßte doch reichen, oder?«

»Ja. Großartig. Es dürfte sie alle ziemlich umhauen.«

»Ich gebe zu, wir haben sie in letzter Zeit nicht eben mit guten Nachrichten überhäuft.«

Oben am Kopf der Gangway, von deren Fuß man sowohl leicht auf den Bug der Barkasse der *Ariadne* gelangte als auch aufs Heck der *Angelina*, die bereits ihre Segel gesetzt hatte, stand ein Grüppchen interessierter Zuschauer versammelt, darunter auch Andropulos, der alles, was vorging, mit besonderer Aufmerksamkeit verfolgte.

»Wann ist es denn soweit?« fragte er Talbot.

»In zehn Minuten ungefähr.«

Andropulos schüttelte den Kopf, als könne er es nicht fassen. »Und dann nehmen all unsere Sorgen ein Ende?«

»Sieht fast so aus, nicht wahr?«

»Ja, wirklich. Aber sagen Sie, warum liegt die Barkasse da?«

»Ganz einfach. Sie wird uns begleiten.«

»Sie wird Sie begleiten? Das verstehe ich nicht. Wird denn nicht das Motorengeräusch ...?«

»Die Bombe zünden? Das Boot wird erst ablegen, wenn wir drei Meilen weit weg sind. Es wird uns dann, immer in drei Meilen Abstand, umkreisen und alle Schiffe warnen, die uns zu nahe kommen könnten. Wenn wir nun schon so weit gelangt sind, wollen wir kein Risiko eingehen, Mr. Andropulos.«

»Der Gedanke an eine solche Vorsichtsmaßnahme wäre mir nie gekommen. Ach, ich fürchte, ich werde nie ein Mann der Tat werden.«

Talbot schenkte ihm ein Lächeln, das Andropulos als freundlich mißverstand. »Man kann nicht alles sein und es allen recht machen, Sir.«

»Sind Sie startbereit, Captain?« fragte Hawkins, der sich gerade zu ihnen gesellt hatte.

»Sozusagen, Sir. Einige Minuten noch. Die Segel sind schon ganz schön prall, nicht wahr?«

»*Sie* fahren mit, Captain?« fragte Andropulos etwas verwirrt.

»Natürlich. Ich wollte schon immer mal Skipper an Bord eines ägäischen Luggers sein. Sie wirken etwas verwirrt, Mr. Andropulos?«

»Bin ich auch. War ich auch. Im ersten Moment wenigstens. Jetzt schon nicht mehr.« Er blickte auf das Deck der *Angelina* hinunter, wo Van Gelder ein Fall am Focksegel befestigte. »Und Lieutenant-Commander Van Gelder wird Sie natürlich begleiten. Nur das Beste vom Besten, was, Captain? Handverlesen, nur von Ihnen selbst, so viel ist klar. Gratuliere. Und Respekt. Dieses Unternehmen scheint doch viel gefährlicher zu sein, als Sie uns eingestehen wollten. So gefährlich, daß Sie einige Ihrer eigenen Leute dafür abgestellt haben.«

»Unsinn, Mr. Andropulos, Sie übertreiben. Also, Admiral, wir machen uns auf den Weg. Wenn wir von einem Mittelwert des von Dr. Wickram angesetzten Zeitlimits ausgehen, sollten wir in rund neun Stunden in der Lage sein, uns der Bombe zu entledigen – morgen früh um sechs also. Wenn der Wind anhält – wofür es natürlich keine Garantie gibt –, müßten wir dann schon ein beträchtliches Stück des Wegs zur Straße von Kasos zurückgelegt haben.«

Hawkins nickte. »Und wenn wir Glück haben – obwohl ich nicht einsehe, was Glück mit der Sache zu tun hat –, können wir Sie morgen am Nachmittag einsammeln. Wir werden bei Captain Montgomery bleiben, bis die H-Waffen an Bord seines Schiffes sind und der Zerstörer eingetroffen ist, den ich angefordert habe, damit er ihn abholt und nach Thessaloniki begleitet. Das sollte morgen früh so zwischen neun und zehn sein. Danach werden wir uns auf die Suche nach Ihnen begeben.« Er wandte sich um. »Sie gehen, Mr. Andropulos? Ich hätte gedacht, Sie wollten diesen historischen Augenblick persönlich miterleben.«

»Das will ich auch. Ich wollte ihn nur auch festhalten. Ich gehe nur meine gute treue Leica holen. Na ja, Lieutenant Denholms treue Leica, um ehrlich zu sein. Er hat sie mir vor einer Stunde geliehen.«

Talbot sprach noch kurz mit Hawkins, verabschiedete sich von ihm, kletterte die Gangway hinunter, wechselte noch einige Worte mit Denholm an Bord der Barkasse und ging dann an Bord der *Angelina.* Van Gelder hatte bereits die Bugleine eingeholt und aufgeschossen. Talbot beugte sich über die Klampe am erhöhten Achterdeck, um das gleiche mit der Heckleine zu tun, als er eine gewisse Unruhe und Aufregung über sich bemerkte und aufblickte.

Andropulos war zurückgekehrt, aber nicht mit seiner treuen Leica, sondern mit einer vermutlich ebenso treuen, aber weitaus unangenehmeren Navy Colt .44, deren Mündung er gegen die Schläfe der völlig verschreckten Angelina Wotherspoon preßte. Hinter ihm ragten drohend Alexander und Aristoteles auf, beide gleichermaßen bewaffnet wie er – die Mündungen ihrer Pistolen gegen die Schläfen von Irene Charial und ihrer Freundin Eugenia gerichtet, die beide nicht einen Deut glücklicher aussahen als Angelina. Eine Pistolenmündung an der Schläfe zu spüren, ist selbst für die Hartgesottensten unter den Hartgesottenen eine unangenehme Erfahrung.

»Legen Sie noch nicht ab, Captain«, sagte Andropulos. »Wir kommen mit.«

»Was in aller Welt bezwecken Sie mit diesem Schurkenstreich?« In Hawkins' Ausdrucksweise spiegelte sich gleichermaßen Schock und Wut. »Sind Sie von allen guten Geistern verlassen?«

»Nein. Wir sind nicht von allen guten Geistern verlassen. Wir sind nur im Begriff, Sie zu verlassen.«

»Ich verstehe nicht«, sagte Hawkins. »Ich verstehe das einfach nicht. Ist das der Lohn dafür, daß wir Ihnen das Leben gerettet und Ihnen unsere Gastfreundschaft gewährt haben?«

»Oh, wir danken Ihnen für Ihre Sorge und Ihr Entgegenkommen. Wir wollen Ihre Gastfreundschaft jedoch nicht überstrapazieren oder Ihnen länger zur Last fallen.« Er stieß Angelina so hart mit der Pistole, daß sie aufschrie. »Nach Ihnen, Mrs. Wotherspoon.«

Die sechs stiegen im Gänsemarsch die Gangway hinunter und an Bord der *Angelina*. Andropulos änderte die Richtung seiner Mündung und zielte nun statt auf Angelina auf Talbot und Van Gelder.

»Keine Dummheiten«, sagte er. »Weder aus Heldenmut noch aus Ritterlichkeit. Schon gar nicht aus Ritterlichkeit. Das hätte die verheerendsten Folgen, für Sie und die drei Damen.«

»Soll das ein Witz sein?« fragte Talbot.

»Ah! Sollte ich da etwa einen Verlust an Gelassenheit bemerken, einen Riß in der unerschütterlichen Ruhe? Wenn ich an Ihrer Stelle wäre, Captain, würde ich nicht davon ausgehen, daß ich scherze.«

»Das tue ich auch nicht.« Talbot unternahm keinerlei Versuche, seine Bitterkeit zu verbergen. »Ich habe Sie für einen reichen Geschäftsmann und einen Ehrenmann gehalten. Aber ich denke, wir lernen alle aus unseren Fehlern.«

»Für Sie ist es zu spät, aus Ihren Fehlern zu lernen. In einer Beziehung haben Sie aber recht – ich gebe gern zu, daß ich ein reicher Mann bin. Sehr reich. Und was den zweiten Vorwurf anbelangt?« Er zuckte die Achseln. »Ehrenhaftigkeit ist eine Sache der Betrachtungsweise. Doch verschwenden wir keine Zeit. Erteilen Sie dem jungen Mann da« – Denholm stand kaum zwei Meter weit weg am Bug der Barkasse – »Befehl, sich genau an seine Anweisungen zu halten. Anweisungen, die Sie,

Captain, bereits erteilt haben, wenn ich richtig unterrichtet bin. Das heißt, er soll seinen Motor nicht anlassen, bevor wir drei Meilen weit weg sind, und dann soll er uns in ebendieser Entfernung umkreisen, um zu verhindern, daß sich uns gegen unseren Willen jemand nähert.«

»Lieutenant Denholm ist sich über seine Befehle genau im klaren.«

»Wenn das so ist, dann fahren Sie los.«

Der Wind war frisch, aber nicht stark, und es dauerte eine ganze Weile, bis die *Angelina* eine Geschwindigkeit von drei bis vier Knoten erreichte. Nur allmählich ließ sie die *Ariadne* hinter sich, es dauerte wenigstens eine Viertelstunde, bis sie eine Meile weit entfernt war.

»Hervorragend«, sagte Andropulos. »Tut gut, wenn alles irgendwie nach Plan verläuft, finden Sie nicht?« Seine Stimme verriet keine übermäßige Befriedigung. »Sagen Sie, Commander Talbot, würden Sie mir glauben, wenn ich sagte, daß ich meine Nichte und ihre Freundin Eugenia wirklich gern mag und sogar an Mrs. Wotherspoon gleich viel Gefallen finden könnte?«

»Ich weiß nicht, warum ich Ihnen das glauben sollte, und verstehe auch nicht, wieso mich das berühren sollte. Könnte natürlich sein.«

»Und würden Sie mir glauben, wenn ich sagte, ich würde ihnen kein Haar krümmen?«

»Leider ja.«

»Leider?«

»Andere würden Ihnen nicht glauben, oder sie wären unsicher, ob sie es glauben sollen oder nicht. Deswegen eignen sie sich hervorragend als Geiseln.«

»Genau. Ich brauche ihnen nicht zu sagen, daß ich ihnen nichts antun werde.« Er blickte Talbot nachdenklich an. »Merkwürdig, es scheint Sie nicht sonderlich zu interessieren, warum ich das tue.«

»Doch, es interessiert mich sehr. Aber man wird kein reicher Geschäftsmann, indem man sinnlos daherredet. Wenn ich Sie fragen würde, würden Sie mir genau das erzählen, was Sie mir erzählen wollen. Nicht mehr, nicht weniger.«

»Stimmt genau. Jetzt etwas ganz anderes. Die drei jungen Damen stellen für mich keine Bedrohung dar. Mit Ihnen und Van Gelder ist das etwas anderes. Meine beiden Freunde und ich halten Sie für höchst gefährlich. Wie trauen Ihnen zu, daß Sie hinterhältige und gerissene Pläne auskochen und sie unter Anwendung von Gewalt in die Tat umzusetzen bereit wären – wenn Sie sich die kleinste Erfolgschance versprächen. Sie werden daher verstehen, daß ich Sie fesseln lassen muß. Ich bleibe hier am Ruder. Sie beide werden sich in Begleitung der drei Damen in den Salon begeben, wo Aristoteles, der sehr kunstfertig Knoten zu machen weiß, wie Sie sehen werden, Sie an Armen und Beinen fesseln wird, während Alexander, der ebenso kunstfertig mit seiner Pistole umzugehen weiß wie Aristoteles mit Stricken, dafür sorgt, daß alles ganz ruhig und friedlich geschieht.«

Hawkins beugte sich über Professor Wotherspoon, der, rücklings halb hochgestützt, in der Offiziersmesse auf einem Sofa lag. Wotherspoon war benommen und gab Geräusche von sich, die eine Mischung zwischen Stöhnen und Fluchen waren. Er bemühte sich verzweifelt, die Augen aufzubekommen, was ihm auch schließlich mit Hilfe der Finger gelang.

»Was zum Teufel ist passiert?« Die Umstehenden mußten sich anstrengen, um seine Worte zu verstehen, denn diese glichen eher einem asthmatischen Krächzen. »Wo bin ich?«

»Hier, nehmen Sie das zu sich.« Hawkins legte ihm einen Arm um die Schulter und hielt ihm ein Glas Brandy an die Lippen. Wotherspoon nippte daran, würgte und schluckte dann alles in einem Zug hinunter.

»Was ist geschehen?«

»Sie haben einen Schlag von hinten auf den Kopf bekommen«, sagte Grierson, »und zwar kräftig. Mit einem Revolvergriff vermutlich.«

Wotherspoon richtete sich mühsam auf. »Wer?«

»Andropulos«, sagte Hawkins. »Oder einer seiner kriminellen Begleiter. Kann ich ihm noch einen Brandy geben, Doktor?«

»Na ja, eigentlich nicht«, antwortete Grierson. »Aber in diesem Falle würde ich sagen, ja. Ich weiß, Professor, Ihr Hinterkopf muß Ihnen höllisch wehtun. Aber fassen Sie ihn nicht an. Prellung, blutig geschlagen, eine Beule, aber kein Bruch.«

»Andropulos ist mit Ihrem Boot auf und davon«, sagte Hawkins. »Mit der Atombombe natürlich. Er hat auch Geiseln mitgenommen.«

Wotherspoon nickte und zuckte zusammen, da ihm das große Schmerzen verursachte. »Und eine davon ist meine Frau?«

»Bedauerlicherweise. Außerdem Irene Charial und deren Freundin Eugenia. Wir konnten es nicht verhindern.«

»Haben Sie es versucht?«

»Hätten Sie es versucht, wenn Sie gesehen hätten, wie jemand den Lauf eines Colts an die Schläfe Ihrer Gattin hält? Und die Läufe zweier weiterer Revolver an die Schläfen der beiden anderen Damen?«

»Wohl kaum.« Wotherspoon schüttelte den Kopf. »Ich versuche nur, mich mit meiner Situation abzufinden. Mit einem Kopf wie ein überreifer Kürbis, der jeden Moment im Begriff ist zu bersten, ist das nicht leicht. Und was ist mit Talbot und Van Gelder?«

»Wissen wir natürlich nicht. In Eisen gelegt, gefesselt oder sonst etwas in der Art vermutlich.«

»Oder für immer aus dem Weg geräumt. Was, in Gottes Namen, steckt hinter alldem, Admiral? Ist dieser Andropulos übergeschnappt, oder was?«

»Nach seinen eigenen Maßstäben hält er sich wahrscheinlich für völlig normal. Wir haben allen Grund zu der Annahme, daß er schon seit langem verbrecherisch tätig ist, und zwar höchst professionell und auf einer Ebene von bisher unbekannten internationalen Ausmaßen. Seine Spezialität scheinen Terrorismus und Drogen zu sein. Aber wir haben keine Zeit, jetzt ausführlicher darauf einzugehen. Lieutenant Denholm fährt gleich mit seiner Barkasse los. Fühlen Sie sich in der Lage, ihn zu begleiten?«

»Um sie zu verfolgen? Ihr Boot zu entern und sie zu fassen? Aber klar doch.«

»Wie Sie schon selbst ganz richtig bemerkten, Professor – Ihr Kopf scheint noch nicht ganz hundertprozentig zu funktionieren. Wenn sich die Barkasse der *Angelina* um mehr als zwei Meilen nähert, würde ihr Motorengeräusch vermutlich die Atombombe zünden.«

»Ja, Sie haben ganz recht, ich bin wohl nicht in meiner Bestform. Aber es könnte nicht schaden, einige Gewehre oder Pistolen mitzunehmen, falls Sie noch einige übrig haben. Nur für alle Fälle.«

»Nein, keine Feuerwaffen. Sie wissen, wen eine der ersten Kugeln treffen würde, wenn es zu einem Schußwechsel käme.«

»Sie haben wirklich eine heitere Art, einem Dinge zu verdeutlichen. Es ist noch nicht einmal eine Stunde her, daß Sie mich um jeden Preis daran hindern wollten, mitzufahren. Sie scheinen Ihre Meinung geändert zu haben, Admiral.«

»Nein, es ist nicht meine Meinung, die sich geändert hat. Die Umstände haben sich geändert.«

»Wie schnell sich doch die Gegebenheiten ändern«, sagte der Präsident, »und schon sehen die Dinge ganz anders aus. Ich würde nicht behaupten, daß ich diesen Lunch genossen hätte. Aber noch vor zwei Stunden hätte ich mir kaum vorstellen können, daß ich überhaupt noch etwas hätte essen mögen.

Natürlich, der Gedanke an diesen Verrat wird uns noch lange zusetzen, aber die diskrete, wenn auch tragische Lösung des Pentagon-Problems enthebt uns einer großen Sorge.« Er schwenkte das Blatt Papier, das er in der Hand hielt. »Was wirklich zählt, ist das hier. Die gute *Angelina* ist mit dieser verdammten Atombombe an Bord auf Südostkurs gegangen. Und mit jeder Sekunde, die vergeht, vergrößert sich die Entfernung zwischen ihr und den Schrecken von Santorin um einen Meter – oder sind es sogar zwei? Es ist jedenfalls nicht zuviel behauptet, meine Herren, daß eine Katastrophe unvorstellbaren Ausmaßes noch einmal verhindert werden konnte.« Er erhob sein Glas. »Auf Sie, Sir John. Und die Royal Navy.«

Der Präsident hatte kaum sein Glas wieder auf den Tisch gestellt, als ein Bote eintraf. Der Präsident schaute ihn kurz an, blickte fort und sah wieder zurück. Jede Spur von Befriedigung war aus seinem Gesicht gewichen.

»Schlechte Neuigkeiten, Johnson?«

»Leider ja, Mr. President.«

»Die schlimmsten? Denkbar schlimmsten?«

»Nein, die nicht. Aber doch ziemlich schlecht.«

Der Präsident nahm die Nachricht entgegen, las sie in Ruhe, blickte dann auf und sagte: »Unsere Freude war wohl doch etwas voreilig, fürchte ich. Die *Angelina* ist entführt worden.«

Niemand fragte zurück: »Entführt?« Niemand sagte überhaupt etwas. Es schien so, als gäbe es nichts zu sagen.

»Die Nachricht lautet: ›*Angelina* mitsamt scharfer Bombe entführt von Andropulos und seinen zwei Kumpanen. Fünf Geiseln in ihrer Gewalt – Commander Talbot, Lieutenant-Commander Van Gelder und drei Frauen, unter ihnen die Nichte von Andropulos. *Angelina* kann nicht aus eigener Kraft zu größerem Gefahrenherd zurückkehren. Werden Sie stündlich auf dem laufenden halten. Unsere größte Sorge derzeit: die Befreiung der Geiseln.‹«

»O mein Gott, mein Gott«, murmelte Sir John. »Wie gräßlich! Völlig ohne Sinn und Verstand. Da haben wir also diesen Verrückten – oder dieses wahnwitzige Genie, wer weiß schon, wieviel Wahrheit in dieser alten Maxime steckt, daß das nur zwei Seiten einer Medaille sind –, und er fährt einfach so mit einer scharfen Atombombe an Bord in der Levante herum. Weiß er eigentlich, daß sie scharf ist? Offenbar nicht. Und wo kommen die drei Damen her? Was hatten sie an Bord einer Königlichen Fregatte zu suchen? Und warum, um alles in der Welt, sollte dieser Schurke ausgerechnet seine eigene Nichte entführen? Und wieso den Captain der Fregatte und einen seiner ranghöchsten Offiziere? Und wohin – im Namen all dessen, was einem heilig ist – hofft er, dieses Schiff mitsamt seiner Ladung und seinen Gefangenen zu segeln? Er muß doch wissen, daß er nun von jedem Schiff und jedem Flugzeug der NATO gesucht wird. Aber daß er so etwas vorhat, ist offensichtlich. Seine lange und außerordentlich erfolgreiche verbrecherische Laufbahn beweist, daß er ein gerissener Fuchs ist und geradezu brillant, was Planung anbelangt. Er muß eine große Sache vorhaben. Man darf ihn nicht unterschätzen. Das sollten wir aus dem Schaden, den er uns zugefügt hat, und dem, was wir über ihn wissen, inzwischen gelernt haben. Ein widerlicher Kerl, wahrhaftig, aber einer, der genau weiß, was er tut.«

»Das kann man wohl sagen«, bestätigte der Präsident. »Bleibt nur zu hoffen, daß Commander Talbot noch genauer weiß, was er zu tun hat.«

»Ich habe so ein ungutes Gefühl«, sagte Sir John, »als wäre Talbot im Augenblick nicht in der Lage, etwas zu tun.«

10

Um Mitternacht Ortszeit im östlichen Mittelmeergebiet war Commander Talbot tatsächlich nicht in der Lage, irgend etwas, was es auch immer sei, zu unternehmen. Tatsächlich war seine Lage – auf einem Sofa im Salon der *Angelina*, an den Knöcheln gefesselt und die Hände hinter dem Rücken zusammengebunden – so, daß es nicht aussah, als könne er in absehbarer Zeit etwas Entscheidendes tun. Van Gelder hockte in ebenso unbequemer Haltung am anderen Ende des Sofas. Ihnen gegenüber saß Aristoteles und hielt ganz und gar unnötigerweise eine Pistole auf sie gerichtet. Die drei Damen befanden sich weiter hinten im Salon in kleineren Sesseln – gleichfalls in nicht sehr bequemer Lage. Sie hatten seit zwei Stunden oder noch länger kein Wort mehr miteinander gesprochen. Es schien auch nicht viel zu geben, worüber sie hätten reden können; außerdem waren sie alle mit eigenen Überlegungen beschäftigt.

Talbot sagte: »Richten Sie Andropulos aus, daß ich ihn sprechen möchte.«

»Ach ja, jetzt gleich?« Aristoteles ließ das Glas sinken, an dem er nippte. »Sehen Sie, Captain, Sie befinden sich hier nicht in einer Position, in der Sie Befehle erteilen können.«

»Würden Sie Ihrem Captain bitte Grüße von mir ausrichten und ihm sagen, daß ich ihn gerne sprechen würde?«

»So ist es schon besser.« Aristoteles stand auf, stieg die wenigen Stufen zum Ruderhaus hinauf und sagte etwas auf griechisch. Andropulos war gleich darauf zur Stelle. Auch er war unnötigerweise bewaffnet. Er wirkte entspannt, zuversichtlich, ja sogar fröhlich.

»Als Sie sich an Bord meines Schiffes befanden«, sagte Talbot, »haben wir Ihnen jeden Wunsch erfüllt. Gleichgültig, was Sie wollten, Sie brauchten nur darum zu bitten. Ich wünschte, ich könnte das gleiche über griechische Gastfreundschaft sagen. Über Ihre Art griechischer Gastfreundschaft zumindest.«

»Ich glaube, ich habe Sie verstanden. Es ist vielleicht nicht leicht für Sie, zuzuschauen, wie Aristoteles langsam, aber stetig eine Flasche Retsina leert. Haben Sie Durst?«

»Ja.«

»Da läßt sich leicht Abhilfe schaffen.«

Es dauerte nicht lange, und Aristoteles hatte ihre Fesseln neu geknüpft, so daß Talbots linke und Van Gelders rechte Hand lose, aber sicher miteinander verbunden waren und beide in der jeweils freien Hand ein Glas hielten.

»Sie machen mich allmählich mißtrauisch, Captain«, sagte Andropulos. »Sie scheinen ganz und gar unbesorgt, sowohl was Ihre unmittelbare Vergangenheit anbelangt, als auch, was Ihre Zukunftsaspekte angeht. Das kommt mir äußerst merkwürdig vor.«

»Daran ist überhaupt nichts Merkwürdiges. Viel merkwürdiger finde ich da schon Ihr Benehmen. Allerdings muß ich zugeben, daß ich nicht die geringste Ahnung habe, was hier gespielt wird. Ich verstehe einfach nicht, warum Sie, ein sehr reicher und, wie ich vermute, sehr angesehener Geschäftsmann, plötzlich beschließen, die vom Gesetz gegebenen Grenzen zu überschreiten. Und ich brauche Ihnen wohl nicht erst zu sagen, daß Sie just das mit der Entführung der *Angelina* getan haben. Ich habe auch keinerlei Erklärung dafür, warum Sie Ihre geschäftliche Laufbahn aufs Spiel setzen und womöglich sogar eine Gefängnisstrafe riskieren sollten, auch wenn ich keine Zweifel habe, daß es bei soviel Geld, wie Sie haben, nicht allzu schwierig sein dürfte, das Recht Ihrem Wunsch entsprechend zu beugen. Am wenigsten verstehe ich aber, wie Sie glauben können, damit ungeschoren davonzukommen. Um sechs, vielleicht auch erst sieben, morgen früh, wird jedes Schiff und jedes Flugzeug der NATO nach Ihnen Ausschau halten, und Sie müssen sich doch darüber im klaren sein, daß es nicht lange dauern dürfte, bis man Sie ausfindig gemacht hat.«

»Die Royal Navy mit ihrem berüchtigten Signal: Aufspüren, angreifen und vernichten. Aufspüren, ja. Vernichten, nein.« Andropulos wirkte gänzlich unbekümmert. »Nicht mit der Ladung und mit so erlesenen Geiseln an Bord. Und was das angeht, daß ich meine Karriere als Geschäftsmann aufs Spiel setze – nun, ich glaube, es gibt im Leben jedes Menschen einen Punkt, wo er alte, ausgefahrene Wege verlassen und neue beschreiten sollte. Meinen Sie nicht, Captain?«

»Was mich angeht, nein. Und was Sie anbelangt, ist es vielleicht weniger eine Frage des freien Willens als der Notwendigkeit. Es ist ja immerhin möglich – schwer vorstellbar, aber möglich –, daß alles, was Sie bisher getan haben, schon Schritte auf dem Weg des Verbrechens waren und daß Ihre Vergangenheit Sie jetzt einholt. Aber das ist natürlich reine Spekulation. Ich weiß wirklich nichts, und, ehrlich gesagt, es interessiert mich auch gar nicht. Könnte ich vielleicht noch etwas Wein haben?«

»Was hast du mit uns vor?« fragte Irene Charial bemüht ruhig, aber ihrer Stimme war ihre Nervosität anzumerken.

»Sei nicht albern, mein Kleines. Dir wird gar nichts geschehen. Das habe ich, wie du sehr wohl gehört hast, auch vorhin zu Commander Talbot gesagt, als wir an Bord kamen. Undenkbar, daß dir durch mein Verschulden ein Leid geschieht.«

»Wohin bringst du uns?«

»Nirgendwohin. Ach, meine Kleine, das klingt vielleicht ein wenig theatralisch. Zu meinem großen Bedauern muß ich mich für den Rest meines Lebens von dir trennen. O je, das hört sich auch nicht viel besser an. Ich werde euch in Kürze auf die Barkasse der *Ariadne* umsteigen lassen und dir für immer Lebewohl sagen.«

»Und die beiden Offiziere? Wirst du sie erschießen oder ihnen wieder die Hände fesseln und sie dann über Bord werfen?«

»Nun hören Sie aber auf, Irene«, sagte Van Gelder. »Setzen Sie diesem Mann bloß keine Ideen in den Kopf.«

»Ich hätte von meiner Nichte auch mehr Intelligenz erwartet«, sagte Andropulos. »Wenn ich die Absicht gehabt hätte, mich dieser beiden Herren für immer zu entledigen, hätte ich das gleich getan, als wir an Bord kamen.«

»Wie willst du sie daran hindern, daß sie dir nachstellen, dich verfolgen? Sie könnten, wie du weißt, Hilferufe aussenden.«

»Gott im Himmel«, sagte Van Gelder. »Wirklich erschreckend, welch geringe Anforderungen die Universitäten heute an Leute stellen, die sie zum Studium zulassen.«

»Ich fürchte, ich muß Van Gelder und Ihrem Onkel recht geben«, sagte Talbot. »Sie sind reichlich naiv.« Er bewegte die Finger, als drückte er eine Pistole ab. »Paff! Motor kaputt. Paff! Funkgerät kaputt.«

Andropulos lächelte. »Ganz recht. Mit zweimal paff läßt sich alles regeln.«

Denholm blickte zu dem Lichtflackern im Norden hinüber. »Was meldet die *Angelina*, Myers?«

»›Stoppen Sie zwei Meilen südöstlich von uns und stellen Sie den Motor ab.‹ Was soll ich darauf antworten, Sir?«

»›Wird gemacht.‹ Uns bleibt ja gar keine andere Wahl.« Er wartete, bis Myers seine Antwort hinausgeschickt hatte, dann fragte er: »Wie sehen die neuesten Nachrichten über die *Taormina* aus?« Die *Ariadne* hatte den Funksprechverkehr zwischen der *Angelina* und der *Taormina* im Laufe der letzten drei Stunden überwacht und die Position der *Taormina* auf etwa hundert Meter genau ausgerechnet.

»Sie befindet sich eben zehn Meilen nördlich der Insel Avgo und bewegt sich ziemlich langsam Richtung Norden.«

»Nähert sich mit gebotener Vorsicht, würde man wohl unter glücklicheren Umständen sagen.« Die *Ariadne* hatte Andropulos' Warnspruch an die *Taormina* aufgefangen, daß sie einander nicht zu früh zu nahe kommen sollten. »Wie lange wird es noch dauern, bis sie miteinander in Berührung kommen?«

»Drei Stunden, oder etwas mehr oder weniger. Etwas mehr, würde ich denken, wenn die *Angelina* zwischendurch bei uns halt gemacht hat.«

»Lieutenant, glauben Sie, daß sie vorhaben, uns zu versenken?« fragte Wotherspoon.

»Ich wäre Ihnen dankbar, Professor, wenn Sie so etwas nicht einmal in Erwägung ziehen würden.«

Unter den wachsamen Blicken dreier Männer mit drei Pistolen fingen McKenzie und Brown die Tauenden der *Angelina* auf, als diese längsseits kam, und machten sie fest. Als erster kam Andropulos selbst an Bord, gefolgt von Angelina Wotherspoon, die – so hatte es den Anschein – ganz wild darauf zu sein schien, den Professor zu erwürgen. Ihnen folgten die beiden jungen Frauen, sodann Talbot und Van Gelder, beide noch die Hände hinterm Rücken gebunden, und schließlich Alexander und Aristoteles, letzterer mit einer Tasche unterm Arm.

»Wir bleiben nicht lange«, verkündete Andropulos. »Da sind nur ein, zwei Dinge zu erledigen, dann sind wir gleich wieder fort.«

»Darf man fragen, was Sie da in dieser Tasche haben?« fragte Wotherspoon. »Eine Zeitbombe?«

»Die Menschen haben heute so wenig Vertrauen zueinander«, sagte Andropulos. Er rüttelte leicht an der Tasche, und ein leises Klingeln ertönte. »Um Ihnen die Zeit zu verkürzen, während Sie auf Hilfe warten. Das war, um ehrlich zu sein, Commander Talbots Idee. Etwas zu trinken für Sie, Professor. Und das da, denke ich, ist Ihr Funkgerät.«

»Tun Sie mir einen letzten Gefallen«, bat Talbot. »Sich und

uns allen. Schießen Sie es nicht mit einer Kugel entzwei. Zerschlagen Sie es vorsichtig mit dem Griff Ihres Revolvers. Und das gleiche gilt für den Motor. Es gehört nicht viel dazu, den Verteiler und die Zündkerzen unbrauchbar zu machen.« Er wies mit den Augen auf die scharfe Atombombe in ihrer Halterung. »Ich bin mir ganz und gar nicht sicher, wie unser Freundchen da auf den Knall eines Pistolenschusses reagieren würde.«

»Guter Grund und gut bemerkt«, sagte Andropulos. »Wir wissen eben nicht, wie temperamentvoll die Kleine da ist.« Er faßte die Pistole am Lauf, stemmte die Schutzplatte des Funkgeräts auf und hieb mit dem Pistolengriff auf die Transistoren. Um den Motor zu zerstören, brauchte er kaum mehr Zeit. Als nächstes wandte er seine Aufmerksamkeit der Signallampe zu, zerstörte sie gründlich und fragte Myers dann: »Haben Sie noch eine zweite, eine Ersatzlampe?«

Myers fluchte leise, und Andropulos richtete seine Waffe auf ihn. Talbot sagte: »Seien Sie kein Narr, Myers. Geben Sie sie ihm.«

Myers gab ihm mit verkniffenem Mund eine kleine Handsignal-Lampe. Andropulos zerschlug das Glas und warf die Lampe ins Wasser. Dann richtete er seine Aufmerksamkeit auf einen kleinen Metallkasten, der an der Wand des Ruderhauses angebracht war. »Die Leuchtraketen da. Über Bord mit ihnen, bitte.« Er schwieg einen Moment, als dächte er nach. »Motor, Funkgerät, Signallampen, Leuchtraketen. Nein, sonst gibt es für Sie wohl keine Möglichkeiten mehr, mit anderen in Verbindung zu treten oder Kontakt aufzunehmen. Ganz abgesehen davon, daß hier niemand ist, mit dem Sie Kontakt aufnehmen könnten. Ich bin jedoch sicher, daß Sie nicht zu lange warten und leiden müssen, bevor man Sie aufliest.« Er wandte sich zu Irene Charial um. »Also dann, meine Liebe, leb wohl.«

Sie antwortete nicht, blickte ihn nicht einmal an. Andropulos zuckte die Achseln, stieg aufs Deck der *Angelina* und verschwand im Ruderhaus. Alexander und Aristoteles folgten ihm, holten die Leinen ein, mit denen sie das Schiff an der Barkasse festgemacht hatten, und stießen mit Bootshaken ab. Die *Angelina* begann langsam Fahrt zu machen und segelte auf Südostkurs davon.

McKenzie nahm sein Seemannsmesser und durchtrennte damit die Stricke, mit denen Talbot und Van Gelder an den Handgelenken gefesselt waren. »Diese Knoten«, sagte er, »hat offenbar jemand geknüpft, der was davon versteht.«

»Das kann man wohl sagen.« Talbot bewegte seine schmerzenden und geschwollenen Gelenke und warf einen Blick zu der Tasche hinüber, die Aristoteles mit an Bord gebracht hatte. »Trotzdem. Wenn ich beide Hände benutze, könnte ich vielleicht einiges halten.«

»Ist das alles, was Sie zu sagen haben?« fragte Irene Charial und schaute ihn an.

»Seien Sie bitte beim Einschenken nicht kleinlich.«

Sie starrte ihn weiter unverwandt an, blickte dann schließlich fort und griff nach der Tasche. Wotherspoon fragte: »Sind Sie sicher, daß alles in Ordnung ist, Captain? Wie können Sie nur so ruhig sein? Das ist nicht normal. Sie haben verloren. Verloren auf der ganzen Linie?«

»Man kann es so sehen.« Der Wind war frisch, der Himmel wolkenlos, und der Mond war voll, ungewöhnlich groß und hell und überzog die See mit einem langen, goldenen Streifen. Selbst aus der Entfernung von einer halben Meile war jede Kleinigkeit an Bord der *Angelina* deutlich zu erkennen. »Die Weltöffentlichkeit wird allerdings sagen, daß Andropulos verloren hat. Andropulos und seine beiden Freunde.« Irene Charial starrte ihn immer noch verständnislos an. »Es geht eben nie etwas genau so aus, wie man es sich vorstellt.«

»Ich nehme an, Sie wissen, wovon Sie reden.« Wotherspoons Tonfall ließ keinen Zweifel daran, daß Talbot seiner Meinung nach nicht wußte, wovon er sprach. »Sie haben da in einer verdammten Klemme gesteckt, wenn ich so sagen darf,

Captain. Er hätte Sie und Van Gelder leicht umbringen lassen können.«

»Er hätte es versuchen können. Aber dann hätte er selber dran glauben müssen. Er und seine Kumpane.«

»Ihnen waren die Hände hinter dem Rücken gefesselt. Und Van Gelder auch.« Wotherspoon glaubte ihm offenbar nicht. »Wie hätten Sie ...«

»Oberbootsmann McKenzie und Marine-Sergeant Brown sind hochqualifizierte Scharfschützen mit Spezialausbildung. Die einzigen an Bord der *Ariadne.* Mit Handfeuerwaffen sind sie absolut tödlich. Darum haben wir sie mitgenommen. Andropulos und seine beiden Freunde wären gestorben, ohne daß ihnen auch nur klar geworden wäre, was sie getroffen hat. Los, zeigen Sie es ihm, Oberbootsmann.«

McKenzie griff unter den kleinen Kartentisch, holte zwei Navy Colts hervor und reichte sie wortlos Wotherspoon. Einige Sekunden lang herrschte Schweigen, dann blickte dieser auf und fragte tonlos: »Sie *wußten,* daß die da waren?«

»Ich habe sie selbst da hingetan.«

»Selbst hingetan.« Er schüttelte den Kopf, als könnte er es nicht fassen. »Sie hätten diese Waffen *benutzen* können.«

»Sie damit töten können, meinen Sie?«

»Nein. Soweit hätten Sie ja nicht gehen müssen. Aber sie verwunden. Oder wenigstens gefangennehmen.«

»Wie lauteten Ihre Befehle, Oberbootsmann?«

»Erschießen.«

»Erschießen.« Diese Nacht war offenbar dazu angetan, daß man schwieg. »Aber Sie haben es nicht getan. Warum nicht?«

»Ich hielt es für besser, es nicht zu tun.«

Irene Charial verschränkte die Arme und schauderte, als fröstelte ihr leicht in der Abendbrise. Auch Eugenia und Angelina Wotherspoon starrten Talbot mit großen Augen an. Seine Worte hingen noch in der Luft – wie der Nachklang eines unausgesprochenen Todesurteils.

Talbot wandte sich an Myers. »Das Radio bitte, Chief.«

»Zwei Minuten, Sir.« Myers ging nach achtern, kehrte mit Hammer und Meißel zurück und begann damit die Decksplanken des Ruderhauses zu bearbeiten. Er zerrte eine knarrende Planke hoch, griff darunter und holte ein kleines Kompaktradio mit eingebautem Sprechgerät hervor. »Sie müssen hier hineinsprechen, Sir. Die Antwort kommt aus der Box. Vorher müssen Sie natürlich die Kurbel betätigen.« Talbot nickte und drehte an dem Handgriff.

»Hier *HMS Ariadne.*« Die Stimme war sehr deutlich und klar und ganz ohne Zweifel die von Admiral Hawkins.

»Hier Talbot, Sir. Die drei Frauen, Van Gelder und ich sind nun wieder an Bord der Barkasse. Wohlbehalten und unverletzt. Andropulos und seine beiden Freunde sind schon wieder fort, Kurs Südost.«

»Na ja, Gott sei Dank. Trotzdem, verdammt, Talbot, Sie haben wieder richtig vermutet. Haben Sie einen Entschluß gefaßt, wie Sie vorgehen wollen?«

»Ja, Sir.«

»Nur für die Akten – wollen Sie, daß ich Ihnen direkt Befehl dazu erteile?«

»Offiziell oder inoffiziell, einen Befehl brauche ich dazu nicht. Trotzdem vielen Dank. Haben Sie eine Vorstellung, wann sie zusammentreffen, Sir?«

»Ja. Bei ihren jetzigen Geschwindigkeiten – die *Taormina* läßt sich immer noch treiben – treffen sie in ungefähr zwei Stunden zusammen. Um drei Uhr dreißig.«

»Danke, Sir. Ich rufe Sie in einer Stunde wieder an.«

»Die *Taormina?*« fragte Wotherspoon. »Wer oder was zum Teufel ist die *Taormina?*«

»Ein Bergungsschiff, an dem Andropulos interessiert ist. Will sagen, daß es ihm wahrscheinlich gehört.«

»Commander Talbot?« Irene Charial sprach sehr leise.

»Ja?«

»Admiral Hawkins sagte, ›Sie haben wieder richtig vermutet.‹ Was meinte er damit?«

»Genau das, was er gesagt hat, vermutlich.«

»Bitte.« Sie bemühte sich zu lächeln, aber es gelang ihr nicht. »Sie scheinen alle zu glauben, daß ich nicht sehr klug bin, aber das habe ich nicht verdient.«

»Tut mir leid, ich verstehe Sie nicht.«

»Ich fange an zu glauben, daß Sie nicht zu den Leuten gehören, die sich auf Vermutungen verlassen.« Sie blickte auf die beiden Waffen. »Sie haben nicht nur vermutet, daß die hier waren. Und ich glaube, Sie wußten auch, daß mein Onkel und die beiden anderen bewaffnet waren.«

»Ja, ich wußte es.«

»Aber woher?«

»Jenkins, unser Steward in der Offiziersmesse, war gerade im Begriff, einen Brief an seine Familie zu schreiben. Aus irgendeinem Grund, vielleicht hatte er etwas vergessen, ging er noch einmal nach oben in die Offiziersmesse. Dabei erwischte er Ihren Onkel oder seine Kumpane dabei, wie sie gerade einen Kasten vor der Offiziersmesse öffneten. Ein solcher Kasten gehört zur Standardausrüstung der meisten Marineschiffe und enthält 44er Colts. Deshalb töteten sie Jenkins und warfen ihn über Bord. Tut mir leid, Irene – ich weiß, wie schrecklich das alles für Sie sein muß.«

Diesmal brachte sie ein Lächeln zuwege, aber es war recht kläglich.

»Ja, schrecklich, aber nicht so schrecklich, wie ich schon gedacht hatte. Haben Sie auch damit gerechnet, daß mein Onkel versuchen würde, die *Angelina* zu entführen?«

»Ja.«

»Und Sie beide als Geiseln mitzunehmen?«

»Ja.«

»Auch, daß er uns Frauen an Bord als Geiseln mitnehmen würde?«

»Nein. Ich bin jemand, der Vermutungen anstellt und Chancen gegeneinander abwägt. Aber ich würde nie ein solches Risiko eingehen. Wenn ich damit auch nur im Traum gerechnet hätte, hätte ich sie an Ort und Stelle umbringen lassen. An Bord der *Ariadne.*«

»Ich habe Sie falsch eingeschätzt, Captain. Sie reden viel über Töten und Tötenlassen, aber ich glaube, Sie sind im Grunde ein friedfertiger Mensch.«

»Soweit würde ich nie gehen, das von mir zu behaupten«, sagte Talbot lächelnd. »Sie haben mich falsch eingeschätzt?«

»Irene weiß Menschen ziemlich gut einzuschätzen, Sir«, sagte Van Gelder. »Sie hielt Sie für eine Art Monster, grausam und unmenschlich.«

»So etwas habe ich nie behauptet! Aber als Sie sich an Bord der *Angelina* mit meinem Onkel unterhielten, sagten Sie, Sie verstünden das alles nicht. Das stimmt nicht, nicht wahr? Sie wußten über alles Bescheid?«

»Stimmt. Sie haben ganz recht. Vermutungen sind meine große Stärke. Ich muß allerdings zugeben, daß Lieutenant-Commander Van Gelder mir eine große Hilfe war; auch Lieutenant Denholm ist in solchen Dingen recht gut. Irgendwann müssen wir Sie wohl oder übel über Ihren Onkel aufklären, denke ich. Also können wir es ebensogut gleich tun. Es hört sich vielleicht übertrieben an, ist es aber nicht, daß er einer der größten Verbrecher, wenn nicht überhaupt der größte Verbrecher schlechthin und ein gnadenloser, kaltblütiger Killer ist. Er hat sich auf Drogenhandel und Terrorismus spezialisiert, zwei Bereiche, die er konkurrenzlos beherrscht. Gott allein weiß, wie viele hundert, ja tausend Menschenleben auf sein Konto gehen. Wir wissen über ihn und darüber, wie er sich schuldig gemacht hat, Bescheid, und zwar jenseits aller Zweifel; aber es könnte Monate, ja Jahre dauern, die nötigen Beweise dafür beizubringen. Bis es soweit wäre, wäre er längst untergetaucht. Und das bereitet er gerade vor. Sein Untertauchen. Doch schon das, was er sich in den letzten paar Tagen hat zuschulden kommen lassen, ist nicht eben wenig. Er hat den Maschinisten, den Koch und den Steward an Bord der *Delos* getötet oder töten lassen. Sie wußten zuviel. Was das genau war, werden wir nie herausfinden.«

»Wie, in Gottes Namen, können Sie das wissen?« Aus ihrem Gesicht war alle Farbe gewichen, es war ganz von Entsetzen gezeichnet. Nicht Trauer oder Schrecken, sondern einfach Entsetzen, Schock. »Wie, um alles in der Welt, können Sie so etwas behaupten oder gar beweisen?«

»Van Gelder und ich sind zum Wrack der *Delos* hinuntergetaucht. Er hat seine Jacht nur hochgehen lassen, um an Bord der *Ariadne* zu kommen. Sie sollten natürlich nichts davon wissen, daß wir das Wrack untersucht haben. Und Ihr Onkel wußte, zu seinem Pech, auch nichts davon. Außerdem ist er schuld daran, daß im Laufe der letzten Stunden ein sehr hoher General und ein sehr hoher Admiral, beide Amerikaner, Selbstmord begangen haben. Er weiß nichts davon, aber wenn er es wüßte, würde es ihn wohl auch höchstens eine Minute Schlaf kosten.« Er schaute McKenzie an. »Chief, dieser Retsina schmeckt abscheulich. Haben Sie nicht etwas Besseres für Ihren Captain?«

»Ja, er ist ziemlich scheußlich, Sir. Ich habe ihn gekostet. Bei allem Respekt vor Professor Wotherspoon, aber an diese griechischen Weine muß man sich wohl erst gewöhnen. Da im Ruderhaus scheinen sich in einem Schrank eine Flasche Scotch und eine Flasche Gin zu befinden. Keine Ahnung, wie die da hingekommen sind. Sergeant Brown scheint zu glauben, daß sie auf Ihrer Rechnung in der Offiziersmesse stehen.«

»Ich bringe Sie beide später vors Kriegsgericht. Doch fürs erste stehen Sie hier nicht so untätig herum.«

»Er wird sterben, nicht wahr, Sir?« fragte Brown. »Tut mir leid, Miss, aber wenn auch nur die Hälfte von dem stimmt, was der Captain da erzählt hat, dann ist er ein Unmensch und gehört nicht in eine menschliche Welt. Und ich glaube, daß *alles* stimmt, was der Captain erzählt hat.«

»Ich weiß, daß Jenkins Ihr bester Freund war, Sergeant, und ich kann Ihnen gar nicht sagen, wie leid es mir tut. Ja, er wird sterben, und zwar durch seine eigene Hand. Er wird sich selbst richten.« Talbot wandte sich an Eugenia. »Sie haben gehört, daß er einmal vom ›Manhattan Project‹ gesprochen hat?«

»Ja. Aber ich wußte nicht, was er damit meinte.«

»Das wußten wir zuerst auch nicht. Aber wir haben es herausgefunden. Andropulos war nicht an den Wasserstoffbomben interessiert. Eine Wasserstoffbombe ist sinnlos als Waffe des Terrorismus. Mit ihr läßt sich nichts erreichen, und kein Terrorist würde es wagen, sich zu ihr zu bekennen. Außerdem ist es für Terroristen unmöglich, sie zu transportieren. Er war jedoch an Atom-Minen interessiert, und er wußte, daß sich drei an Bord des Flugzeugs befanden. Sein ursprünglicher Plan dürfte gewesen sein, sie auf den Zufahrtswegen zu den großen Seehäfen der Welt wie San Francisco, New York, London oder Rotterdam zu versenken und die jeweiligen Länder davon in Kenntnis zu setzen. Er wollte ihnen mitteilen, daß er die Minen durch ein bestimmtes vorab eingestelltes Funksignal fernzünden könne und daß jeder Versuch, die Bomben zu orten, zu entfernen oder unschädlich zu machen, diese vielleicht auslösen und das Suchschiff dabei natürlich zerstören würden.

Auf diese Weise hätte er mit Erfolg den ganzen Seehandel und Passagierverkehr mit diesen Häfen lahmgelegt. Außerdem hätte die Sache den Vorteil einer reinen Weste gehabt; wäre es nämlich zu einer Explosion gekommen, hätte man die Schuld natürlich dem Land zugeschoben, vor dessen Tür die Explosion erfolgt wäre, und nicht den Terroristen. Die Manhattan-Project-Mine wäre irgendwo im Ambrose Channel in der Zufahrt zur Lower New York Bay deponiert worden. Es war ein phantastischer Plan, typisch für einen brillanten, aber fehlgeleiteten

Intellekt. Er hatte nur einen Nachteil. Er hätte nicht funktioniert. Andropulos konnte das nicht wissen. Wohl aber wir.«

»Wie in aller Welt konnten Sie das wissen?« fragte Wotherspoon.

»Darauf komme ich später zurück. Also – Andropulos bekommt seine Bombe. Perfekt für seine Zwecke geeignet, denkt er. Aber da war eine Sache, von der er nichts wußte. Der Absturz des Flugzeugs löste in einer der Minen einen Zeitzünder-Mechanismus aus. Wenn dieser Mechanismus abgelaufen war, war die Mine scharf und bereit, beim ersten Motorengeräusch eines Schiffes hochzugehen. Beim erstbesten Motorengeräusch überhaupt, um genau zu sein. Diese Mine an Bord der *Angelina* ist scharf. Aber Andropulos ist auf diesen Unsinn hereingefallen, den Wickram ihm aufgetischt hat: daß sie durch die radioaktive Strahlung der Wasserstoffbomben zeitweise außer Kontrolle geraten sei. Sie ist für immer außer Kontrolle und bereit, jeden Moment hochzugehen. Chief, Sie sind merkwürdig unaufmerksam.«

»Sorry, Sir.« McKenzie reichte ihm ein Glas Scotch. »Sie müssen schon entschuldigen, Sir. Eine solche Geschichte bekommt man nicht oft zu hören.«

Talbot kostete seinen Drink. »Ich kann nur hoffen, daß Sie nie wieder so etwas zu hören bekommen.«

»Und was wird nun geschehen?« fragte Wotherspoon.

»Es gibt zwei Möglichkeiten. Er könnte versuchen, die Mine auf die *Taormina* umzuladen, deren Maschinengeräusch sie dann alle ins Jenseits befördern würde. Aber die Mannschaft der *Taormina* selbst ist ja wahrscheinlich ganz unschuldig. Oder er könnte versuchen, mit ihr an Bord bis nach Tobruk zu segeln, seinem Heimathafen. Vergessen Sie nicht, daß er mit Sicherheit glaubt, das tun zu können. Seines Wissens befindet sich die Welt noch im Glauben, daß er fünf Geiseln an Bord hat. Dann würde die Mine beim ersten Geräusch einer Schiffsmaschine oder eines Motors an Land hochgehen. Wie viele unschuldige Menschen würden dann sterben? Zehntausend? Wenigstens. Lieutenant Denholm, ich bin es allmählich leid, immer nur mich selbst zu hören. Sie sind der Elektronikfachmann der *Ariadne*. Würden Sie bitte dieses Mustergerät vorführen und erklären, wozu es dient.«

»Es heißt Krytron«, sagte Denholm. »Sieht eigentlich aus wie ein kleines und etwas altmodisches Kofferradio, nicht wahr? Auf dieses Ding spielte der Captain an, als er sagte, Andropulos hätte sich vielleicht nicht so darum bemüht, in den Besitz einer Atombombe zu kommen, wenn er von der Existenz dieses Instruments gewußt hätte. Man muß nur ein paar simple Handgriffe durchführen – dabei ist es im Grunde genommen ein höchstkomplizierter Mechanismus, von dem ich praktisch auch nichts verstehe –, um einen elektronischen Impuls auf einer bestimmten Wellenlänge auszusenden und damit eine Atombombe zu zünden. Wenn Andropulos also diese Mine im Ambrose Channel deponiert hätte, wäre es möglich gewesen, sie aus beinahe jeder beliebigen Entfernung zu zerstören, ohne daß ein Schiff oder Flugzeug sich in ihre Nähe hätte begeben müssen.«

»Darf man fragen, wie Sie in den Besitz dieses Geräts gelangt sind?« wollte Wotherspoon wissen.

»Wir haben in Amerika darum gebeten. Es ist gestern angekommen.«

»Das läßt zwei Rückschlüsse zu. Sie wußten schon vorher, daß es dieses Gerät gibt. Und Sie wußten schon seit einiger Zeit, was Andropulos vorhatte. Wußte außer Ihnen sonst noch jemand davon?«

»Der Captain schätzt es nicht, wenn seine Offiziere plaudern.«

Wotherspoon wandte sich an Talbot. »Sie wollen also die *Angelina* in die Luft jagen? Meine *Angelina?*«

»Nun ja. Ich denke aber, man wird Sie dafür entschädigen.«

»Wie entschädigen?«

»Wie soll ich das wissen? Meine Position ist nicht hoch genug, als daß ich Ihnen irgend etwas versprechen könnte. Ich muß mit dem Admiral reden.«

»Müssen Sie es so machen?« fragte Irene. »Sie haben doch ein Funkgerät. Könnten Sie ihm nicht sagen, er solle die Bombe über Bord werfen, und ihn später festnehmen lassen?«

»Abgesehen davon, daß er mir gar nicht glauben würde, könnte ich es nicht tun. Wie ich Ihnen schon sagte, würde es Monate, ja Jahre dauern, Beweise gegen ihn zu sammeln. Ich schlage vor, daß Sie und Eugenia mit Ihren Vätern sprechen. Sie werden feststellen, daß diese das, was ich gleich zu tun beabsichtige, richtig finden werden. Man soll einen tollwütigen Hund nicht frei in der Gegend herumlaufen lassen.«

»Das meinten Sie wohl damit, als Sie nicht nur einmal, sondern mehrfach erwähnten, daß Andropulos nie vor ein Gericht kommen würde«, sagte Van Gelder.

»Sein Urteil ist schon gesprochen.«

Um 2.30 Uhr morgens rief Talbot auf der *Ariadne* an und ließ sich mit dem Admiral verbinden.

»Es ist zwei Uhr dreißig, Sir. Sind inzwischen alle Wasserstoffbomben heil an Bord der *Kilcharran?*«

»Ja.«

»Also kann's losgehen. Noch zwei kleine Probleme, Sir. Professor Wotherspoon scheint ziemlich verärgert zu sein über den bevorstehenden Untergang der *Angelina.*«

»Sagen Sie ihm, es geschähe im Dienst einer guten Sache.«

»Ja, Sir. Meinen Sie, das Verteidigungsministerium könnte sich dazu aufraffen, ihm den Schaden zu ersetzen?«

»Ganz sicher.«

»Er sagte aber so etwas wie, daß er im Bad vergoldete Wasserhähne hätte.«

»Gütiger Gott! Und das andere kleine Problem? Muß wohl wirklich sehr klein sein.«

»Eine Bagatelle, Sir. Würden Sie mit mir einig sein, daß die Besatzung der *Ariadne* nach all diesen nervenaufreibenden Geschehnissen etwas Landurlaub verdient hat?«

»Daran habe ich auch schon gedacht. Eine Woche, habe ich gedacht. Welchen Ort schlagen Sie vor?«

»Piräus, Sir. Ich hielte es für eine nette Geste, die beiden jungen Damen nach Hause zurückzubringen. Und Professor Wotherspoon und seine Frau könnten sich nach vergoldeten Wasserhähnen umschauen. Wir rufen Sie in fünf Minuten wieder an.«

Talbot legte den Telefonhörer auf und sagte zu McKenzie und Brown: »Bringen Sie zwei lange Ruder aus und richten Sie den Bug genau nach Südosten aus. Nun, Professor, was halten Sie von dem großzügigen Angebot des Admirals?«

»Ich bin sprachlos.«

»Das können Sie wohl auch sein. Die Admiralität ist nämlich nicht verpflichtet, Ihnen Ersatz zu leisten. Aber Sie sollten wissen, daß Andropulos ohnehin die Absicht hatte, die *Angelina* zu versenken. Lieutenant Denholm, geben Sie mir bitte das Krytron.«

»Das zu bedienen ist meine Aufgabe, Sir. Sie haben doch wohl nicht vergessen, daß ich Ihr Elektronikfachmann bin.«

»Ihre Aufgabe ist es aber auch, die Wünsche Ihrer Vorgesetzten zu respektieren«, sagte Van Gelder. »Nun geben Sie es mir.«

Talbot streckte den Arm aus und nahm das Krytron an sich, das Denholm inzwischen an eine Batterie angeschlossen hatte. »Von Ihnen beiden wird es keiner bedienen. Wenn wir nach Piräus kommen, werden sich die beiden jungen Damen moralisch verpflichtet fühlen, mit Ihnen die Universität und andere kulturelle Veranstaltungen zu besuchen. Vielleicht würden sie sich nicht recht wohl fühlen in Gegenwart eines Mannes, der diesen Knopf betätigt hat.«

Talbot schlug die beiden orangenen Kuppeln mit dem Hammer ein, drehte die Schalter auf 180 Grad herum und drückte auf den Knopf.

»›Commander Talbot hat es für richtig befunden, die *Angelina* durch Zünden der Atom-Mine hochgehen zu lassen. Er hatte dazu meine hundertprozentige Unterstützung. Andropulos und seine beiden Freunde befanden sich zu der Zeit an Bord der *Angelina*.‹«

Der Präsident schüttelte fassungslos den Kopf und legte die Nachricht aus der Hand. »Dieser Commander Talbot. Ein wahrhaft skrupelloser, aber hochintelligenter Mann.«

»Skrupellos nicht, Sir«, korrigierte ihn Sir John. »Ein angenehmer, rücksichtsvoller Mensch. Wenn er skrupellos wäre, hätte er vielleicht eine Stadt oder ein Schiff mit draufgehen lassen. Aber hochintelligent? Ja, da kann ich nur zustimmen.«